한 번에 합격, 자격증은 이기적

이렇게 기막힌 적중률

 함께 공부하고 특별한 혜택까지!
이기적 스터디 카페

 구독자 약 15만 명, 전강 무료!
이기적 유튜브

오직 스터디 카페 멤버에게만
주어지는 특별 혜택!

이기적 스터디 카페

이기적 스터디 카페

 합격을 위한 기적 같은 선물
이기적 합격자료집

 혼자 공부하기 외롭다면?
온라인 스터디 참여

 모든 궁금증 바로 해결!
전문가와 1:1 질문답변

 1년 내내 진행되는
이기적 365 이벤트

 도서 증정 & 상품까지!
우수 서평단 도전

 간편하게 한눈에
시험 일정 확인

합격까지 모든 순간 이기적과 함께!

이기적 365 EVENT

QR코드를 찍어 이벤트에 참여하고 푸짐한 선물 받아가세요!

① 기출문제 복원하기

이기적 책으로 공부하고 시험을 봤다면 7일 내로 문제를 제보해 주세요!

② 합격 후기 작성하기

당신만의 특별한 합격 스토리와 노하우를 전해 주세요!

③ 온라인 서점 리뷰 남기기

온라인 서점에서 책을 구매하고 평점과 리뷰를 남겨 주세요!

④ 정오표 이벤트 참여하기

더 완벽한 이기적이 될 수 있게 수험서의 오류를 제보해 주세요!

※ 이벤트별 혜택은 변경될 수 있으므로 자세한 내용은 해당 QR을 참고해 주세요.

ITQ 액세스 한눈에 보는 출제 포인트

ITQ 액세스는 MS Access 기반의 데이터베이스 구축·관리·활용 능력을 평가하는 시험입니다. 실무 작업형이며 60분 동안 테이블/관계 설정, 쿼리 작성, 폼·보고서 구성 등의 과제를 수행합니다. 다른 과목에 비해 학습 난이도가 높게 느껴질 수 있으나 기출 유형을 반복해 연습하면 충분히 높은 점수를 얻을 수 있습니다.

01 조건에 따른 테이블 작성

배점 100점

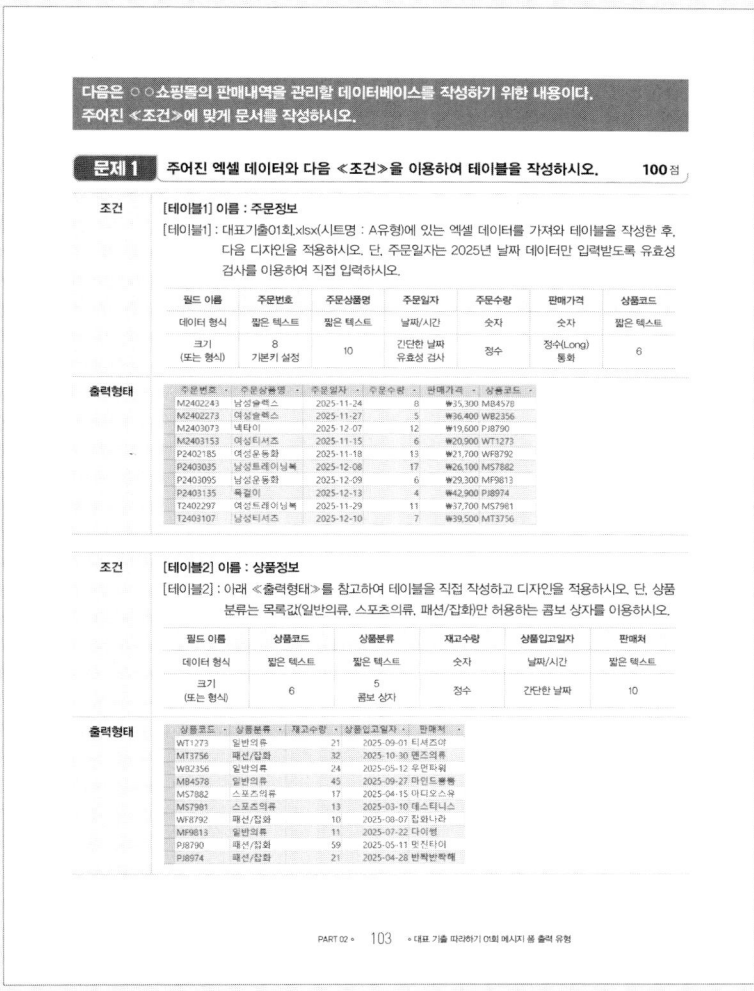

✅ 체크포인트
- 엑셀 데이터 가져오기
- 테이블 이름 설정
- 필드 이름, 크기, 형식 설정
- 콤보 상자 설정
- 유효성 검사 설정

▶ 평가기능
- 모든 작업의 기반이 되는 테이블을 가져오고 작성하는 능력 평가
- 두 개의 테이블을 작성하며, 하나는 엑셀 데이터를 가져오고 다른 하나는 직접 작성
- 필드 속성에서 콤보 상자와 유효성 검사를 설정하는 문제 출제

02 선택 쿼리 작성

배점 90점

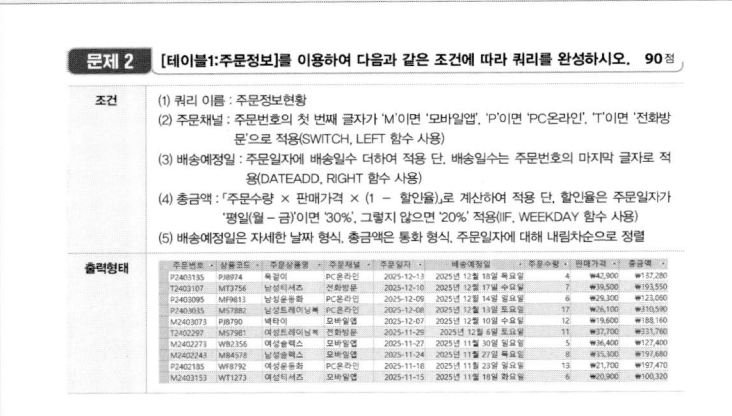

문제 2 [테이블1:주문정보]를 이용하여 다음과 같은 조건에 따라 쿼리를 완성하시오. 90점

조건
(1) 쿼리 이름 : 주문정보현황
(2) 주문채널 : 주문번호의 첫 번째 글자가 'M'이면 '모바일앱', 'P'이면 'PC온라인', 'T'이면 '전화방문'으로 적용(SWITCH, LEFT 함수 사용)
(3) 배송예정일 : 주문일자에 배송일수 더하여 적용 단, 배송일수는 주문번호의 마지막 글자로 적용(DATEADD, RIGHT 함수 사용)
(4) 총금액 : 「주문수량 × 판매가격 × (1 - 할인율)」로 계산하여 적용 단, 할인율은 주문일자가 '평일(월 - 금)'이면 '30%', 그렇지 않으면 '20%' 적용(IIF, WEEKDAY 함수 사용)
(5) 배송예정일은 자세한 날짜 형식, 총금액은 통화 형식, 주문일자에 대해 내림차순으로 정렬

✓ 체크포인트
- 쿼리 디자인
- 필드 입력과 순서 설정
- 함수와 수식 설정
- 형식과 정렬, 소수 자릿수 설정
- 쿼리 이름 설정

▶ 평가기능
- 주어진 조건을 적용하여 데이터를 추출하는 능력 평가
- 수식과 함수를 적용하는 문제 출제
- 이후 작업에 영향을 줄 수 있으므로 정확한 작업이 필요함

03 조인 쿼리 작성

배점 80점

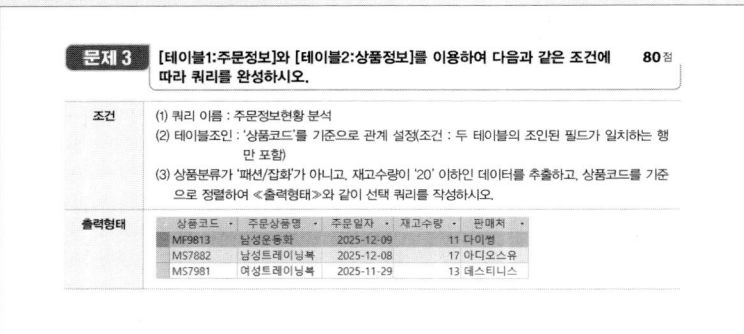

문제 3 [테이블1:주문정보]와 [테이블2:상품정보]를 이용하여 다음과 같은 조건에 따라 쿼리를 완성하시오. 80점

조건
(1) 쿼리 이름 : 주문정보현황 분석
(2) 테이블조인 : '상품코드'를 기준으로 관계 설정(조건 : 두 테이블의 조인된 필드가 일치하는 행만 포함)
(3) 상품분류가 '패션/잡화'가 아니고, 재고수량이 '20' 이하인 데이터를 추출하고, 상품코드를 기준으로 정렬하여 ≪출력형태≫와 같이 선택 쿼리를 작성하시오.

✓ 체크포인트
- 관계 설정
- 조인 속성 설정
- 필드 입력과 순서 설정
- 조건과 정렬 설정
- 표시 체크

▶ 평가기능
- 두 테이블을 공통 필드를 기준으로 연결하는 능력 평가
- 주어진 조건을 적용하여 데이터를 추출하고 수식과 함수를 입력하는 문제 출제

04 폼 설계 — 배점 80점

문제 4 [쿼리:주문정보현황]을 이용하여 다음과 같은 모양의 폼을 설계하시오. 80점

조건
(1) 폼 이름 : 주문정보현황 폼
(2) 폼 제목 : 굴림, 20pt, 굵게, 가운데 맞춤, 특수 효과 : 볼록
(3) 사은품 : 판매가격이 '30,000' 이상이면서 주문수량이 '10' 이상이면 '사은품증정 및 이벤트상', 판매가격이 '30,000' 이상이거나 주문수량이 '10' 이상이면 '사은품증정', 그 외 '미증정'으로 적용(IIF, AND, OR 함수 사용)
(4) '주문정보현황 폼'의 머리글 영역에 제목과 주문번호를 작성하고, 본문에 '주문번호' 필드를 기준으로 연결하여 '주문정보' 폼을 하위 폼으로 추가하시오.
(5) 주문번호 : 입력란을 '콤보 상자'로 변경하시오.
(6) 주문수량은 수정할 수 없게 작성하고, 클릭할 경우 아래와 같은 메시지 폼을 출력하시오.
(7) 로고 삽입(내 PC₩문서₩ITQ₩Picture₩로고1.jpg), 특수 효과 – 볼록, 크기(가로 – 2 cm, 세로 – 1 cm).

출력형태

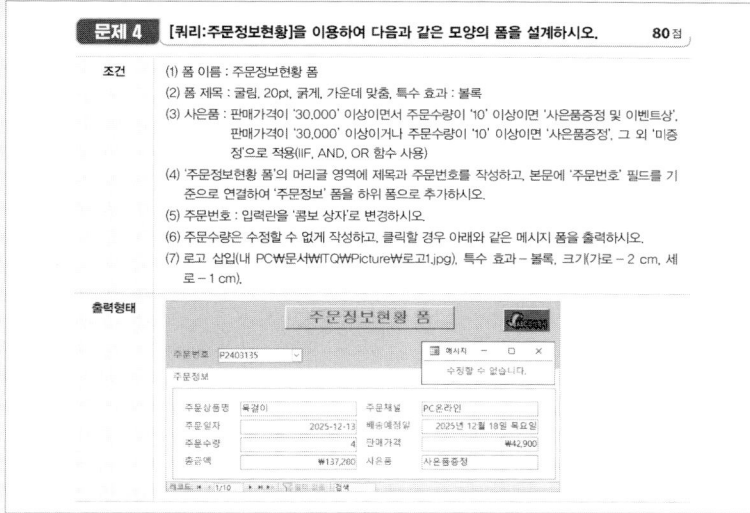

✅ 체크포인트
- 폼 마법사
- 쿼리와 필드 선택
- 형식과 수식 입력
- 레코드 선택기, 탐색 단추 설정
- 글꼴, 정렬 설정
- 하위 폼 연결과 로고 삽입
- 메시지 폼 작성

▶ 평가기능
- 주어진 조건을 만족하는 폼/하위폼 작성 능력을 평가
- 특정한 필드를 클릭하면 메시지 폼이 나타나는 유형과 보고서 버튼으로 문제 5의 보고서를 불러오는 유형 중 한 가지가 출제

05 보고서 작성 — 배점 80점

문제 5 [쿼리:주문정보현황]을 이용하여 보고서를 작성하시오. 80점

조건
(1) 보고서 이름 : 주문정보현황 보고서
(2) 보고서 제목 : 궁서, 24pt, 보통, 밑줄, 가운데 맞춤
(3) 보고서 머리글 부분의 날짜는 DATESERIAL 함수를 이용하여 표시
(4) 주문채널로 그룹화하고, 주문일자에 대해 오름차순으로 정렬
(5) 주문수량의 합계, 총합계는 함수를 이용하여 계산(굵게, SUM 함수 사용)
(6) 조건부 서식을 이용하여 '주문수량'이 '10'이상인 경우 다음의 서식을 적용(글꼴 – 굵게, 배경색 – 노랑)

출력형태

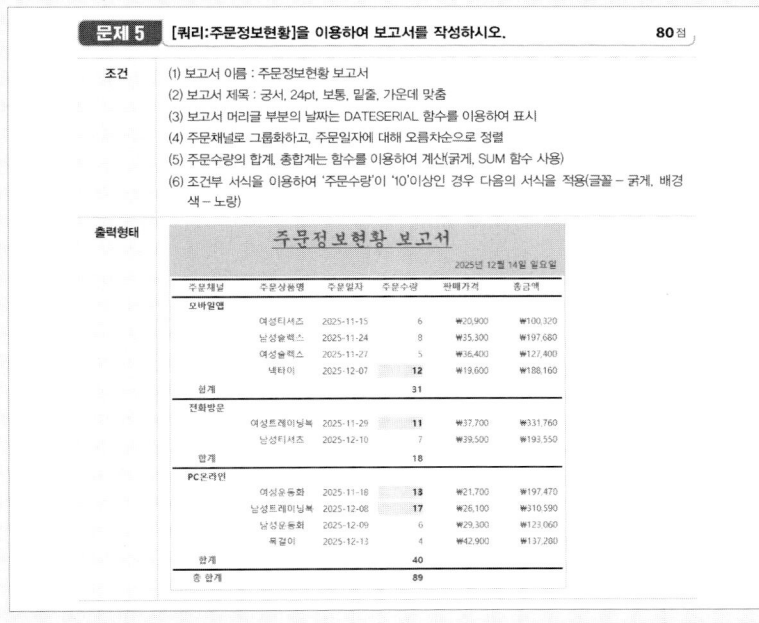

✅ 체크포인트
- 보고서 마법사
- 쿼리와 필드 선택
- 정렬과 요약 옵션 설정
- 모양과 용지 방향 설정
- 선 그리기
- 조건부 서식

▶ 평가기능
- 앞의 문제에서 작성한 쿼리를 기반으로 테이블 보고서를 작성
- 조건과 출력형태를 참고하여 그룹화의 기준 설정과 필드의 정렬을 설정

06 레이블 보고서 작성 ─ 배점 70점

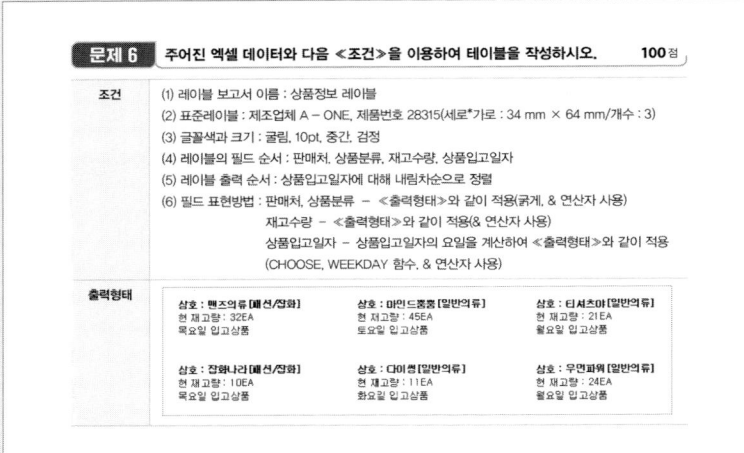

✅ 체크포인트
- 우편물 레이블 마법사
- 사용 필드 설정
- 정렬 설정
- 함수 작성

▶ 평가기능
- 앞의 문제에서 작성한 테이블을 기반으로 레이블 보고서를 작성
- 문제에서 제시하는 출력 순서대로 정렬하고 표현 방법을 확인하여 함수 작성

이렇게 기막힌 적중률

ITQ 액세스 ver.2021

"이" 한 권으로 합격의 **"기적"**을 경험하세요!

차례

난이도에 따라 분류하였습니다.
- 상 : 반드시 반복 연습해야 하는 기능
- 중 : 여러 차례 풀어보아야 하는 기능
- 하 : 수월하게 익힐 수 있는 기능

▶ 합격 강의
동영상 강의가 제공되는 부분을 표시했습니다.
이기적 수험서 사이트(license.youngjin.com)에 접속하여 시청하세요.
▶ 본 도서에서 제공하는 동영상은 1판 1쇄 기준 2년간 유효합니다. 단, 출제기준안에 따라 내용은 변경될 수 있습니다.

PART 01 시험 유형 따라하기

하 CHAPTER 01	엑셀 데이터 가져오기	20
하 CHAPTER 02	테이블 직접 작성하기	33
상 CHAPTER 03	선택 쿼리 작성하기	42
중 CHAPTER 04	조인 쿼리 작성하기	54
상 CHAPTER 05	폼 만들기	62
상 CHAPTER 06	보고서 작성하기	84
중 CHAPTER 07	레이블 보고서 작성하기	100

PART 03 최신 기출문제

최신 기출문제 01회	235
최신 기출문제 02회	240
최신 기출문제 03회	245
최신 기출문제 04회	250
최신 기출문제 05회	255

PART 02 대표 기출 따라하기 ▶

대표 기출 따라하기 01회	106
대표 기출 따라하기 01회 해설	112
대표 기출 따라하기 02회	170
대표 기출 따라하기 02회 해설	176

PART 04 최신 기출문제 정답 & 해설

최신 기출문제 01회 풀이 따라하기	262
최신 기출문제 02회 풀이 따라하기	267
최신 기출문제 03회 풀이 따라하기	272
최신 기출문제 04회 풀이 따라하기	277
최신 기출문제 05회 풀이 따라하기	282

부록 BONUS 또기적 합격자료집 [PDF]

- 시험장 스케치
- 스터디 플래너
- 주요 함수 총정리

※ 참여 방법 : '이기적 스터디 카페' 검색 → 이기적 스터디 카페(cafe.naver.com/yjbooks) 접속 → '구매 인증 PDF 증정' 게시판 → 구매 인증 → 메일로 자료 받기

실습 파일 사용법

ITQ 액세스 합격에 필요한 자료를 모두 모았습니다.

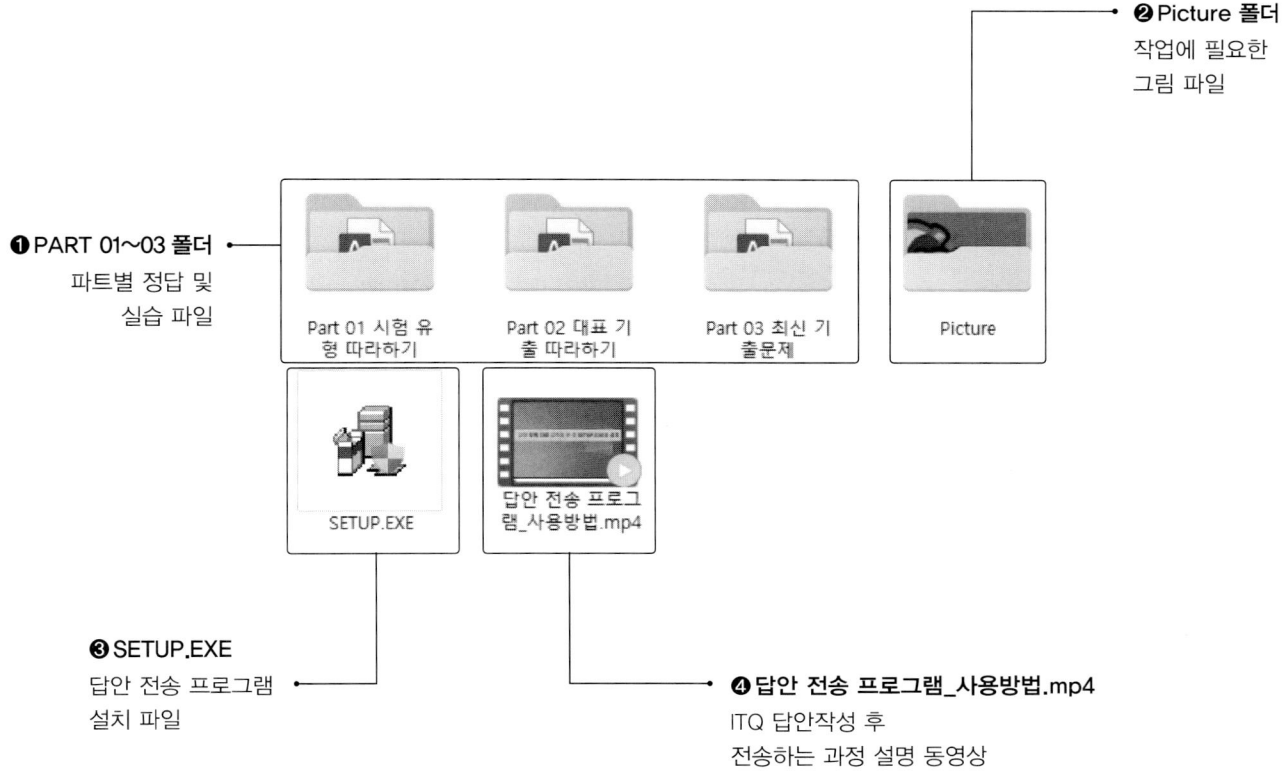

❶ PART 01~03 폴더
파트별 정답 및 실습 파일

❷ Picture 폴더
작업에 필요한 그림 파일

❸ SETUP.EXE
답안 전송 프로그램 설치 파일

❹ 답안 전송 프로그램_사용방법.mp4
ITQ 답안작성 후 전송하는 과정 설명 동영상

다운로드 방법

① 이기적 영진닷컴 홈페이지(license.youngjin.com)에 접속한다.
② 상단 메인 메뉴에서 [자료실] – [ITQ]를 클릭한다.
③ '이기적 ITQ 액세스 ver.2021 부록 자료' 게시글을 클릭하여 첨부파일을 다운로드한다.

사용 방법

① 다운로드한 부록 자료 압축 파일에서 마우스 오른쪽 버튼을 눌러 압축을 해제한다.
② 압축이 풀린 폴더를 더블 클릭하여 모든 파일이 들어 있는지 확인한다.

※ ITQ 액세스 시험은 빈 데이터베이스에서 작업을 진행하는 것부터 시험 시작입니다. 처음 시험 공부를 하실 때에는 빈 데이터베이스에서부터 차근차근 연습해 주세요.

이 책의 구성

STEP 1
시험 유형 따라하기로 기초 유형 학습

처음부터 끝까지 세심하게
상세한 작업과정 수록

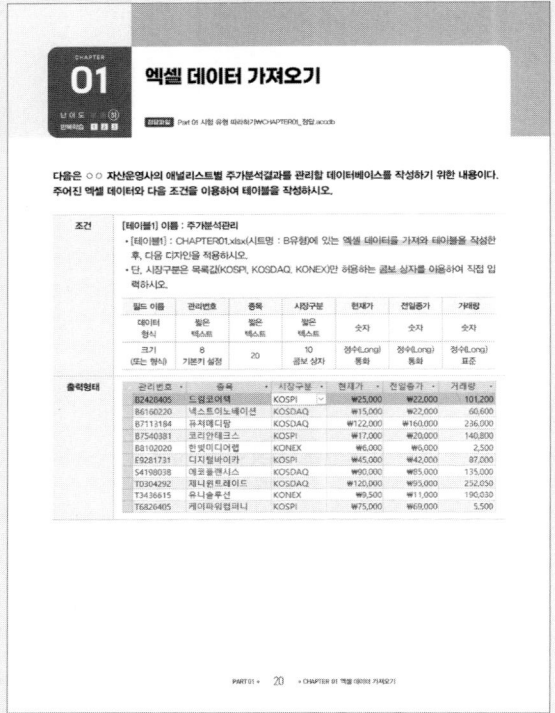

- 난이도별 집중 학습
- 실습에 편리한 작업/정답파일
- 다양한 팁으로 학습 능률 상승

STEP 2
대표 기출 따라하기로 실전 문제 정복

동영상 강의와 함께
시험 내용 전체 학습

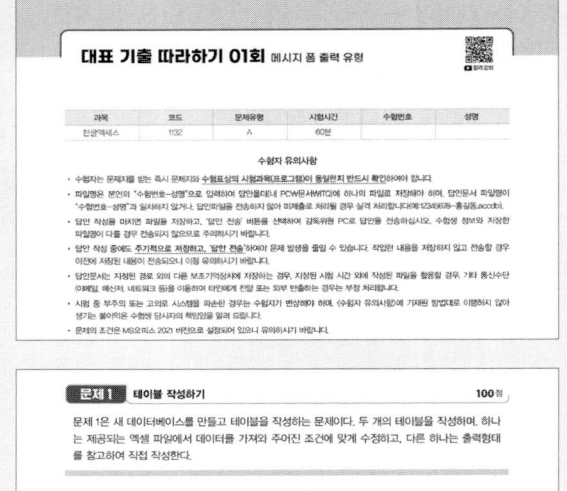

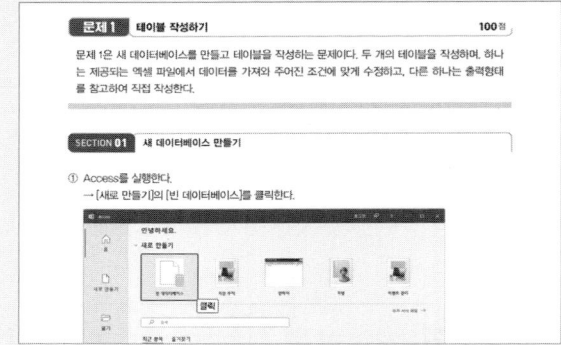

- QR 코드로 강의 바로 시청
- 단계별 풀이과정으로 쉬운 시험 준비

STEP 3 최신 기출문제로 마무리 학습

총 5회분 시험 연습으로
막판 스퍼트

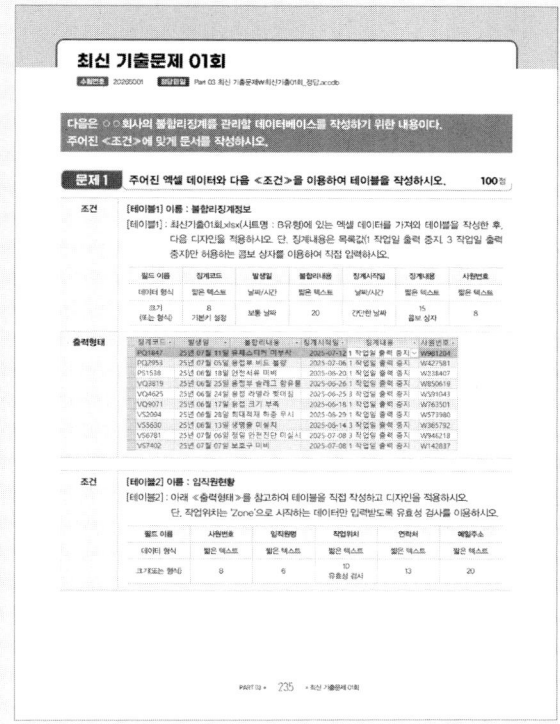

- 실제 최신 기출문제로 출제경향 파악
- 작업 과정 설명으로 마무리 체크

+BONUS 또기적 합격자료집

도서 구매자 특별 제공

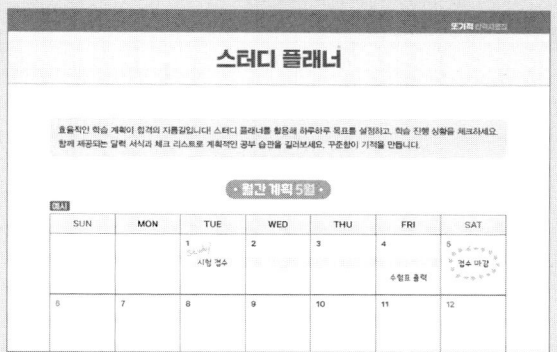

- 시험장 스케치
- 스터디 플래너
- 액세스 주요 함수 총정리

시험의 모든 것

ITQ 시험 알아보기

● 자격 소개 및 이슈
- 한국생산성본부(kpc) 주관의 정보기술능력 또는 정보기술 활용 능력을 객관적으로 평가하는 시험
- 정보기술 관리 및 실무능력 수준을 지수화, 등급화하여 객관성을 높인 과학기술정보통신부 공식 인증 자격
- 산업인력의 정보경쟁력 강화를 통한 국가정보화 촉진을 목적으로 시행
- 초등학생부터 노년층에 이르기까지 다양한 계층에서 ITQ 시험을 통해 IT 실력을 검증

● 응시 자격
자격 제한 없음

● 접수 방법
홈페이지 접수
license.kpc.or.kr

● 시험 과목

과목	이기적 도서
엑셀	O
파워포인트	O
아래한글	O
액세스	O
인터넷	O
한셀	
한쇼	
MS 워드	

활용 사례

● 학점은행제
- 「학점인정 등에 관한 법률」에 의거, 전공학점 인정 가능
- 제27차 자격 학점인정 기준 참고
  (학점은행제 : https://www.cb.or.kr)
- 아래한글 · MS워드, 엑셀 · 한셀, 파워포인트 · 한쇼, 액세스, 인터넷 중 3개 과목을 각각 A 또는 B등급을 획득해야 학점 인정 가능

등급	대분류	중분류	인정학점
A	20. 공통/기초사무	기초사무	6
B			4

● 생활기록부
- 「초 · 중등교육법」에 의거, 자격 취득상황을 고교생활기록부에 등재 가능
- 기술 관련 국가공인 민간자격 ※ 고등학교 재학 중 취득한 경우 '자격증 및 인증 취득상황' 기입 가능

● 기타 활용 사례
- 군가산점제
- KPC자격 전문강사
- 마스터(MASTER) 제도
- 기업 채용우대, 인사고과, 내부직원 교육, 승진평가 등 HRM(D) 제도로 활용
- 대학교, 고등학교, 직업훈련기관의 인재양성제도

시험 접수 및 응시

프로그램 버전
※ 2026년 기준

과목	버전
엑셀	MS 오피스 2021
파워포인트	
MS 워드	
액세스	
아래한글	한컴오피스 2022 / 2020
한셀	한컴오피스 2022
한쇼	

시험 회차
매월 둘째 주 토요일 시행 중
+ 특별회차 시험(2, 5, 8, 11월 넷째 주 일요일)

접수 기간
시험일로부터 한달 전쯤 진행
(kpc 자격 홈페이지 일정 공지 참고)

시험 시간
60분 동안 실무작업형 실기시험 진행

등급 기준 및 발표

등급 점수 및 기준
500점 만점을 기준으로 200점 이상 취득자에게 등급별 자격을 부여하며, 200점 미만은 불합격 처리

등급	점수	수준
A	500~400	주어진 과제의 100~80%를 정확히 해결할 수 있는 능력 수준
B	399~300	주어진 과제의 79~60%를 정확히 해결할 수 있는 능력 수준
C	299~200	주어진 과제의 59~40%를 정확히 해결할 수 있는 능력 수준

성적 공고
시험일로부터 3주 정도 후에 공고
(kpc 자격 홈페이지 일정 공지 참고)

자격증 발급
인터넷 신청
(연중 상시 신청 가능)

고사장 및 시험 관련 문의

- 시행처 : 한국생산성본부
- license.kpc.or.kr

📞 1577-9402

답안 전송 프로그램 설치법

답안 전송 프로그램이란?

ITQ 시험은 답안 작성을 마친 후 저장한 답안 파일을 감독위원 PC로 전송하여 제출해야 합니다. 시험장에서 당황하는 일이 없도록, 답안 전송 프로그램으로 미리 연습해 보세요.

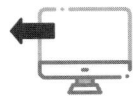

다운로드 및 설치법

01 이기적 홈페이지(license.youngjin.com)에 접속한 후 상단에 있는 [자료실]-[ITQ]를 클릭한다. '이기적 ITQ 액세스 ver.2021 부록 자료'를 클릭하고 첨부 파일을 다운로드 받아 압축을 해제한다.

02 다음과 같은 폴더가 열리면 'SETUP.EXE'를 더블클릭하여 프로그램을 실행시킨다.

※ 운영체제가 Windows 7 이상인 경우는 마우스 오른쪽 버튼을 클릭해 '관리자 권한으로 실행'을 선택하여 실행시킨다.

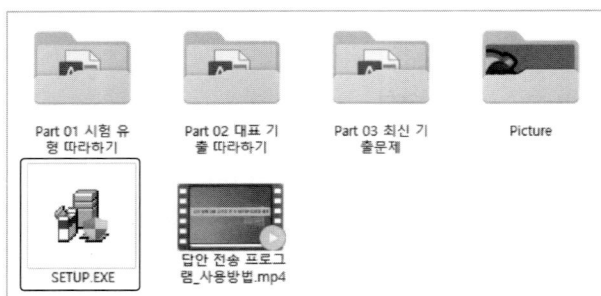

03 다음과 같이 설치 화면이 나오면 [다음]을 클릭하고 설치를 진행한다.

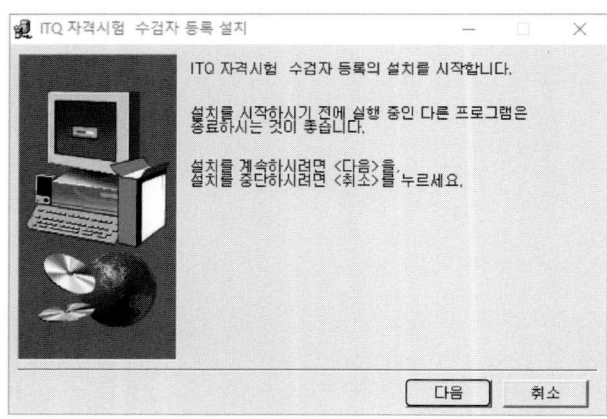

04 설치 진행이 완료되면 'ITQ 수험자용' 아이콘을 더블클릭하여 프로그램을 실행한다.

※ 여러 과목의 ITQ 시험을 함께 준비하는 수험생은 기존 과목의 프로그램을 삭제하지 마시고 그대로 사용하세요.

답안 전송 프로그램 사용법

시험 진행 순서

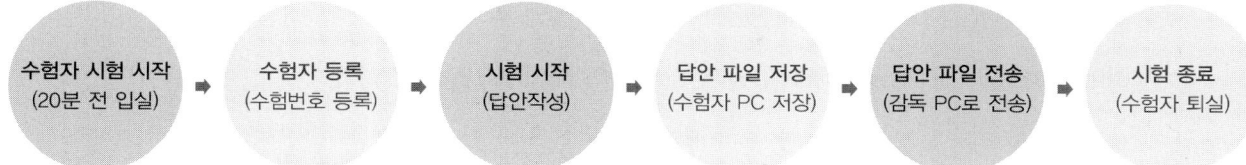

01 수험자 수험번호 등록

① 바탕화면에서 'ITQ 수험자용' 아이콘을 실행한다. [수험자 등록] 화면에 수험번호를 입력한 후 [확인]을 클릭한다.

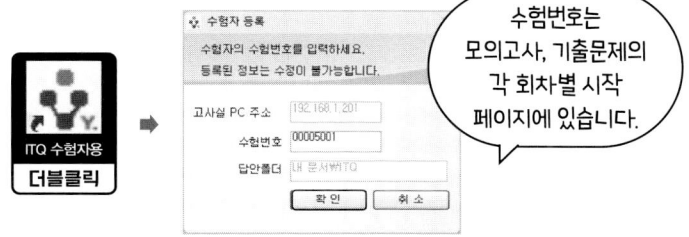

② 수험번호가 화면과 같으면 [예]를 클릭한다. 다음 화면에서 수험번호, 성명, 수험과목, 좌석번호를 확인한다.

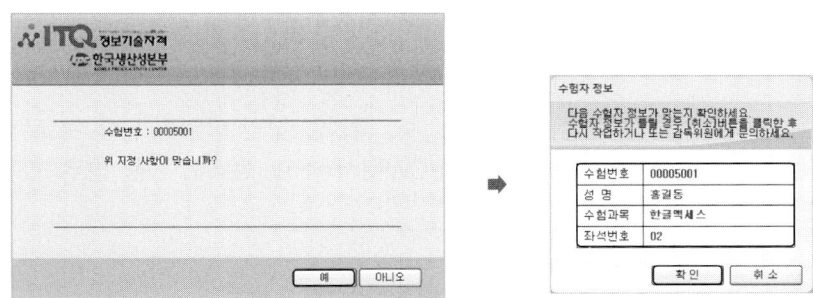

③ 다음과 같은 출력화면 확인 후 감독위원의 지시를 기다린다.

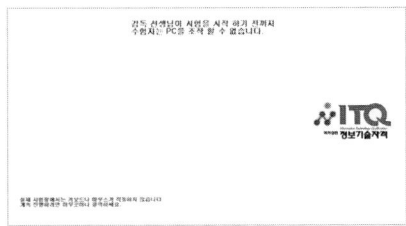

02 시험 시작(답안 파일 작성)

① 과목에 맞는 수검 프로그램(아래한글, MS 오피스) 실행 후 작성한다.

② 이미지 파일은 '내 PC\문서\ITQ\Picture' 폴더 내의 파일을 참조한다.

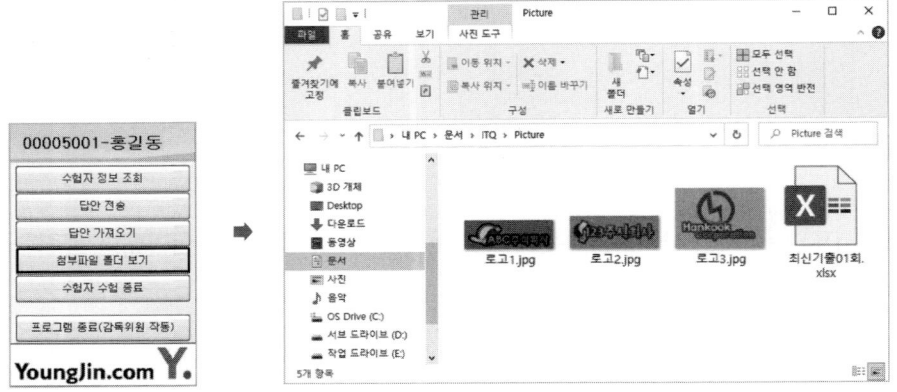

03 답안 파일 저장(수험자 PC 저장)

① 답안 파일은 '내 PC\문서\ITQ' 폴더에 저장한다.

② 답안 파일명은 '수험번호-성명'으로 저장해야 한다.

04 답안 파일 전송(감독 PC로 전송)

① 바탕화면의 실행 화면에서 [답안 전송]을 클릭한 후, 작성한 답안 파일을 감독 PC로 전송한다. 화면에서 작성한 답안파일의 존재유무(파일이 '내 PC\문서\ITQ' 폴더에 있을 경우 '있음'으로 표시됨)를 확인 후 [답안 전송]을 클릭한다.

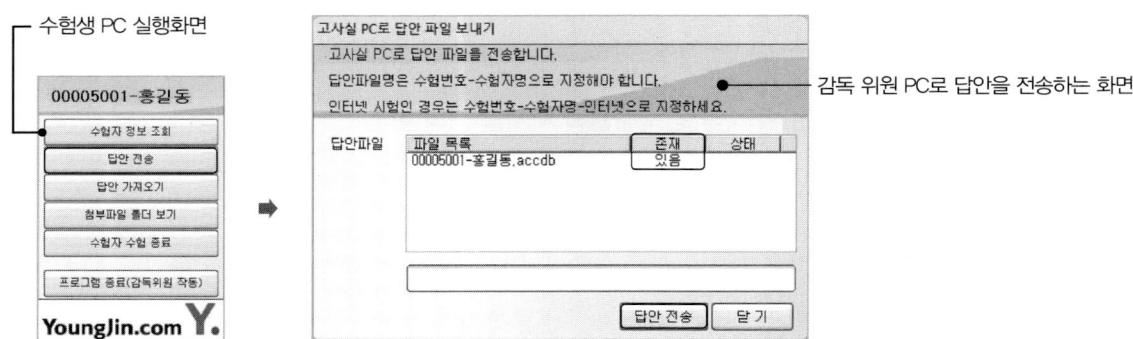

② 전송이 성공적으로 끝나면 상태 부분에 '성공'이라 표시된다.

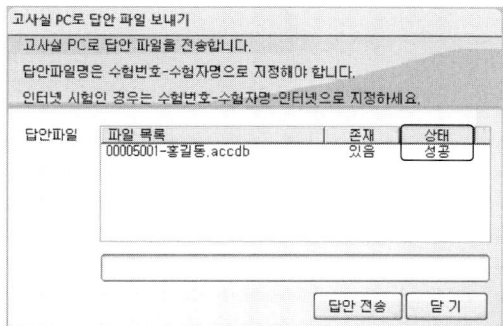

05 시험 종료

① 수험자 PC화면에서 [수험자 수험 종료]를 클릭한 후 감독위원의 지시를 기다린다.

② 감독위원의 퇴실 지시에 따라 퇴실한다.

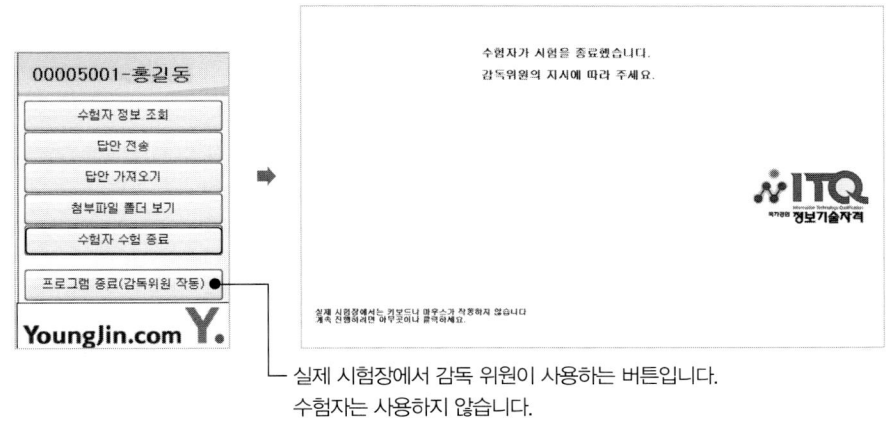

└─ 실제 시험장에서 감독 위원이 사용하는 버튼입니다.
수험자는 사용하지 않습니다.

답안 전송 프로그램 안내

• **프로그램을 설치했는데 '339 런타임 오류가 발생하였습니다'라는 오류 메시지가 나타나는 경우**
프로그램 설치 시 마우스 오른쪽 버튼을 클릭하여 '관리자 권한으로 실행'을 선택하여 설치하고, 설치 후 실행 시에도 '관리자 권한으로 실행'을 선택해주세요.

• **프로그램을 실행하는데 'vb6ko.dll' 파일 오류가 나타나는 경우**
이기적 홈페이지의 ITQ 자료실 공지사항을 확인해주시고, 첨부 파일을 다운로드 받아 해당 폴더에 넣어주세요.
- 윈도우 XP : C:₩Windows₩System
- 윈도우 7/10 32bit : C:₩Windows₩System32
- 윈도우 7/10/11 64bit : C:₩Windows₩System32 와 C:₩Windows₩Syswow64

Q&A

Q ITQ는 어떤 시험인가요?

A ITQ는 실기 시험으로만 진행하며 엑셀, 파워포인트, 아래한글, 액세스, 인터넷 등의 과목이 있습니다. 이 중 한 가지만 자격을 취득하여도 국가공인 자격으로 인정됩니다. 3개 과목 이상 A등급을 취득하면 OA MASTER 자격을 받을 수 있습니다.

Q ITQ 자격 취득 후 유효기간은 언제까지인가요?

A 자격 취득자는 합격일로부터 5년이 지나기 전 보수교육을 이수해야 합니다. 5년이 지나기 전 3개월부터 보수교육이 가능하며 이수 시 자동 갱신됩니다.

Q 액세스 프로그램은 왜 사용하나요?

A MS 액세스(Microsoft Access)는 데이터베이스를 손쉽게 만들고 관리할 수 있도록 도와주는 프로그램입니다. 엑셀과 유사한 인터페이스를 제공하지만, 대량의 데이터를 효율적으로 관리하고 분석하는 데 특화되어 있으며, 테이블, 쿼리, 폼, 보고서 등의 개체를 사용하여 데이터를 조직화, 검색, 시각화할 수 있도록 돕습니다.

Q 데이터베이스란 무엇인가요?

A 데이터베이스(Database, DB)는 체계적으로 구조화된 데이터의 집합으로서 주로 표 형태(테이블)로 구성됩니다. 데이터베이스는 데이터의 중복을 최소화하고, 일관성을 유지하며, 효율적인 검색 및 업데이트를 지원합니다.

Q 채점 기준 및 부분점수 기준은 어떻게 되나요?

A 채점의 기준과 부분점수는 공개되지 않습니다. ITQ는 실무형 시험으로서 만든 결과물이 주어진 출력형태와 지시사항을 충족하는지가 가장 중요합니다.

Q ITQ 액세스 시험에서 파일 저장 시 파일명은 어떻게 입력해야 하나요?

A 파일명은 본인의 "수험번호-성명.accdb"로 입력하여 "내 PC₩문서₩ITQ"에 저장하도록 안내하고 있습니다. 저장만 하는 것이 아니라 안내에 따라 감독위원 PC로 전송까지 완료해야 합니다.

Q 언급되지 않은 조건이나 지시사항이 별도로 없는 경우에는 어떻게 해야 하나요?

A 글꼴 등에서 별도의 지시가 없다면 기본 설정값(default)으로 처리합니다. 언급되지 않은 조건이 있다면 출력형태를 보고 최대한 비슷하게 작성해야 합니다.

Q 테이블에서 오타가 발생하면 얼마나 감점이 되나요?

A 오타에 대한 채점 기준은 공개되지 않았습니다. 테이블은 쿼리/폼/보고서와 연결되는 기본 데이터이기 때문에 오타가 없도록 꼼꼼하게 작성하는 것이 중요합니다.

Q 기본 키(PK)를 나중에 바꿔도 되나요?

A 가능은 하지만 기존 데이터와 관계에 영향을 줄 수 있어 위험합니다. 문제지에 지시된 PK를 처음 설계 단계에서 정확히 설정하는 것이 안전합니다.

Q 계산 필드는 어떻게 작성하나요? 등호(=)를 붙이나요?

A 필드이름: 식 형식으로 작성합니다. 예) 금액: [수량]*[단가]

등호(=)는 붙이지 않습니다.

Q 유효성 검사 규칙에서 날짜를 입력할 때 '#'을 직접 입력하나요?

A 날짜를 입력할 때 '#'은 직접 입력하지 않아도 Enter 를 누르면 자동으로 입력이 됩니다.

PART

01

시험 유형 따라하기

하	CHAPTER 01 엑셀 데이터 가져오기	20
하	CHAPTER 02 테이블 직접 작성하기	33
상	CHAPTER 03 선택 쿼리 작성하기	42
중	CHAPTER 04 조인 쿼리 작성하기	54
상	CHAPTER 05 폼 만들기	62
상	CHAPTER 06 보고서 작성하기	84
중	CHAPTER 07 레이블 보고서 작성하기	100

유형분석 문제 ①

엑셀 데이터 가져오기, 콤보 상자와 유효성 검사

배점 **100점** | A등급 목표점수 **85점**

관리번호	종목	시장구분	현재가	전일종가	거래량
B2428405	드림코어텍	KOSPI	₩25,000	₩22,000	101,200
B6160220	넥스트이노베이션	KOSDAQ	₩15,000	₩22,000	60,600
B7113184	퓨처메디팜	KOSDAQ	₩122,000	₩160,000	236,000
B7540381	코리안테크스	KOSPI	₩17,000	₩20,000	140,800
B8102020	한빛미디어랩	KONEX	₩6,000	₩6,000	2,500
E9281731	디지털바이카	KOSPI	₩45,000	₩42,000	87,000

CHAPTER 01 엑셀 데이터 가져오기

콤보 상자

관리번호	이름	경력	소속증권사	연평균수익률(%)
B2428405	김현지	2	에이스인베스트먼트	5
B6160220	윤대협	5	퓨처리서치증권	7
B7113184	이동욱	3	퓨처리서치증권	4
B7540381	강해린	10	넥스트캐피탈증권	11
B8102020	데이비드	7	에이스인베스트먼트	15

CHAPTER 02 테이블 직접 작성하기

유효성 검사

출제포인트
테이블 이름 · 필드 이름 · 필드 크기 · 필드 형식 · 콤보 상자 · 유효성 검사

출제기준
새 데이터베이스를 만들고 엑셀 데이터를 불러오거나 직접 테이블을 작성하여 주어진 조건에 맞게 수정하는 능력을 평가하는 문항입니다.

A등급 TIP
테이블을 직접 작성할 때는 오타가 없도록 꼼꼼히 작업하세요. 콤보 상자와 유효성 검사는 기본으로 출제되므로 집중해서 연습하세요.

엑셀 데이터 가져오기

정답파일 Part 01 시험 유형 따라하기₩CHAPTER01_정답.accdb

다음은 ○○ 자산운영사의 애널리스트별 주가분석결과를 관리할 데이터베이스를 작성하기 위한 내용이다. 주어진 엑셀 데이터와 다음 조건을 이용하여 테이블을 작성하시오.

조건	[테이블1] 이름 : 주가분석관리
	• [테이블1] : CHAPTER01.xlsx(시트명 : B유형)에 있는 엑셀 데이터를 가져와 테이블을 작성한 후, 다음 디자인을 적용하시오. • 단, 시장구분은 목록값(KOSPI, KOSDAQ, KONEX)만 허용하는 콤보 상자를 이용하여 직접 입력하시오.

필드 이름	관리번호	종목	시장구분	현재가	전일종가	거래량
데이터 형식	짧은 텍스트	짧은 텍스트	짧은 텍스트	숫자	숫자	숫자
크기 (또는 형식)	8 기본키 설정	20	10 콤보 상자	정수(Long) 통화	정수(Long) 통화	정수(Long) 표준

출력형태

관리번호	종목	시장구분	현재가	전일종가	거래량
B2428405	드림코어텍	KOSPI	₩25,000	₩22,000	101,200
B6160220	넥스트이노베이션	KOSDAQ	₩15,000	₩22,000	60,600
B7113184	퓨처메디팜	KOSDAQ	₩122,000	₩160,000	236,000
B7540381	코리안테크스	KOSPI	₩17,000	₩20,000	140,800
B8102020	한빛미디어랩	KONEX	₩6,000	₩6,000	2,500
E9281731	디지털바이카	KOSPI	₩45,000	₩42,000	87,000
S4198038	에코플랜시스	KOSDAQ	₩90,000	₩85,000	135,000
T0304292	제니윈트레이드	KOSDAQ	₩120,000	₩95,000	252,050
T3436615	유니솔루션	KONEX	₩9,500	₩11,000	190,030
T6826405	케이파워컴퍼니	KOSPI	₩75,000	₩69,000	5,500

SECTION 01 새 데이터베이스 만들기

① Access를 실행한다.
  → [새로 만들기]의 [빈 데이터베이스]를 클릭한다.

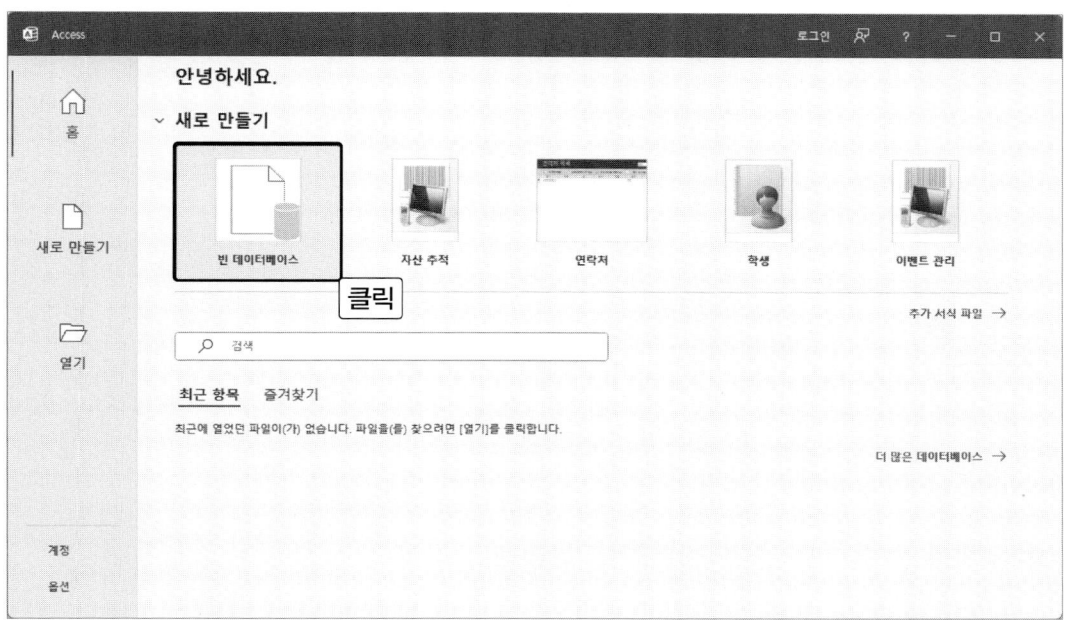

② [빈 데이터베이스] 대화상자에서 [찾아보기](📁)를 클릭한다.

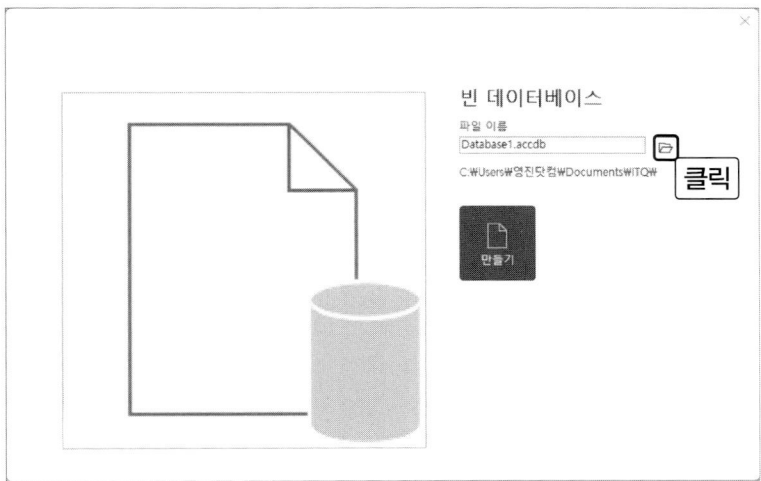

③ 나타나는 대화상자에서 파일을 저장할 폴더로 이동한다. (시험에서는 '내 PC₩문서₩ITQ' 폴더)
→ 파일 이름을 입력하고 [확인]을 클릭한다.

> 📌 **기적의 TIP**
> 시험에서 파일 이름은 '수험번호-성명'으로 저장하도록 안내된다.

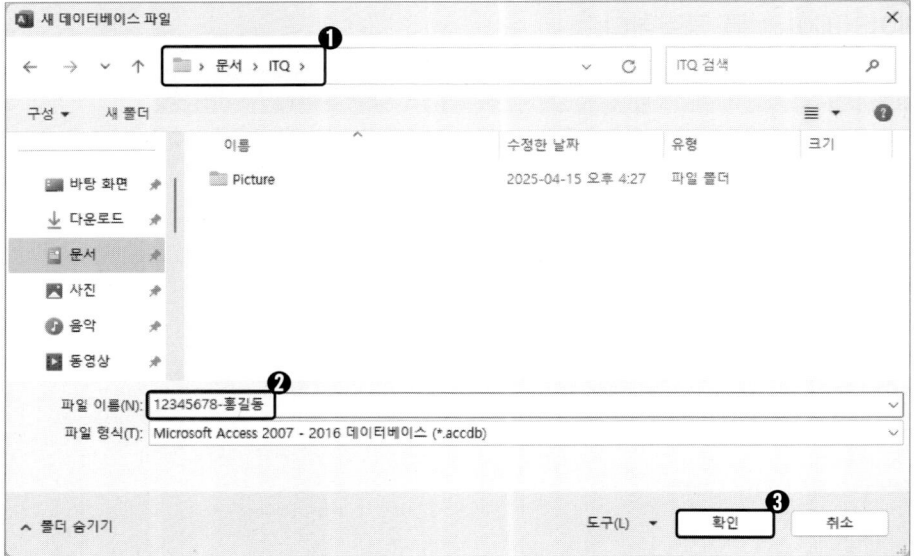

④ [빈 데이터베이스] 대화상자로 돌아오면 [만들기]를 클릭한다.

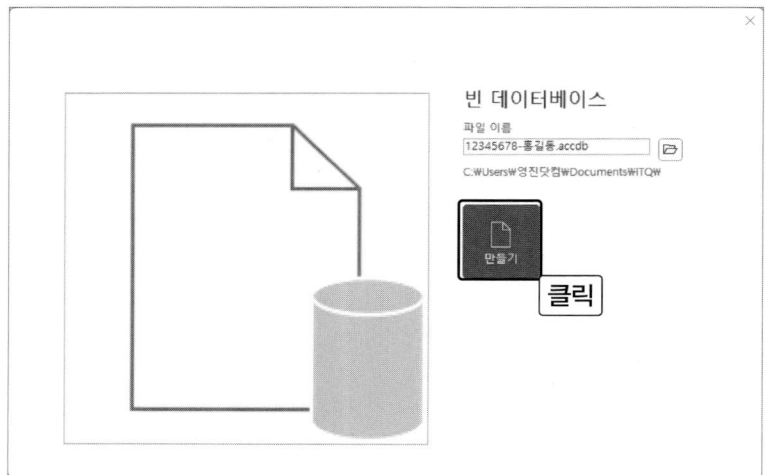

기적의 TIP

액세스 작업 영역 구분

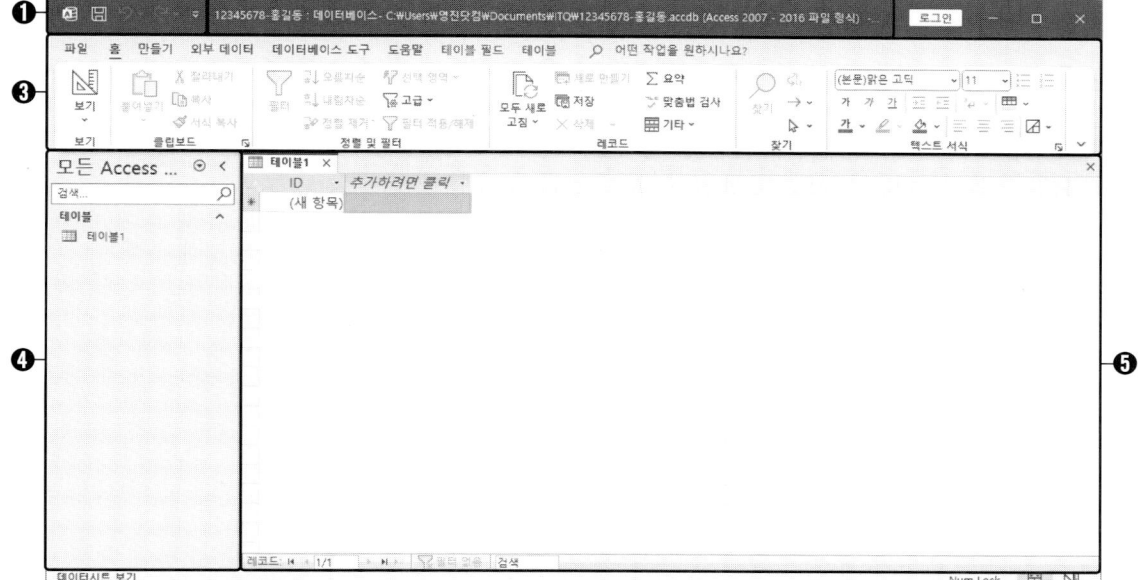

❶ **빠른 실행 도구 모음** : [저장], [실행 취소], [다시 실행] 등으로 구성되어 있다.
❷ **제목 표시줄** : 현재 작업 중인 문서의 이름이 표시된다.
❸ **리본 메뉴** : 파일, 홈, 만들기 등과 같은 [탭]을 클릭하면 관련된 [그룹]과 [아이콘]들이 보여진다.
❹ **탐색 창** : 테이블, 쿼리, 폼, 보고서 등 개체의 이름이 표시된다.
❺ **개체 창** : 탐색 창에서 선택한 개체의 내용이 표시된다.

SECTION 02 엑셀 데이터 가져오기

① [외부 데이터] 탭 – [가져오기 및 연결] 그룹 – [새 데이터 원본](📊)을 클릭한다.
→ [파일에서] – [Excel]을 클릭한다.

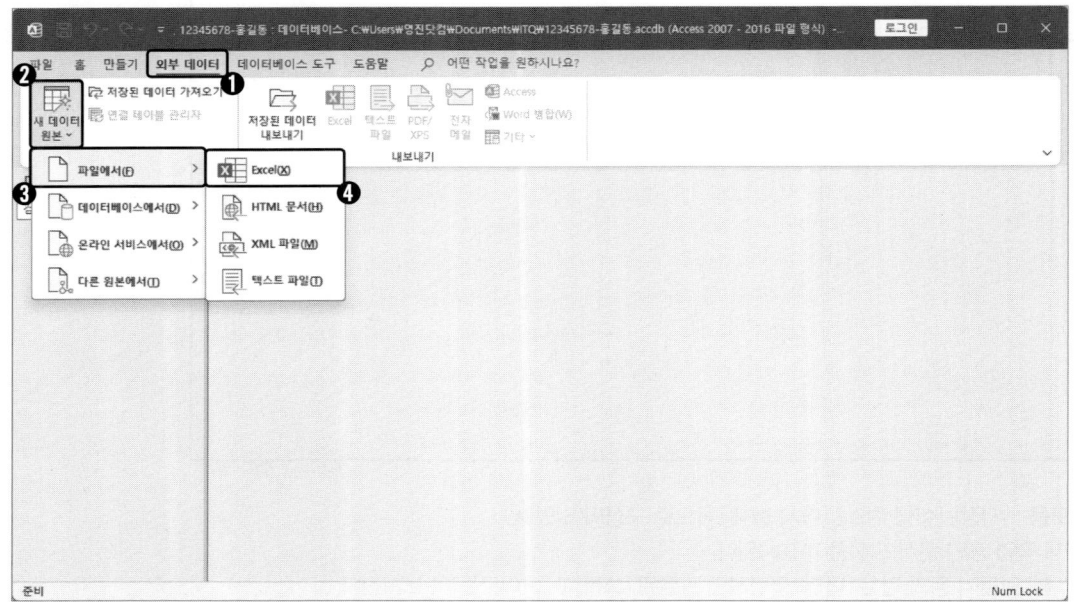

② [외부 데이터 가져오기] 대화상자에서 '현재 데이터베이스의 새 테이블로 원본 데이터 가져오기'를 선택한다.
→ [찾아보기]를 클릭한다.

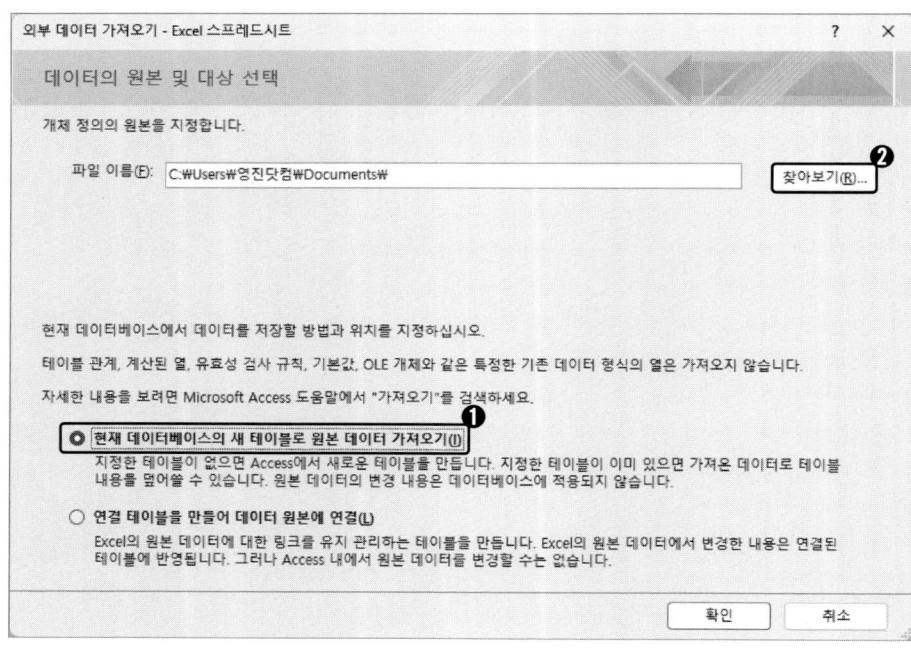

③ [파일 열기] 대화상자에서 부록 자료로 제공되는 'CHAPTER01.xlsx' 파일을 선택한 후 [열기]를 클릭한다.
→ 다시 [외부 데이터 가져오기] 대화상자로 돌아오면 [확인]을 클릭한다.

> **기적의 TIP**
> 이기적 홈페이지에서 부록 자료를 다운로드할 수 있다.

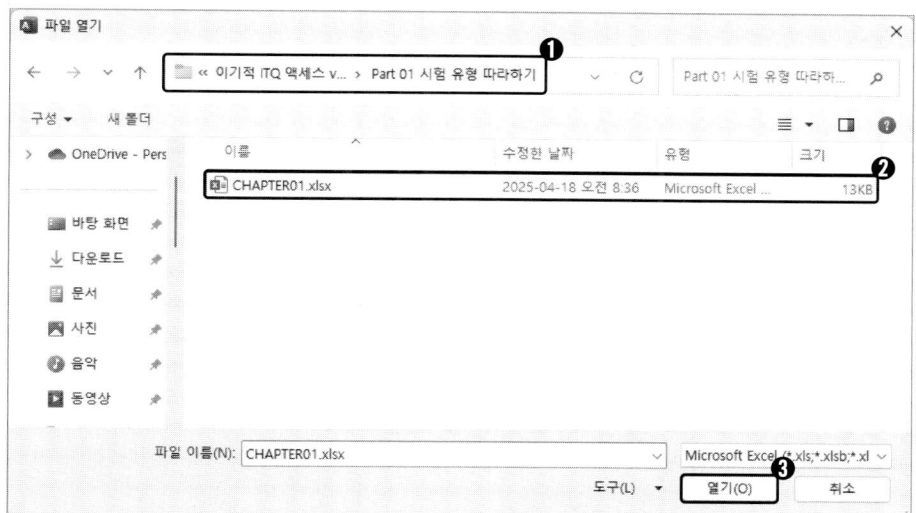

④ [스프레드시트 가져오기 마법사] 대화상자에서 '워크시트 표시'를 선택한다.
→ 'B유형'을 선택하고 [다음]을 클릭한다.

> **기적의 TIP**
>
> **워크시트 표시**
> 엑셀 파일의 시트 이름을 기준으로 시트 데이터를 모두 가져온다.
>
> **이름 있는 범위 표시**
> 엑셀에서 사용자가 직접 이름을 지정한 셀 범위를 기준으로 가져온다.

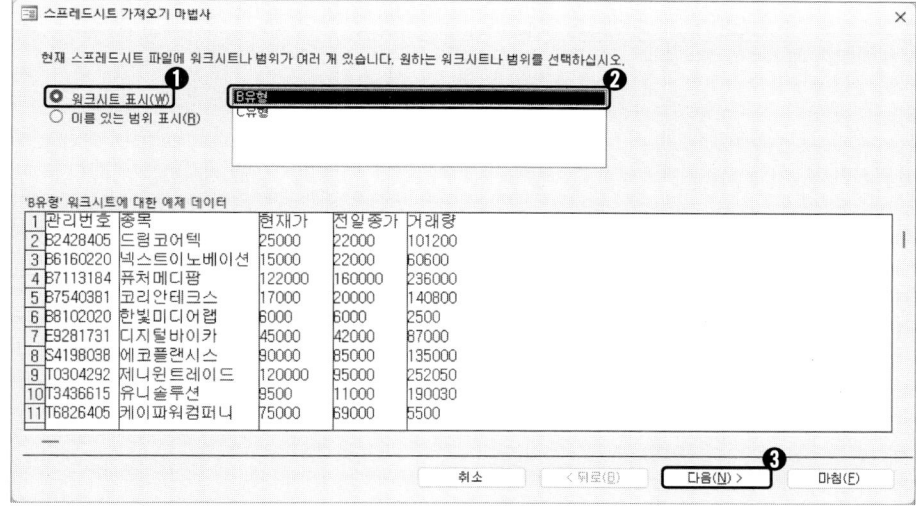

⑤ 대화상자의 다음 화면에서 '첫 행에 열 머리글이 있음'을 체크하고 [다음]을 클릭한다.

> **기적의 TIP**
> 이 예제에서는 '관리번호', '종목', '현재가' 등이 열 머리글에 해당한다.

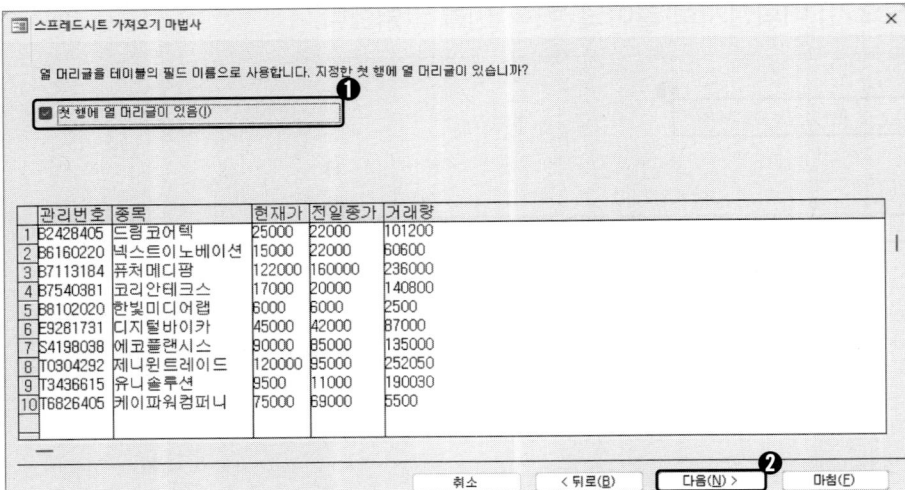

⑥ 대화상자의 다음 화면에서 필드 옵션은 수정하지 않고 [다음]을 클릭한다.

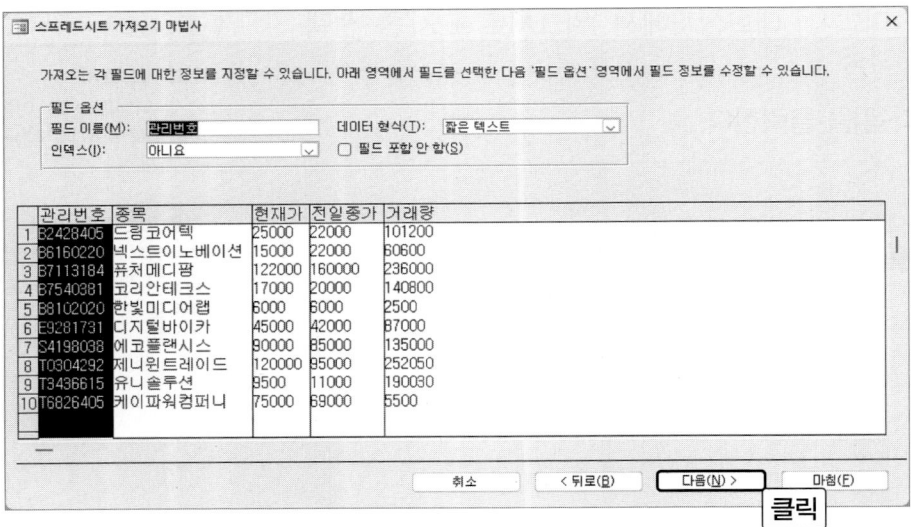

⑦ 대화상자의 다음 화면에서 '기본 키 선택'을 클릭한다.
→ '관리번호'를 선택하고 [다음]을 클릭한다.

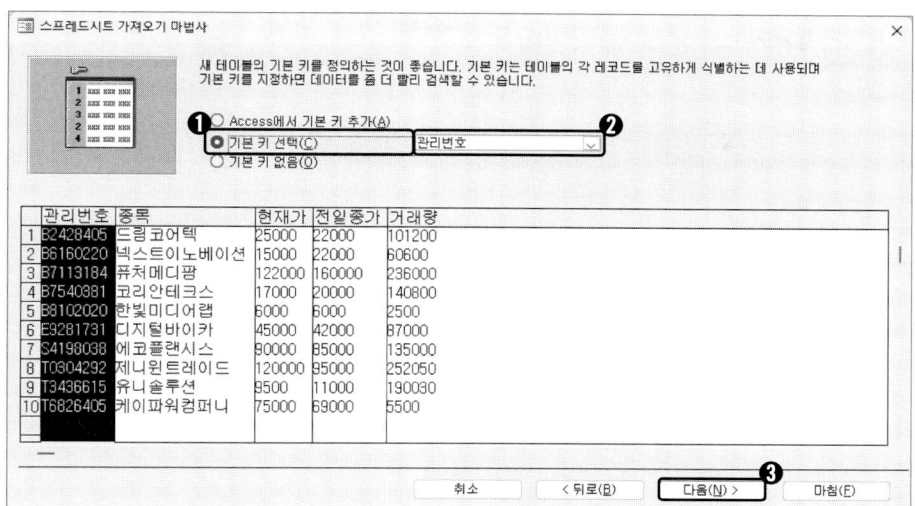

> **기적의 TIP**
>
> **기본 키**
> 데이터베이스에서 각 행을 구분하는 유일한 값이다. 문제보기의 조건을 참고하여 지정한다.

⑧ 대화상자의 다음 화면에서 '테이블로 가져오기'에 『주가분석관리』를 입력하고 [마침]을 클릭한다.
→ '가져오기 단계 저장'을 물어보는 대화상자가 나타나면 체크하지 않고 [닫기]를 클릭한다.

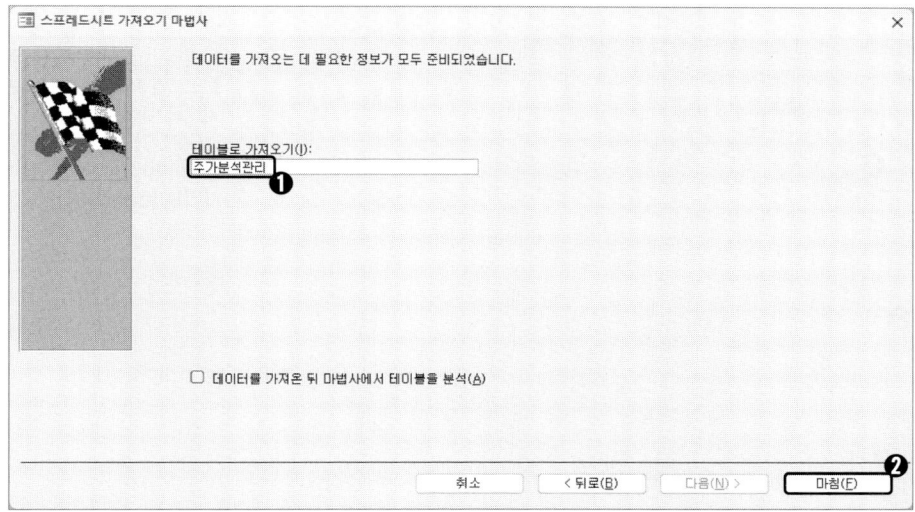

> **기적의 TIP**
>
> 테이블 이름은 문제보기의 조건을 참고하여 입력한다.

SECTION 03 테이블 디자인 수정하기

① 작성된 '주가분석관리' 테이블에 마우스 오른쪽 클릭한다.
→ [디자인 보기]를 클릭한다.

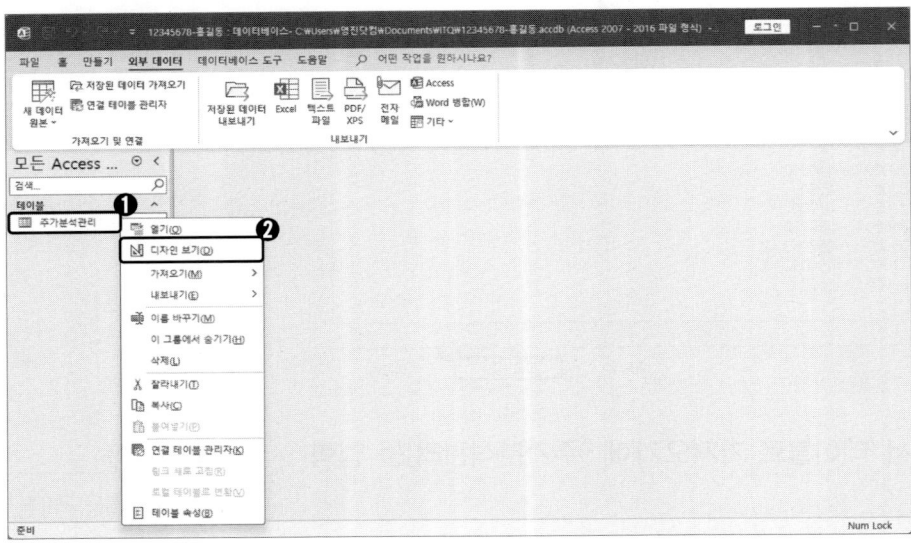

> 🎯 **기적**의 TIP
>
> **디자인 보기**
> 필드 데이터의 크기, 형식 등의 속성을 설정할 수 있다.

② '관리번호'의 [필드 크기]를 『8』로 입력하여 수정한다.

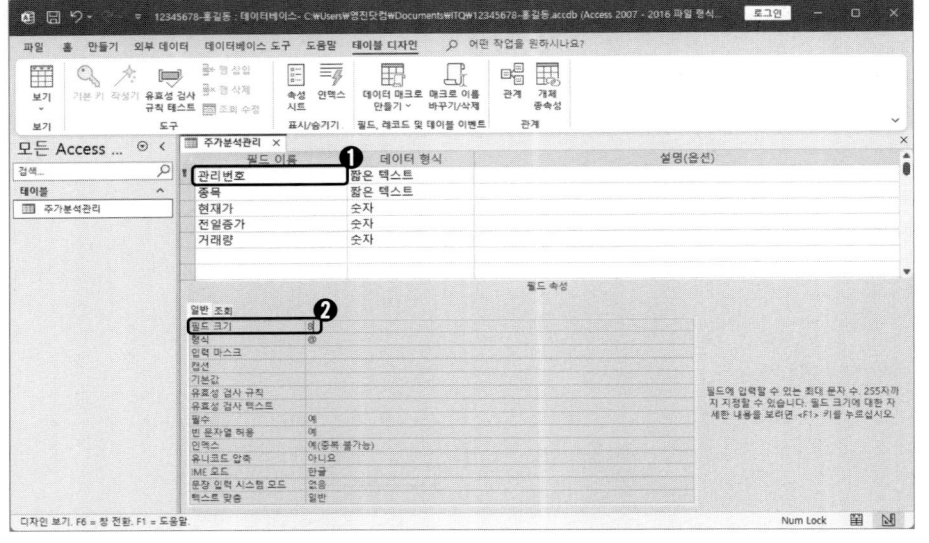

> 🎯 **기적**의 TIP
>
> '관리번호'의 왼쪽에 열쇠 모양의 아이콘으로 기본키를 표시하고 있다.
> 기본키가 설정되지 않은 경우 [테이블 디자인] 탭에서 [기본 키]를 클릭하면 된다.

> 🎯 **기적**의 TIP
>
> 형식에서 @는 텍스트를 의미한다.

③ 나머지 필드들의 [필드 크기], [형식]도 문제 조건에 맞게 수정한다.

관리번호	종목	시장구분	현재가	전일종가	거래량
짧은 텍스트	짧은 텍스트	짧은 텍스트	숫자	숫자	숫자
8 기본키 설정	20	10 콤보 상자	정수(Long) 통화	정수(Long) 통화	정수(Long) 표준

> **기적의 TIP**
>
> 바이트 : 0 ~ 255
> 정수 : -32,768 ~ +32,767
> 정수(Long) : -2,147,483,648
> ~ +2,147,483,647

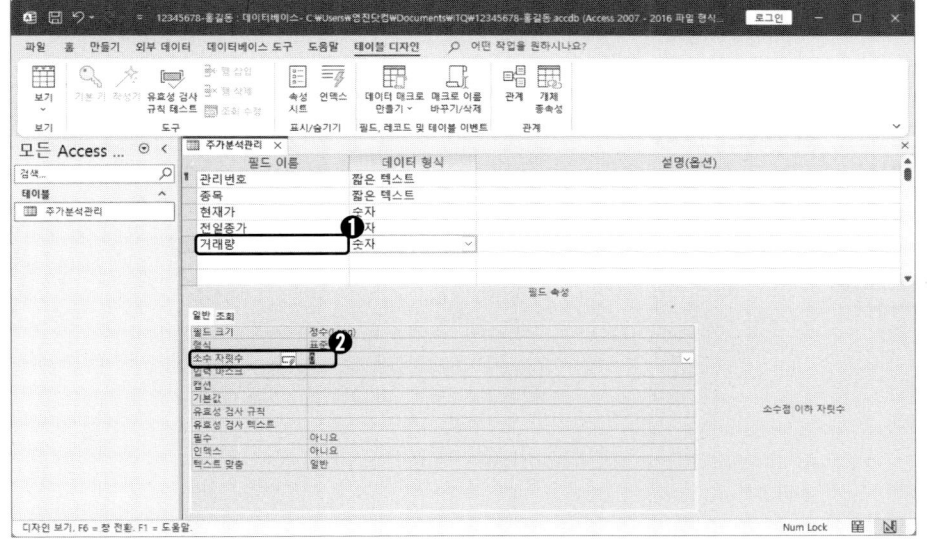

④ '거래량' 필드는 [소수 자릿수]를 『0』으로 입력하여 수정한다.

> **기적의 TIP**
>
> 소수 자릿수가 자동으로 되어 있으면 실제 데이터에 소수가 없어도 .00 등으로 표시될 수 있으므로 주의한다.

⑤ '시장구분'을 추가하기 위해 '현재가'에서 마우스 오른쪽 클릭하고 [행 삽입]을 클릭한다.

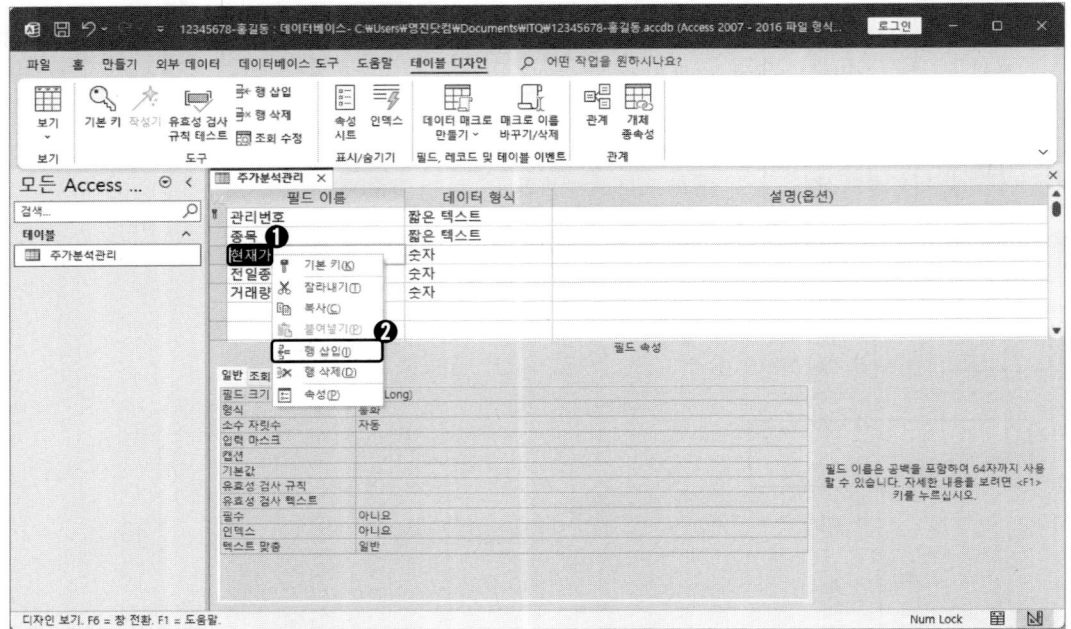

⑥ [필드 이름]에 『시장구분』을 입력하고 [데이터 형식]을 '짧은 텍스트'로 지정한다.
→ [필드 크기]는 『10』을 입력하여 수정한다.

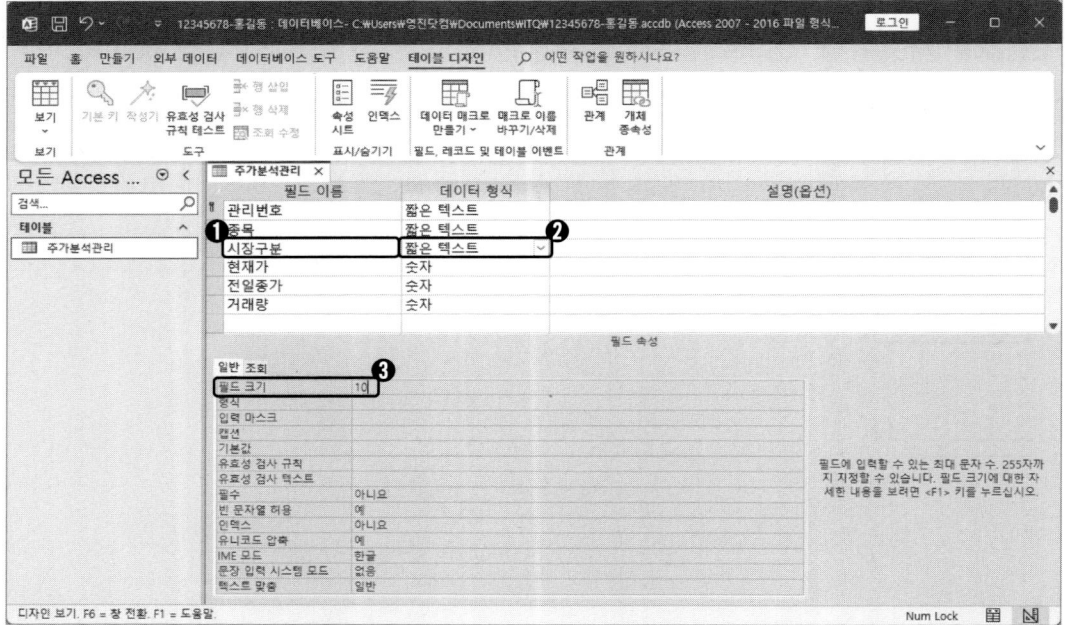

⑦ [조회] 탭 – [컨트롤 표시]를 '콤보 상자'로 지정한다.
　→ [행 원본 유형]을 '값 목록'으로 지정한다.
　→ [행 원본]에 『KOSPI;KOSDAQ;KONEX』를 입력한다.

> **기적의 TIP**
>
> **콤보 상자**
> 폼에서 사용자가 목록에서 값을 선택하거나 직접 입력할 수 있는 드롭다운 입력 도구이다.

> **기적의 TIP**
>
> '값 목록'으로 지정된 [행 원본]을 입력할 때는 값들을 세미콜론(;)으로 구분한다.

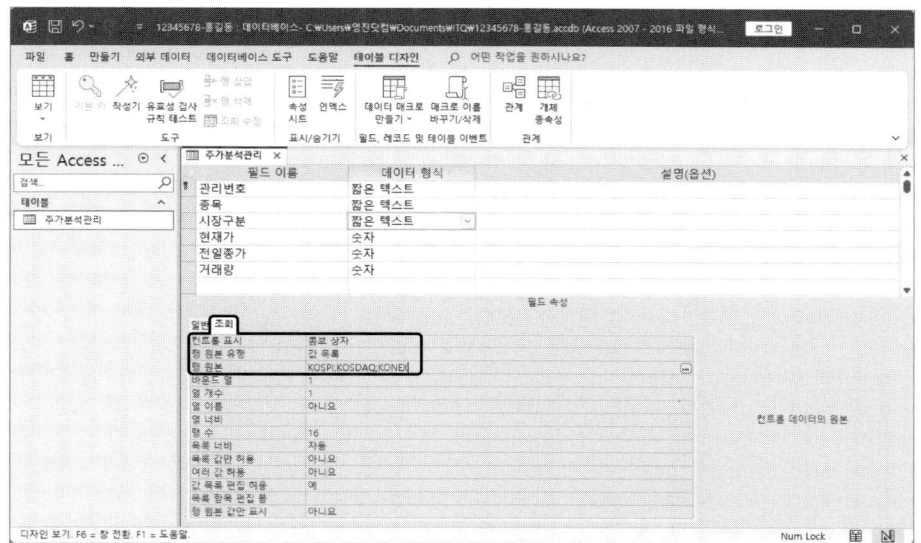

⑧ [테이블 디자인] 탭 – [보기] – [데이터시트 보기](▦)를 클릭한다.
　→ 저장 여부를 묻는 대화상자가 나타나면 [예]를 클릭한다.

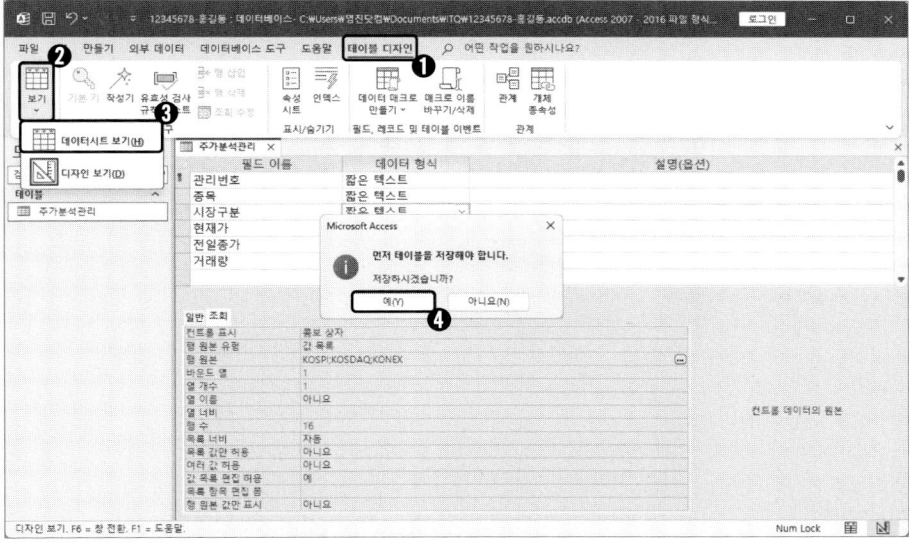

⑨ 데이터의 일부가 손실될 수 있다는 메시지가 나타나면 [예]를 클릭한다.

> 🎯 **기적의 TIP**
>
> '관리번호'와 '종목' 필드를 짧은 텍스트의 기본 크기인 255보다 작은 숫자로 직접 지정했기 때문에 나오는 주의 메시지이다.

⑩ 데이터 시트가 나타나면 '시장구분'의 콤보 상자를 누르며 문제에 제시된 내용대로 'KOSPI', 'KOSDAQ', 'KONEX' 중 하나를 입력한다.

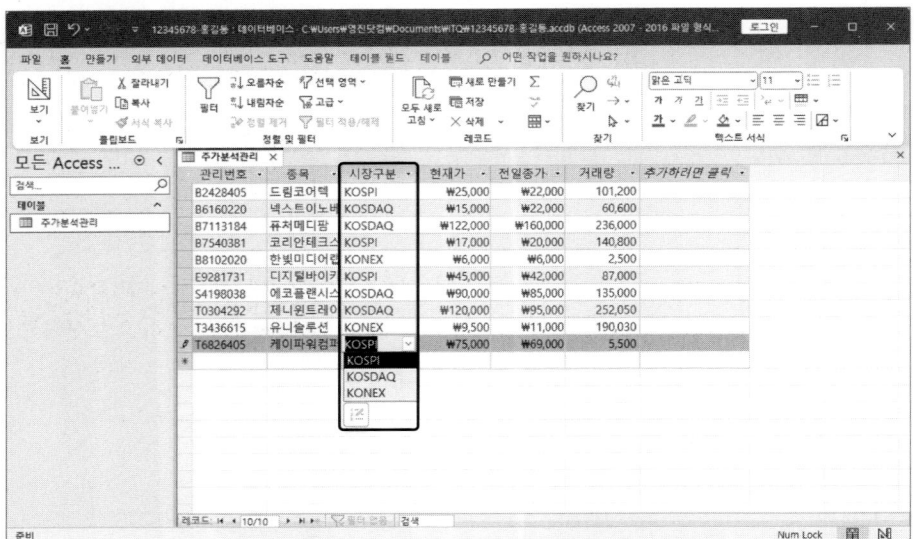

⑪ ≪출력형태≫를 참고하여 필드의 열 너비를 마우스 드래그하여 조절한다.

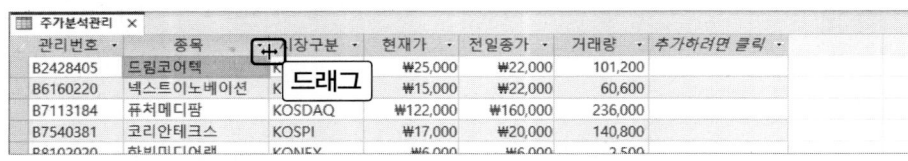

테이블 직접 작성하기

정답파일 Part 01 시험 유형 따라하기₩CHAPTER02_정답.accdb

다음 조건을 이용하여 테이블을 작성하시오.

조건	[테이블2] 이름 : 애널리스트정보

- [테이블2] : 아래 ≪출력형태≫를 참고하여 테이블을 직접 작성하고 디자인을 적용하시오.
- 단, 경력은 '1' 이상 '10' 이하인 데이터만 입력받도록 유효성 검사를 이용하시오.

필드 이름	관리번호	이름	경력	소속증권사	연평균수익률(%)
데이터 형식	짧은 텍스트	짧은 텍스트	숫자	짧은 텍스트	숫자
크기 (또는 형식)	8	10	정수(Long) 유효성 검사	20	바이트

출력형태

관리번호	이름	경력	소속증권사	연평균수익률(%)
B2428405	김현지	2	에이스인베스트먼트	5
B6160220	윤대협	5	퓨처리서치증권	7
B7113184	이동욱	3	퓨처리서치증권	4
B7540381	강해린	10	넥스트캐피탈증권	11
B8102020	데이비드	7	에이스인베스트먼트	15
E9281731	마이클	5	넥스트캐피탈증권	9
S4198038	한기술	10	제이파이낸셜증권	6
T0304292	장지호	5	에이스인베스트먼트	14
T3436615	오다민	8	제이파이낸셜증권	11
T6826405	박지현	2	넥스트캐피탈증권	4

SECTION 01 테이블 직접 작성하기

① [만들기] 탭 - [테이블] 그룹 - [테이블 디자인](▦)을 클릭한다.

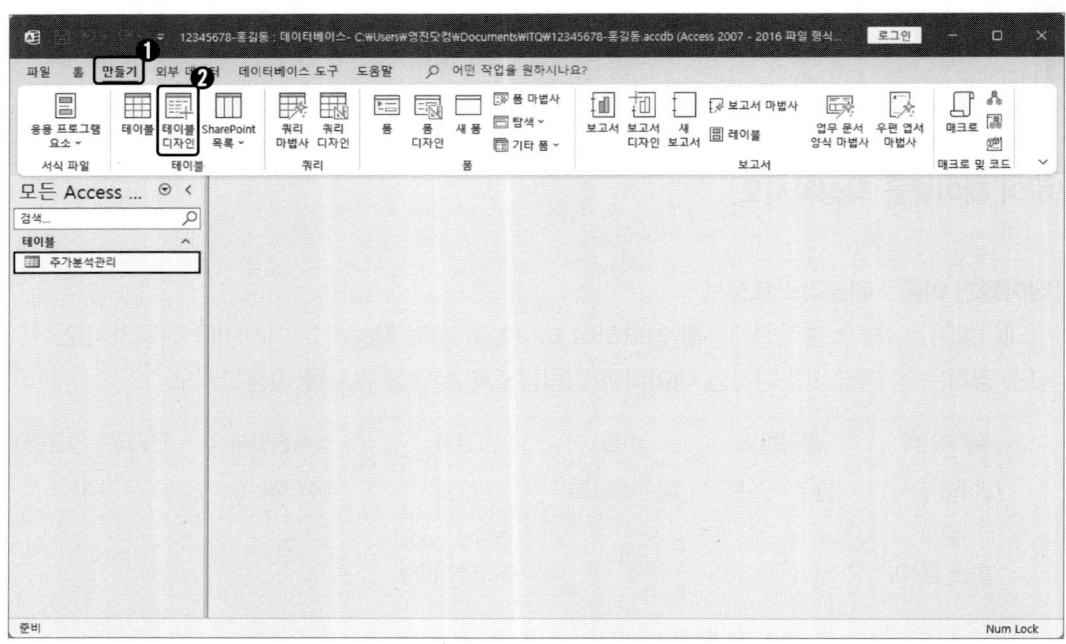

> **기적의 TIP**

필드 속성
필드는 데이터 형식에 따라 각각 여러 속성을 설정할 수 있다.

주요 필드 속성	설명
필드 크기	최대 문자 수 또는 크기를 지정
형식	데이터가 화면에 표시되는 형식을 지정
입력 마스크	사용자가 일정한 형식대로 입력하도록 강제
캡션	필드명 대신 표시할 제목
기본값	자동으로 입력되는 값
유효성 검사 규칙	입력 값에 대한 허용 조건을 지정
유효성 검사 텍스트	유효성 검사 실패 시 사용자에게 보여줄 오류 메시지
필수	반드시 값을 입력해야 하는지 여부 지정
인덱스	검색 속도를 빠르게 하기 위해 설정하는 기능
IME 모드	커서가 해당 필드에 놓였을 때 입력 방식 지정

② [필드 이름]의 첫 번째 셀에 『관리번호』를 입력하고 [데이터 형식]을 '짧은 텍스트'로 지정한다.
→ [필드 크기]를 『8』로 입력하여 수정한다.

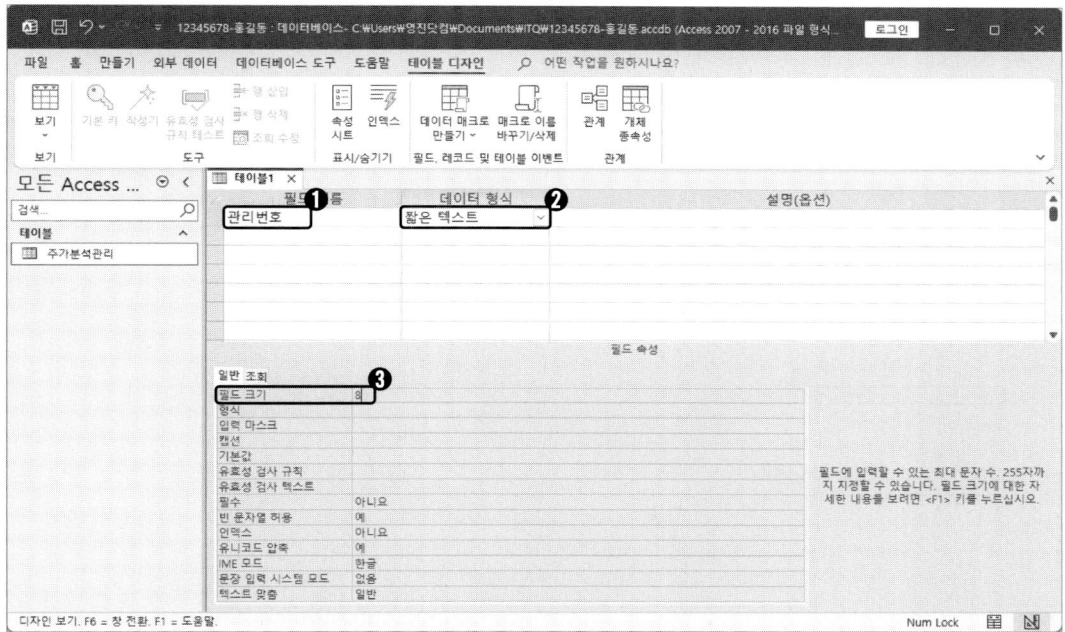

③ [필드 이름]의 두 번째 셀에 『이름』을 입력하고 [데이터 형식]을 '짧은 텍스트'로 지정한다.
→ [필드 크기]를 『10』으로 입력하여 수정한다.

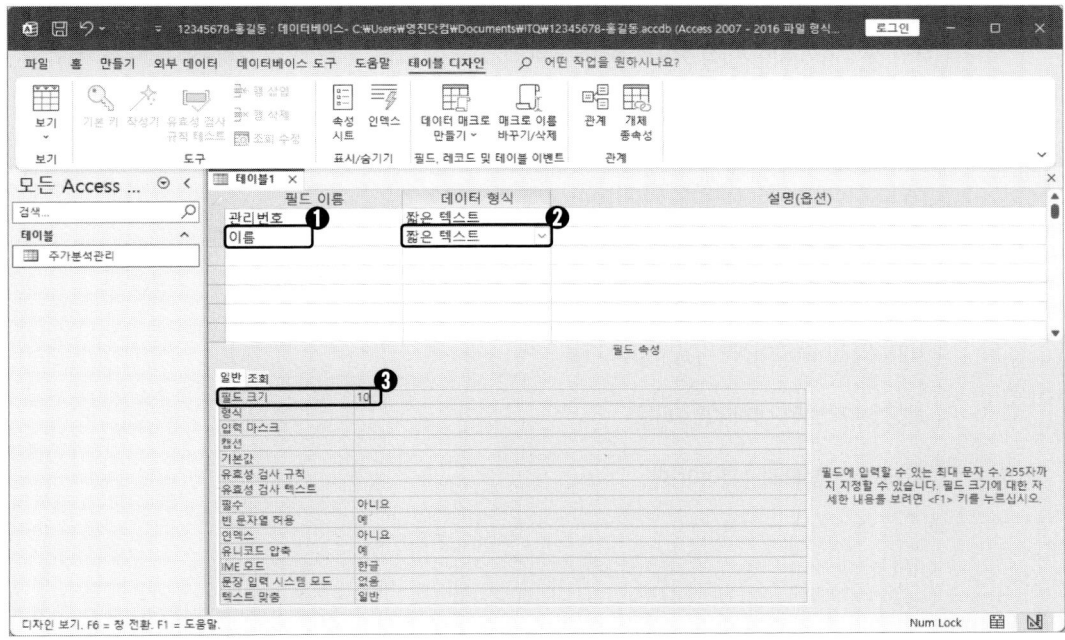

④ [필드 이름]의 세 번째 셀에 『경력』을 입력하고 [데이터 형식]을 '숫자'로 지정한다.
　→ [필드 크기]를 '정수(Long)'로 지정한다.
　→ [유효성 검사 규칙]에 조건식 『>=1 And <=10』을 입력한다.

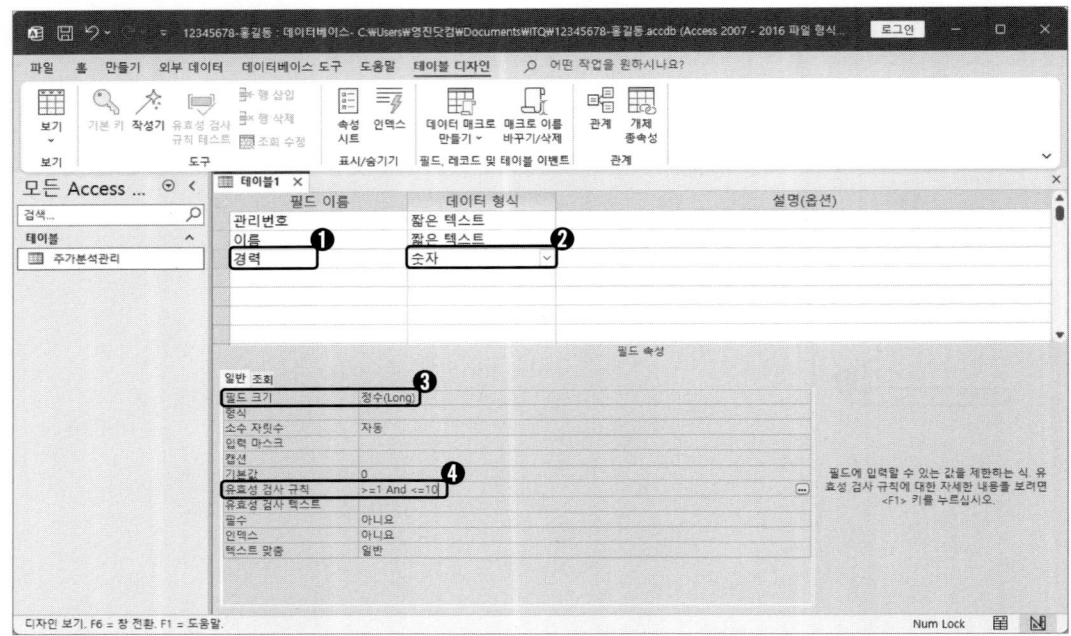

> 기적의 TIP

유효성 검사 규칙 정리

사용 예시	설명
>=0	0 이상만 입력 가능(음수 입력 불가)
>=1 And <=100	1 이상 100 이하만 입력 가능
<>0	0은 입력할 수 없음(0이 아닌 값만 허용)
In ("남", "여")	'남' 또는 '여'만 입력 가능
Like "A*"	'A'로 시작하는 문자열만 입력 가능 (*A이면 A로 끝나는 문자열을 의미)
Not Like "*[!0-9]*"	숫자만 입력 가능
Is Null Or >=18	비어 있거나 18 이상인 값만 입력 가능
Between #2024-01-01# And #2024-12-31#	해당 날짜 범위 내의 값만 허용
Len([필드명])=4	문자 수가 정확히 4자여야 함

⑤ [필드 이름]의 네 번째 셀에 『소속증권사』를 입력하고 [데이터 형식]을 '짧은 텍스트'로 지정한다.

→ [필드 크기]를 『20』으로 입력하여 수정한다.

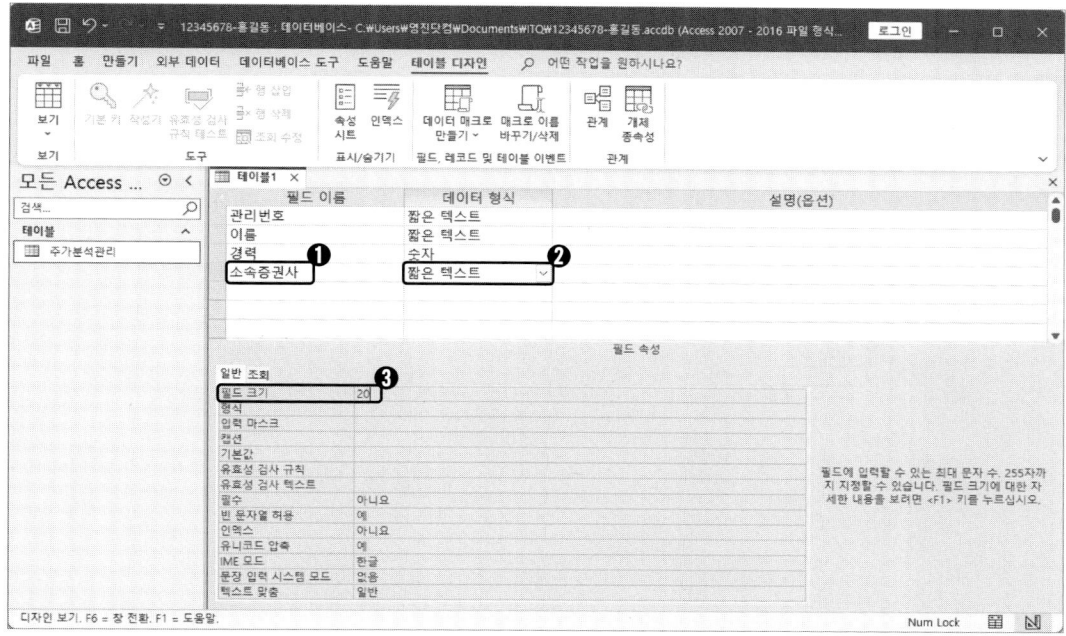

⑥ [필드 이름]의 다섯 번째 셀에 『연평균수익률(%)』을 입력하고 [데이터 형식]을 '숫자'로 지정한다.

→ [필드 크기]를 '바이트'로 지정한다.

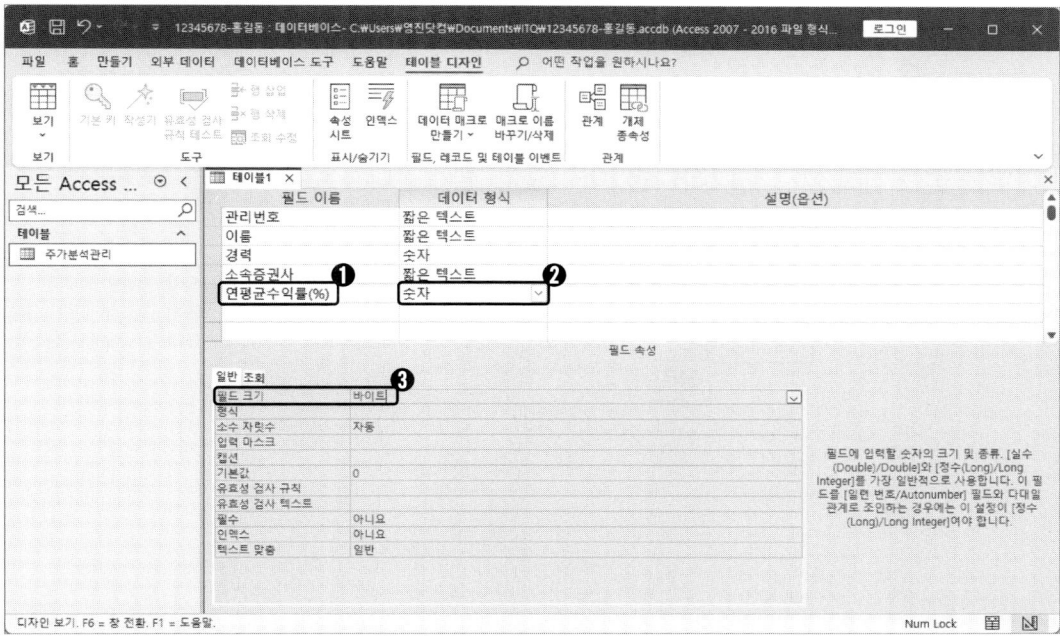

SECTION 02 테이블에 데이터 입력하기

① [테이블 디자인] 탭 – [보기] – [데이터시트 보기](▦)를 클릭한다.
→ 저장 여부를 묻는 대화상자가 나타나면 [예]를 클릭한다.

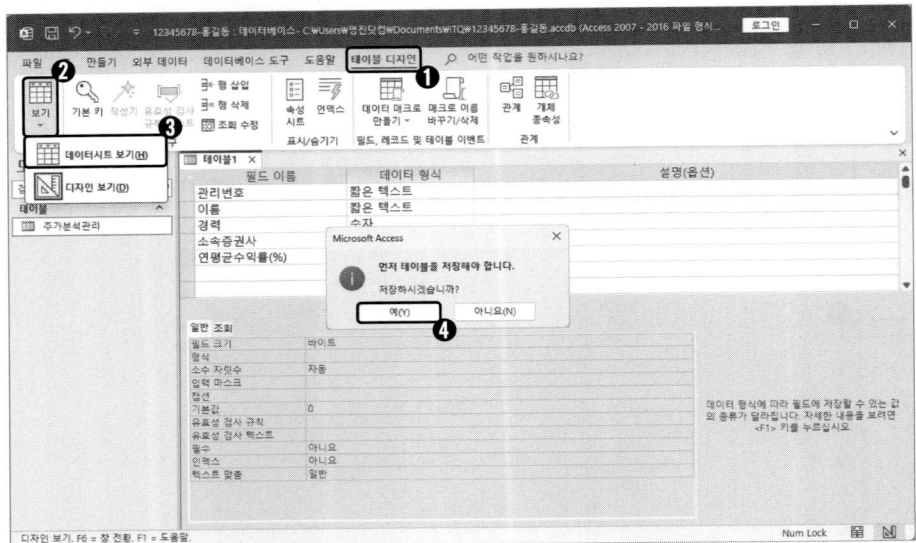

② [다른 이름으로 저장] 대화상자의 [테이블 이름]에 『애널리스트정보』를 입력하고 [확인]을 클릭한다.

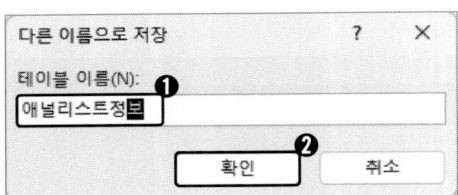

③ 기본 키 정의 여부를 묻는 대화상자가 나타나면 [아니요]를 클릭한다.

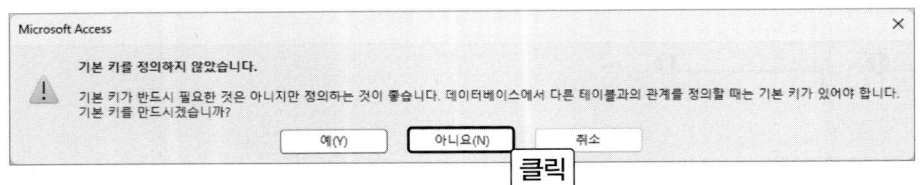

> 📋 **기적의 TIP**
>
> 기본 키를 만들면 [ID]라는 '일련 번호' 필드가 만들어 진다. 이는 [디자인 보기] 에서 [행 삭제]로 지울 수 있다.

④ ≪출력형태≫를 참고하여 셀에 데이터를 입력한다. Enter 나 Tab 을 누르면 다음 필드로 이동할 수 있다.

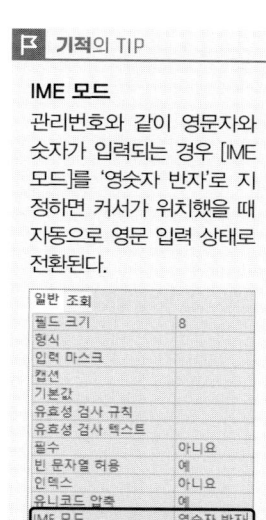

IME 모드
관리번호와 같이 영문자와 숫자가 입력되는 경우 [IME 모드]를 '영숫자 반자'로 지정하면 커서가 위치했을 때 자동으로 영문 입력 상태로 전환된다.

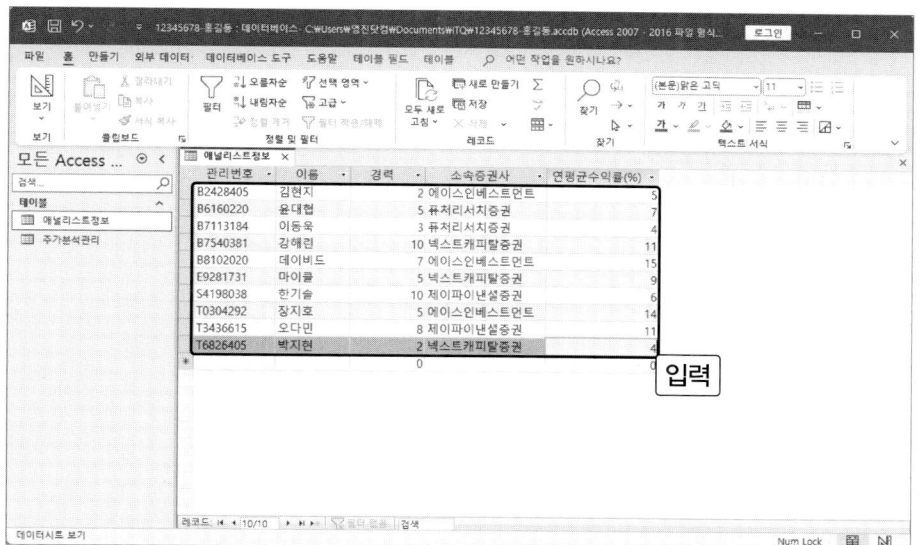

기적의 TIP

유효성 검사 규칙 위반 시
위에서 '경력' 필드는 1에서 10까지의 숫자만 입력하도록 설정되어 있다. 만약 이 설정을 벗어나는 범위의 수를 입력하면 다음과 같은 오류 메시지가 나타난다.

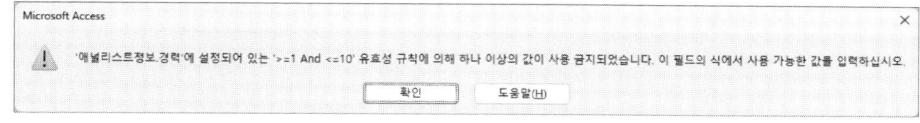

MEMO

유형분석 문제 ❷

선택 쿼리

배점 **90점** | A등급 목표점수 **75점**

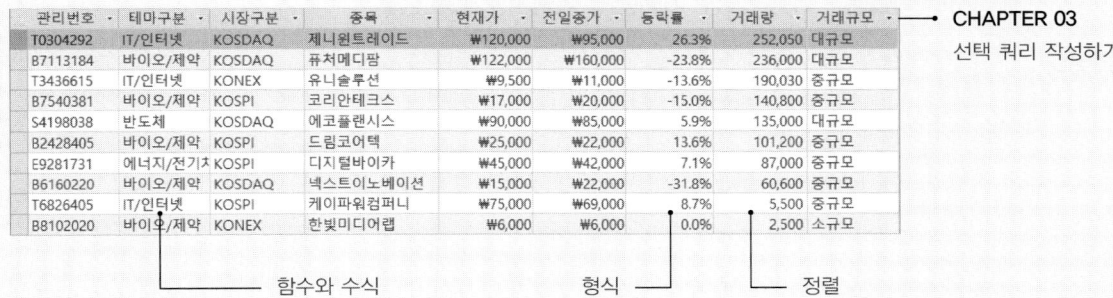

CHAPTER 03
선택 쿼리 작성하기

함수와 수식 — 형식 — 정렬

출제포인트
쿼리 디자인 · 필드 입력 · 함수 · 소수 자릿수

출제기준
주어진 조건을 적용하여 쿼리를 디자인하고 데이터를 추출하는 능력을 평가하는 문항입니다.

A등급 TIP
출력형태를 꼼꼼하게 체크하세요. 다양한 함수/구문을 연습하여 실전에 응용할 수 있어야 합니다.

선택 쿼리 작성하기

문제파일 CHAPTER03_문제.accdb
정답파일 CHAPTER03_정답.accdb

❋ 문제 파일을 불러온 후 작업

[테이블1:주가분석관리]를 이용하여 다음과 같은 조건에 따라 쿼리를 완성하시오.

조건	
	(1) 쿼리 이름 : 주가분석관리현황
	(2) 테마구분 : 관리번호의 첫 번째 글자가 'S'이면 '반도체', 'B'이면 '바이오/제약', 'E'이면 '에너지/전기차', 'T'이면 'IT/인터넷'으로 적용(SWITCH, LEFT 함수 사용)
	(3) 등락률 : 「(현재가 ÷ 전일종가) - 1」로 계산(ROUND 함수 사용)
	(4) 거래규모 : 「현재가 × 거래량」으로 계산하고, 결과값이 '100,000,000' 미만이면 '소규모', '10,000,000,000' 이상이면 '대규모', 그 이외에는 '중규모'로 적용(IIF 함수 사용)
	(5) 등락률은 백분율 형식, 거래량의 내림차순으로 정렬

출력형태	

관리번호	테마구분	시장구분	종목	현재가	전일종가	등락률	거래량	거래규모
T0304292	IT/인터넷	KOSDAQ	제니원트레이드	₩120,000	₩95,000	26.3%	252,050	대규모
B7113184	바이오/제약	KOSDAQ	퓨처메디팜	₩122,000	₩160,000	-23.8%	236,000	대규모
T3436615	IT/인터넷	KONEX	유니솔루션	₩9,500	₩11,000	-13.6%	190,030	중규모
B7540381	바이오/제약	KOSPI	코리안테크스	₩17,000	₩20,000	-15.0%	140,800	중규모
S4198038	반도체	KOSDAQ	에코플랜시스	₩90,000	₩85,000	5.9%	135,000	대규모
B2428405	바이오/제약	KOSPI	드림코어텍	₩25,000	₩22,000	13.6%	101,200	중규모
E9281731	에너지/전기차	KOSPI	디지털바이카	₩45,000	₩42,000	7.1%	87,000	중규모
B6160220	바이오/제약	KOSDAQ	넥스트이노베이션	₩15,000	₩22,000	-31.8%	60,600	중규모
T6826405	IT/인터넷	KOSPI	케이파워컴퍼니	₩75,000	₩69,000	8.7%	5,500	중규모
B8102020	바이오/제약	KONEX	한빛미디어랩	₩6,000	₩6,000	0.0%	2,500	소규모

SECTION 01   새 쿼리 만들기

① [만들기] 탭 – [쿼리] 그룹 – [쿼리 디자인](▦)을 클릭한다.

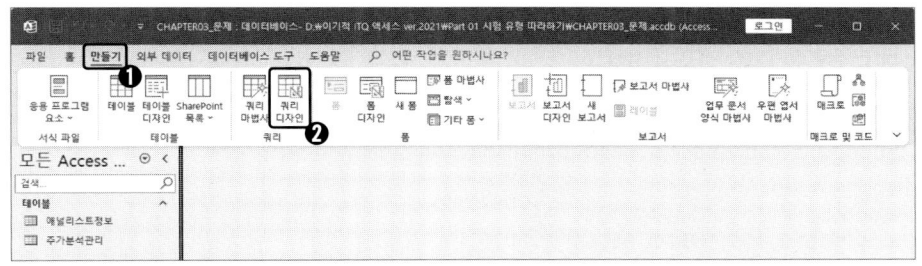

> **기적의 TIP**
>
> **쿼리(Query)**
> 테이블에 저장된 데이터를 조회, 계산, 필터링, 수정을 하기 위한 명령이다. 복잡한 조건이나 여러 테이블을 연결해 원하는 데이터를 추출하거나 가공할 수 있다.

② [테이블 추가] 작업창이 열리면 [테이블] 탭에서 '주가분석관리'를 선택하고 [선택한 표 추가]를 클릭한다.

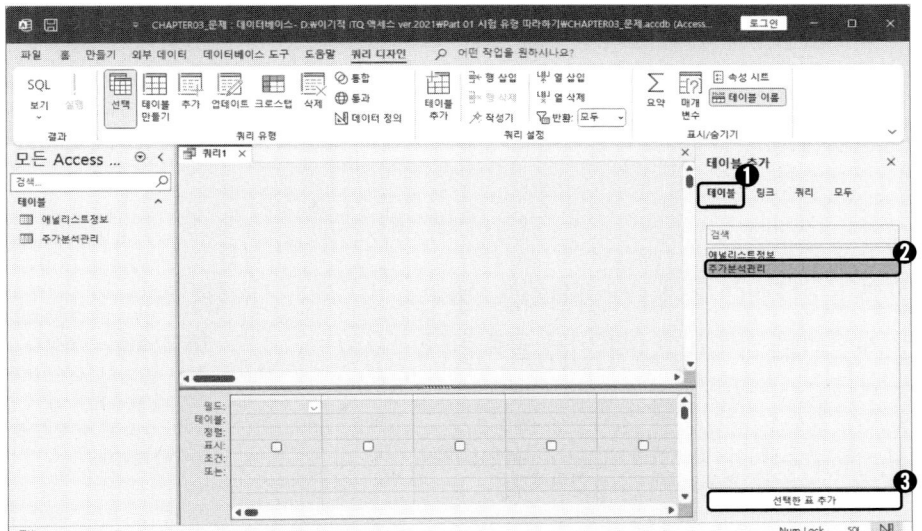

> **기적의 TIP**
>
> **선택 쿼리**
> 조건에 따라 특정 필드나 계산된 필드를 조회하고, 필터링, 정렬, 표현식 계산 등을 수행하며 원본 데이터를 수정하지 않는 쿼리이다.

SECTION 02 쿼리에서 함수 활용하기

① '주가분석관리' 테이블에서 '관리번호'를 더블클릭하여 첫 번째 필드에 입력시킨다.
→ Enter 를 누르면 다음 필드로 커서가 이동한다.

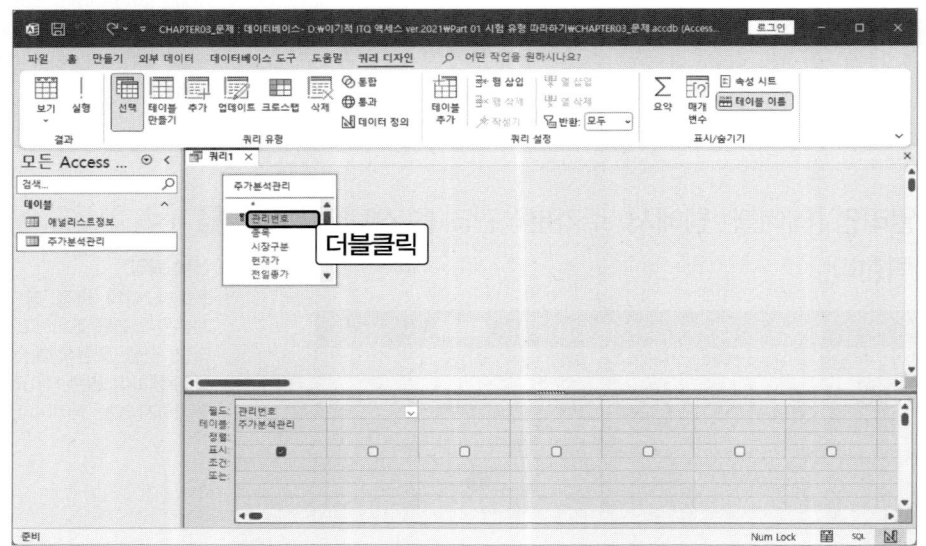

② 다음 필드에서 Shift + F2 를 눌러 [확대/축소] 대화상자를 연다.
→ 아래와 같이 '테마구분' 계산식을 입력하고 [확인]을 클릭한다.

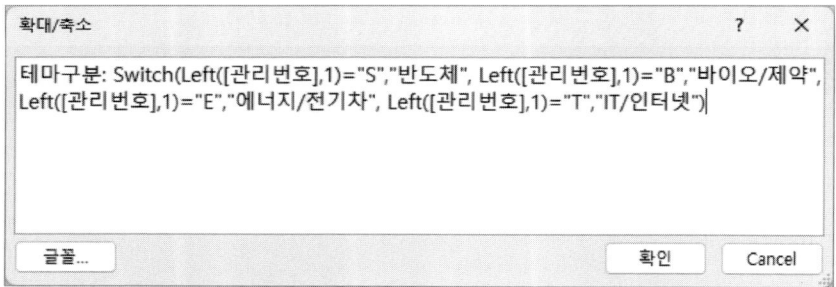

> 🏁 **기적의 TIP**
>
> **[확대/축소] 대화상자**
> 작은 칸에서 길고 복잡한 식이나 텍스트를 쉽게 입력하고 수정할 수 있도록 돕는 편집 창이다.

> 🏁 **기적의 TIP**
>
> **출력필드이름: 계산식**
> 출력 필드명(별칭)을 지정할 때는 콜론(:)을 사용한다.

💬 함수/구문 설명

Left([관리번호], 1)
⇒ 관리번호에서 첫 번째 글자만 추출

Switch (조건1, 값1, 조건2, 값2, ...)
⇒ 조건이 참인 경우 해당 값을 반환, 즉 관리번호 첫 글자가 "S"이면 "S"="S"가 참이 되어 "반도체" 반환

③ '시장구분', '종목', '현재가', '전일종가'를 더블클릭하여 입력하고 Enter 를 누른다.

> 🄵 **기적**의 TIP
>
> ≪출력형태≫ 순서대로 '시장구분'을 '종목'보다 먼저 입력한다.

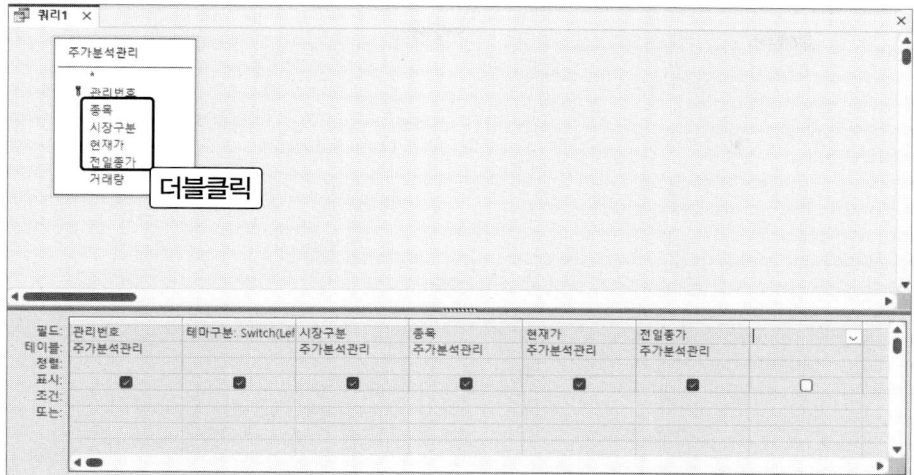

④ 다음 필드에서 Shift + F2 를 눌러 [확대/축소] 대화상자를 연다.
→ 아래와 같이 '등락률' 계산식을 입력하고 [확인]을 클릭한다.

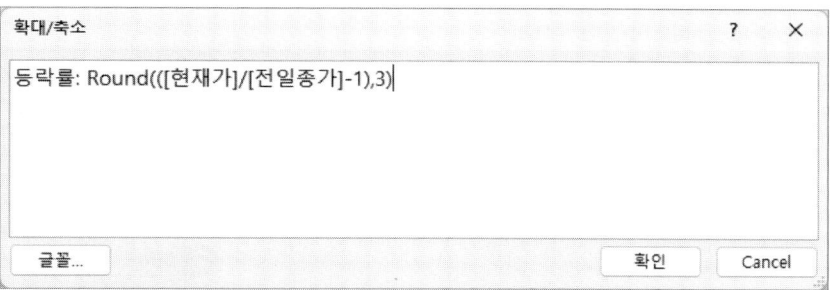

💬 함수/구문 설명

[현재가] / [전일종가] - 1
⇒ 현재 주가와 전일 종가를 비교하여 등락률 계산

Round(... , 3)
⇒ 계산된 등락률을 소수점 셋째 자리까지 반올림

⑤ '거래량'을 더블클릭하여 입력하고 Enter 를 누른다.

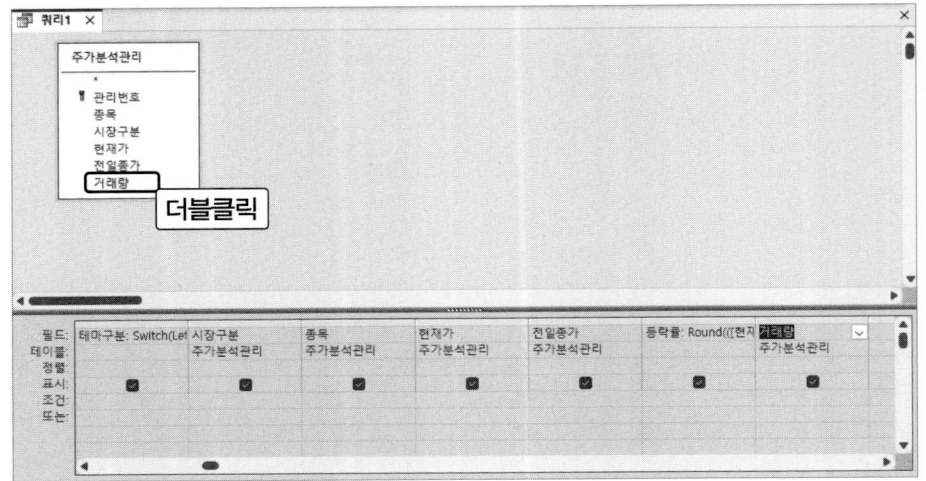

⑥ 다음 필드에서 Shift + F2 를 눌러 [확대/축소] 대화상자를 연다.
→ 아래와 같이 '거래규모' 계산식을 입력하고 [확인]을 클릭한다.

거래규모: IIf([현재가]*[거래량]<100000000,"소규모", IIf([현재가]*[거래량]>=10000000000,"대규모","중규모"))

💬 함수/구문 설명

IIf(조건, 참일 때 반환 값, 거짓일 때 반환 값)
⇒ 조건이 참인지 거짓인지 판단하여 해당 값을 반환

> **기적의 TIP**
> 액세스의 조건 함수 이름은 if()가 아니라 iif()인 것에 유의한다.

SECTION 03 속성 설정과 정렬하기

① '등락률' 필드에서 마우스 오른쪽 클릭한다.
→ [속성]을 클릭한다.

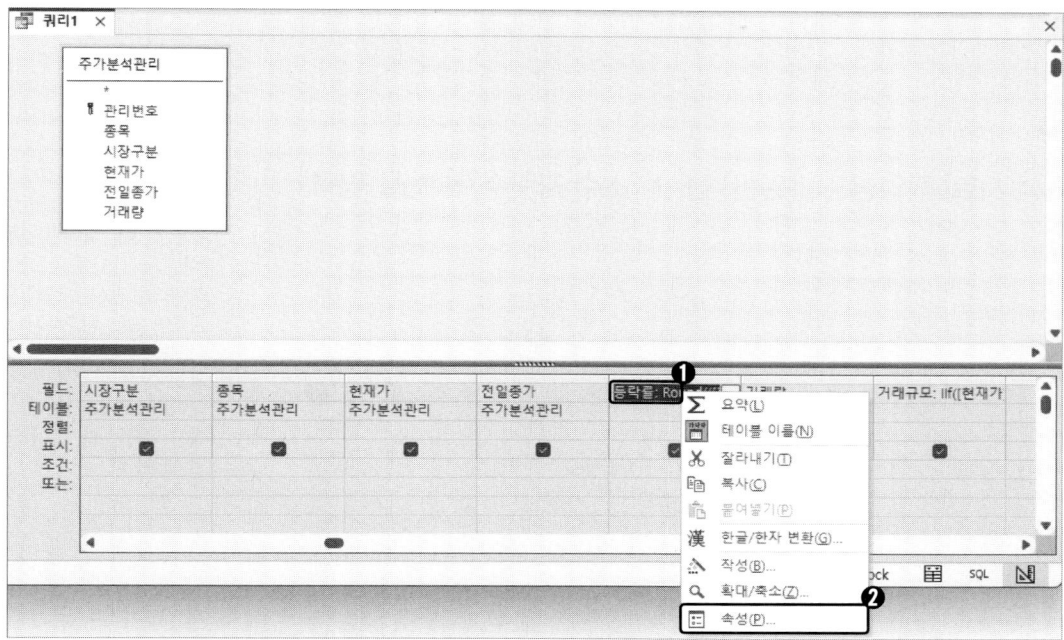

② [속성 시트] 작업창이 열리면 [일반] 탭 – [형식]을 '백분율'로 지정한다.

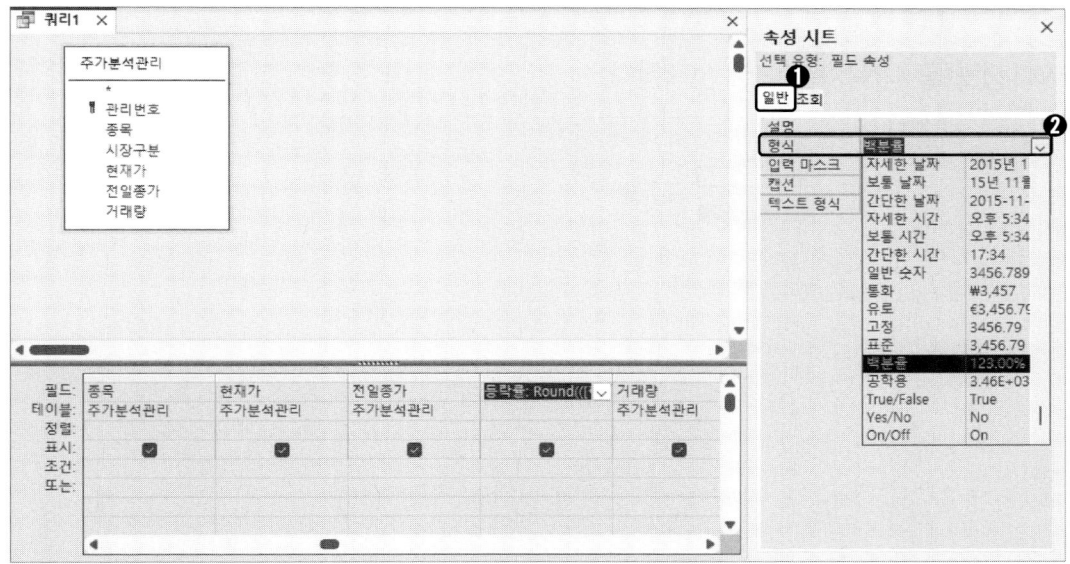

③ [쿼리 디자인] 탭 – [보기] – [데이터시트 보기](▦)를 클릭한다.
   → 다시 [디자인 보기](◩)를 클릭한다.

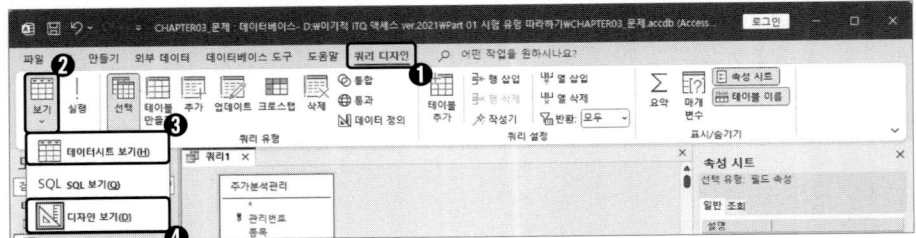

④ '등락률'의 [속성 시트] 작업창 – [일반] 탭 – [소수 자릿수]에 『1』을 입력한다.

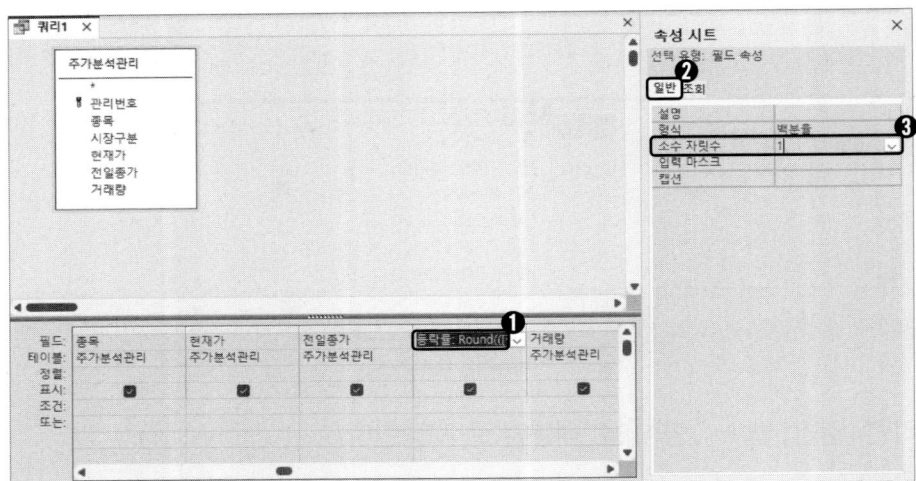

> 💡 해결 TIP
>
> **소수 자릿수 설정이 안보여요!**
> 액세스는 속성 시트의 표시 항목이 일부 지연되거나 조건부로 나타나는 구조를 갖고 있다.
> 데이터시트 보기로 갔다가 다시 디자인 보기로 돌아오면 해결된다.

⑤ '거래량' 필드의 [정렬]을 '내림차순'으로 선택한다.

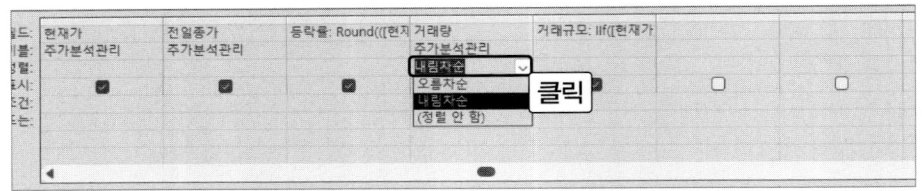

⑥ 다시 [쿼리 디자인] 탭 – [보기] – [데이터시트 보기](▦)를 클릭한다.
→ ≪출력형태≫와 같은지 확인하고 [닫기](✕)를 클릭한다.

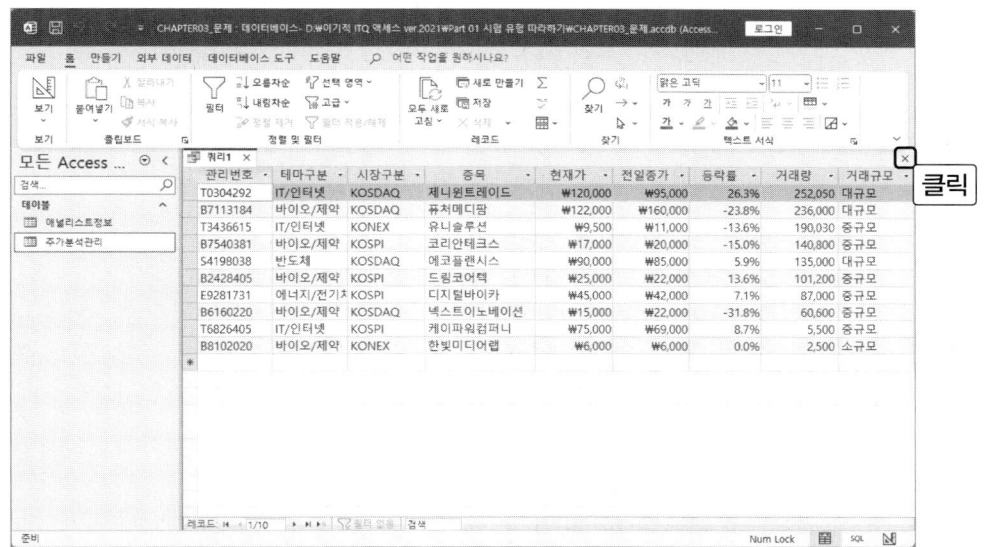

⑦ 저장 여부를 묻는 대화상자가 나타나면 [예]를 클릭한다.
→ [다른 이름으로 저장] 대화상자의 [쿼리 이름]에 『주가분석관리현황』을 입력하고 [확인]을 클릭한다.

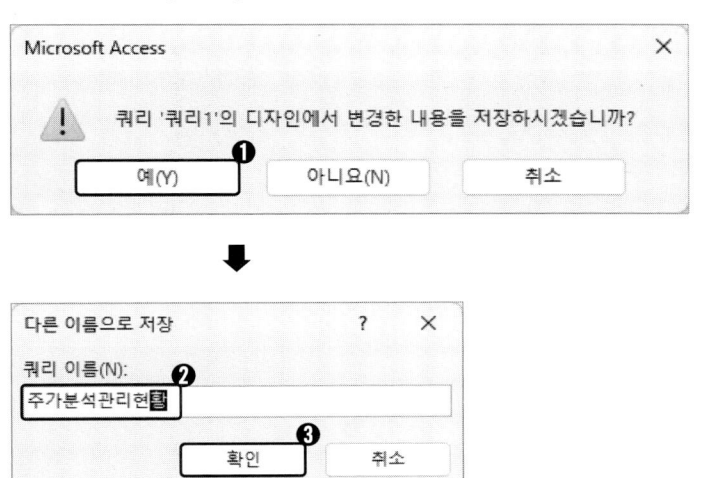

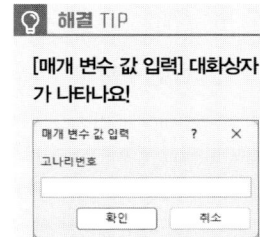

💡 해결 TIP

[매개 변수 값 입력] 대화상자가 나타나요!

쿼리의 필드명에 오타가 있을 때 주로 나타난다. 대화상자에 표시된 텍스트를 쿼리에서 찾아 수정하면 해결된다.

기적의 TIP

액세스 출제 함수 및 구문 정리

1. 논리/조건

함수/구문	예제 설명
IIf	IIf([점수])=90, "A", "B") ⇒ 점수가 90 이상이면 A, 아니면 B
And	IIf([나이])=18 And [회원]=True, "성인회원", "비회원") ⇒ 여러 조건을 모두 만족해야 함, 나이가 18이상이면서 회원이면 "성인회원"
Or	IIf([직급]="과장" Or [직급]="차장", "중간관리자", "일반") ⇒ 둘 중 하나만 만족해도 참, 직급이 과장이나 차장이면 "중간관리자"
Switch	Switch([코드]="S", "반도체", [코드]="B", "바이오") ⇒ 조건별로 값 분기
Choose	Choose([등급], "하", "중", "상") ⇒ 숫자 1~3 → 해당하는 값 선택, 등급이 1이면 "하"

2. 수학/계산

함수/구문	예제 설명
Abs	Abs([수익]) ⇒ 절대값 반환, 음수를 양수로 변환
Int	Int([금액]) ⇒ 소수점 버림
Round	Round([평균], 1) ⇒ 소수점 첫째 자리까지 반올림
Val	Val("123원") ⇒ 문자열에서 숫자 추출 (123)
Sum	Sum([판매량]) ⇒ 그룹 합계
Avg	Avg([점수]) ⇒ 그룹 평균
Max	Max([가격]) ⇒ 그룹 내 최대값
Count	Count([이메일]) ⇒ 이메일이 있는 행의 개수

3. 문자열 처리

함수/구문	예제 설명
Left	Left([코드], 2) ⇒ 앞 2글자 추출
Right	Right([전화번호], 4) ⇒ 뒷 4자리 추출
Mid	Mid([주민번호], 3, 2) ⇒ 주민번호 3번째부터 2글자 추출, 920214 → 02
Len	Len([이름]) ⇒ 문자 수 길이 반환
InStr	InStr([이메일], "@") ⇒ 문자열 내 특정 문자의 위치 반환, user@exam.com → 5
Replace	Replace([주소], "서울", "Seoul") ⇒ 문자열 치환, 서울 → Seoul
Format	Format([날짜], "yyyy-mm-dd") ⇒ 날짜를 특정 형식으로 표시

4. 날짜 처리

함수/구문	예제 설명
DateAdd	DateAdd("m", 3, [가입일]) ⇒ 가입일로부터 3개월 뒤 계산
DateDiff	DateDiff("yyyy", [생년월일], Date()) ⇒ 두 날짜 사이의 차이를 구함, 현재 나이 계산
DateSerial	DateSerial(2025, 12, 25) ⇒ 각각의 숫자를 하나의 날짜로 구성, 2025-12-25
Weekday	Weekday([주문일]) ⇒ 요일 번호 반환 (1=일요일)
Year	Year([등록일]) ⇒ 연도만 추출, 2025-12-25 → 2025

MEMO

유형분석 문제 ③

조인 쿼리

배점 **80점** | A등급 목표점수 **65점**

이름	경력	소속증권사	연평균수익률(%)	현재가
데이비드	7	에이스인베스트먼트	15	₩6,000
윤대협	5	퓨처리서치증권	7	₩15,000
마이클	5	넥스트캐피탈증권	9	₩45,000

조건 설정 ── 정렬

CHAPTER 04
조인 쿼리 작성하기

출제포인트
관계 · 조인 속성 · 필드 입력 · 표시 체크

출제기준
두 테이블을 주어진 조건에 맞게 연결하는 능력을 평가하는 문항입니다.

A등급 TIP
조건과 출력형태를 확인하며 진행하세요. 조인 쿼리는 매회 비슷한 형태가 출제되고 있으므로 유형을 파악하면 쉽게 해결할 수 있습니다.

CHAPTER 04 조인 쿼리 작성하기

문제파일 CHAPTER04_문제.accdb
정답파일 CHAPTER04_정답.accdb

※ 문제 파일을 불러온 후 작업

[테이블1:주가분석관리]와 [테이블2:애널리스트정보]를 이용하여 다음과 같은 조건에 따라 쿼리를 완성하시오.

조건	(1) 쿼리 이름 : 주가분석관리현황 분석 (2) 테이블조인 : '관리번호'를 기준으로 관계 설정(조건 : 두 테이블의 조인된 필드가 일치하는 행만 포함) (3) 거래량이 '100,000' 미만이고 연평균수익률(%)이 '5' 이상인 데이터를 추출하고, 현재가를 기준으로 정렬하여 ≪출력형태≫와 같이 선택 쿼리를 작성하시오.
출력형태	<table><tr><th>이름</th><th>경력</th><th>소속증권사</th><th>연평균수익률(%)</th><th>현재가</th></tr><tr><td>데이비드</td><td>7</td><td>에이스인베스트먼트</td><td>15</td><td>₩6,000</td></tr><tr><td>윤대협</td><td>5</td><td>퓨처리서치증권</td><td>7</td><td>₩15,000</td></tr><tr><td>마이클</td><td>5</td><td>넥스트캐피탈증권</td><td>9</td><td>₩45,000</td></tr></table>

SECTION 01 새 쿼리 만들기

① [만들기] 탭 – [쿼리] 그룹 – [쿼리 디자인](▦)을 클릭한다.

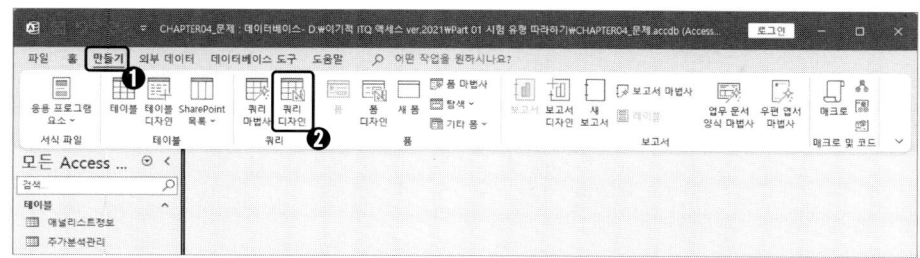

> **기적의 TIP**
>
> **조인 쿼리**
> 두 개 이상의 테이블을 공통 필드를 기준으로 연결하여 하나의 결과로 조회한다. 관련된 데이터를 통합해 보여주고, 조건에 따라 필터링이나 계산도 가능하다.

② [테이블 추가] 작업창이 열리면 [테이블] 탭에서 '주가분석관리', '애널리스트정보'에 [선택한 표 추가]를 각각 클릭한다.

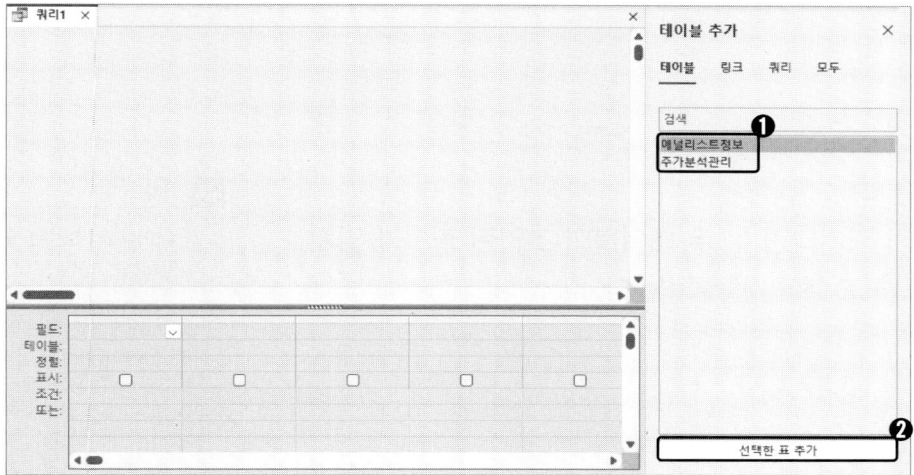

SECTION 02 　관계 설정하기

① '주가분석관리' 테이블의 '관리번호' 필드를 '애널리스트정보' 테이블의 '관리번호' 필드로 드래그한다.

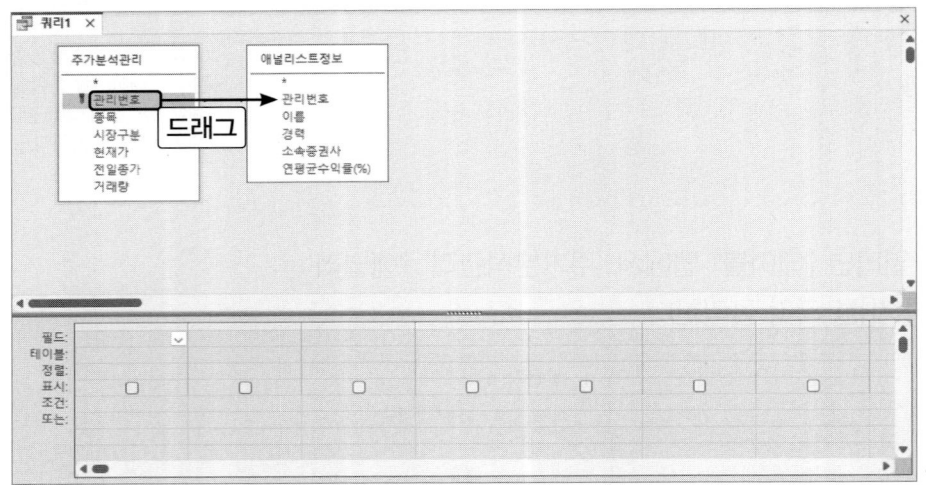

> **기적의 TIP**
>
> **관계 설정**
> 기준 테이블의 기본 키 필드를 클릭하여 연결할 다른 테이블의 외래 키 필드로 드래그한다.

② 관계 설정 선을 더블클릭한다.
→ [조인 속성] 대화상자가 나타나면 '1: 두 테이블의 조인된 필드가 일치하는 행만 포함'을 선택하고 [확인]을 클릭한다.

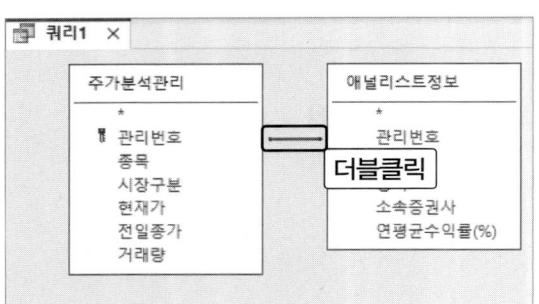

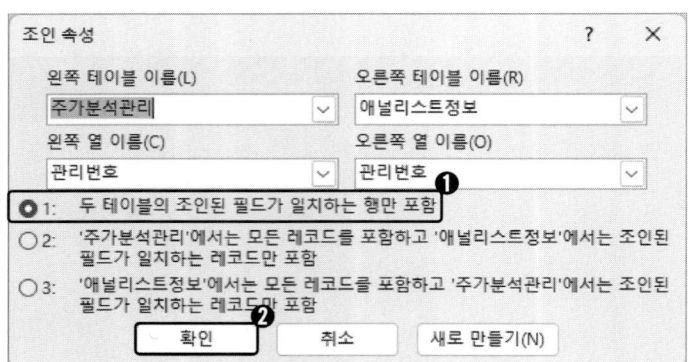

> **기적의 TIP**
>
> **두 테이블의 조인된 필드가 일치하는 행만 포함**
> SQL 용어로 내부 조인(Inner Join)에 해당하는 가장 기본 옵션이다. 두 테이블에서 조인 조건(공통 필드)이 일치하는 행만 결과에 포함하겠다는 의미이다.

SECTION 03 필드 입력하기

① '이름', '경력', '소속증권사', '연평균수익률(%)', '현재가' 순으로 더블클릭하여 필드를 추가한다.

> 🅵 기적의 TIP
>
> 필드 추가 순서는 ≪출력형태≫를 참고한다.

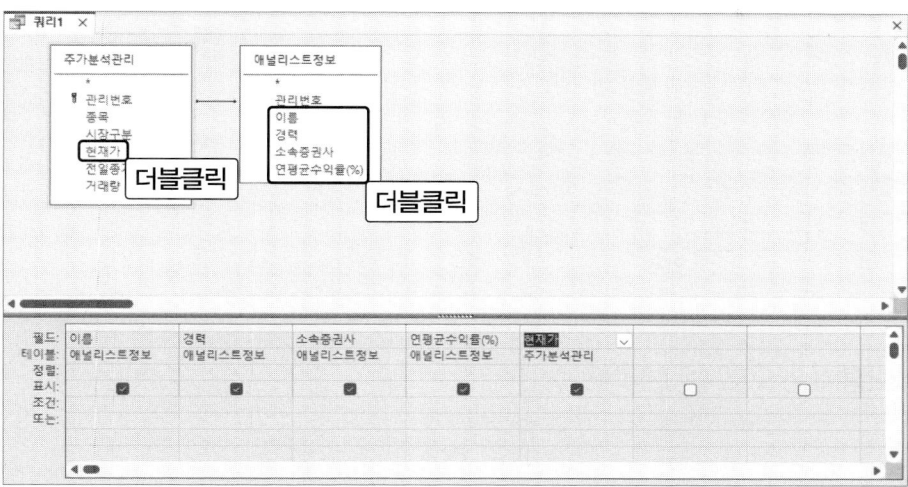

② '거래량' 필드를 더블클릭한다.
→ [조건]에 『<100000』를 입력한다.
→ ≪출력형태≫에 '거래량' 필드는 나타나지 않으므로 [표시]의 체크를 해제한다.

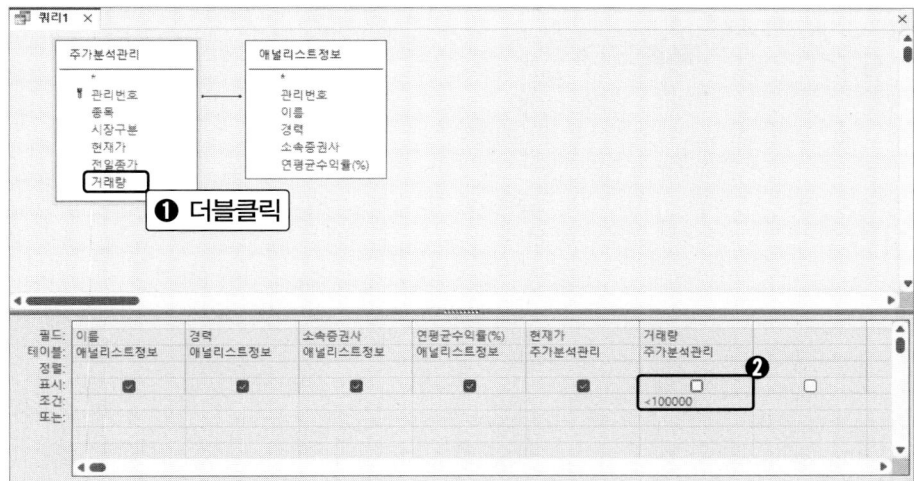

③ '연평균수익률(%)' 필드의 [조건]에 『>=5』를 입력한다.

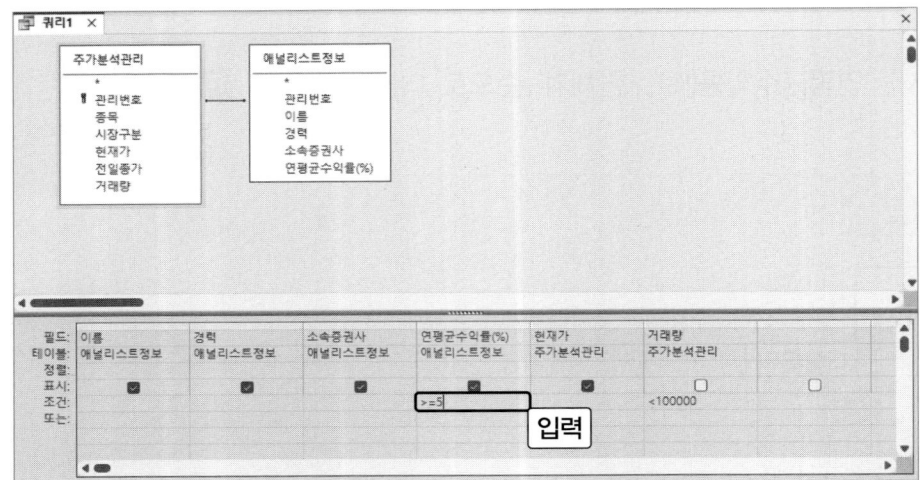

> **기적의 TIP**
>
> 거래량과 연평균수익률(%)이 And 조건이므로 같은 [조건] 행에 입력한다. 만약 Or 조건이면 서로 다른 행에 입력한다.

> **기적의 TIP**
>
> >= 논리연산은 크거나 같음의 의미이다. 같지 않음은 <>로 표시한다.

④ '현재가' 필드의 [정렬]을 '오름차순'으로 선택한다.

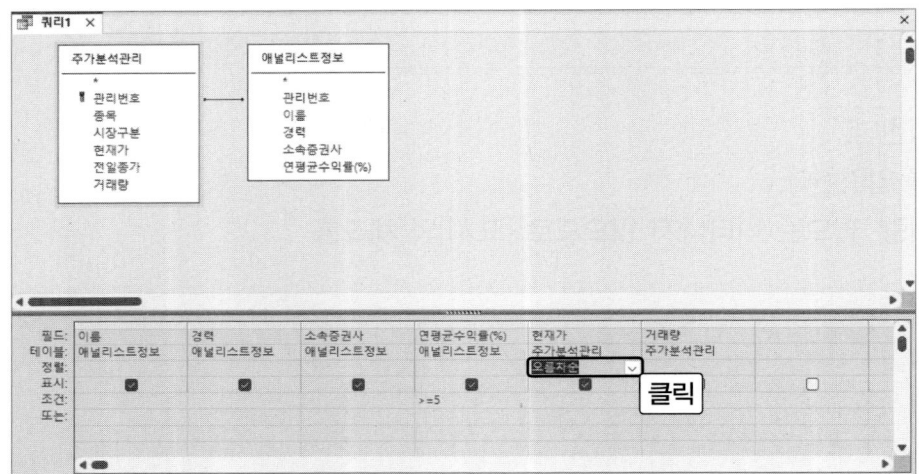

⑤ [보기] – [데이터시트 보기](▦)를 클릭한다.
→ ≪출력형태≫와 같은지 확인하고 [닫기](✕)를 클릭한다.

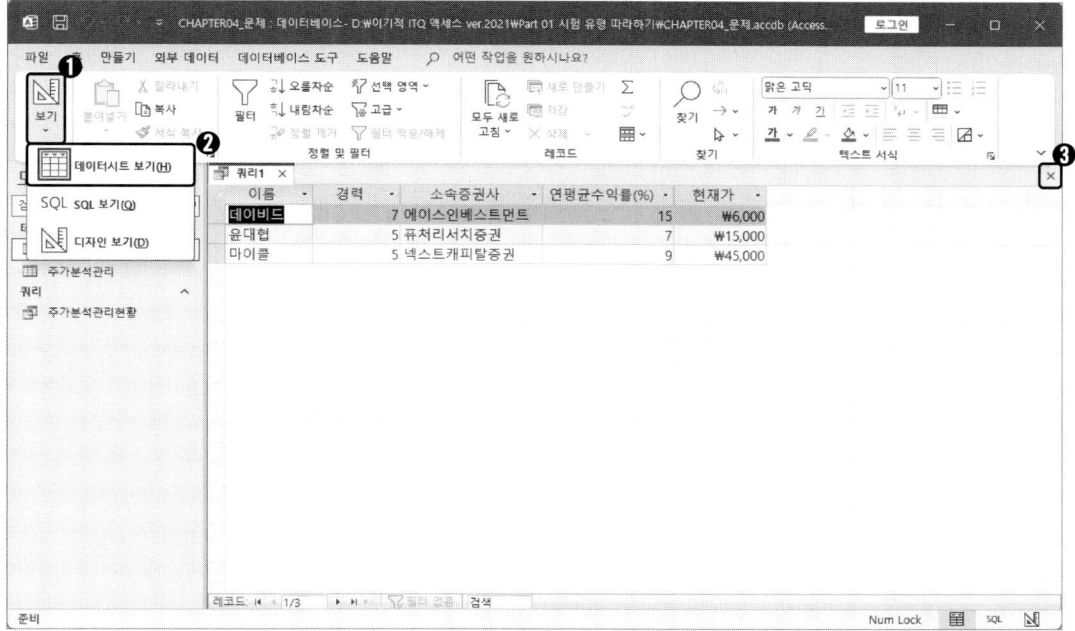

⑥ 저장 여부를 묻는 대화상자가 나타나면 [예]를 클릭한다.
→ [다른 이름으로 저장] 대화상자의 [쿼리 이름]에 『주가분석관리현황 분석』을 입력하고 [확인]을 클릭한다.

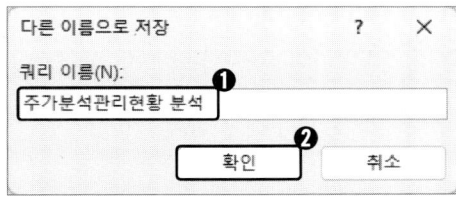

MEMO

유형분석 문제 ④

폼 설계

배점 **80점** | A등급 목표점수 **65점**

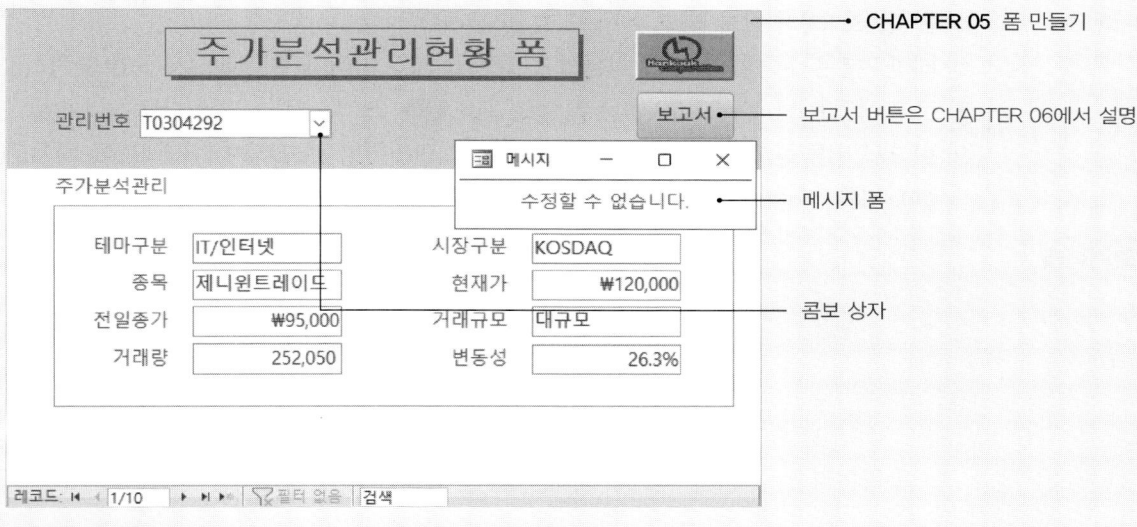

출제포인트
하위 폼 연결 · 글꼴 · 정렬 · 메시지 폼

출제기준
폼을 만들고 하위 폼을 연결하는 능력을 평가하는 문항입니다.

A등급 TIP
특정 필드를 클릭하면 메시지 폼이 나타나는 유형과 보고서 버튼 유형 중 하나가 출제되므로 작업 방법을 연습해두세요.

CHAPTER 05 폼 만들기

문제파일 CHAPTER05_문제.accdb
정답파일 CHAPTER05_정답.accdb

❋ 문제 파일을 불러온 후 작업

[쿼리:주가분석관리현황]을 이용하여 다음과 같은 모양의 폼을 설계하시오.

조건	
	(1) 폼 이름 : 주가분석관리현황 폼
	(2) 폼 제목 : 굴림, 22pt, 굵게, 가운데 맞춤, 특수 효과 : 그림자
	(3) 변동성 : 「(현재가 − 전일종가) ÷ 전일종가」로 계산한 결과의 절대값을 ≪출력형태≫와 같이 백분율로 적용(ABS 함수 사용)
	(4) '주가분석관리현황 폼'의 머리글 영역에 제목과 관리번호를 작성하고, 본문에 '관리번호' 필드를 기준으로 연결하여 '주가분석관리' 폼을 하위 폼으로 추가하시오.
	(5) 관리번호 : 입력란을 '콤보 상자'로 변경하시오.
	(6) 테마구분은 수정할 수 없게 작성하고, 클릭할 경우 아래와 같은 메시지 폼을 출력하시오.
	(7) 로고 삽입(Picture\로고3.jpg), 특수 효과 – 볼록, 크기(가로 – 2 cm, 세로 – 1 cm).
	(8) 보고서 버튼을 추가하고, 클릭하면 '주가분석관리현황 보고서'가 나타나도록 하시오(가로 – 2 cm, 세로 – 1 cm).
출력형태	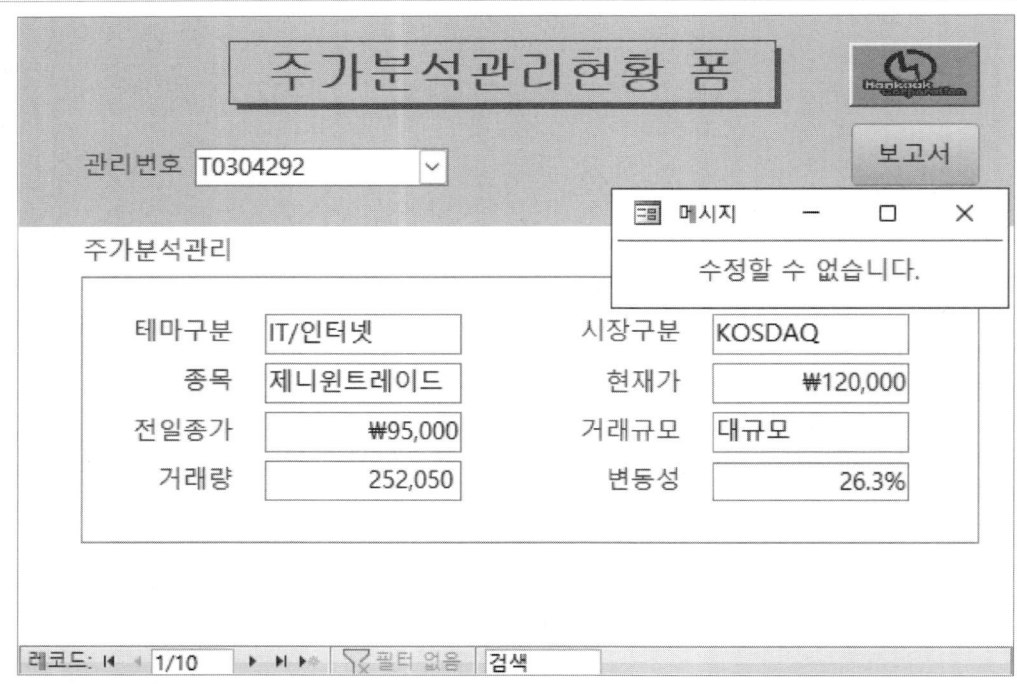

SECTION 01 하위 폼 만들기

① [만들기] 탭 – [폼] 그룹 – [폼 마법사]()를 클릭한다.

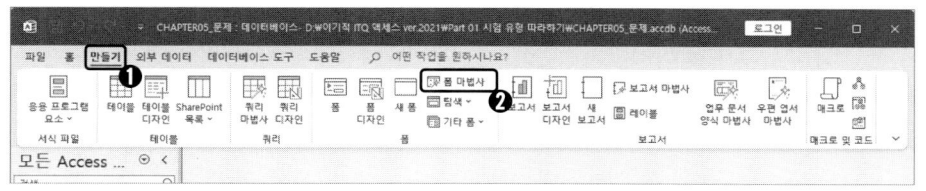

> **기적의 TIP**
>
> **폼(Form)**
> 테이블이나 쿼리에 연결된 데이터를 입력, 편집, 조회할 수 있도록 시각적으로 구성된 화면이다.

② [폼 마법사] 대화상자의 [테이블/쿼리]에서 '쿼리: 주가분석관리현황'을 선택한다.

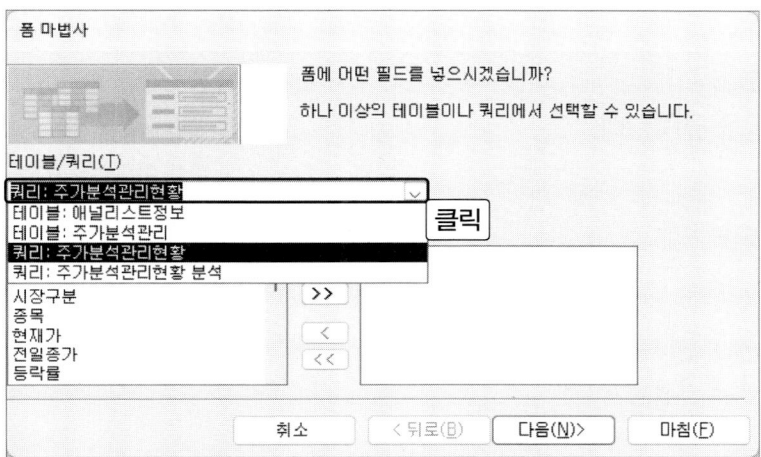

③ [사용 가능한 필드]에서 '테마구분', '종목', '전일종가', '거래량', '시장구분', '현재가', '거래규모' 순으로 더블클릭한다.
→ [선택한 필드]가 맞는지 확인하고 [다음]을 클릭한다.

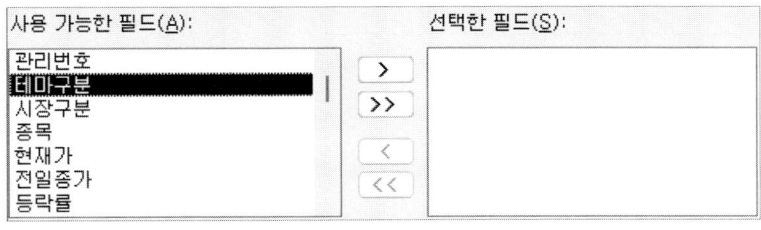

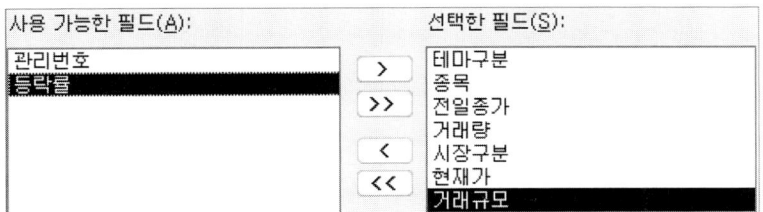

> **기적의 TIP**
>
> ≪출력형태≫를 참고하여 왼쪽 열부터 순서대로 선택하는 것이 효율적이다.

④ 폼의 모양은 '열 형식'으로 선택하고 [다음]을 클릭한다.

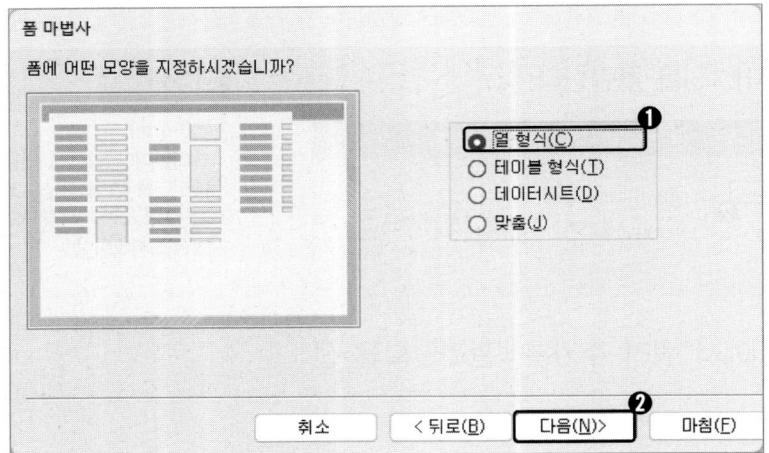

⑤ 폼의 제목은 『주가분석관리』를 입력한다.
→ '폼 디자인 수정'을 선택하고 [마침]을 클릭한다.

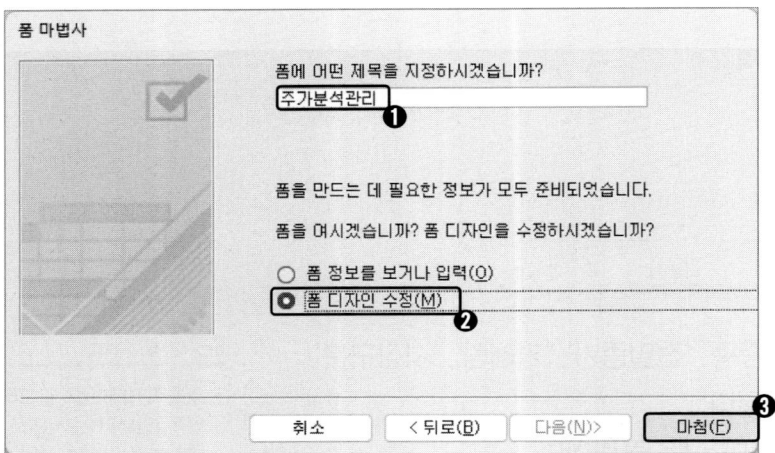

> 📌 **기적의 TIP**
>
> 하위 폼은 폼 안에 또 다른 폼을 삽입하는 구조로, 특히 1:N 관계 데이터를 표시하거나 관리할 때 유용하다.

> 📌 **기적의 TIP**
>
> 하위 폼의 이름은 ≪출력형태≫를 참고할 수 있다.

📌 **기적의 TIP**

폼의 구성
- 폼 머리글 : 폼의 상단 부분이며 제목, 날짜, 로고, 검색창 등을 넣는 공간이다.
- 폼 본문 : 데이터가 표시되는 세부 정보 영역으로, 텍스트 상자, 콤보 상자 등이 배치된다.

SECTION 02 하위 폼의 디자인 수정

① 레이블을 마우스 드래그로 모두 선택하고 너비를 적당히 조절한다.

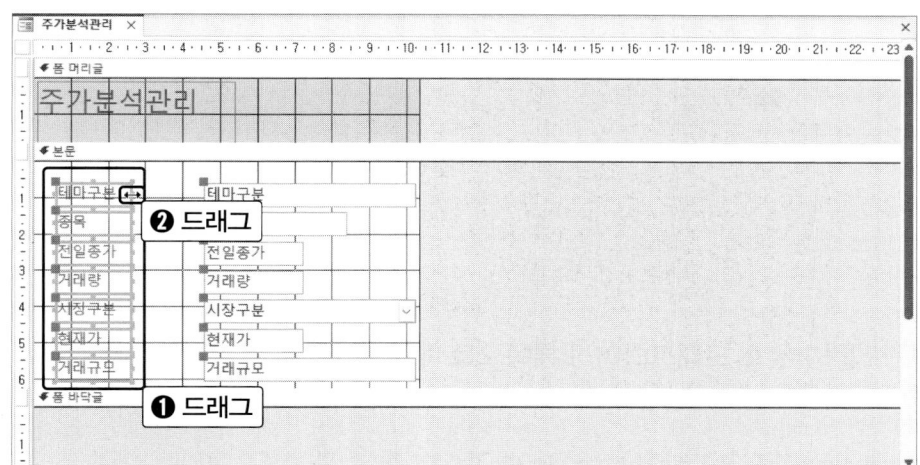

> **기적의 TIP**
>
> **레이블**
> 폼에서 제목을 표시한다.
>
> **텍스트 상자**
> 폼에서 데이터나 식의 값을 표시한다.

② 텍스트 상자를 마우스 드래그로 모두 선택한다.
  → [정렬] 탭 - [크기 및 순서 조정] 그룹 - [크기/공간](   )에서 [가장 좁은 너비에]를 클릭한다.

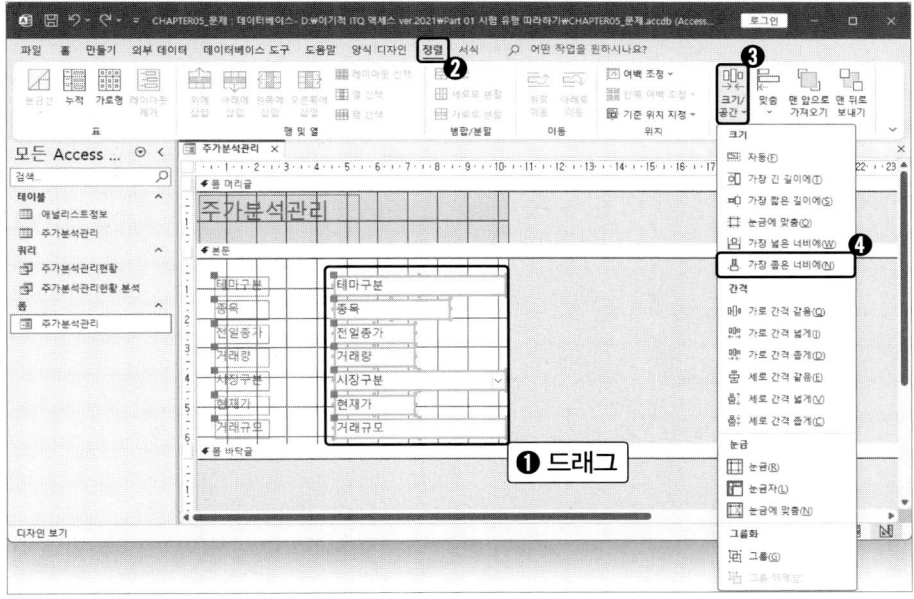

③ 각 텍스트 상자의 왼쪽 상단 모서리를 마우스 드래그하여 위치를 조정한다.

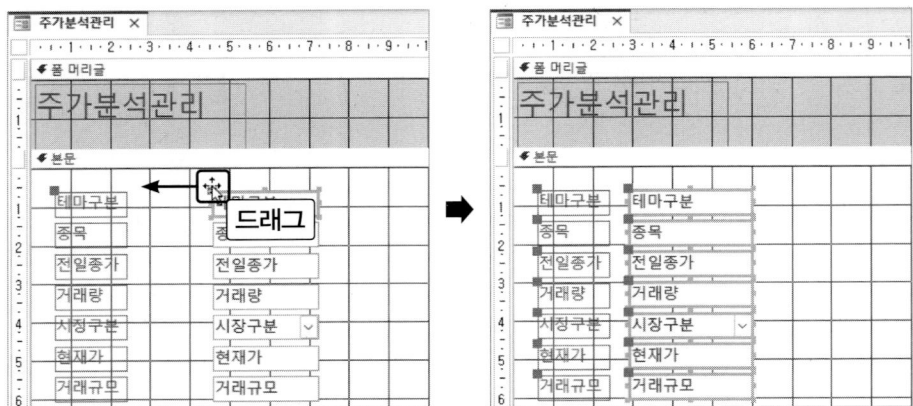

④ '시장구분', '현재가', '거래규모'를 마우스 드래그하여 오른쪽으로 배치한다.

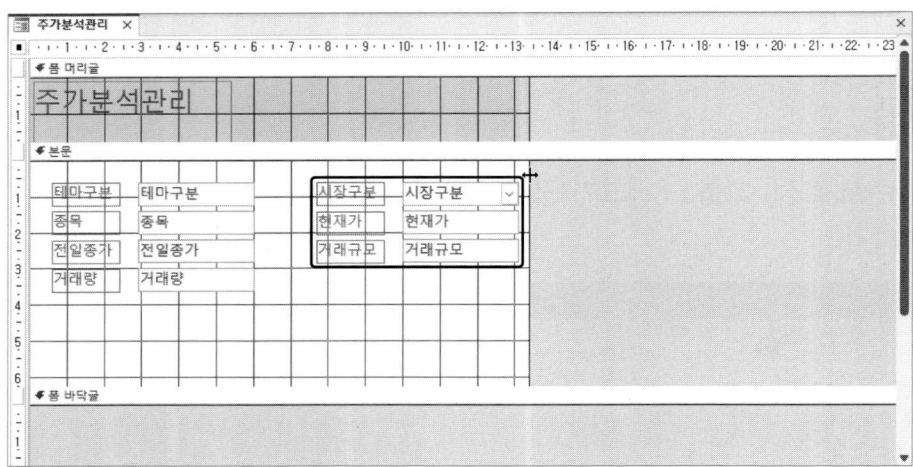

> 기적의 TIP
>
> 폼의 공간이 부족하면 경계선을 마우스 드래그하여 너비를 넓혀준다.

⑤ '변동성'을 추가하기 위해 [양식 디자인] 탭 – [컨트롤] 그룹 – [텍스트 상자](□)를 선택하고 '거래규모' 아래에 클릭한다.
→ [텍스트 상자 마법사]가 나타나면 [마침]을 클릭한다.

> **기적의 TIP**
> 텍스트 상자를 추가하면 레이블과 텍스트 상자가 함께 만들어진다.

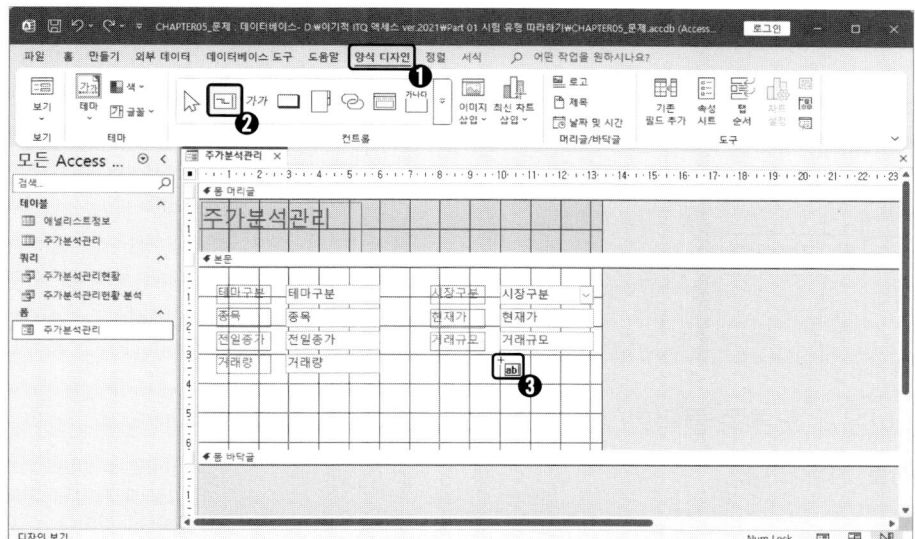

⑥ 새 레이블과 텍스트 상자의 크기를 조절한다.
→ 레이블에 『변동성』을 입력한다.
→ 텍스트 상자에는 계산식 『=Abs(([현재가] – [전일종가])/[전일종가])』를 입력한다.

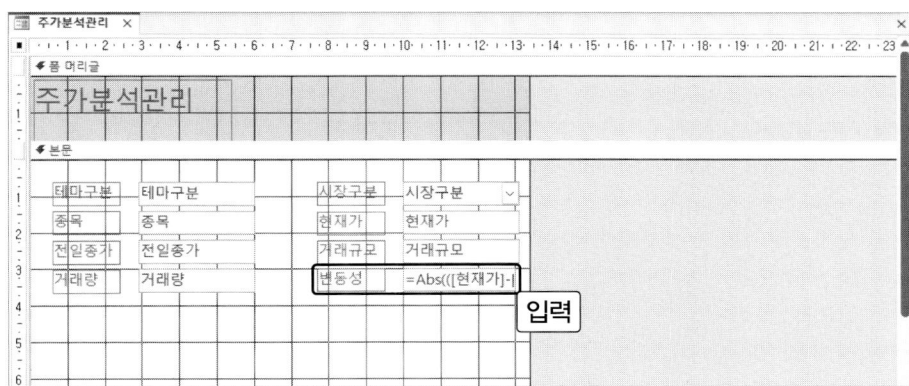

함수/구문 설명

([현재가] – [전일종가]) / [전일종가]
⇒ 전일 대비 상승률 또는 하락률을 계산

Abs(...)
⇒ 결괏값을 절댓값(양수화) 처리

⑦ '변동성' 텍스트 상자를 더블클릭하여 [속성 시트] 작업창을 연다.
→ [형식] 탭의 [형식]을 '백분율'로 [소수 자릿수]를 '1'로 선택한다.

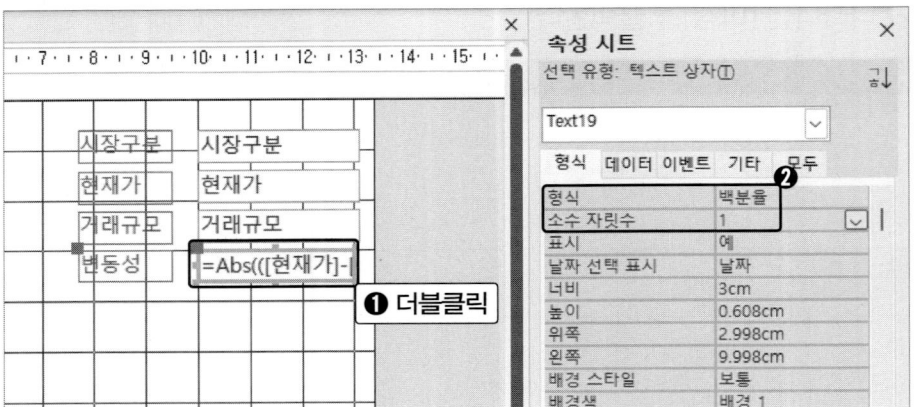

> **기적의 TIP**
> 속성 시트 작업창을 열 때는 상자의 테두리 부분을 더블클릭한다.

⑧ '시장구분'의 콤보 상자에 마우스 오른쪽 클릭한다.
→ [변경] – [텍스트 상자]를 클릭한다.

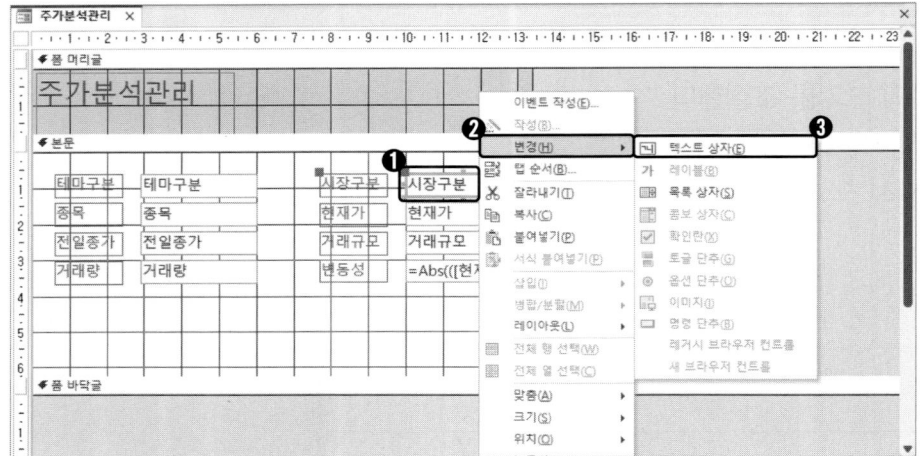

> **기적의 TIP**
> '시장구분'의 콤보 상자는 테이블 디자인 작업에서 만들어진 것이다. 문제에 별도 지시사항이 없더라도 ≪출력형태≫를 확인하여 텍스트 상자로 변경해야 한다.

⑨ Ctrl + 마우스 드래그하여 레이블을 모두 선택한다.
→ [서식] 탭 – [글꼴] 그룹에서 [오른쪽 맞춤](≡)을 클릭한다.

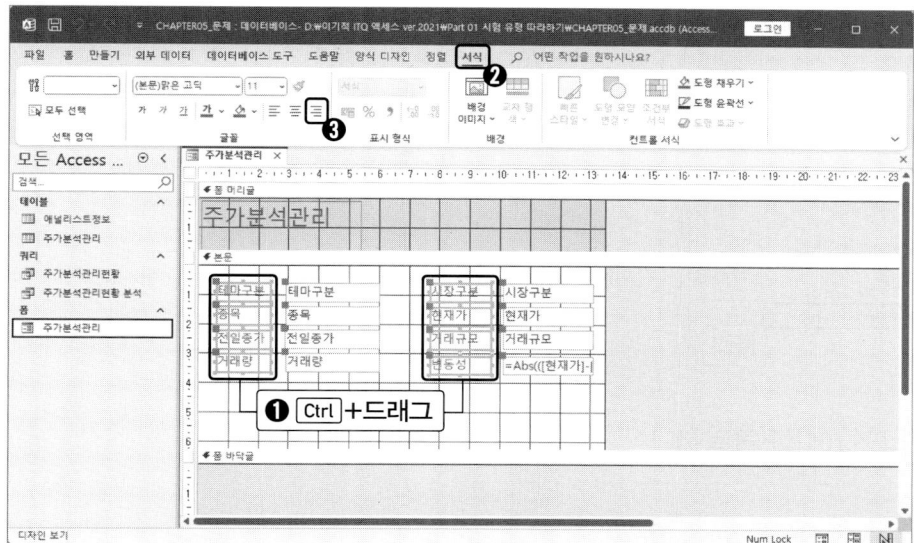

⑩ 눈금자 왼쪽의 [선택기](■)를 더블클릭하여 [속성 시트] 작업창을 연다.
→ [형식] 탭의 [레코드 선택기]와 [탐색 단추]를 '아니요'로 선택한다.

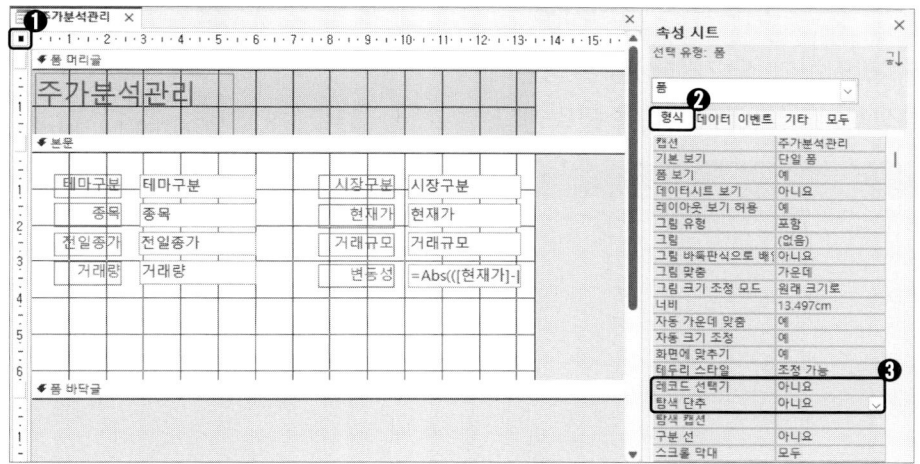

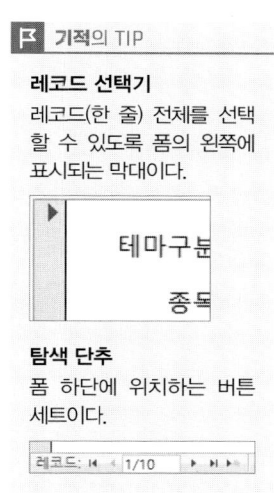

기적의 TIP

레코드 선택기
레코드(한 줄) 전체를 선택할 수 있도록 폼의 왼쪽에 표시되는 막대이다.

탐색 단추
폼 하단에 위치하는 버튼 세트이다.

⑪ 폼에서 마우스 오른쪽 클릭한다.
→ [폼 머리글/바닥글]을 클릭한다.

> **기적의 TIP**
> 하위 폼이므로 폼 머리글을 삭제한다.

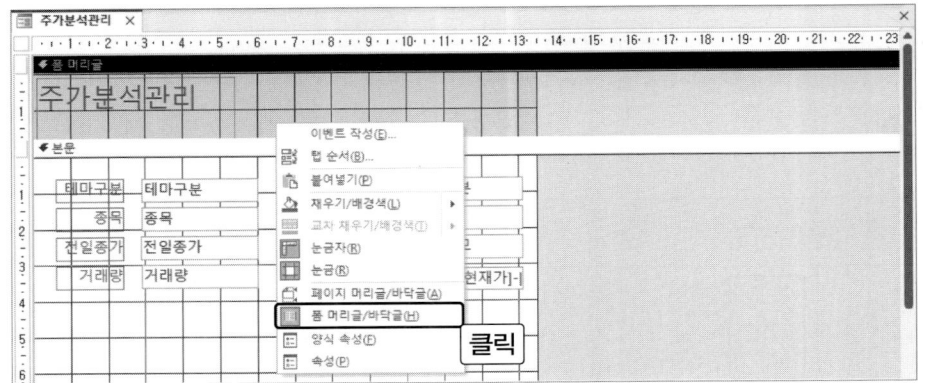

⑫ 삭제 경고 메시지가 나타나면 [예]를 클릭한다.

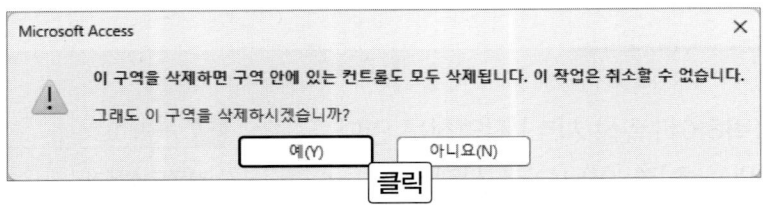

⑬ [양식 디자인] 탭 – [보기] – [폼 보기](▦)를 클릭한다.
→ ≪출력형태≫와 같은지 확인하고 [닫기](✕)를 클릭한다.
→ 저장 여부를 묻는 대화상자가 나타나면 [예]를 클릭한다.

> **해결 TIP**
> **텍스트 상자에 데이터가 #로 나와요!**
> 너비가 좁으면 ####와 같은 형식으로 표시되므로 텍스트 상자의 너비를 넓혀준다.

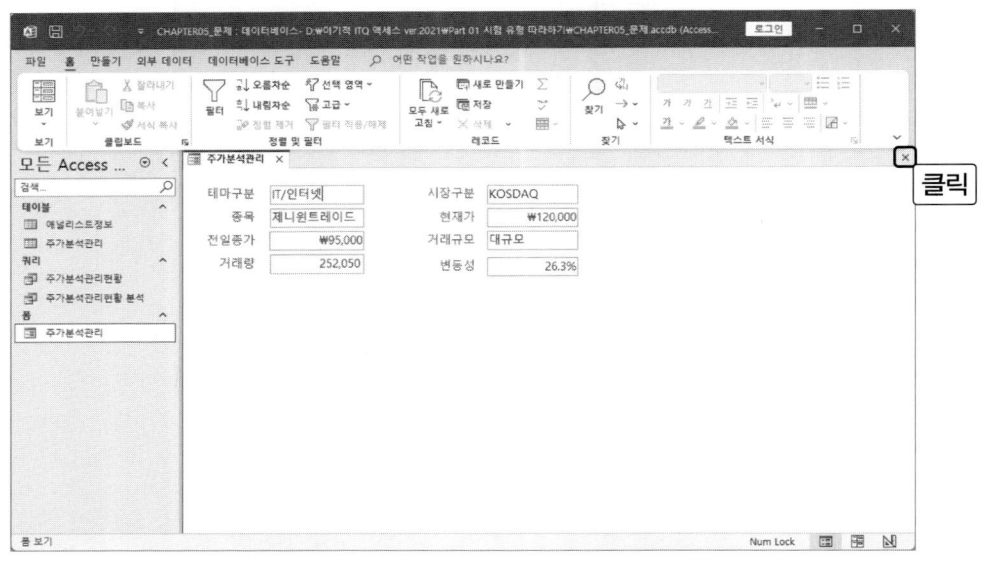

SECTION 03 기본 폼 만들기

① [만들기] 탭 – [폼] 그룹 – [폼 마법사](🗒)를 클릭한다.

② [폼 마법사] 대화상자의 [테이블/쿼리]에서 '쿼리: 주가분석관리현황'을 선택한다.
→ [사용 가능한 필드]에서 '관리번호'를 더블클릭하고 [다음]을 클릭한다.

> 📌 **기적의 TIP**
>
> 기본 폼은 주된 데이터를 입력하거나 조회하는 메인 폼이다.

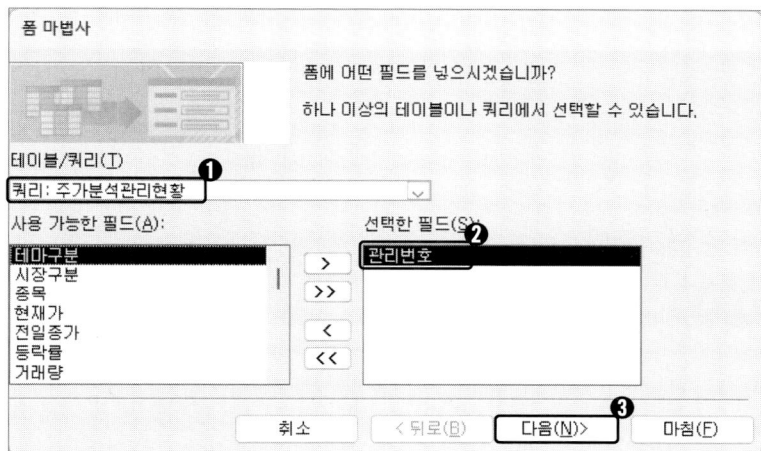

③ 폼의 모양은 '열 형식'으로 선택하고 [다음]을 클릭한다.

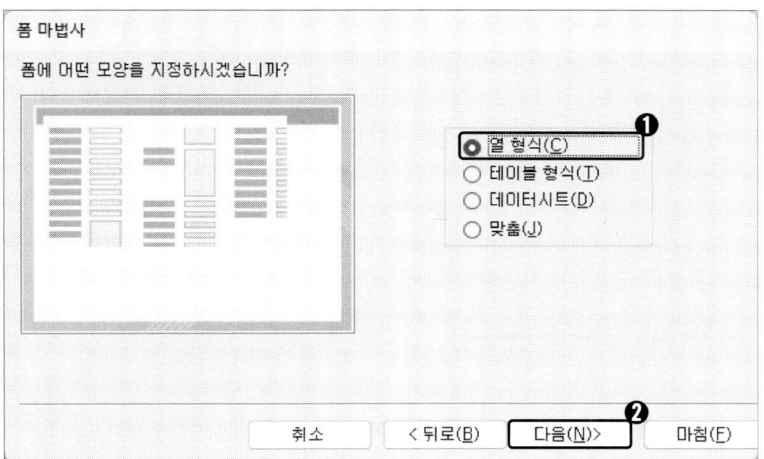

④ 폼의 제목은 『주가분석관리현황 폼』을 입력한다.
  → '폼 디자인 수정'을 선택하고 [마침]을 클릭한다.

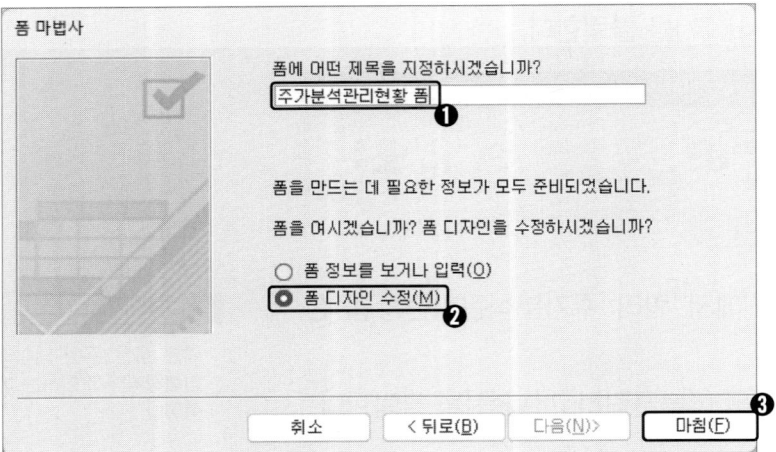

SECTION 04 기본 폼의 디자인 수정

① 폼의 경계선을 마우스 드래그하여 너비를 넓혀준다.

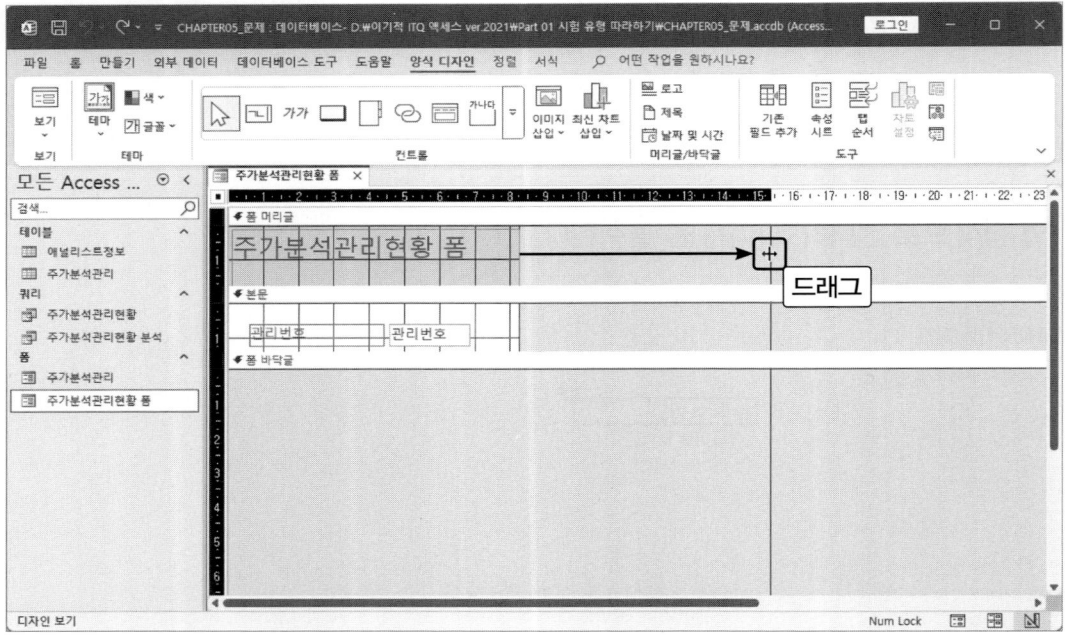

② 폼 제목에 마우스 오른쪽 클릭하고 [속성]을 클릭한다.
   → [형식] 탭의 [특수 효과]를 '그림자'로 선택한다.
   → [글꼴 이름] '굴림', [글꼴 크기] '22', [텍스트 맞춤] '가운데', [글꼴 두께] '굵게'를 선택한다.

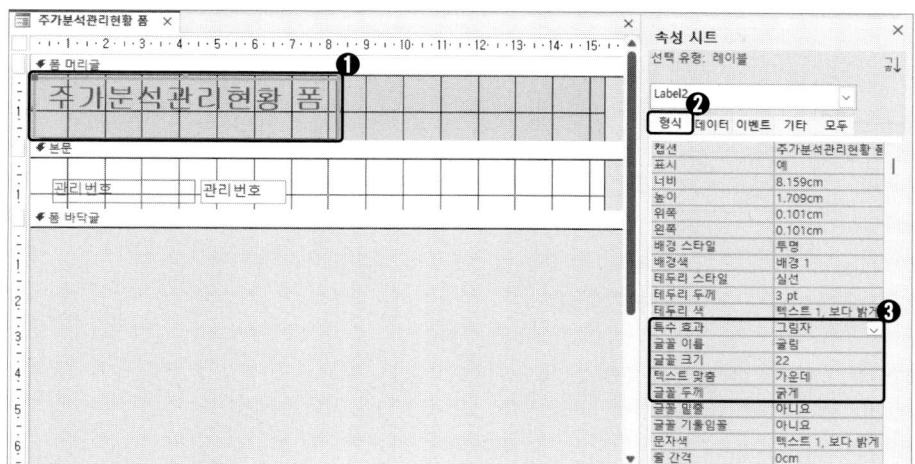

③ 폼 제목 컨트롤을 가운데로 이동한다.

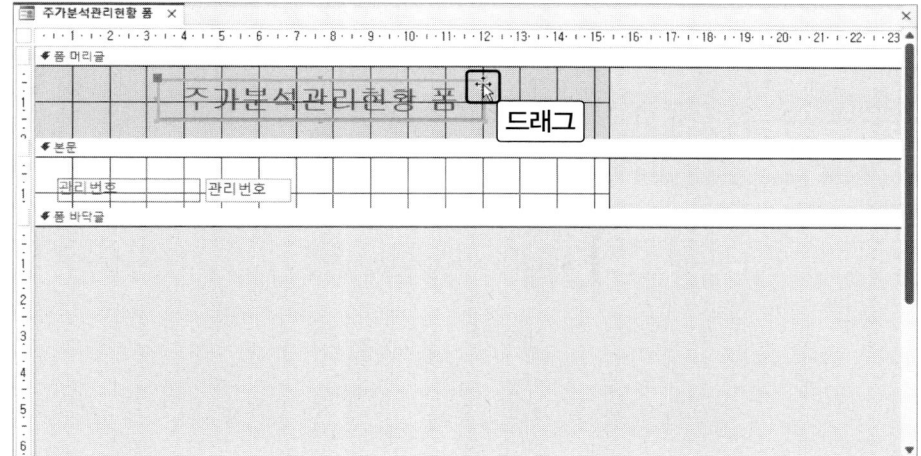

기적의 TIP

영역과 폼 제목의 높이, 너비는 출력형태를 참고하여 적당히 조정한다.

④ 본문 영역의 '관리번호' 컨트롤을 폼 머리글 영역으로 이동한다.
→ '관리번호' 텍스트 상자에 마우스 오른쪽 클릭한다.
→ [변경] - [콤보 상자](▦)를 클릭한다.

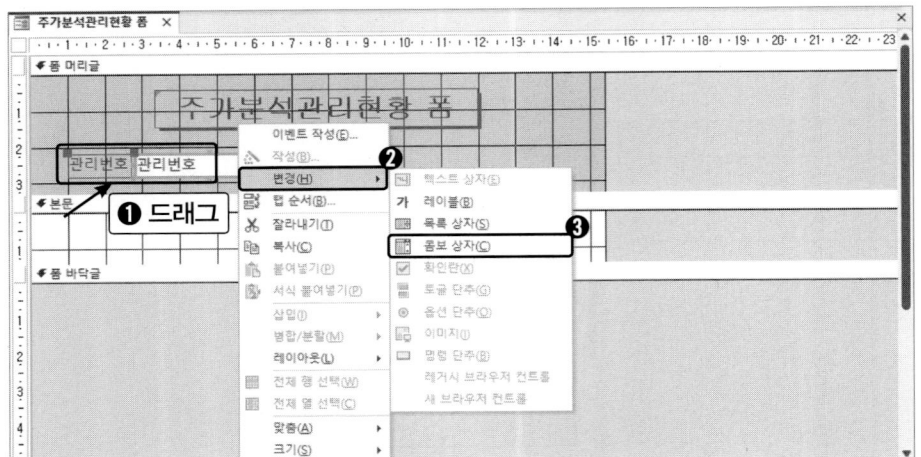

⑤ '관리번호' 콤보 상자에 마우스 오른쪽 클릭하고 [속성]을 클릭한다.
→ [데이터] 탭에서 [행 원본]을 '주가분석관리현황'으로 선택한다.

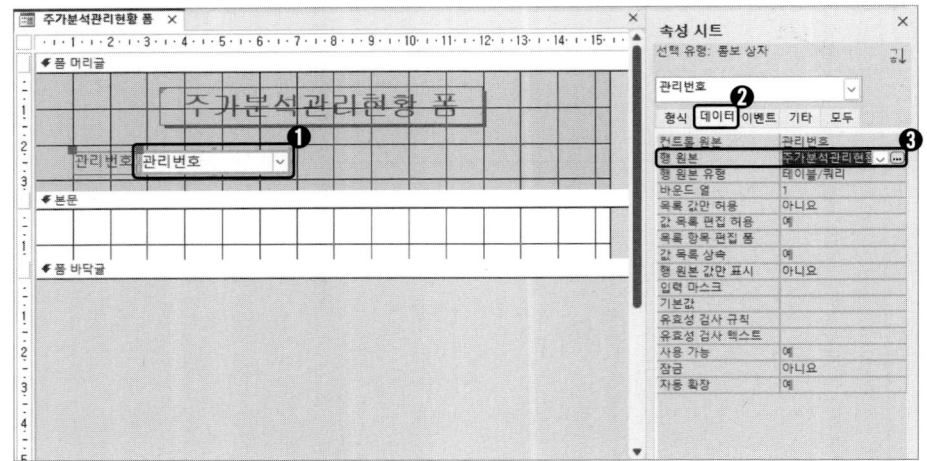

기적의 TIP

행 원본
콤보 상자에 표시될 데이터 목록이 어디서 오는지를 설정하는 항목이다.

⑥ 눈금자 왼쪽의 [선택기](■)를 더블클릭하여 [속성 시트] 작업창을 연다.
   → [형식] 탭의 [레코드 선택기]를 '아니요'로 선택한다.

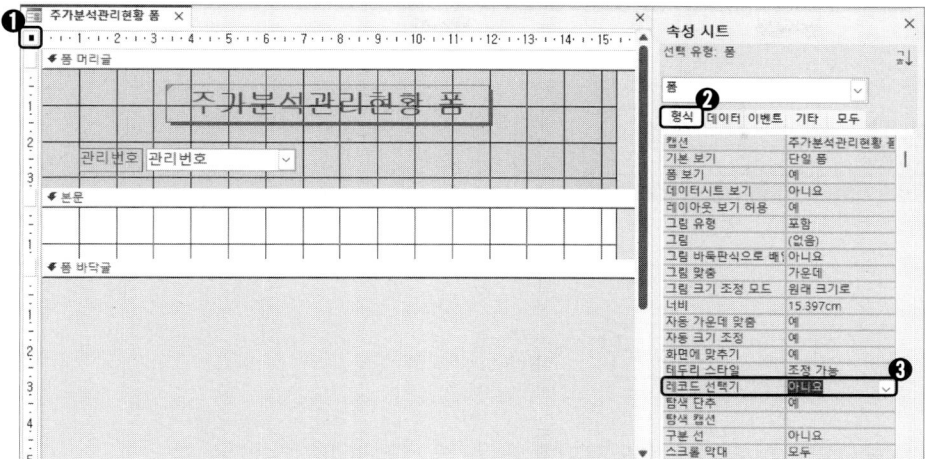

SECTION 05 하위 폼 연결하기

① [양식 디자인] 탭 - [컨트롤] - [하위 폼/하위 보고서](▦)를 클릭한다.
   → 본문 영역에 클릭한다.

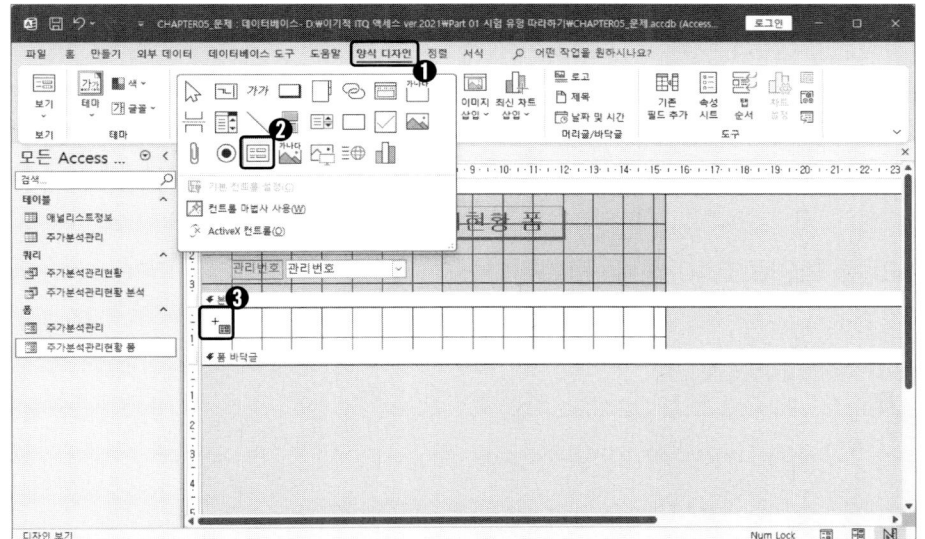

기적의 TIP

하위 폼 연결
기본 폼과 하위 폼 연결은 1:N 관계를 한 화면에서 편리하게 조회할 수 있게 도와주어 효율적인 작업이 가능해진다.

② [하위 폼 마법사] 대화상자가 나타나면 '기존 폼 사용'을 선택하고 [다음]을 클릭한다.

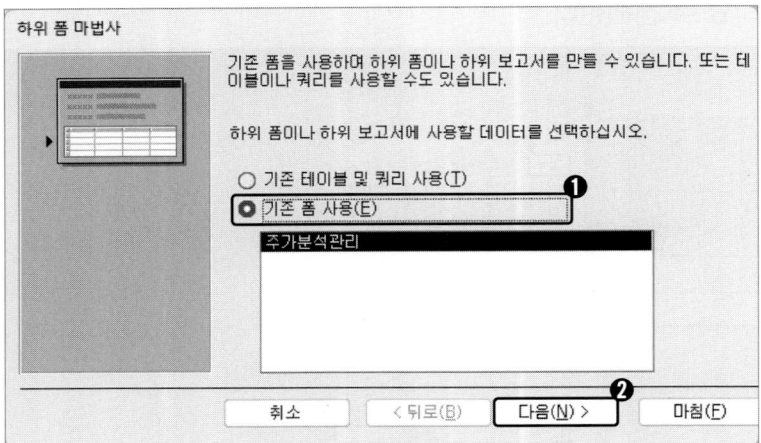

③ '관리번호를 사용하여 주가분석관리현황의 각 레코드에 대해 주가분석관리현황을 표시합니다'를 선택하고 [다음]을 클릭한다.

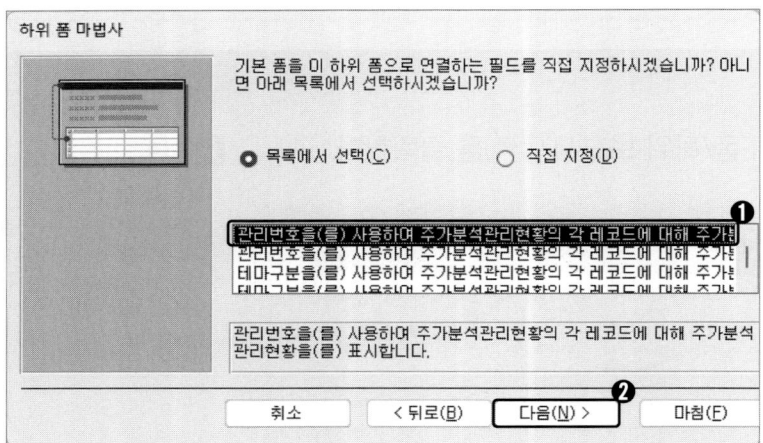

④ 하위 폼 이름 『주가분석관리』를 확인하고 [마침]을 클릭한다.

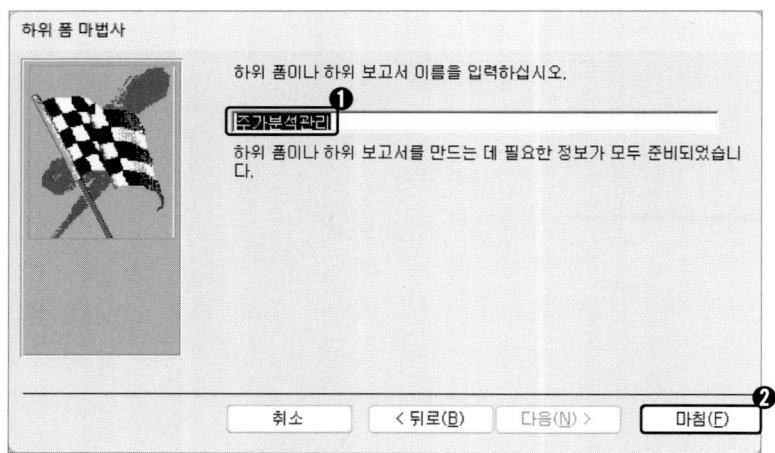

SECTION 06 메시지 폼 만들기

① [만들기] 탭 – [폼] 그룹 – [폼 디자인](🗔)을 클릭한다.
　→ 본문 영역의 크기를 조절한다.

기적의 TIP

메시지 폼은 레이블만 표시하므로 [폼 마법사]를 이용할 필요는 없다.

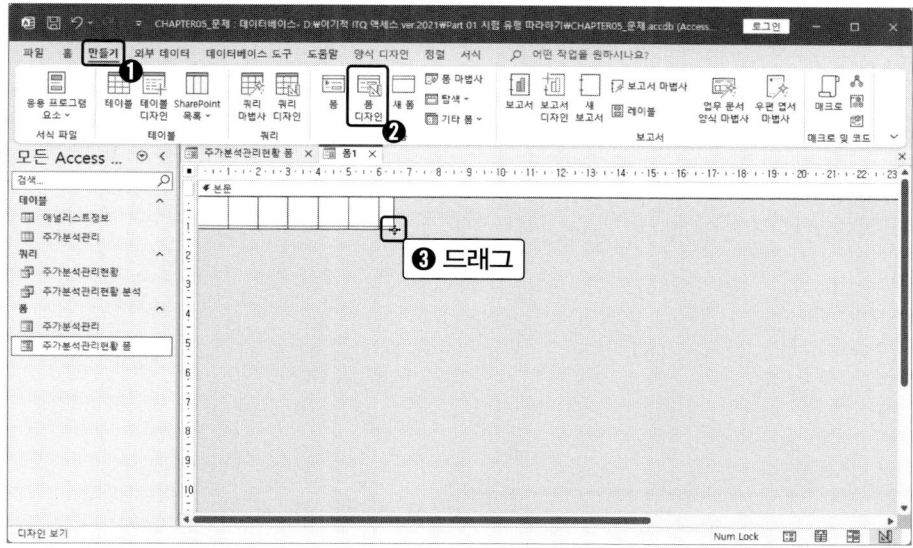

② [양식 디자인] 탭 – [컨트롤] 그룹 – [레이블](가가)을 클릭한다.
　→ 본문 영역에 적당한 크기로 마우스 드래그한다.

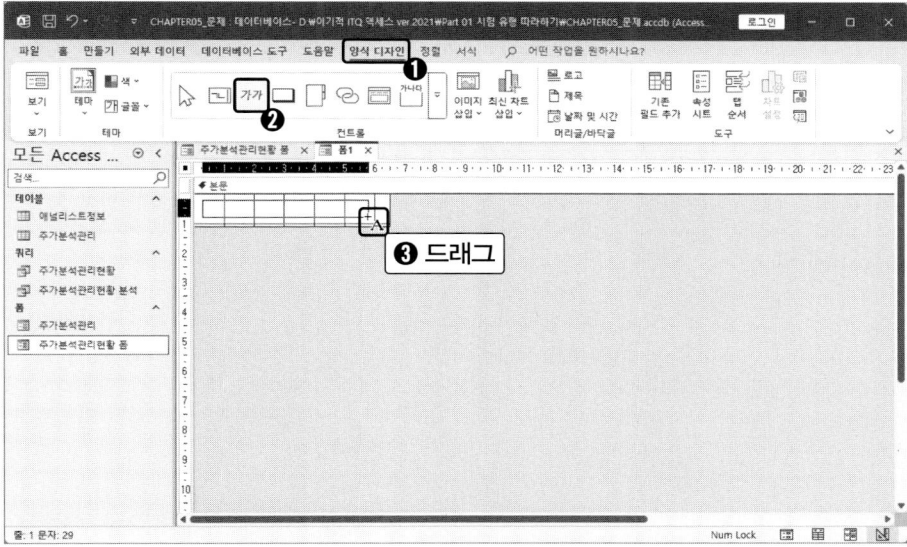

③ 레이블에 『수정할 수 없습니다.』를 입력한다.
   → [서식] 탭 – [글꼴] 그룹에서 [가운데 정렬](≡)을 클릭한다.

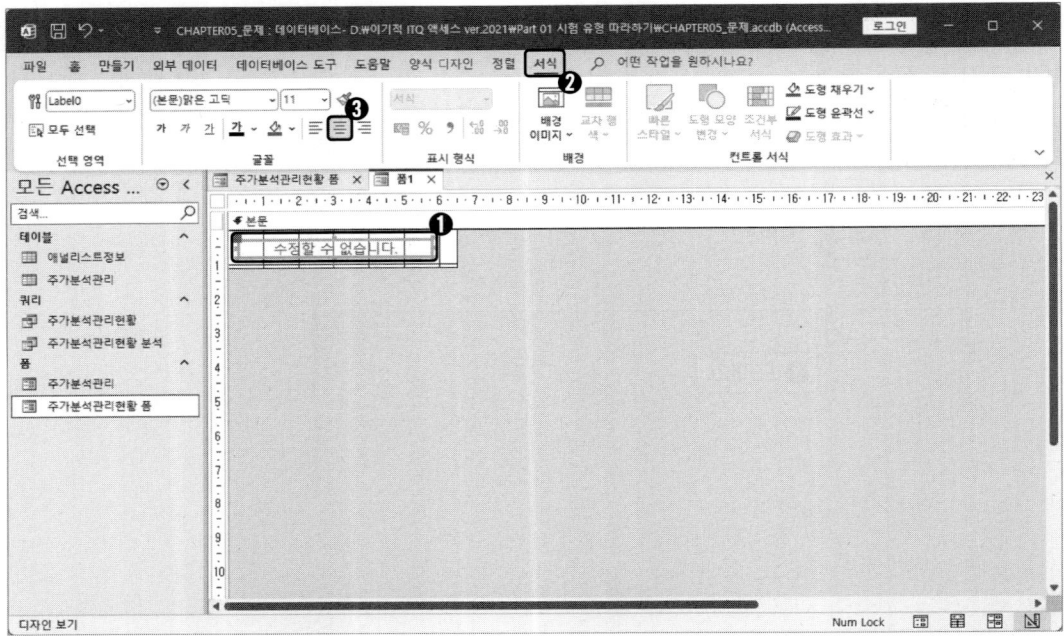

④ 눈금자 왼쪽의 [선택기](■)를 더블클릭하여 [속성 시트] 작업창을 연다.
   → [형식] 탭의 [레코드 선택기]와 [탐색 단추]를 '아니요'로 선택한다.
   → [스크롤 막대]를 '표시 안 함'으로 선택한다.
   → [닫기](✕)를 클릭한다.

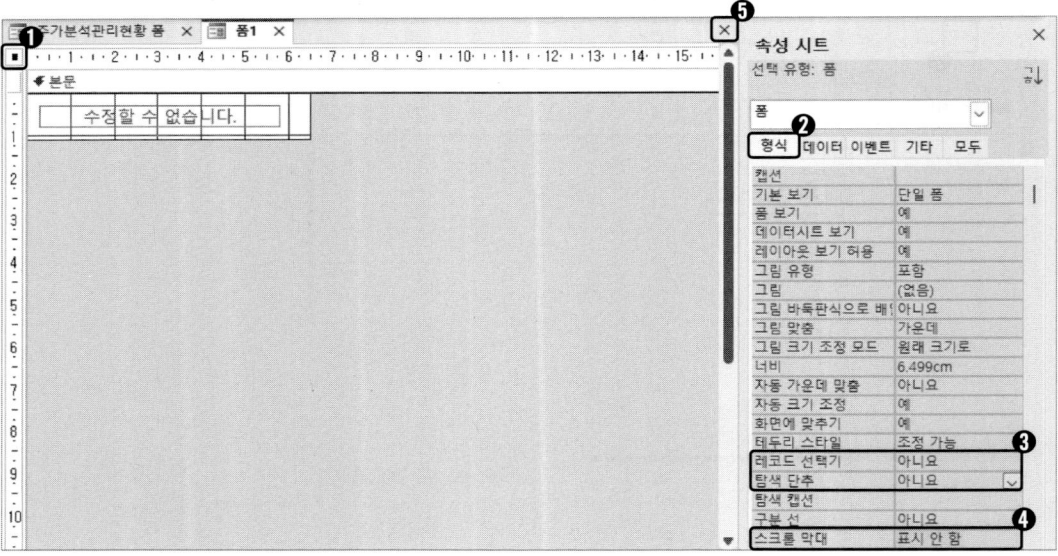

⑤ 저장 여부를 묻는 대화상자가 나타나면 [예]를 클릭한다.
→ [다른 이름으로 저장] 대화상자의 [폼 이름]에 『메시지』를 입력하고 [확인]을 클릭한다.

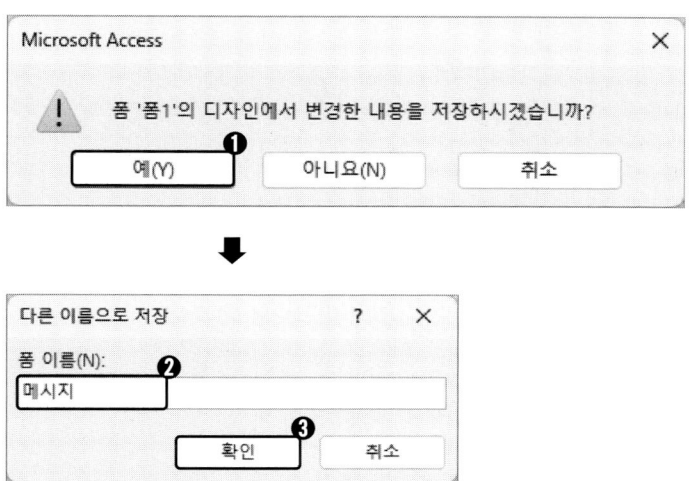

⑥ 탐색 창에서 '주가분석관리'를 더블클릭한다.
→ [홈] 탭 – [보기] – [디자인 보기](◩)를 클릭한다.

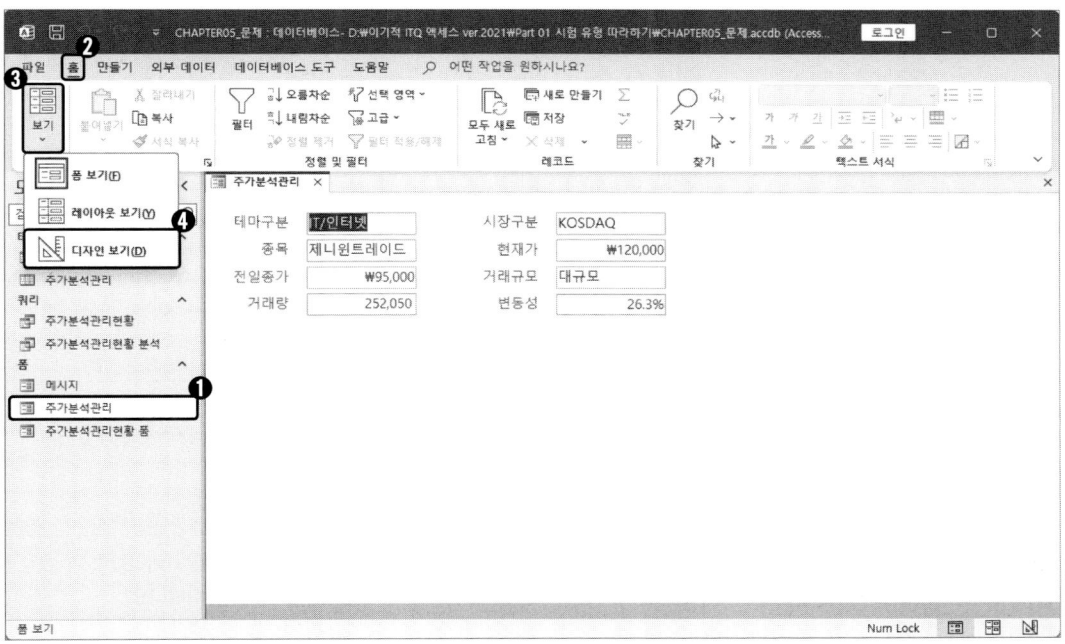

⑦ '테마구분' 텍스트 상자에 마우스 오른쪽 클릭하고 [속성]을 클릭한다.
→ [이벤트] 탭의 [On Click]에서 [작성기 버튼](...)을 클릭한다.

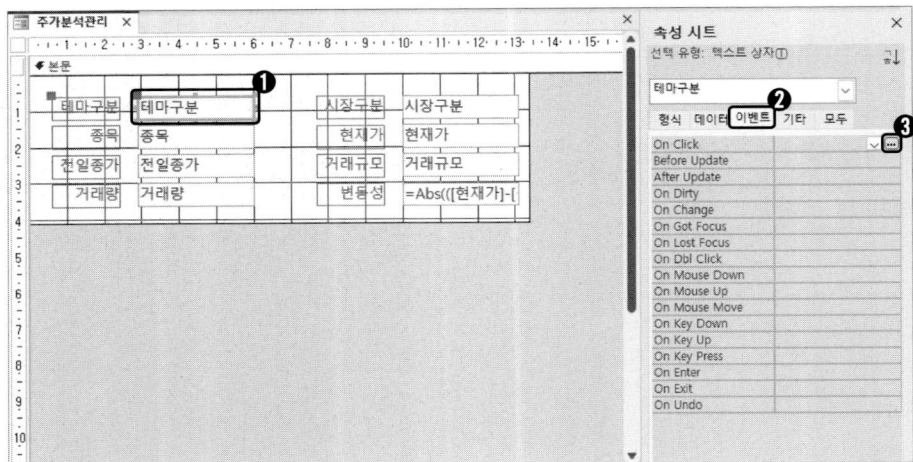

> 기적의 TIP
>
> **On Click**
> 사용자가 마우스 클릭하면 이벤트가 발생한다.

⑧ [작성기 선택] 대화상자에서 '코드 작성기'를 선택하고 [확인]을 클릭한다.

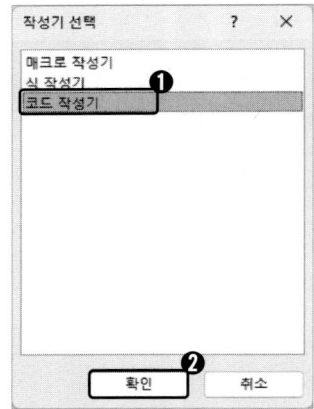

⑨ 코드 작성창에서 아래와 같이 코드를 입력하고 [닫기]를 클릭한다.

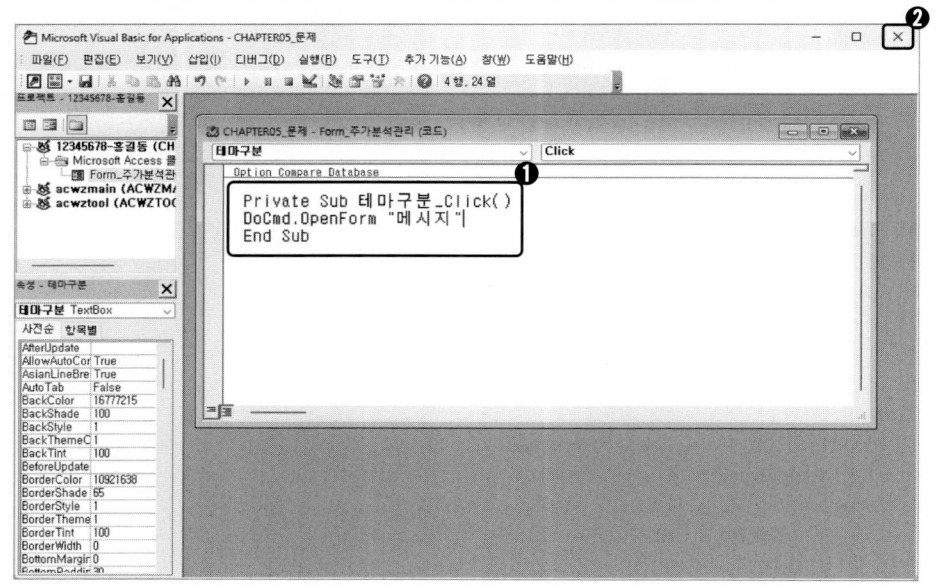

> 기적의 TIP
>
> 폼 이름은 반드시 큰 따옴표("")로 묶어준다.

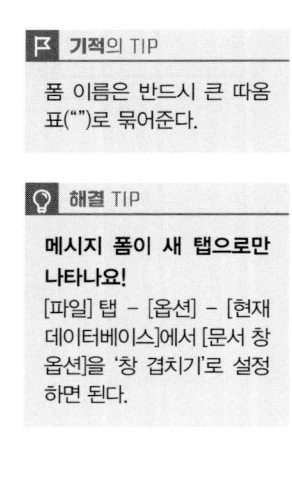

> 해결 TIP
>
> **메시지 폼이 새 탭으로만 나타나요!**
> [파일] 탭 - [옵션] - [현재 데이터베이스]에서 [문서 창 옵션]을 '창 겹치기'로 설정하면 된다.

SECTION 07 로고 삽입하기

① 탐색 창에서 '주가분석관리현황 폼'을 더블클릭한다.
　→ [홈] 탭 – [보기] – [디자인 보기](🔲)를 클릭한다.

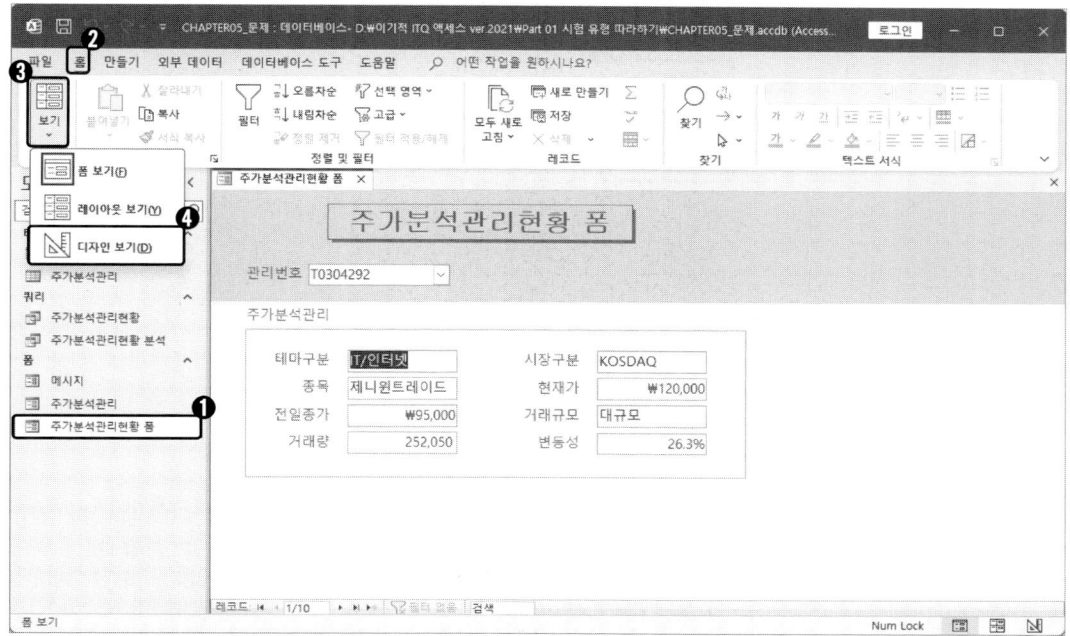

② [양식 디자인] 탭 – [이미지 삽입] – [찾아보기]를 클릭한다.

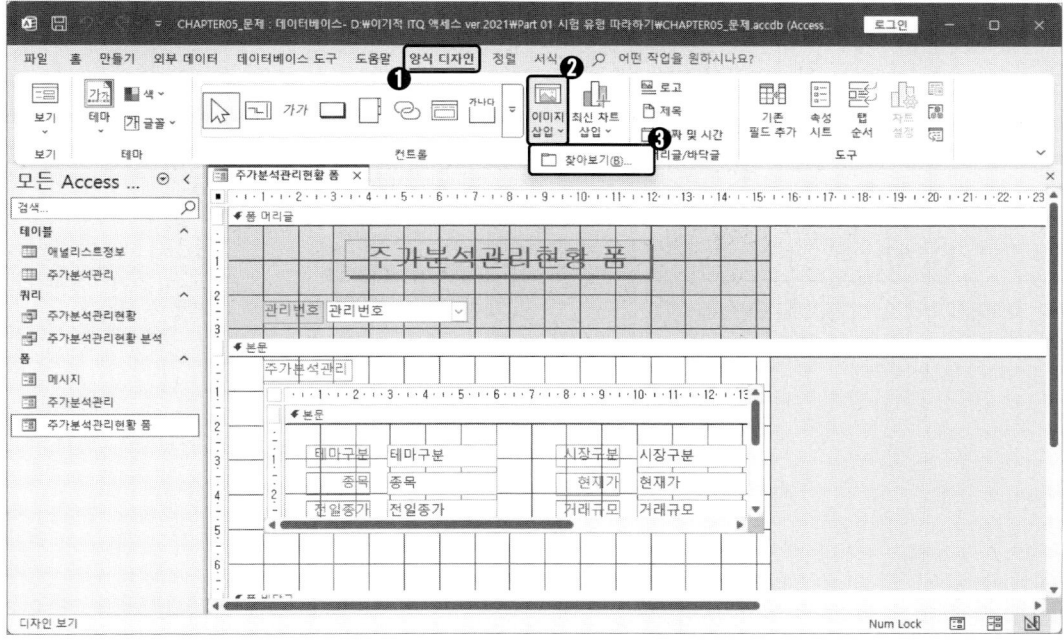

③ [그림 삽입] 대화상자에서 '로고3.jpg'를 선택하고 [열기]를 클릭한다.

→ 로고를 넣을 위치에 마우스 클릭하면 로고가 삽입된다.

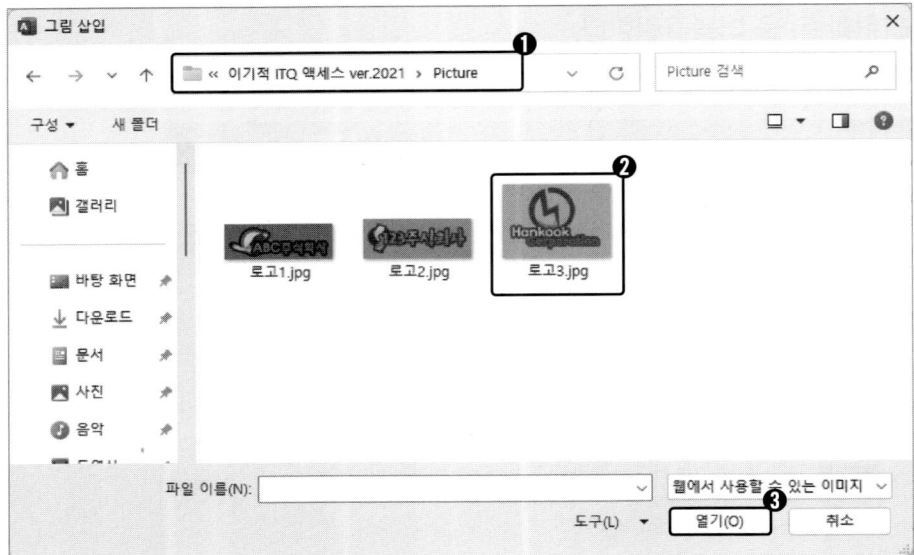

> **기적의 TIP**
>
> 이기적 홈페이지에서 부록 자료를 다운로드할 수 있다.

④ 로고를 더블클릭하여 [속성 시트] 작업창을 연다.

→ [형식] 탭의 [크기 조절 모드]를 '전체 확대/축소'로 선택한다.

→ [너비] '2cm', [높이] '1cm', [특수 효과] '볼록'을 설정한다.

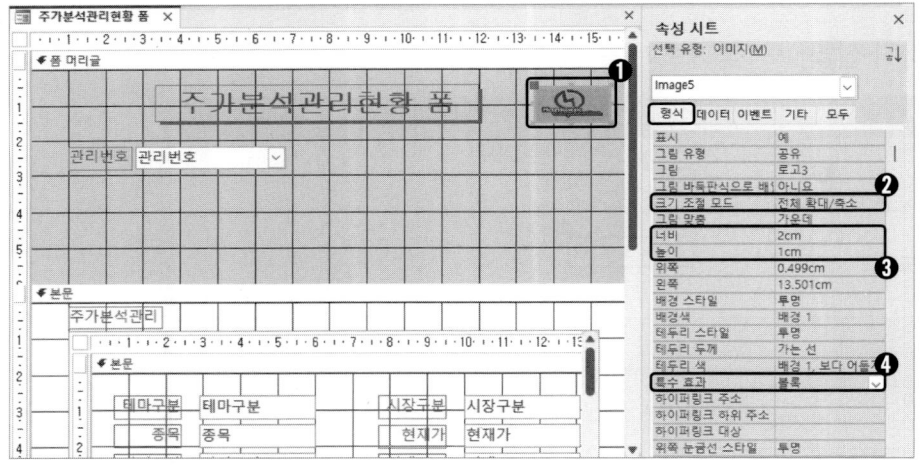

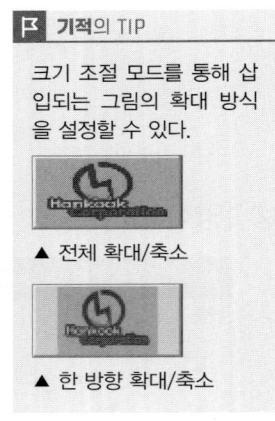

▲ 전체 확대/축소

▲ 한 방향 확대/축소

> **기적의 TIP**
>
> 보고서 버튼은 다음 CHAPTER 06에서 보고서를 작성한 후 만든다.

유형분석 문제 ❺

보고서 작성

배점 **80점** | A등급 목표점수 **65점**

주가분석관리현황 보고서

2025년 8월 31일 일요일

테마구분	시장구분	종목	현재가	거래량	거래규모
바이오/제약					
	KOSDAQ	퓨처메디팜	₩122,000	236,000	대규모
	KOSPI	코리안테크스	₩17,000	140,800	중규모
	KOSPI	드림코어텍	₩25,000	101,200	중규모
	KOSDAQ	넥스트이노베이션	₩15,000	60,600	중규모
	KONEX	한빛미디어랩	₩6,000	2,500	소규모
합계				541,100	
반도체					
	KOSDAQ	에코플랜시스	₩90,000	135,000	대규모
합계				135,000	
에너지/전기차					
	KOSPI	디지털바이카	₩45,000	87,000	중규모
합계				87,000	
IT/인터넷					
	KOSDAQ	제니윈트레이드	₩120,000	252,050	대규모
	KONEX	유니솔루션	₩9,500	190,030	중규모
	KOSPI	케이파워컴퍼니	₩75,000	5,500	중규모
합계				447,580	
총 합계				1,210,680	

— CHAPTER 06 보고서 작성하기
— 그룹화
— 정렬
— 합계 또는 평균

출제포인트
용지 · 그룹화 · 조건부 서식 · 선 그리기

출제기준
앞에서 작성한 쿼리를 기반으로 테이블 보고서를 작성하는 능력을 평가합니다.

A등급 TIP
조건과 출력형태를 참고해서 그룹화 기준을 설정하고 필드의 정렬에 유의해야 합니다.

보고서 작성하기

문제파일 CHAPTER06_문제.accdb
정답파일 CHAPTER06_정답.accdb

❀ 문제 파일을 불러온 후 작업

[쿼리:주가분석관리현황]을 이용하여 다음과 같은 모양의 폼을 설계하시오.

조건	(1) 보고서 이름 : 주가분석관리현황 보고서 (2) 보고서 제목 : 궁서, 24pt, 굵게, 밑줄, 가운데 맞춤 (3) 보고서 머리글 부분의 날짜는 DATESERIAL 함수를 이용하여 표시 (4) 테마구분으로 그룹화하고, '거래량'에 대해 내림차순으로 정렬 (5) 거래량의 합계, 총합계는 함수를 이용하여 계산(굵게, SUM 함수 사용) (6) 조건부 서식을 이용하여 '거래량'이 '100,000' 미만인 경우에는 다음의 서식을 적용(글꼴 – 굵게, 배경색 – 노랑)
출력형태	

주가분석관리현황 보고서

2025년 8월 31일 일요일

테마구분	시장구분	종목	현재가	거래량	거래규모
바이오/제약					
	KOSDAQ	퓨처메디팜	₩122,000	236,000	대규모
	KOSPI	코리안테크스	₩17,000	140,800	중규모
	KOSPI	드림코어텍	₩25,000	101,200	중규모
	KOSDAQ	넥스트이노베이션	₩15,000	60,600	중규모
	KONEX	한빛미디어랩	₩6,000	2,500	소규모
합계				541,100	
반도체					
	KOSDAQ	에코플랜시스	₩90,000	135,000	대규모
합계				135,000	
에너지/전기차					
	KOSPI	디지털바이카	₩45,000	87,000	중규모
합계				87,000	
IT/인터넷					
	KOSDAQ	제니윈트레이드	₩120,000	252,050	대규모
	KONEX	유니솔루션	₩9,500	190,030	중규모
	KOSPI	케이파워컴퍼니	₩75,000	5,500	중규모
합계				447,580	
총 합계				1,210,680	

SECTION 01 보고서 만들기

① [만들기] 탭 – [보고서] 그룹 – [보고서 마법사](📋)를 클릭한다.

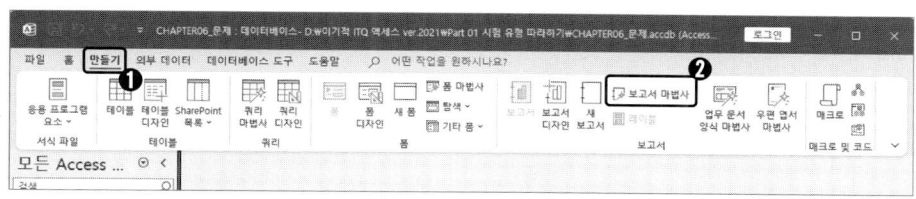

> **기적의 TIP**
>
> **보고서**
> 테이블이나 쿼리의 데이터를 출력용 형태로 정리하고 표시하는 기능이다.

② [보고서 마법사] 대화상자의 [테이블/쿼리]에서 '쿼리: 주가분석관리현황'을 선택한다.
   → [사용 가능한 필드]에서 '테마구분', '시장구분', '종목', '현재가', '거래량', '거래규모' 순으로 더블클릭한다.
   → [선택한 필드]가 맞는지 확인하고 [다음]을 클릭한다.

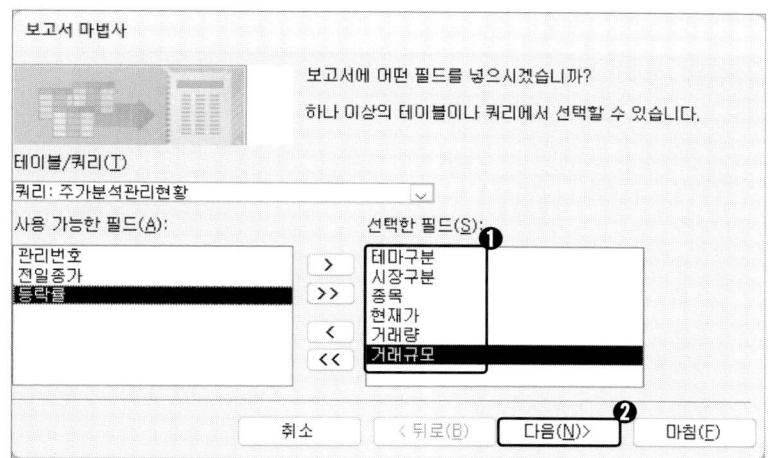

> **기적의 TIP**
>
> ≪출력형태≫를 참고하여 왼쪽 열부터 순서대로 선택한다.

③ 그룹 수준은 '테마구분'으로 선택한다.
   → > 버튼을 클릭하고 [다음]을 클릭한다.

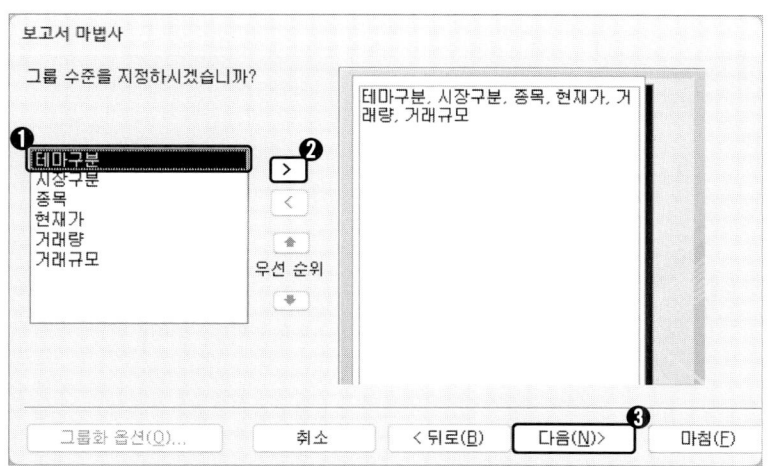

> **기적의 TIP**
>
> **그룹 수준 지정**
> 특정 필드를 기준으로 데이터를 묶고 요약을 가능하게 하는 기능이다.

④ 정렬할 필드로 '거래량'을 선택한다.
　→ [오름차순]을 클릭하여 [내림차순]으로 바꿔준다.
　→ [요약 옵션]을 클릭한다.

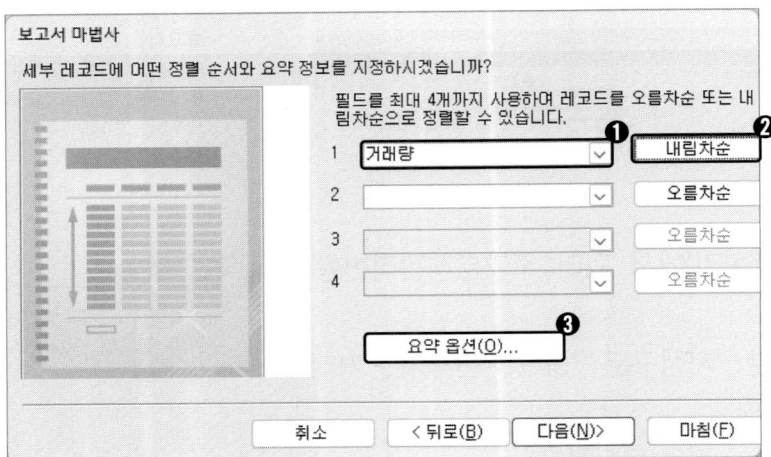

⑤ 요약 옵션에서 '거래량'의 [합계]에 체크하고 [확인]을 클릭한다.
　→ 다시 보고서 마법사로 돌아오면 [다음]을 클릭한다.

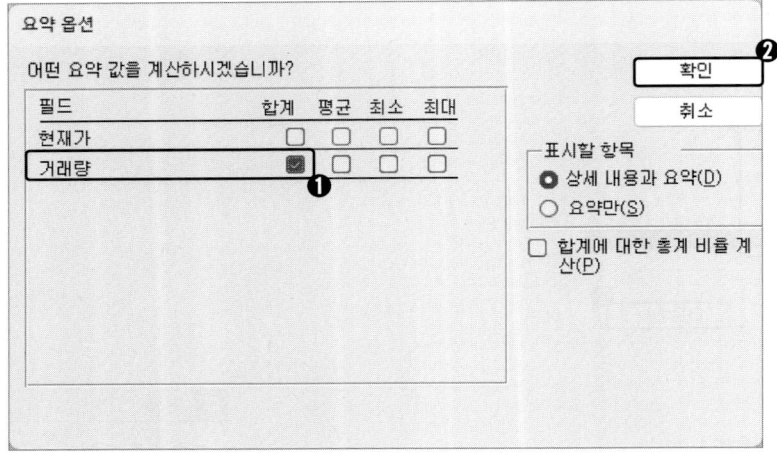

⑥ [모양] '단계', [용지 방향] '세로'를 선택한다.
　→ '모든 필드가 한 페이지에 들어가도록 필드 너비 조정' 체크를 확인하고 [다음]을 클릭한다.

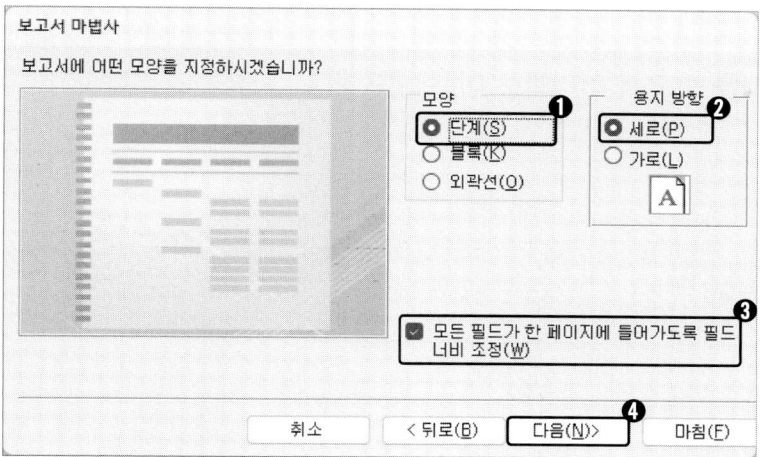

⑦ 보고서 제목으로 『주가분석관리현황 보고서』를 입력한다.
　→ '보고서 디자인 수정'을 선택하고 [마침]을 클릭한다.

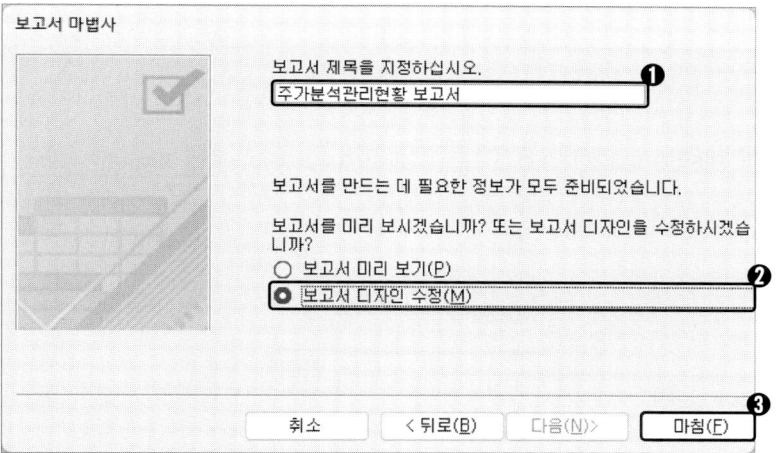

SECTION 02 보고서 디자인 수정하기

① 테마구분 바닥글과 페이지 바닥글의 불필요한 부분을 선택하여 Delete 로 삭제한다.
　→ 페이지 바닥글의 날짜 텍스트 상자를 보고서 머리글로 마우스 드래그 하여 이동한다.

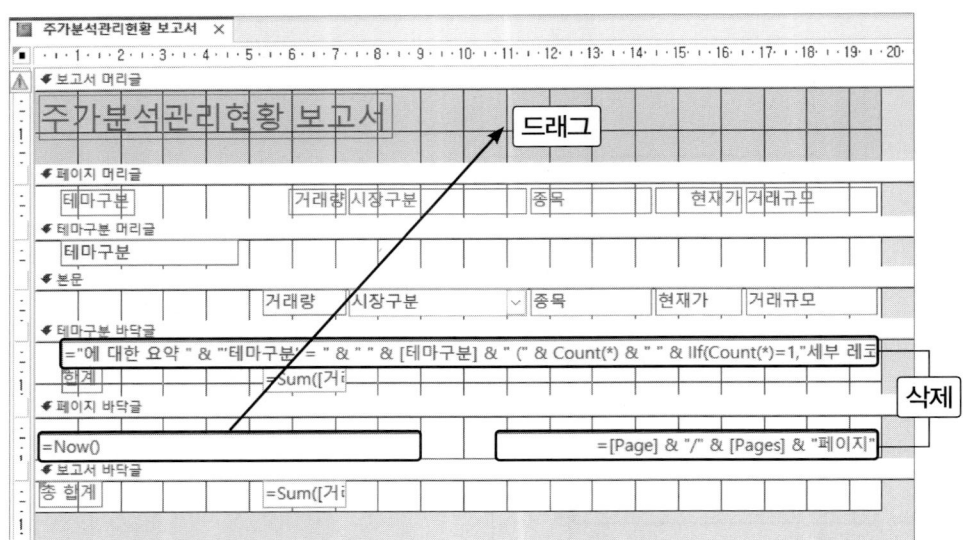

② 날짜 텍스트 상자의 내용을 지우고 『=DateSerial(2025,8,31)』을 입력한다.

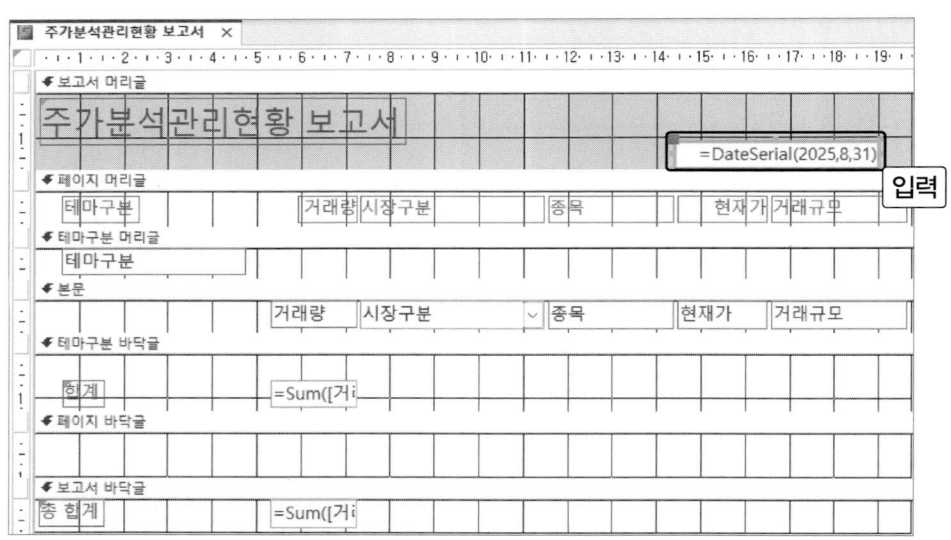

> **기적의 TIP**
>
> 텍스트 상자의 정렬은 출력 형태를 참고하여 지정한다.

💬 함수/구문 설명

DateSerial(연도, 월, 일)
⇒ 연도, 월, 일 값을 조합하여 하나의 날짜 형식으로 생성

③ 날짜 텍스트 상자를 더블클릭하여 [속성 시트] 작업창을 연다.
  → [형식] 탭의 [배경 스타일]을 '투명'으로 선택한다.

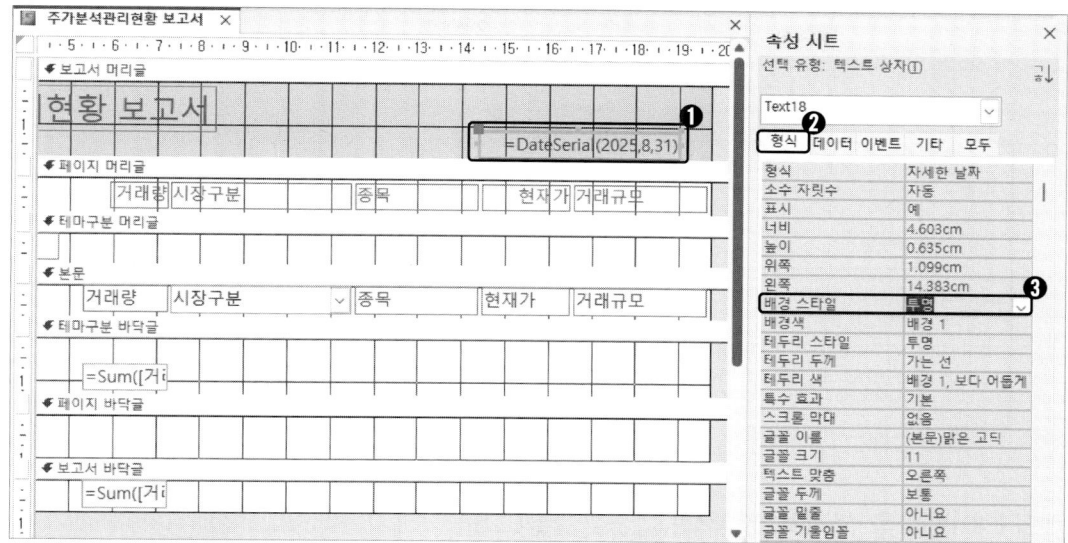

④ 보고서 제목을 더블클릭하여 [속성 시트] 작업창을 연다.
  → [글꼴 이름] '궁서', [글꼴 크기] '24', [텍스트 맞춤] '가운데', [글꼴 두께] '굵게', [글꼴 밑줄] '예'를 선택한다.
  → 마우스 드래그하여 위치를 가운데로 이동한다.

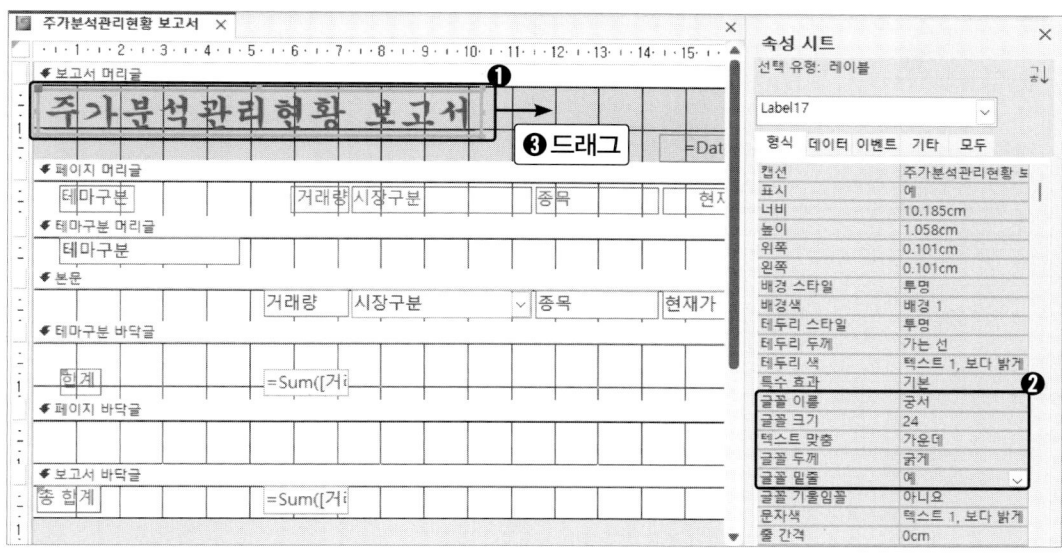

⑤ '거래량' 레이블과 텍스트 상자를 선택한다.
→ '현재가'와 '거래규모' 사이로 마우스 드래그하여 이동한다.

> 🏁 **기적의 TIP**
>
> Ctrl 또는 Shift를 누른 채 클릭하면 한 번에 여러 상자를 선택할 수 있다.

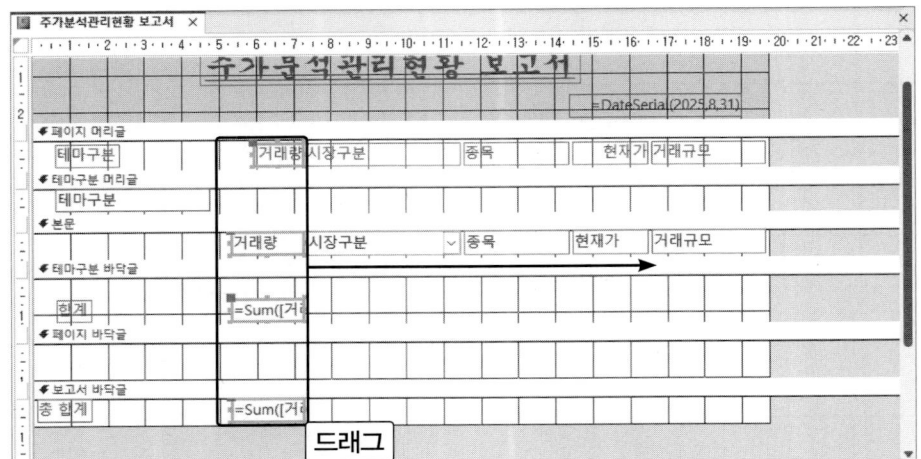

⑥ 페이지 머리글의 레이블들을 선택하고 [서식] 탭 – [글꼴] 그룹 – [가운데 정렬](≡)을 클릭한다.
→ ≪출력형태≫를 참고하여 나머지 레이블과 텍스트 상자들의 위치, 너비, 정렬을 설정한다.

> 🏁 **기적의 TIP**
>
> [정렬] 탭 – [크기 및 순서 조정] 그룹에서 [크기/공간]과 [맞춤]의 기능을 적절히 활용하면 편리하다.

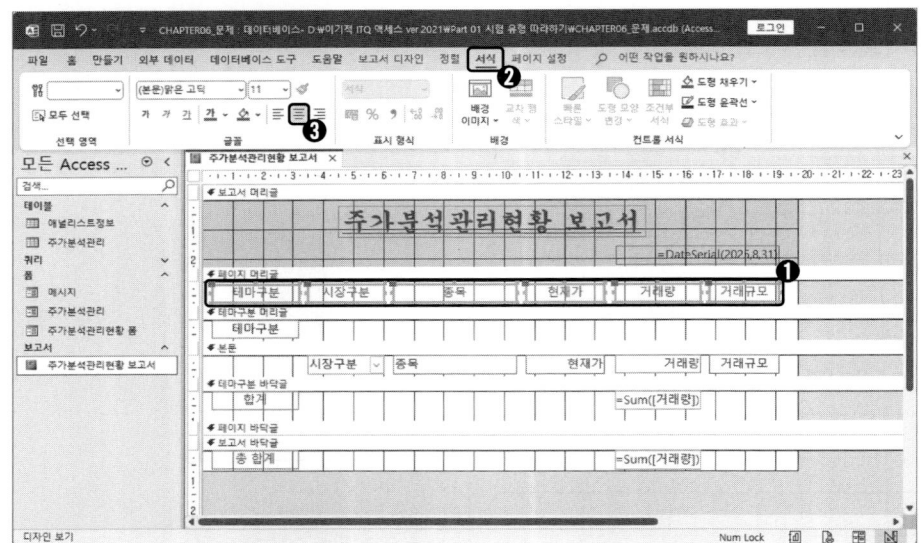

⑦ 레이블들과 '합계', '총 합계' 텍스트 상자를 선택한다.
→ [서식] 탭 – [글꼴] 그룹 – [굵게](가)를 클릭한다.

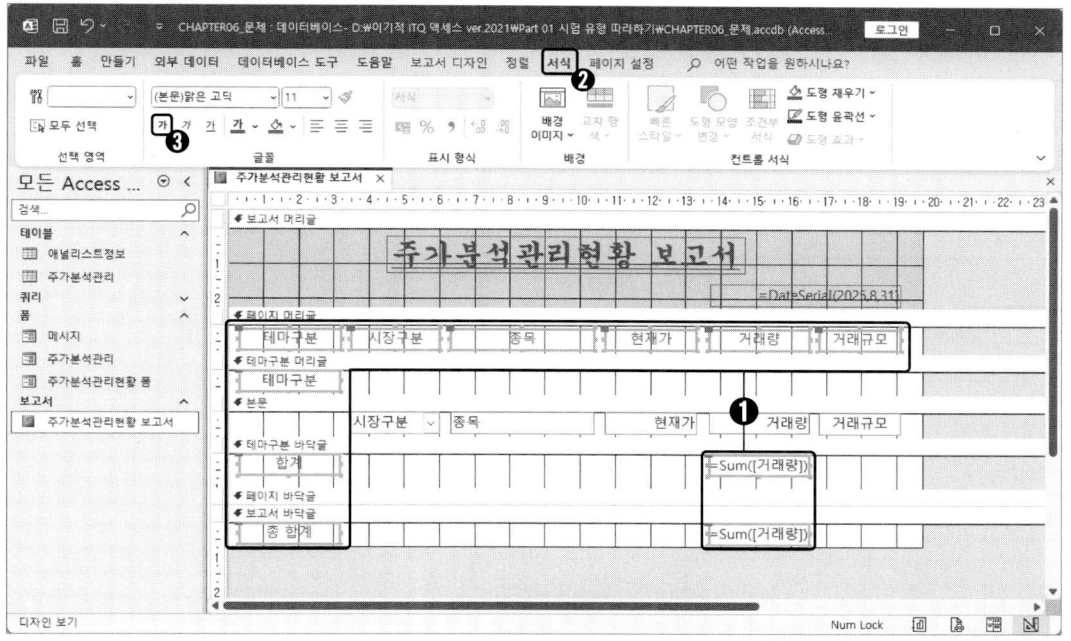

⑧ '시장구분' 콤보 상자에 마우스 오른쪽 클릭한다.
→ [변경] – [텍스트 상자]를 클릭한다.

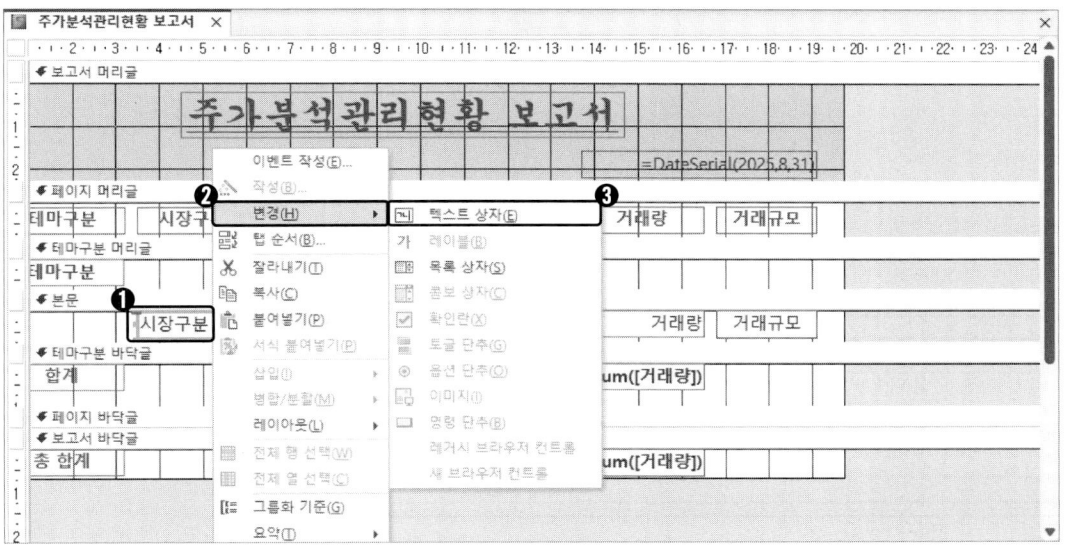

⑨ '시장구분', '합계', '총 합계' 텍스트 상자를 더블클릭하여 [속성 시트] 작업창을 연다.
→ [형식] 탭 - [테두리 스타일]을 '투명'으로 선택한다.

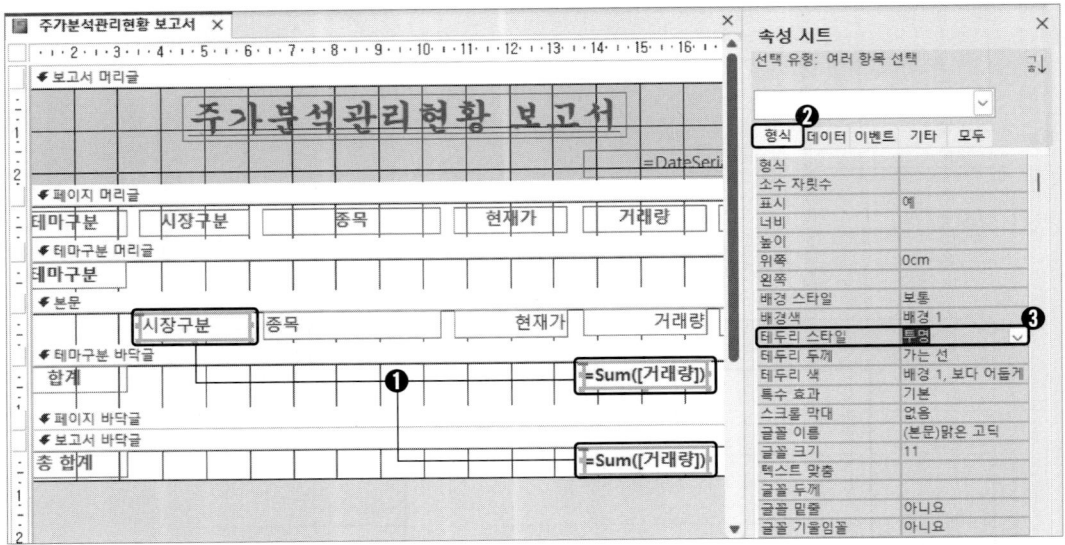

⑩ [보고서 디자인] 탭 - [컨트롤] 그룹에서 [선](◱)을 클릭한다.
→ 페이지 머리글과 테마구분 바닥글에 마우스 드래그하여 선을 그린다.

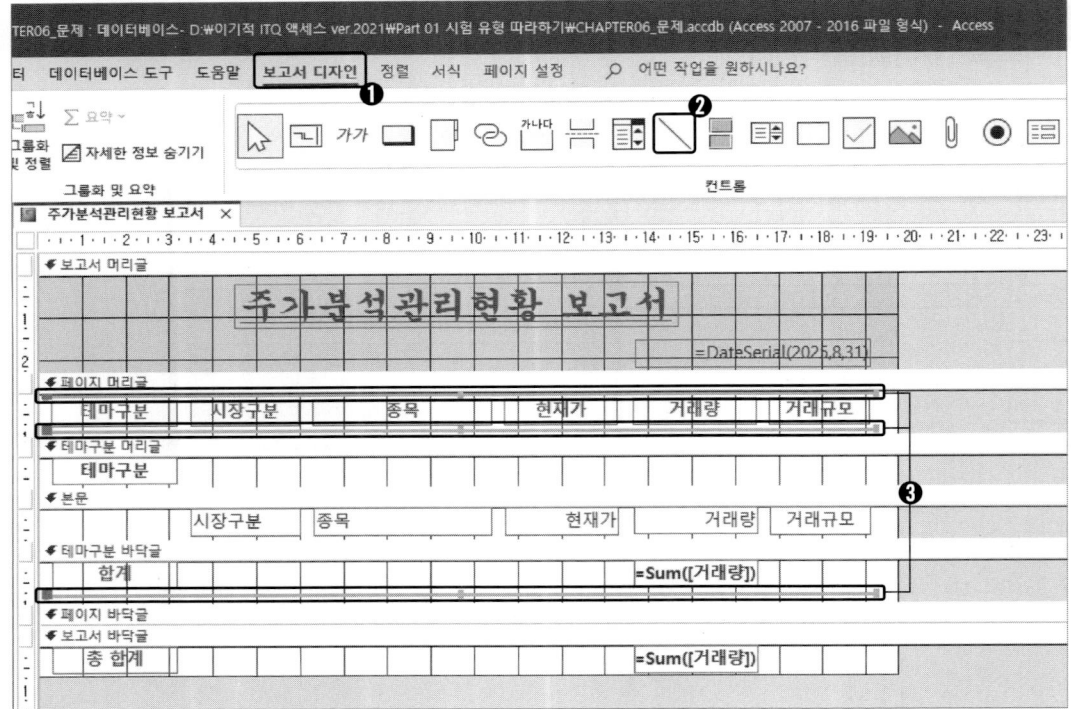

⑪ 그려진 선을 모두 선택하고 마우스 오른쪽 클릭하여 [속성]을 클릭한다.
→ [형식] 탭 – [테두리 두께]를 '2pt'로 선택한다.

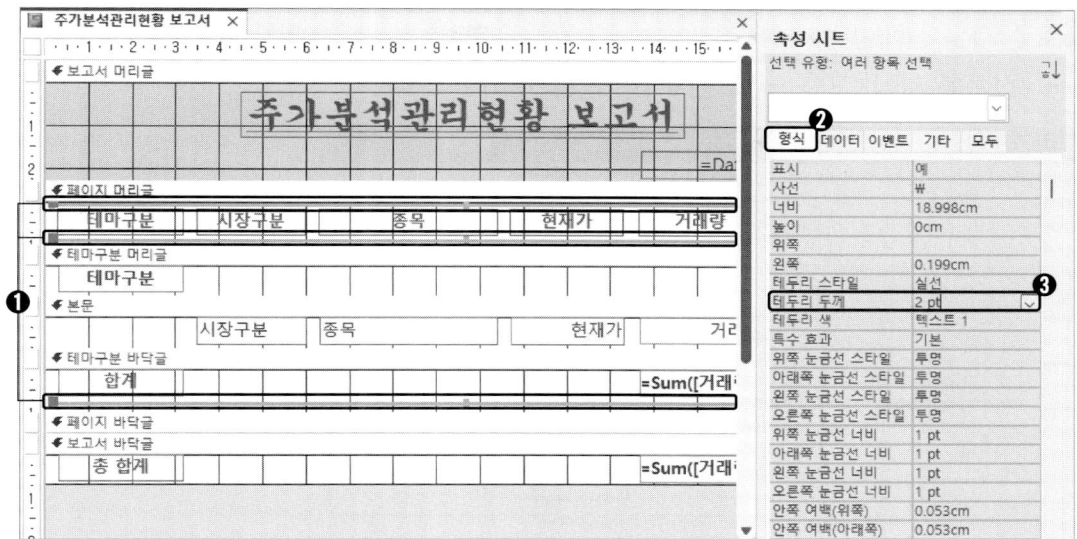

⑫ 본문 영역을 선택하고 [속성 시트] 작업창의 [형식] 탭 – [다른 배경색]을 '색 없음'으로 선택한다.
→ 같은 방법으로 테마구분 머리글과 테마구분 바닥글의 [다른 배경색]도 설정한다.

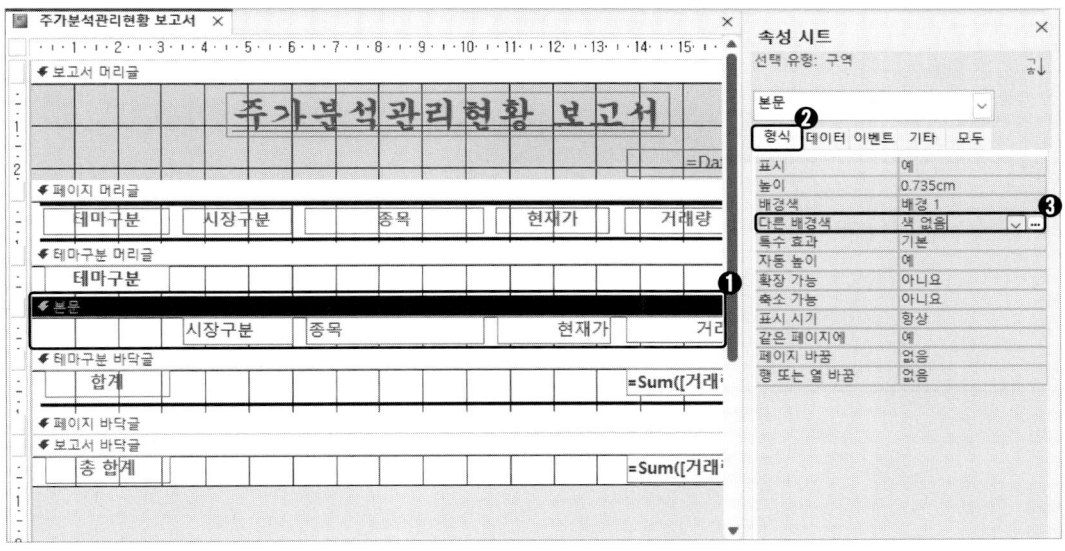

SECTION 03 조건부 서식 적용하기

① '거래량' 텍스트 상자를 선택한다.
→ [서식] 탭 - [컨트롤 서식] 그룹 - [조건부 서식](▦)을 클릭한다.

> **기적의 TIP**
>
> **조건부 서식**
> 특정 조건을 만족하는 값에 대해 글자색, 배경색, 굵기 등의 서식을 자동으로 적용하는 기능이다.

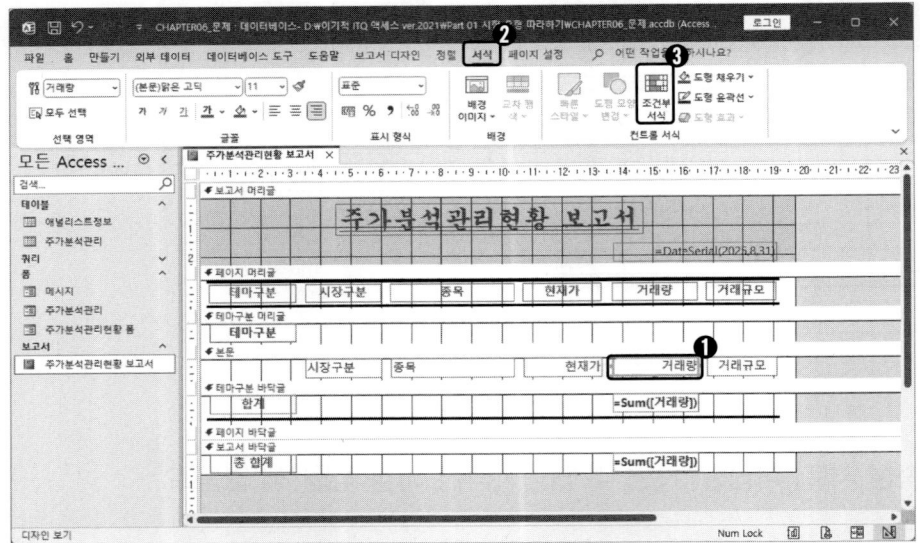

② [새 규칙]을 클릭한다.

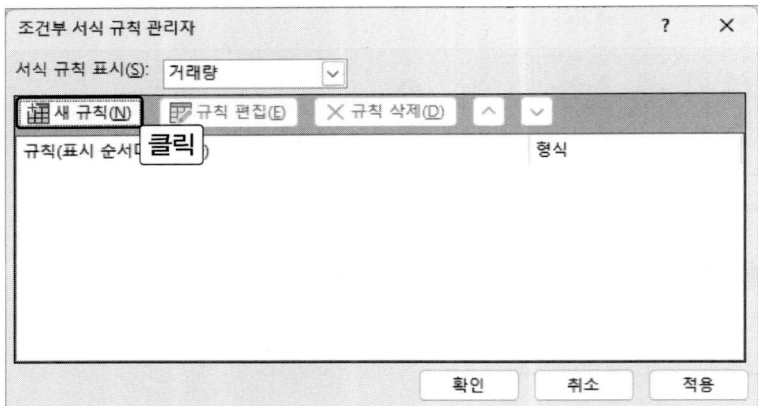

③ [규칙 유형 선택]은 '현재 레코드의 값 확인 또는 식 사용'을 선택한다.
→ [규칙 설명 편집]에 '필드 값이', '다음 값보다 작음', 『100000』을 순서대로 입력한다.
→ [굵게](가), [배경색] '노랑'을 선택한 후 [확인]을 클릭한다.

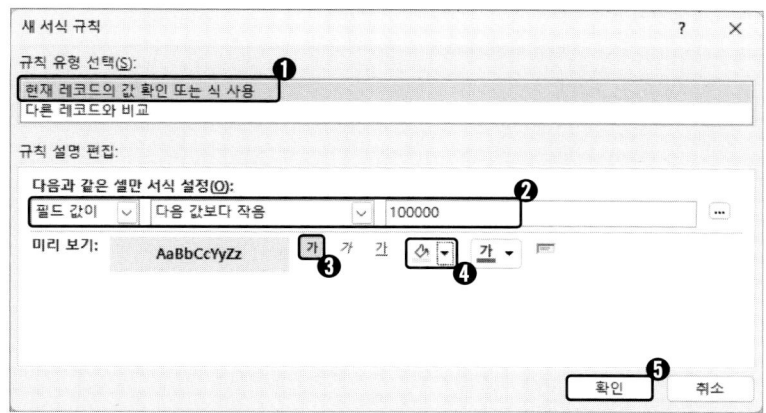

④ [조건부 서식 규칙 관리자] 대화상자로 돌아오면 [확인]을 클릭한다.

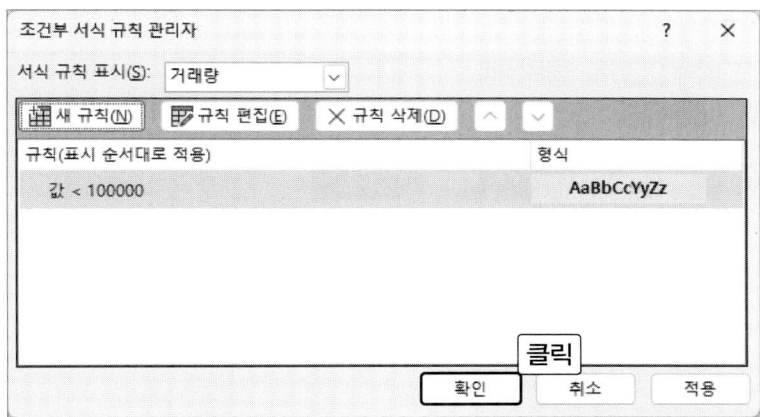

⑤ [보고서 디자인] 탭 - [보기] - [보고서 보기](▥)를 클릭하여 ≪출력형태≫와 비교해본다.
→ 저장하고 [닫기](✕)를 클릭한다.

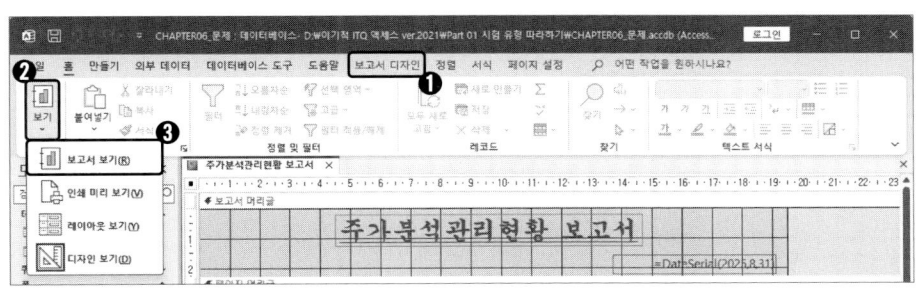

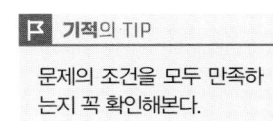

🏁 기적의 TIP

문제의 조건을 모두 만족하는지 꼭 확인해본다.

SECTION 04 보고서 버튼 만들기

① '주가분석관리현황 폼'에 마우스 오른쪽 클릭하고 [디자인 보기]를 클릭한다.

> 🅿 **기적**의 TIP
>
> 보고서를 완성한 후 보고서 버튼을 만든다.

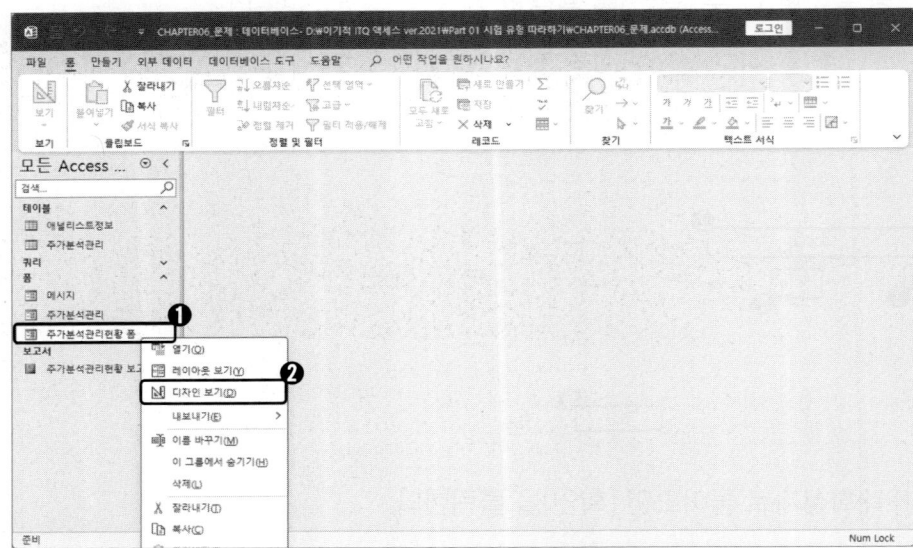

② [양식 디자인] 탭 – [컨트롤] 그룹 – [단추](□)를 클릭한다.
→ 폼 머리글 영역의 로고 아래 위치에 클릭한다.

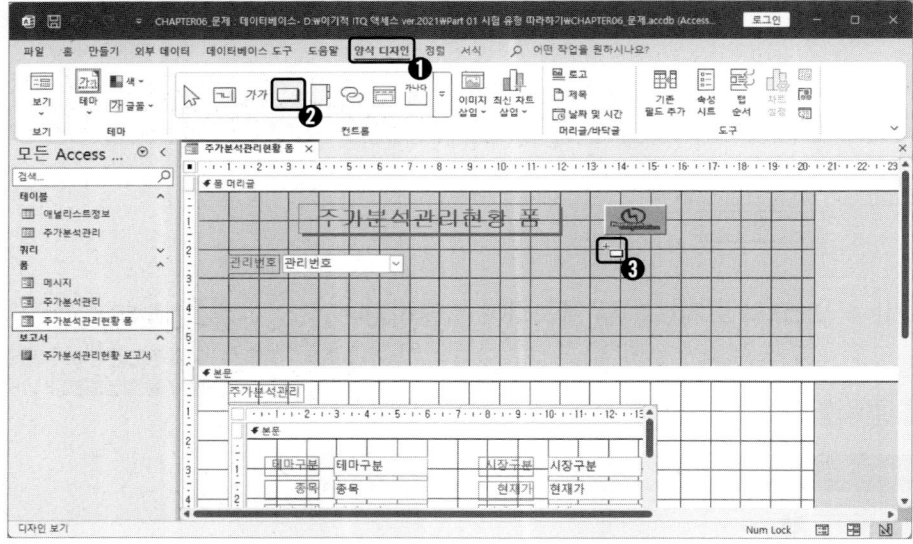

③ [명령 단추 마법사]가 나타나면 [종류]에서 '보고서 작업'을 선택한다.
   → [매크로 함수]는 '보고서 미리 보기'를 선택하고 [다음]을 클릭한다.

> 🔖 **기적의 TIP**
>
> **명령 단추**
> 단추를 클릭하면 특정 기능을 수행하도록 설정할 수 있다.

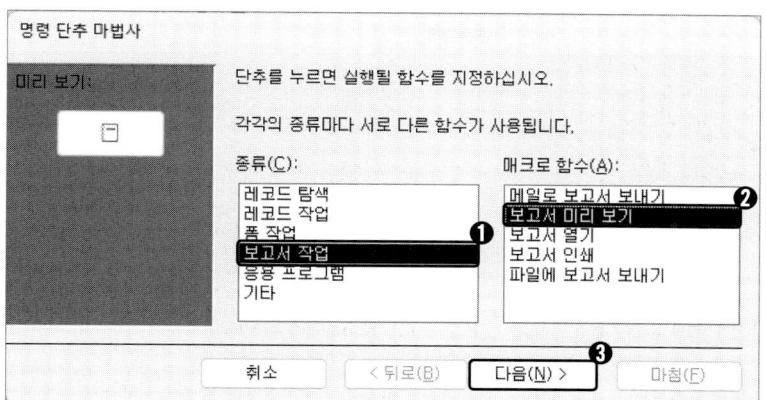

④ '주가분석관리현황 보고서'를 선택하고 [다음]을 클릭한다.

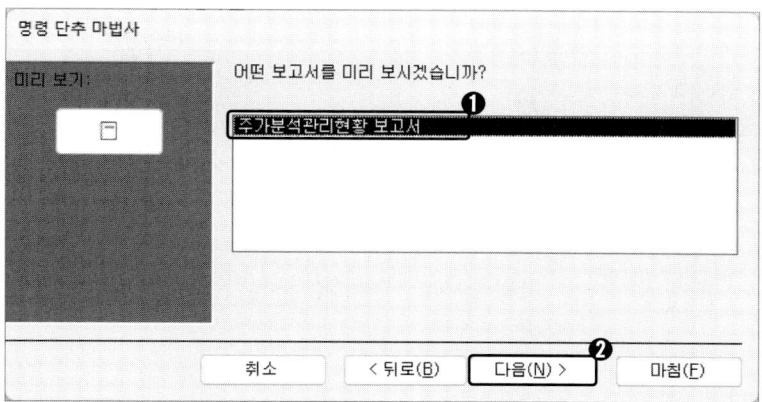

⑤ [텍스트]를 선택하고 『보고서』를 입력한 후 [다음]을 클릭한다.

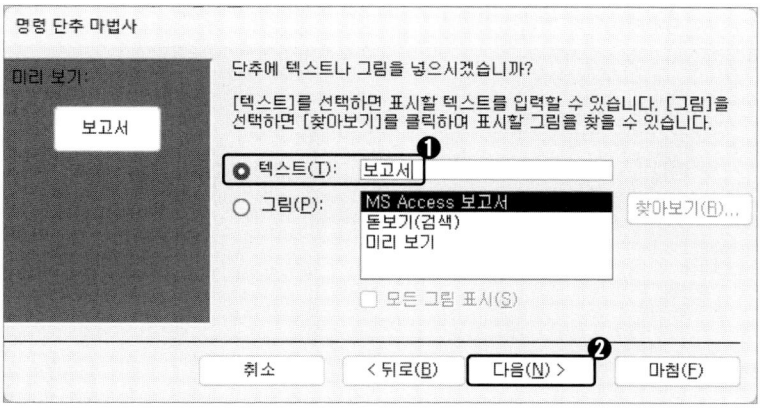

⑥ 명령 단추의 참조 이름은 별도 지정하지 않고 [마침]을 클릭한다.

> **기적의 TIP**
>
> 명령 단추의 이름은 조건에 없으므로 따로 지정할 필요는 없다.

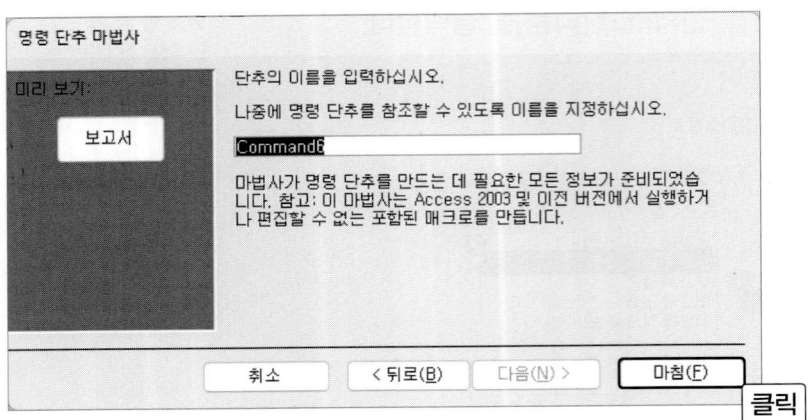

⑦ 명령 단추를 더블클릭하여 [속성 시트] 작업창을 연다.
　→ [형식] 탭에서 [너비] '2cm', [높이] '1cm'를 설정한다.

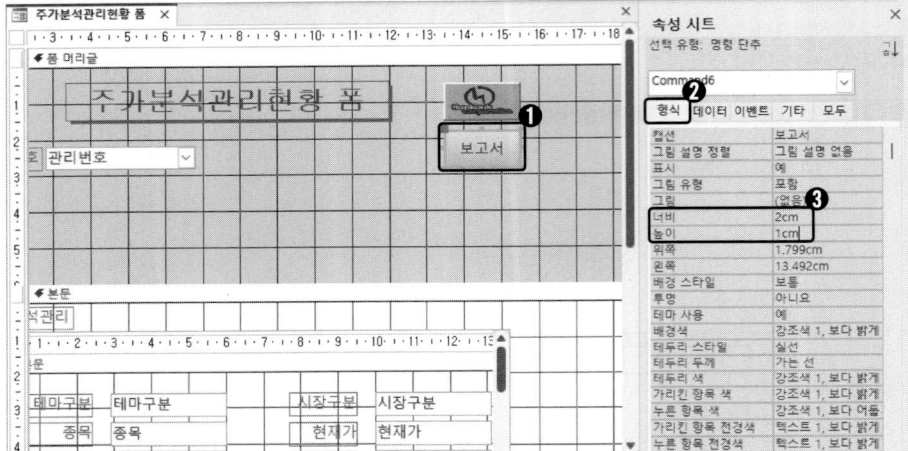

⑧ 폼 머리글 영역의 높이와 너비를 마우스 드래그하여 조절한다.

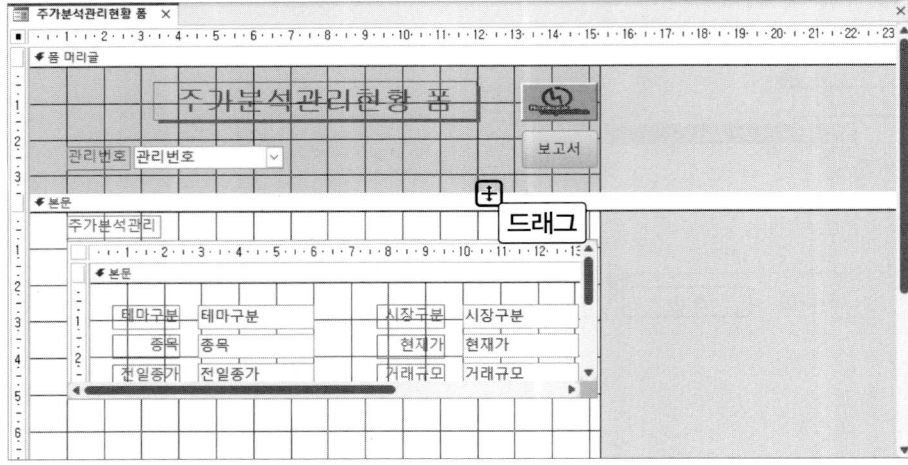

유형분석 문제 ❻

레이블 보고서 작성

배점 **70점** | A등급 목표점수 **55점**

```
한기솔 [10년차]              장지호 [5년차]               이동욱 [3년차]
소속 : 제이파이낸셜증권       소속 : 에이스인베스트먼트     소속 : 퓨처리서치증권
퍼포먼스 : High              퍼포먼스 : Top               퍼포먼스 : Low

윤대협 [5년차]               오다민 [8년차]               박지현 [2년차]
소속 : 퓨처리서치증권         소속 : 제이파이낸셜증권       소속 : 넥스트캐피탈증권
퍼포먼스 : High              퍼포먼스 : Top               퍼포먼스 : Low
```

● CHAPTER 06
레이블 보고서 작성하기

● 함수 적용

● 정렬

출제포인트
사용 필드 · 함수 · 정렬

출제기준
앞에서 작성한 테이블을 기반으로 레이블 보고서를 작성하는 능력을 평가합니다.

A등급 TIP
조건과 출력형태에서 제시된 정렬 방법과 표현 방법을 확인하고 진행해야 합니다.

레이블 보고서 작성하기

문제파일 CHAPTER07_문제.accdb
정답파일 CHAPTER07_정답.accdb

❋ 문제 파일을 불러온 후 작업

[테이블2:애널리스트정보]를 이용하여 레이블 보고서를 작성하시오.

조건	(1) 레이블 보고서 이름 : 애널리스트정보 레이블 (2) 표준레이블 : 제조업체 A – ONE, 제품번호 28315(세로*가로 : 34 mm × 64 mm/개수 : 3) (3) 글꼴색과 크기 : 돋움, 10pt, 중간, 검정 (4) 레이블의 필드 순서 : 이름, 경력, 소속증권사, 연평균수익률(%) (5) 레이블 출력 순서 : 이름에 대해 내림차순으로 정렬 (6) 필드 표현방법 : 이름, 경력 – ≪출력형태≫와 같이 적용(굵게, & 연산자 사용) 　　　　　　　소속증권사 – ≪출력형태≫와 같이 적용(& 연산자 사용) 　　　　　　　연평균수익률(%) – '5'미만이면 'Low', '10'미만이면 'High', 그 이외에는 'Top'으로 ≪출력형태≫와 같이 적용(IIF 함수, & 연산자 사용)
출력형태	(전체 데이터 출력물 중 일부만 캡처된 화면임) **한기솔 [10년차]**　　　　　　**장지호 [5년차]**　　　　　　**이동욱 [3년차]** 소속 : 제이파이낸셜증권　　　소속 : 에이스인베스트먼트　　소속 : 퓨처리서치증권 퍼포먼스 : High　　　　　　　퍼포먼스 : Top　　　　　　　퍼포먼스 : Low **윤대협 [5년차]**　　　　　　　**오다민 [8년차]**　　　　　　**박지현 [2년차]** 소속 : 퓨처리서치증권　　　　소속 : 제이파이낸셜증권　　　소속 : 넥스트캐피탈증권 퍼포먼스 : High　　　　　　　퍼포먼스 : Top　　　　　　　퍼포먼스 : Low

SECTION 01 레이블 보고서 만들기

① [탐색] 창에서 '애널리스트정보'를 선택한다.
   → [만들기] 탭 – [보고서] 그룹 – [레이블](圖)을 클릭한다.

> **기적의 TIP**
>
> **레이블 보고서**
> 우편물, 상품 태그, 이름표 등 작은 라벨 형태로 데이터를 출력하는 보고서 형식이다.

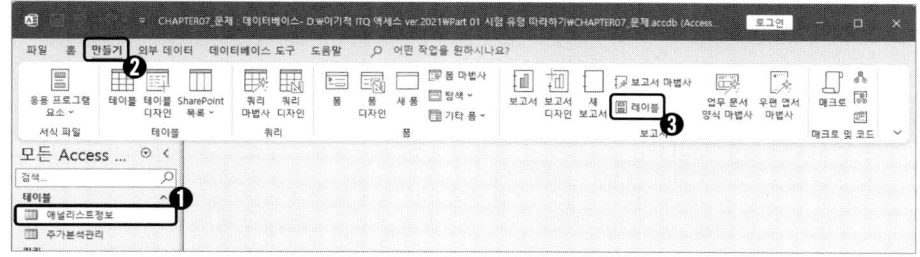

② [우편물 레이블 마법사] 대화상자에서 [제조업체로 필터링]을 'A – ONE'으로 선택한다.
   → [제품 번호]는 'AOne 28315'를 선택하고 [다음]을 클릭한다.

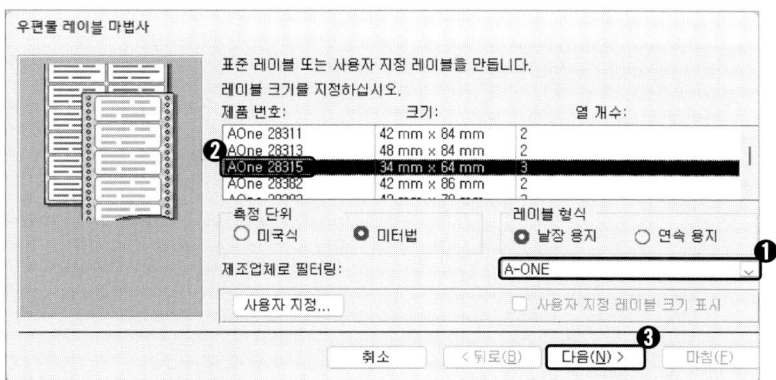

③ [글꼴 이름] '돋움', [글꼴 크기] '10', [글꼴 두께] '중간'을 선택하고 [다음]을 클릭한다.

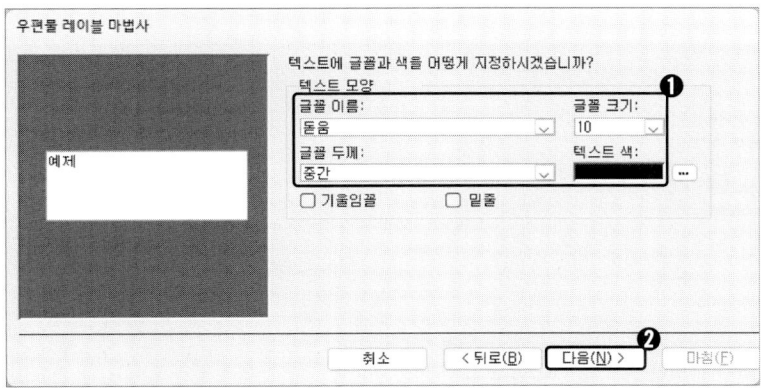

④ [사용 가능한 필드]에서 '이름', '경력'을 더블클릭한다.
   → 두 번째 줄에는 『소속 : 』을 직접 입력하고 '소속증권사'를 더블클릭한다.
   → 세 번째 줄에는 『퍼포먼스 : 』를 직접 입력하고 '연평균수익률(%)'을 더블클릭한다.
   → [다음]을 클릭한다.

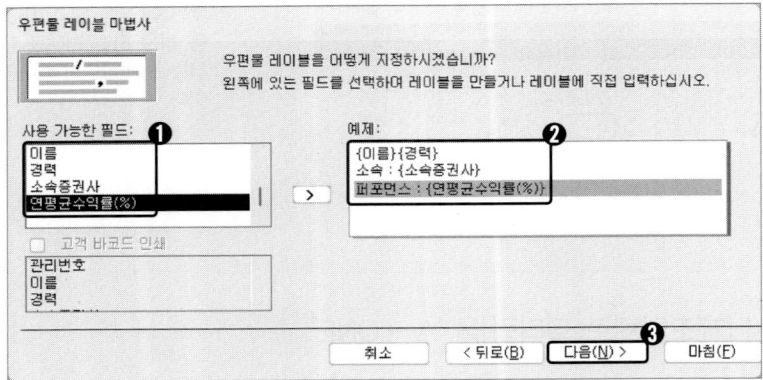

⑤ 정렬 기준이 될 필드로 '이름'을 더블클릭하고 [다음]을 클릭한다.

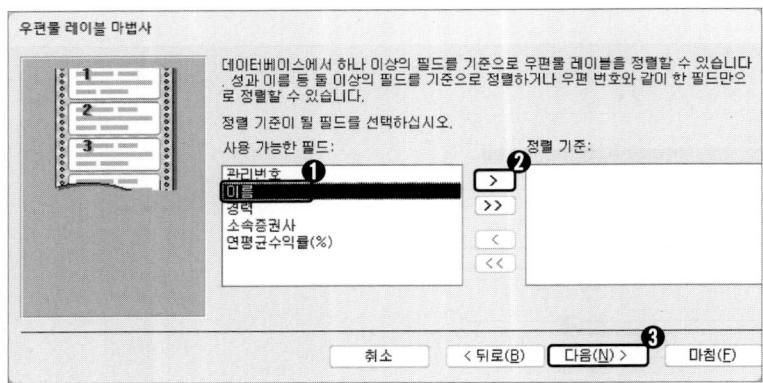

⑥ 보고서 이름에 『애널리스트정보 레이블』을 입력한다.
   → '우편물 레이블의 디자인 수정'을 선택하고 [마침]을 클릭한다.

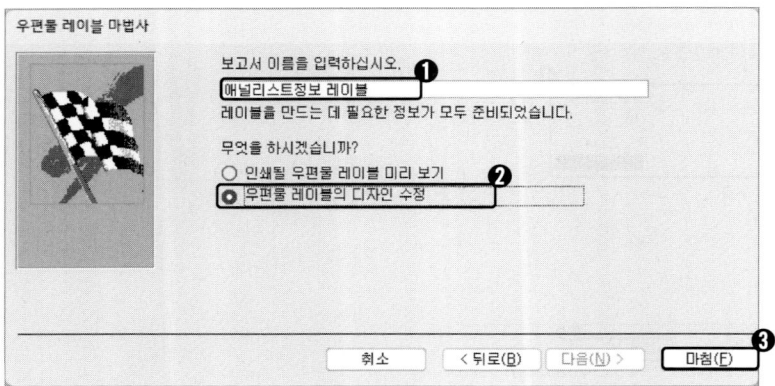

SECTION 02 | 레이블 보고서 수정하기

① 첫 번째 텍스트 상자를 선택한다.
→ [서식] 탭 – [글꼴] 그룹 – [굵게](가)를 클릭한다.
→ 표현식 『=[이름] & "[" & [경력] & "년차]"』를 입력한다.

> **기적의 TIP**
>
> **& 연산자**
> 두 개 이상의 텍스트를 이어 붙일 때 사용한다.

> **기적의 TIP**
>
> **Trim 함수**
> 문자열의 공백을 제거하는 함수이다. 레이블 마법사를 실행하면 자동으로 입력되어 있다.

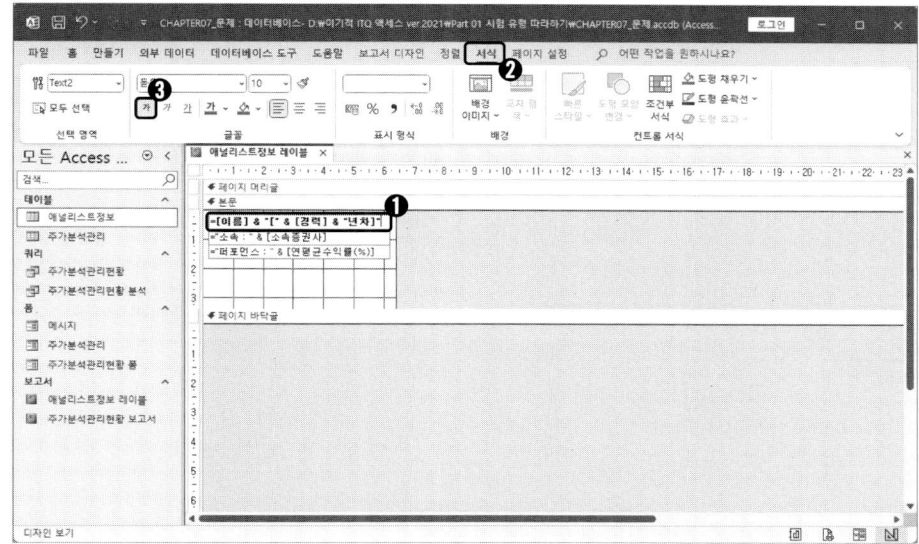

② 세 번째 텍스트 상자를 선택한다.
→ 표현식 『="퍼포먼스 : " & IIf([연평균수익률(%)]<5,"Low", IIf([연평균수익률(%)]<10,"High","Top"))』을 입력한다.

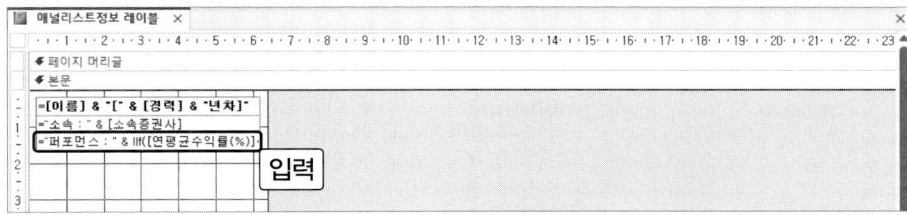

함수/구문 설명

IIf([연평균수익률(%)]<5, "Low",
  IIf([연평균수익률(%)]<10, "High", "Top"))
⇒ 첫 번째 조건을 확인하여 연평균수익률(%) 값이 5 미만이면 Low
  아니면 두 번째 조건을 확인하여 연평균수익률(%) 값이 5 이상 10 미만이면 High
  위 두 조건에 모두 해당하지 않으면(10 이상이면) Top

③ [보고서 디자인] 탭 – [그룹화 및 요약] 그룹 – [그룹화 및 정렬](🔲)을 클릭한다.
→ 정렬 기준을 '이름', '내림차순'으로 설정한다.

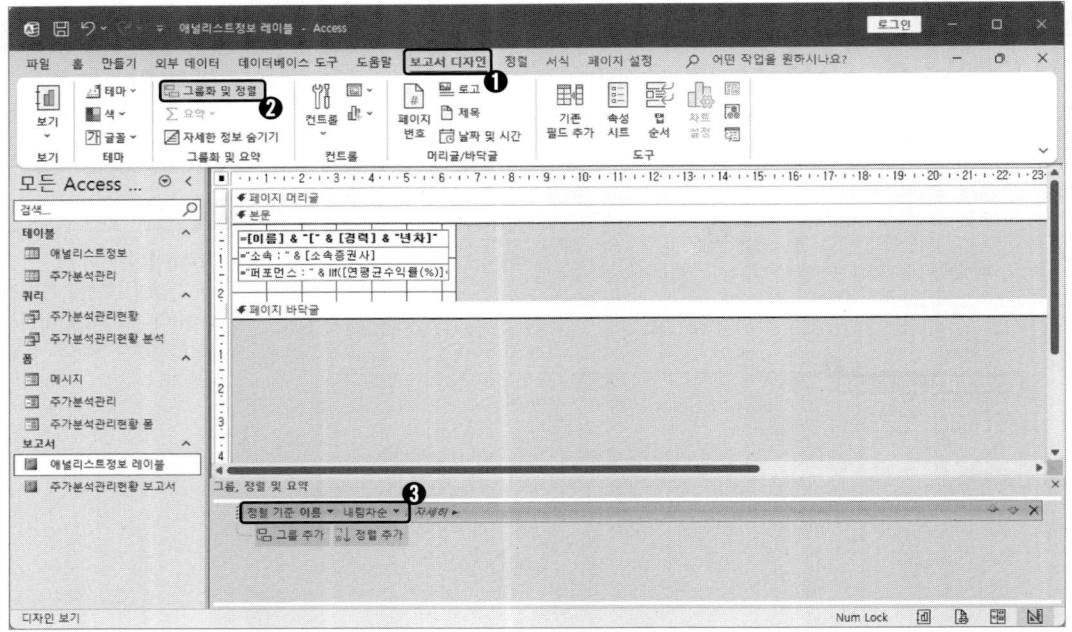

④ [보고서 디자인] 탭 – [보기] – [인쇄 미리 보기](🔍)를 클릭한다.
≪출력형태≫와 같은지 확인하고 저장 후 [닫기](✕)를 클릭한다.

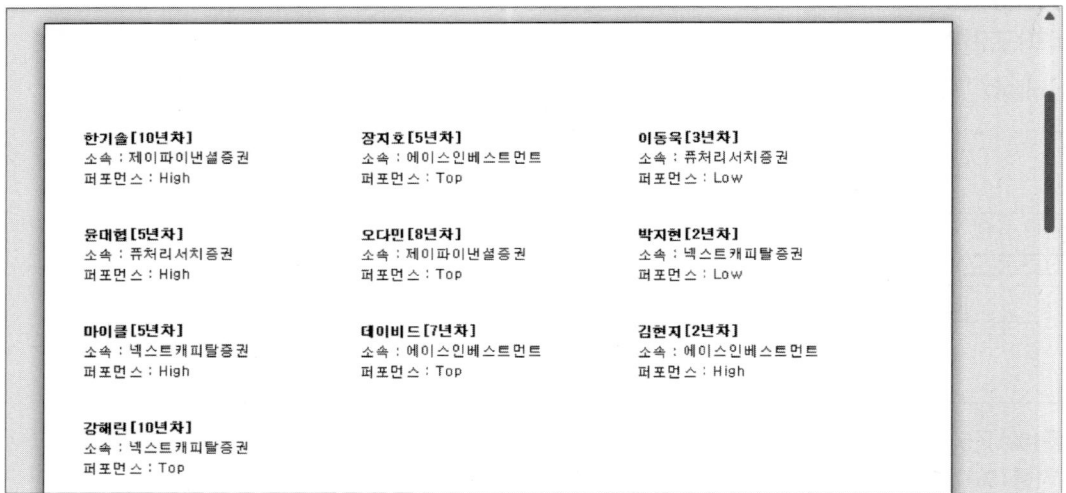

PART 02

대표 기출 따라하기

대표 기출 따라하기 01회	106
대표 기출 따라하기 01회 해설	112
대표 기출 따라하기 02회	170
대표 기출 따라하기 02회 해설	176

대표 기출 따라하기 01회 메시지 폼 출력 유형

과목	코드	문제유형	시험시간	수험번호	성명
한글액세스	1132	A	60분		

수험자 유의사항

- 수험자는 문제지를 받는 즉시 문제지와 **수험표상의 시험과목(프로그램)이 동일한지 반드시 확인**하여야 합니다.
- 파일명은 본인의 "수험번호-성명"으로 입력하여 답안폴더(내 PC₩문서₩ITQ)에 하나의 파일로 저장해야 하며, 답안문서 파일명이 "수험번호-성명"과 일치하지 않거나, 답안파일을 전송하지 않아 미제출로 처리될 경우 실격 처리합니다(예:12345678-홍길동.accdb).
- 답안 작성을 마치면 파일을 저장하고, '답안 전송' 버튼을 선택하여 감독위원 PC로 답안을 전송하십시오. 수험생 정보와 저장한 파일명이 다를 경우 전송되지 않으므로 주의하시기 바랍니다.
- 답안 작성 중에도 **주기적으로 저장하고, '답안 전송'**하여야 문제 발생을 줄일 수 있습니다. 작업한 내용을 저장하지 않고 전송할 경우 이전에 저장된 내용이 전송되오니 이점 유의하시기 바랍니다.
- 답안문서는 지정된 경로 외의 다른 보조기억장치에 저장하는 경우, 지정된 시험 시간 외에 작성된 파일을 활용할 경우, 기타 통신수단(이메일, 메신저, 네트워크 등)을 이용하여 타인에게 전달 또는 외부 반출하는 경우는 부정 처리합니다.
- 시험 중 부주의 또는 고의로 시스템을 파손한 경우는 수험자가 변상해야 하며, 〈수험자 유의사항〉에 기재된 방법대로 이행하지 않아 생기는 불이익은 수험생 당사자의 책임임을 알려 드립니다.
- 문제의 조건은 MS오피스 2021 버전으로 설정되어 있으니 유의하시기 바랍니다.
- 시험을 완료한 수험자는 답안파일이 전송되었는지 확인한 후 감독위원의 지시에 따라 문제지를 제출하고 퇴실합니다.

답안 작성요령

- 온라인 답안 작성 절차
  수험자 등록 ⇒ 시험 시작 ⇒ 답안파일 저장 ⇒ 답안 전송 ⇒ 시험 종료
- 문제는 테이블/쿼리/폼/보고서로 구성하며 문제에서 제시한 테이블의 내용을 누락시켰을 경우에 0점 처리됩니다.
- 테이블의 데이터는 정확히 입력해야 하며 임의로 정렬(소트)시킬 경우 감점 처리됩니다.
- 각 문제에서 주어진 ≪조건≫에 맞게 작성하고 언급하지 않은 조건은 ≪출력형태≫와 같이 작성합니다.
- 글꼴 및 기타 사항에 대해 별도의 지시사항이 없는 경우 기본 설정값(Default)으로 처리합니다.
- 문제에서 제시한 테이블/쿼리/폼/보고서 이외에 추가로 작성한 경우나 테이블/쿼리/폼/보고서의 이름이 잘못되었을 경우 해당 항목에 감점 처리됩니다.

다음은 ○○쇼핑몰의 판매내역을 관리할 데이터베이스를 작성하기 위한 내용이다.
주어진 ≪조건≫에 맞게 문서를 작성하시오.

문제 1 | 주어진 엑셀 데이터와 다음 ≪조건≫을 이용하여 테이블을 작성하시오. 100점

조건

[테이블1] 이름 : 주문정보

[테이블1] : 대표기출01회.xlsx(시트명 : A유형)에 있는 엑셀 데이터를 가져와 테이블을 작성한 후, 다음 디자인을 적용하시오. 단, 주문일자는 2025년 날짜 데이터만 입력받도록 유효성 검사를 이용하여 직접 입력하시오.

필드 이름	주문번호	주문상품명	주문일자	주문수량	판매가격	상품코드
데이터 형식	짧은 텍스트	짧은 텍스트	날짜/시간	숫자	숫자	짧은 텍스트
크기 (또는 형식)	8 기본키 설정	10	간단한 날짜 유효성 검사	정수	정수(Long) 통화	6

출력형태

주문번호	주문상품명	주문일자	주문수량	판매가격	상품코드
M2402243	남성슬렉스	2025-11-24	8	₩35,300	MB4578
M2402273	여성슬렉스	2025-11-27	5	₩36,400	WB2356
M2403073	넥타이	2025-12-07	12	₩19,600	PJ8790
M2403153	여성티셔츠	2025-11-15	6	₩20,900	WT1273
P2402185	여성운동화	2025-11-18	13	₩21,700	WF8792
P2403035	남성트레이닝복	2025-12-08	17	₩26,100	MS7882
P2403095	남성운동화	2025-12-09	6	₩29,300	MF9813
P2403135	목걸이	2025-12-13	4	₩42,900	PJ8974
T2402297	여성트레이닝복	2025-11-29	11	₩37,700	MS7981
T2403107	남성티셔츠	2025-12-10	7	₩39,500	MT3756

조건

[테이블2] 이름 : 상품정보

[테이블2] : 아래 ≪출력형태≫를 참고하여 테이블을 직접 작성하고 디자인을 적용하시오. 단, 상품분류는 목록값(일반의류, 스포츠의류, 패션/잡화)만 허용하는 콤보 상자를 이용하시오.

필드 이름	상품코드	상품분류	재고수량	상품입고일자	판매처
데이터 형식	짧은 텍스트	짧은 텍스트	숫자	날짜/시간	짧은 텍스트
크기 (또는 형식)	6	5 콤보 상자	정수	간단한 날짜	10

출력형태

상품코드	상품분류	재고수량	상품입고일자	판매처
WT1273	일반의류	21	2025-09-01	티셔츠야
MT3756	패션/잡화	32	2025-10-30	맨즈의류
WB2356	일반의류	24	2025-05-12	우먼파워
MB4578	일반의류	45	2025-09-27	마인드뿜뿜
MS7882	스포츠의류	17	2025-04-15	아디오수유
MS7981	스포츠의류	13	2025-03-10	데스티니스
WF8792	패션/잡화	10	2025-08-07	잡화나라
MF9813	일반의류	11	2025-07-22	다이썸
PJ8790	패션/잡화	59	2025-05-11	멋진타이
PJ8974	패션/잡화	21	2025-04-28	반짝반짝해

문제 2

[테이블1:주문정보]를 이용하여 다음과 같은 조건에 따라 쿼리를 완성하시오. 90점

조건
(1) 쿼리 이름 : 주문정보현황
(2) 주문채널 : 주문번호의 첫 번째 글자가 'M'이면 '모바일앱', 'P'이면 'PC온라인', 'T'이면 '전화방문'으로 적용(SWITCH, LEFT 함수 사용)
(3) 배송예정일 : 주문일자에 배송일수 더하여 적용 단, 배송일수는 주문번호의 마지막 글자로 적용(DATEADD, RIGHT 함수 사용)
(4) 총금액 : 「주문수량 × 판매가격 × (1 − 할인율)」로 계산하여 적용 단, 할인율은 주문일자가 '평일(월 − 금)'이면 '30%', 그렇지 않으면 '20%' 적용(IIF, WEEKDAY 함수 사용)
(5) 배송예정일은 자세한 날짜 형식, 총금액은 통화 형식, 주문일자에 대해 내림차순으로 정렬

출력형태

주문번호	상품코드	주문상품명	주문채널	주문일자	배송예정일	주문수량	판매가격	총금액
P2403135	PJ8974	목걸이	PC온라인	2025-12-13	2025년 12월 18일 목요일	4	₩42,900	₩137,280
T2403107	MT3756	남성티셔츠	전화방문	2025-12-10	2025년 12월 17일 수요일	7	₩39,500	₩193,550
P2403095	MF9813	남성운동화	PC온라인	2025-12-09	2025년 12월 14일 일요일	6	₩29,300	₩123,060
P2403035	MS7882	남성트레이닝복	PC온라인	2025-12-08	2025년 12월 13일 토요일	17	₩26,100	₩310,590
M2403073	PJ8790	넥타이	모바일앱	2025-12-07	2025년 12월 10일 수요일	12	₩19,600	₩188,160
T2402297	MS7981	여성트레이닝복	전화방문	2025-11-29	2025년 12월 6일 토요일	11	₩37,700	₩331,760
M2402273	WB2356	여성슬렉스	모바일앱	2025-11-27	2025년 11월 30일 일요일	5	₩36,400	₩127,400
M2402243	MB4578	남성슬렉스	모바일앱	2025-11-24	2025년 11월 27일 목요일	8	₩35,300	₩197,680
P2402185	WF8792	여성운동화	PC온라인	2025-11-18	2025년 11월 23일 일요일	13	₩21,700	₩197,470
M2403153	WT1273	여성티셔츠	모바일앱	2025-11-15	2025년 11월 18일 화요일	6	₩20,900	₩100,320

문제 3

[테이블1:주문정보]와 [테이블2:상품정보]를 이용하여 다음과 같은 조건에 따라 쿼리를 완성하시오. 80점

조건
(1) 쿼리 이름 : 주문정보현황 분석
(2) 테이블조인 : '상품코드'를 기준으로 관계 설정(조건 : 두 테이블의 조인된 필드가 일치하는 행만 포함)
(3) 상품분류가 '패션/잡화'가 아니고, 재고수량이 '20' 이하인 데이터를 추출하고, 상품코드를 기준으로 정렬하여 ≪출력형태≫와 같이 선택 쿼리를 작성하시오.

출력형태

상품코드	주문상품명	주문일자	재고수량	판매처
MF9813	남성운동화	2025-12-09	11	다이썽
MS7882	남성트레이닝복	2025-12-08	17	아디오스유
MS7981	여성트레이닝복	2025-11-29	13	데스티니스

문제 4

[쿼리:주문정보현황]을 이용하여 다음과 같은 모양의 폼을 설계하시오. 80점

조건

(1) 폼 이름 : 주문정보현황 폼
(2) 폼 제목 : 굴림, 20pt, 굵게, 가운데 맞춤, 특수 효과 : 볼록
(3) 사은품 : 판매가격이 '30,000' 이상이면서 주문수량이 '10' 이상이면 '사은품증정 및 이벤트대상', 판매가격이 '30,000' 이상이거나 주문수량이 '10' 이상이면 '사은품증정', 그 외 '미증정'으로 적용(IIF, AND, OR 함수 사용)
(4) '주문정보현황 폼'의 머리글 영역에 제목과 주문번호를 작성하고, 본문에 '주문번호' 필드를 기준으로 연결하여 '주문정보' 폼을 하위 폼으로 추가하시오.
(5) 주문번호 : 입력란을 '콤보 상자'로 변경하시오.
(6) 주문수량은 수정할 수 없게 작성하고, 클릭할 경우 아래와 같은 메시지 폼을 출력하시오.
(7) 로고 삽입(내 PC₩문서₩ITQ₩Picture₩로고1.jpg), 특수 효과 – 볼록, 크기(가로 – 2 cm, 세로 – 1 cm).

출력형태

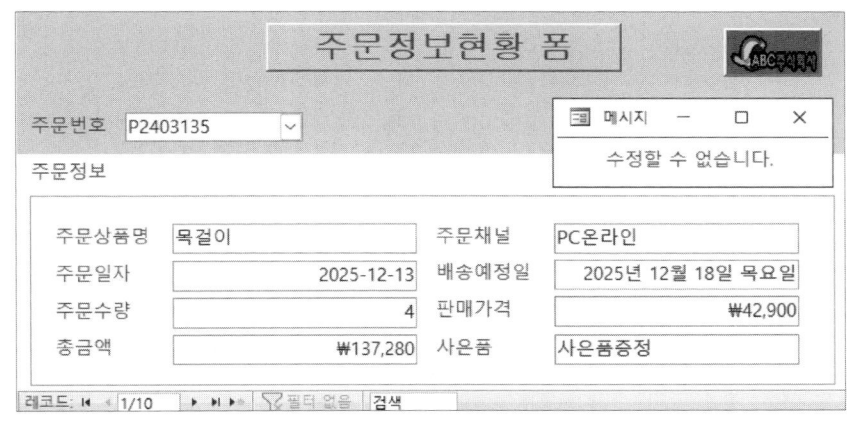

문제 5 [쿼리:주문정보현황]을 이용하여 보고서를 작성하시오. 80점

조건

(1) 보고서 이름 : 주문정보현황 보고서
(2) 보고서 제목 : 궁서, 24pt, 보통, 밑줄, 가운데 맞춤
(3) 보고서 머리글 부분의 날짜는 DATESERIAL 함수를 이용하여 표시
(4) 주문채널로 그룹화하고, 주문일자에 대해 오름차순으로 정렬
(5) 주문수량의 합계, 총합계는 함수를 이용하여 계산(굵게, SUM 함수 사용)
(6) 조건부 서식을 이용하여 '주문수량'이 '10' 이상인 경우 다음의 서식을 적용(글꼴 – 굵게, 배경색 – 노랑)

출력형태

주문정보현황 보고서

2025년 12월 14일 일요일

주문채널	주문상품명	주문일자	주문수량	판매가격	총금액
모바일앱					
	여성티셔츠	2025-11-15	6	₩20,900	₩100,320
	남성슬렉스	2025-11-24	8	₩35,300	₩197,680
	여성슬렉스	2025-11-27	5	₩36,400	₩127,400
	넥타이	2025-12-07	12	₩19,600	₩188,160
합계			31		
전화방문					
	여성트레이닝복	2025-11-29	11	₩37,700	₩331,760
	남성티셔츠	2025-12-10	7	₩39,500	₩193,550
합계			18		
PC온라인					
	여성운동화	2025-11-18	13	₩21,700	₩197,470
	남성트레이닝복	2025-12-08	17	₩26,100	₩310,590
	남성운동화	2025-12-09	6	₩29,300	₩123,060
	목걸이	2025-12-13	4	₩42,900	₩137,280
합계			40		
총 합계			89		

| 문제 6 | [테이블2:상품정보]를 이용하여 레이블 보고서를 작성하시오. | 70점 |

| 조건 | (1) 레이블 보고서 이름 : 상품정보 레이블
(2) 표준레이블 : 제조업체 A – ONE, 제품번호 28315(세로*가로 : 34 mm × 64 mm/개수 : 3)
(3) 글꼴색과 크기 : 굴림, 10pt, 중간, 검정
(4) 레이블의 필드 순서 : 판매처, 상품분류, 재고수량, 상품입고일자
(5) 레이블 출력 순서 : 상품입고일자에 대해 내림차순으로 정렬
(6) 필드 표현방법 : 판매처, 상품분류 – ≪출력형태≫와 같이 적용(굵게, & 연산자 사용)
　　　　　　　　재고수량 – ≪출력형태≫와 같이 적용(& 연산자 사용)
　　　　　　　　상품입고일자 – 상품입고일자의 요일을 계산하여 ≪출력형태≫와 같이 적용
　　　　　　　　(CHOOSE, WEEKDAY 함수, & 연산자 사용) |

| 출력형태 | (전체 데이터 출력물 중 일부만 캡처된 화면임)

상호 : 맨즈의류[패션/잡화]　　　　상호 : 마인드붐붐[일반의류]　　　　상호 : 티셔츠야[일반의류]
현 재고량 : 32EA　　　　　　　　현 재고량 : 45EA　　　　　　　　현 재고량 : 21EA
목요일 입고상품　　　　　　　　토요일 입고상품　　　　　　　　월요일 입고상품

상호 : 잡화나라[패션/잡화]　　　　상호 : 다이쌩[일반의류]　　　　　상호 : 우먼파워[일반의류]
현 재고량 : 10EA　　　　　　　　현 재고량 : 11EA　　　　　　　　현 재고량 : 24EA
목요일 입고상품　　　　　　　　화요일 입고상품　　　　　　　　월요일 입고상품 |

대표 기출 따라하기 01회 해설

정답파일 Part 02 대표 기출 따라하기₩대표기출01회_정답.accdb

문제 1 테이블 작성하기 100점

문제 1은 새 데이터베이스를 만들고 테이블을 작성하는 문제이다. 두 개의 테이블을 작성하며, 하나는 제공되는 엑셀 파일에서 데이터를 가져와 주어진 조건에 맞게 수정하고, 다른 하나는 출력형태를 참고하여 직접 작성한다.

SECTION 01 새 데이터베이스 만들기

① Access를 실행한다.
　→ [새로 만들기]의 [빈 데이터베이스]를 클릭한다.

② [빈 데이터베이스] 대화상자에서 [찾아보기](📁)를 클릭한다.

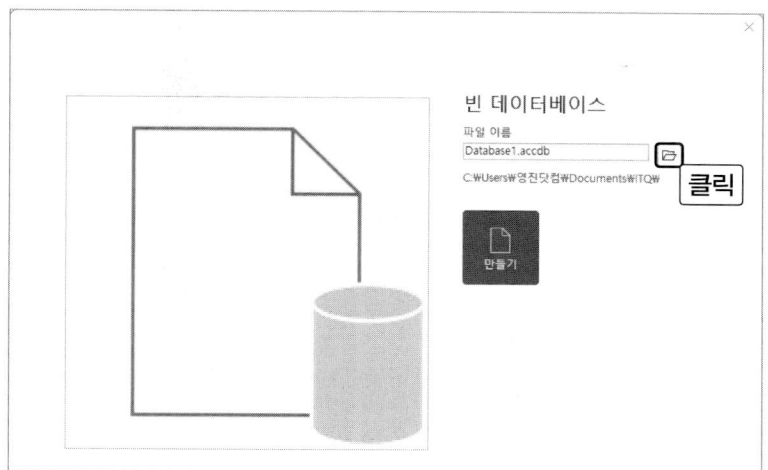

③ 나타나는 대화상자에서 파일을 저장할 폴더로 이동한다. (시험에서는 '내 PC₩문서₩ITQ' 폴더)
→ 파일 이름을 입력하고 [확인]을 클릭한다.

> **기적의 TIP**
> 시험에서 파일 이름은 '수험번호-성명'으로 저장하도록 안내된다.

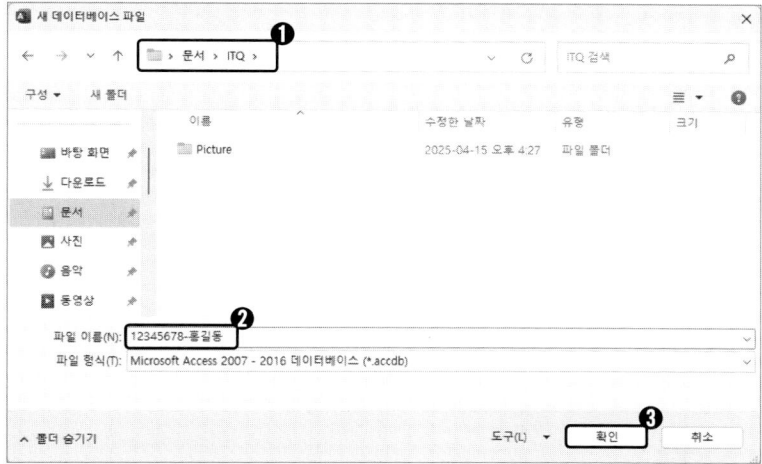

④ [빈 데이터베이스] 대화상자로 돌아오면 [만들기]를 클릭한다.

> **기적의 TIP**
> 새 테이블이 자동으로 생성되는 경우 닫기를 클릭한다.

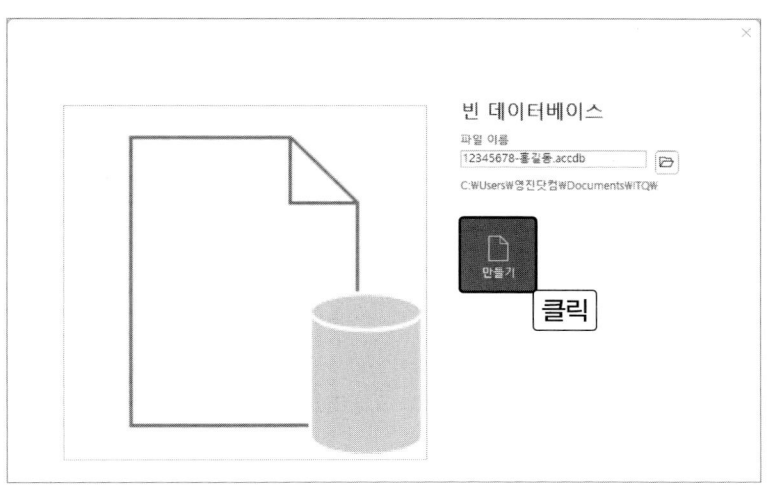

SECTION 02 엑셀 데이터 가져오기

① [외부 데이터] 탭 – [가져오기 및 연결] 그룹 – [새 데이터 원본](▦)을 클릭한다.
→ [파일에서] – [Excel]을 클릭한다.

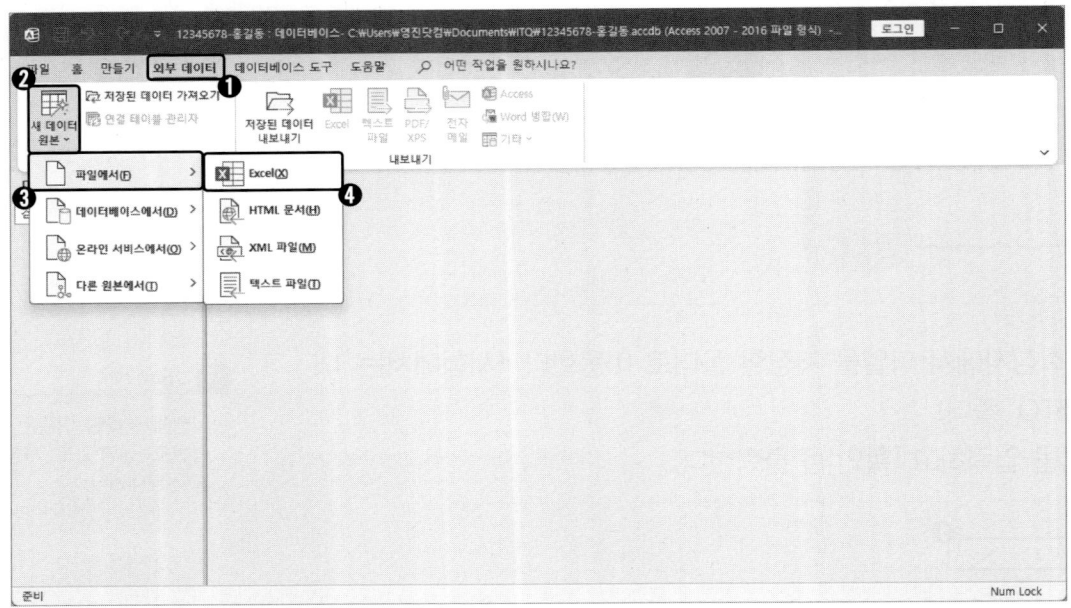

② [외부 데이터 가져오기] 대화상자에서 '현재 데이터베이스의 새 테이블로 원본 데이터 가져오기'를 선택한다.
→ [찾아보기]를 클릭한다.

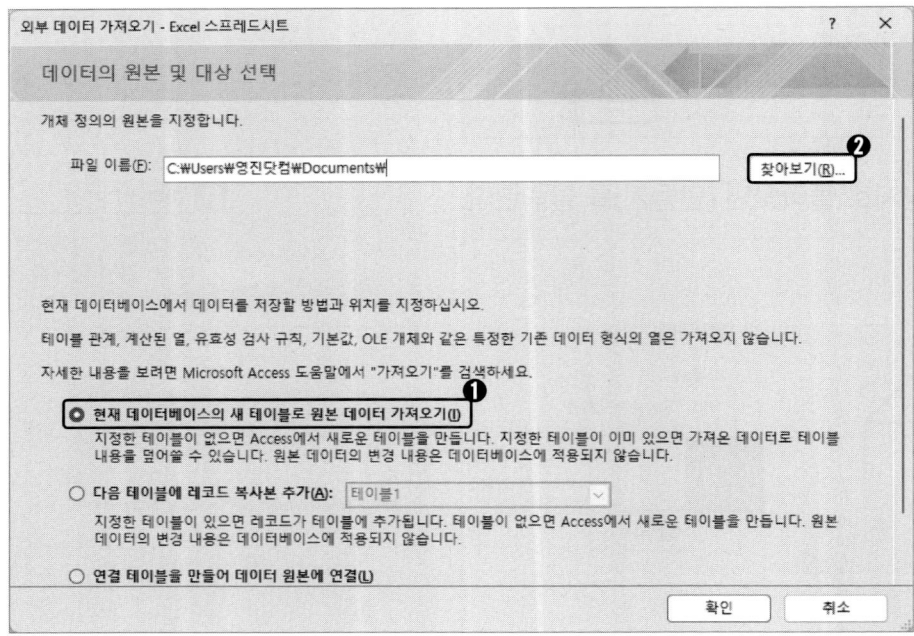

③ [파일 열기] 대화상자에서 부록 자료로 제공되는 '대표기출01회.xlsx' 파일을 선택한 후 [열기]를 클릭한다.
→ 다시 [외부 데이터 가져오기] 대화상자로 돌아오면 [확인]을 클릭한다.

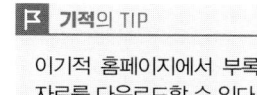 **기적**의 TIP

이기적 홈페이지에서 부록 자료를 다운로드할 수 있다.

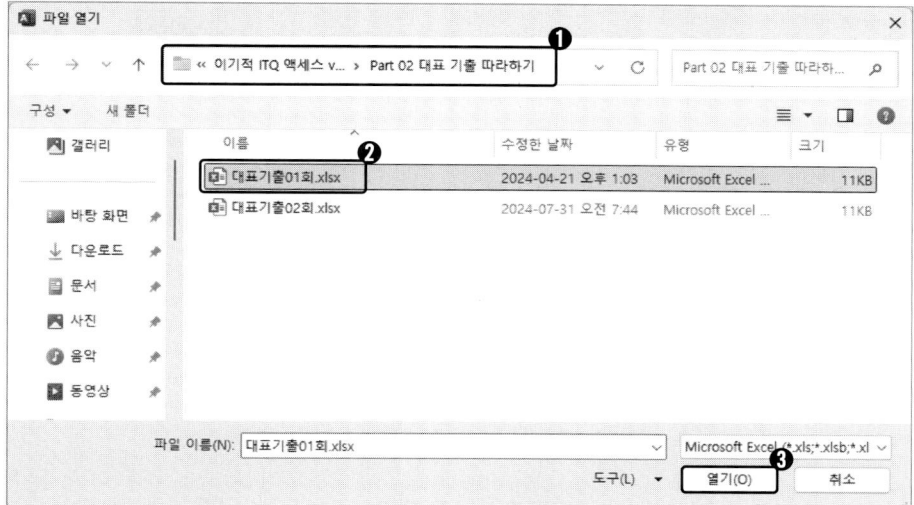

④ 대화상자의 다음 화면에서 '첫 행에 열 머리글이 있음'을 체크하고 [다음]을 클릭한다.

 **기적**의 TIP

이 예제에서는 '주문번호', '주문상품명', '주문수량' 등이 열 머리글에 해당한다.

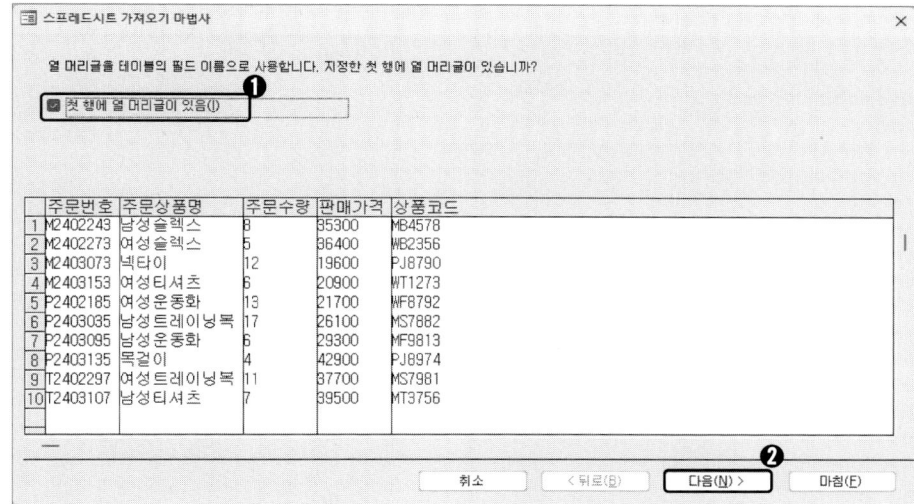

⑤ 대화상자의 다음 화면에서 필드 옵션은 수정하지 않고 [다음]을 클릭한다.

⑥ 대화상자의 다음 화면에서 '기본 키 선택'을 클릭한다.
→ '주문번호'를 선택하고 [다음]을 클릭한다.

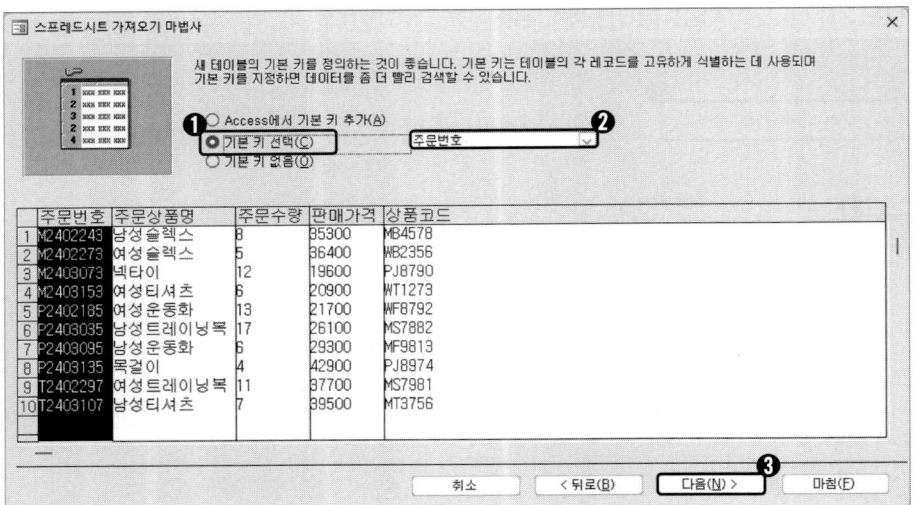

기적의 TIP

기본 키
데이터베이스에서 각 행을 구분하는 유일한 값이다. 문제보기의 조건을 참고하여 지정한다.

⑦ 대화상자의 다음 화면에서 '테이블로 가져오기'에 『주문정보』를 입력하고 [마침]을 클릭한다.
→ '가져오기 단계 저장'을 물어보는 대화상자가 나타나면 체크하지 않고 [닫기]를 클릭한다.

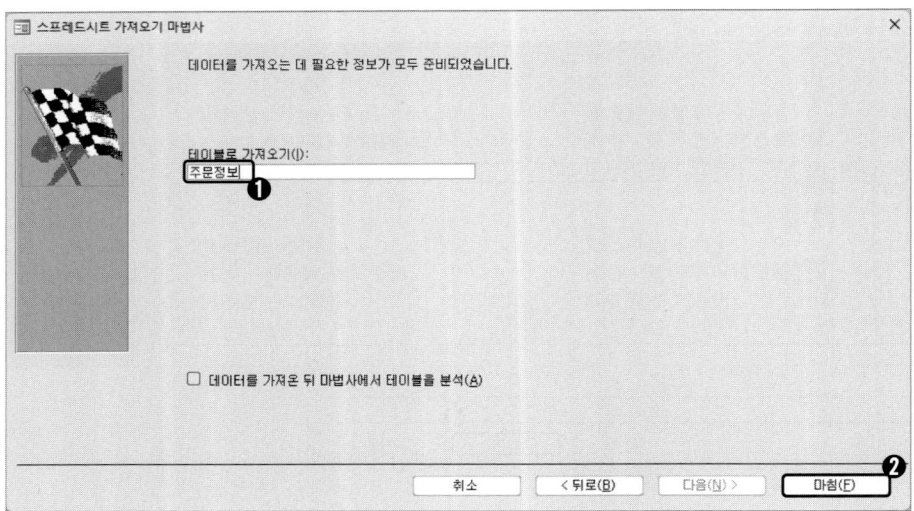

기적의 TIP

테이블 이름은 문제보기의 조건을 참고하여 입력한다.

SECTION 03 테이블 디자인 수정하기

① 작성된 '주문정보' 테이블에 마우스 오른쪽 클릭한다.
→ [디자인 보기]를 클릭한다.

기적의 TIP

디자인 보기
필드 데이터의 크기, 형식 등의 속성을 설정할 수 있다.

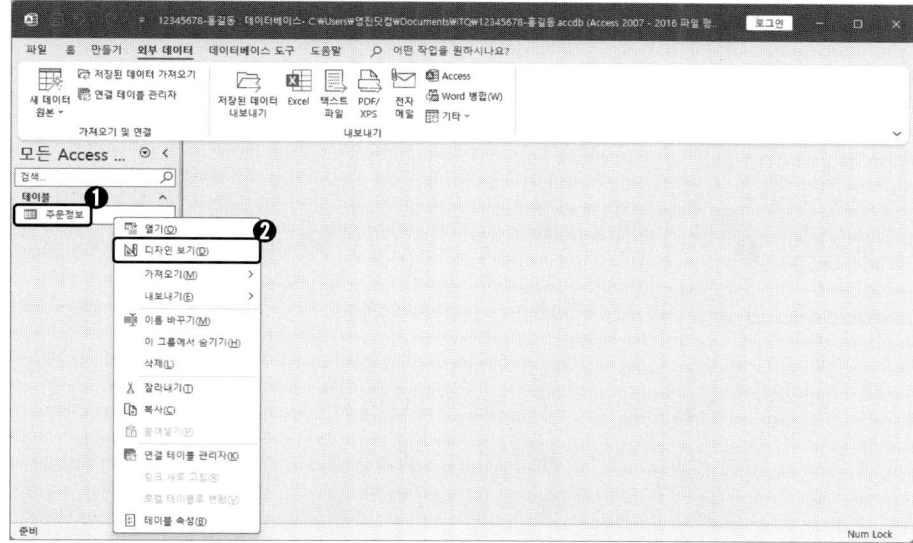

② '주문번호'의 [필드 크기]를 『8』로 입력하여 수정한다.

기적의 TIP

'주문번호'의 왼쪽에 열쇠 모양의 아이콘으로 기본키를 표시하고 있다.
기본키가 설정되지 않은 경우 [테이블 디자인] 탭에서 [기본 키]를 클릭하면 된다.

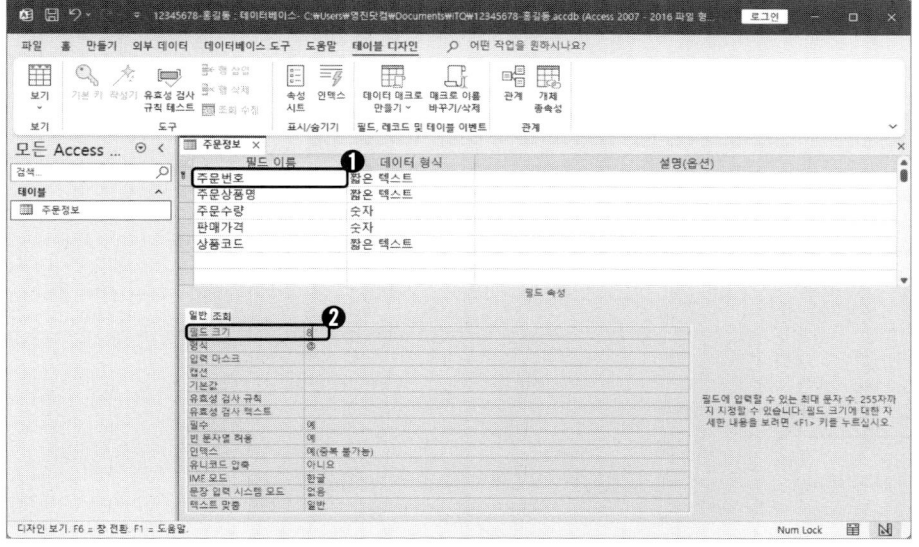

③ 나머지 필드들의 [필드 크기], [형식]도 문제 조건에 맞게 수정한다.

주문번호	주문상품명	주문일자	주문수량	판매가격	상품코드
짧은 텍스트	짧은 텍스트	날짜/시간	숫자	숫자	짧은 텍스트
8 기본키 설정	10	간단한 날짜 유효성 검사	정수	정수(Long) 통화	6

> **기적의 TIP**
> '판매가격' 필드는 [형식]을 '통화'로 지정한다.

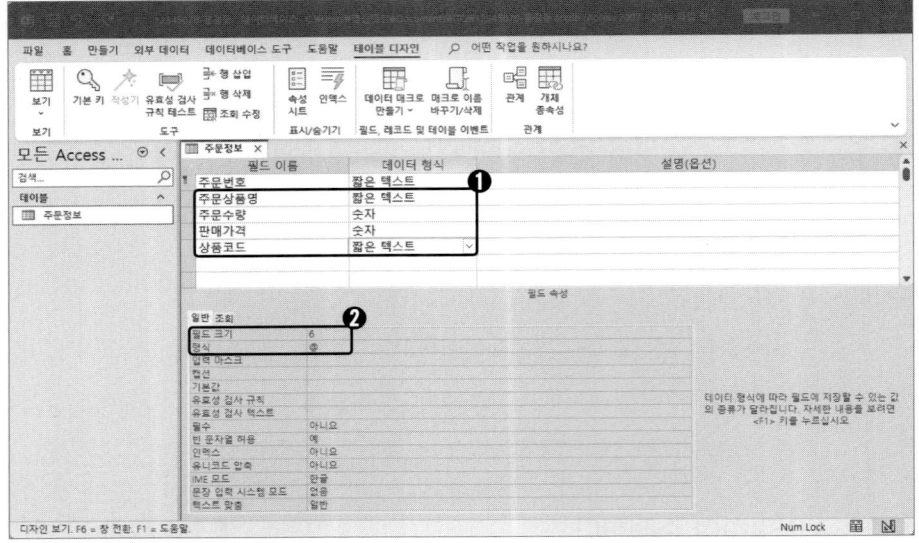

④ '주문일자'를 추가하기 위해 '주문수량'에서 마우스 오른쪽 클릭하고 [행 삽입]을 클릭한다.

> **기적의 TIP**
> 새로운 행은 선택한 행의 위에 삽입된다.

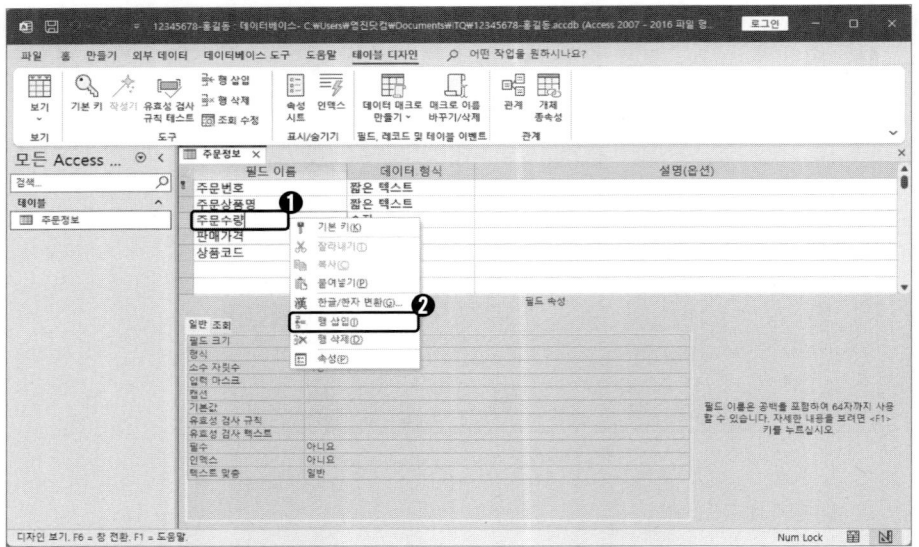

⑤ [필드 이름]에 『주문일자』를 입력하고 [데이터 형식]을 '날짜/시간'으로 지정한다.
   → [형식]은 '간단한 날짜'로 지정한다.
   → [유효성 검사 규칙]에 조건식 『Between #2025 – 01 – 01# And #2025 – 12 – 31#』을 입력한다.

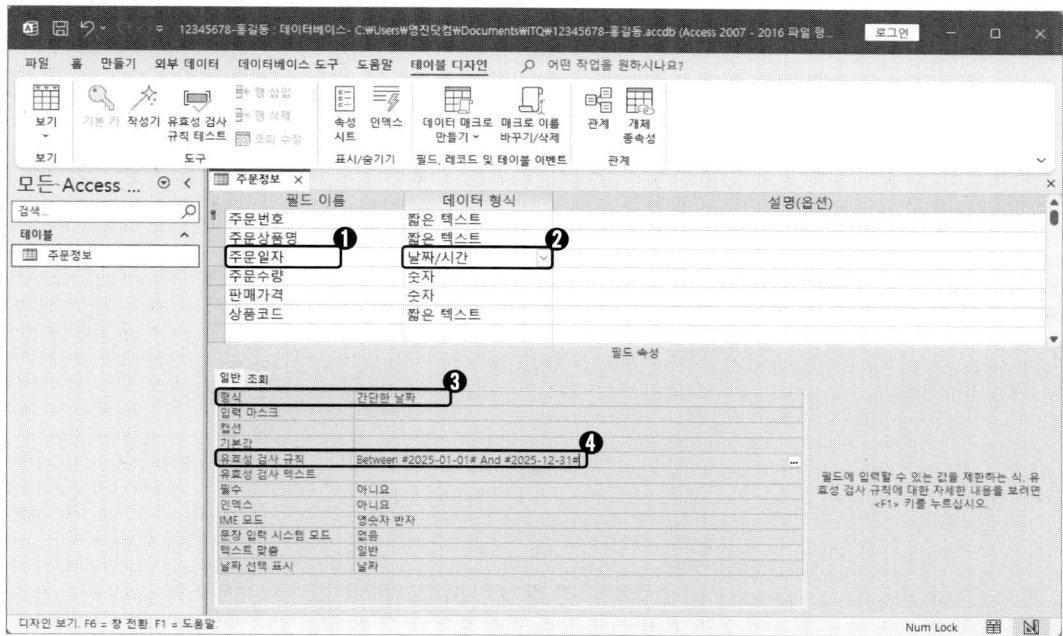

⑥ [테이블 디자인] 탭 – [보기] – [데이터시트 보기](▦)를 클릭한다.
   → 저장 여부를 묻는 대화상자가 나타나면 [예]를 클릭한다.

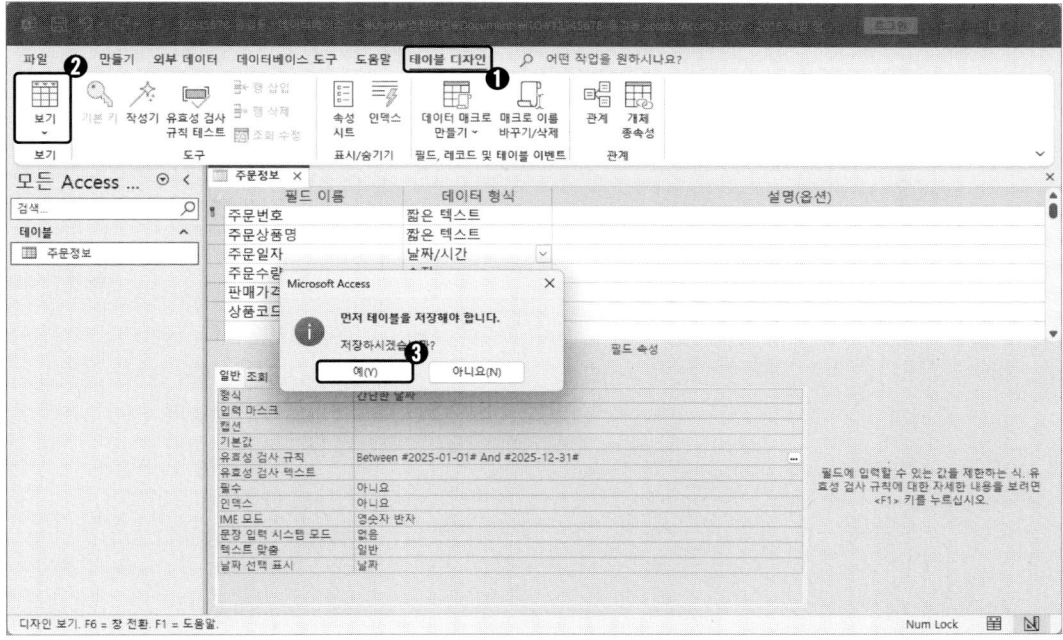

⑦ 데이터의 일부가 손실될 수 있다는 메시지가 나타나면 [예]를 클릭한다.

⑧ ≪출력형태≫를 참고하여 셀에 데이터를 입력한다. Enter 나 Tab 을 누르면 다음 필드로 이동할 수 있다.

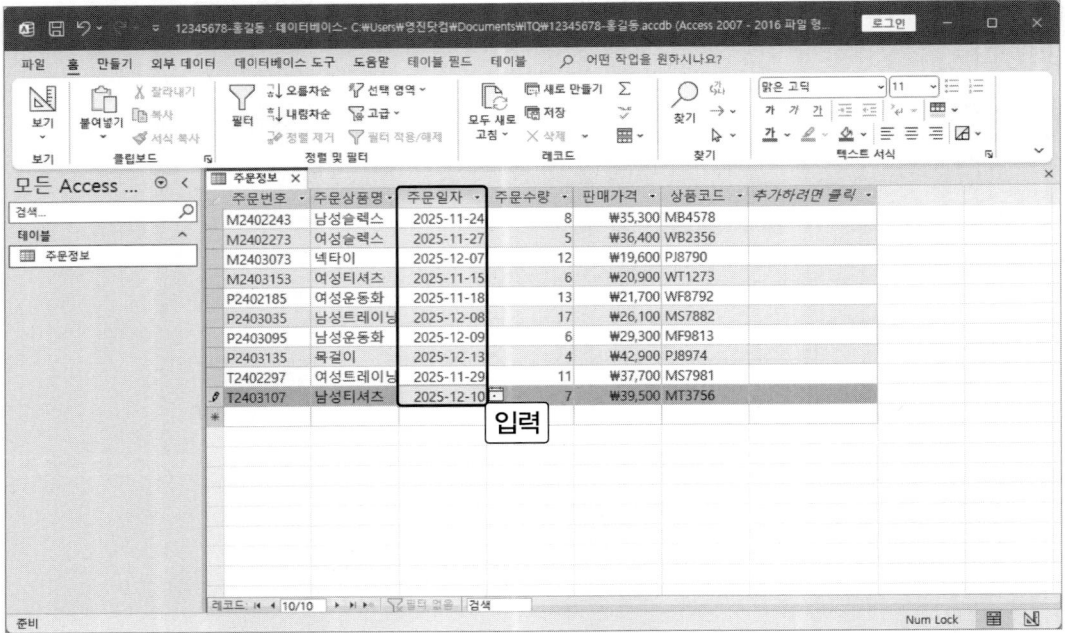

⑨ ≪출력형태≫를 참고하여 필드의 열 너비를 마우스 드래그하여 조절한다.

SECTION 04   테이블 직접 작성하기

① [만들기] 탭 - [테이블] 그룹 - [테이블 디자인](📋)을 클릭한다.

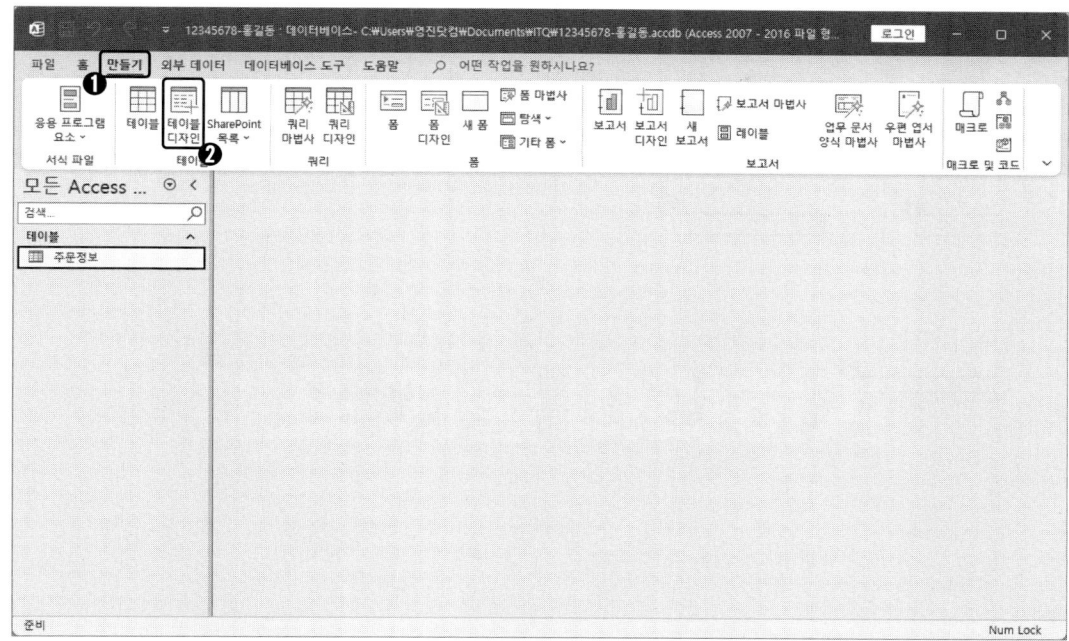

② [필드 이름]의 첫 번째 셀에 『상품코드』를 입력하고 [데이터 형식]을 '짧은 텍스트'로 지정한다.
→ [필드 크기]를 『6』으로 입력하여 수정한다.

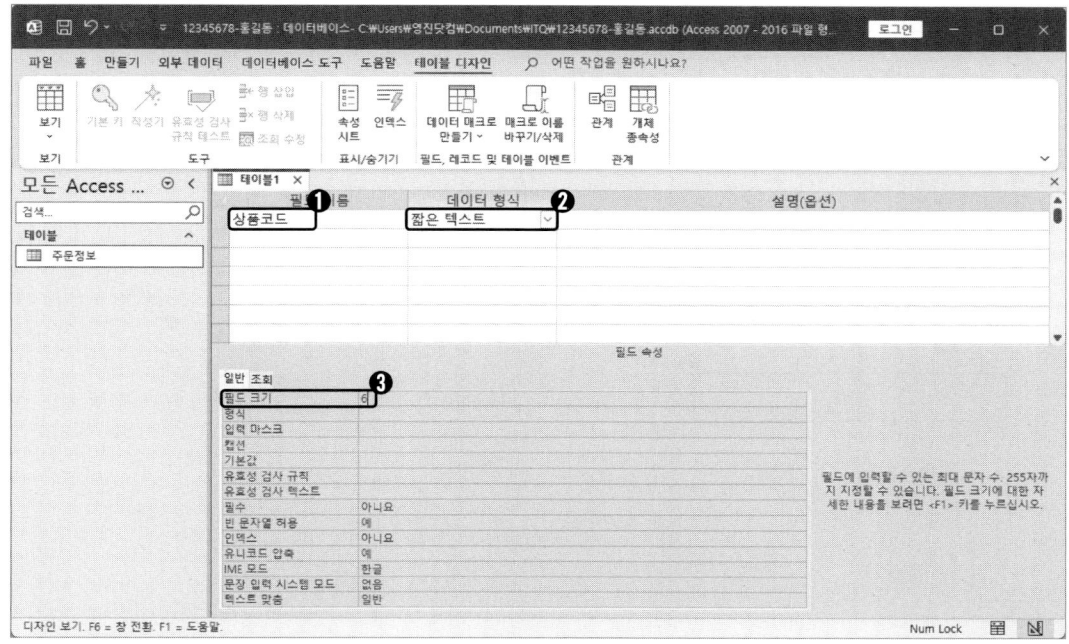

③ [필드 이름]의 두 번째 셀에 『상품분류』를 입력하고 [데이터 형식]을 '짧은 텍스트'로 지정한다.
   → [필드 크기]를 『5』로 입력하여 수정한다.

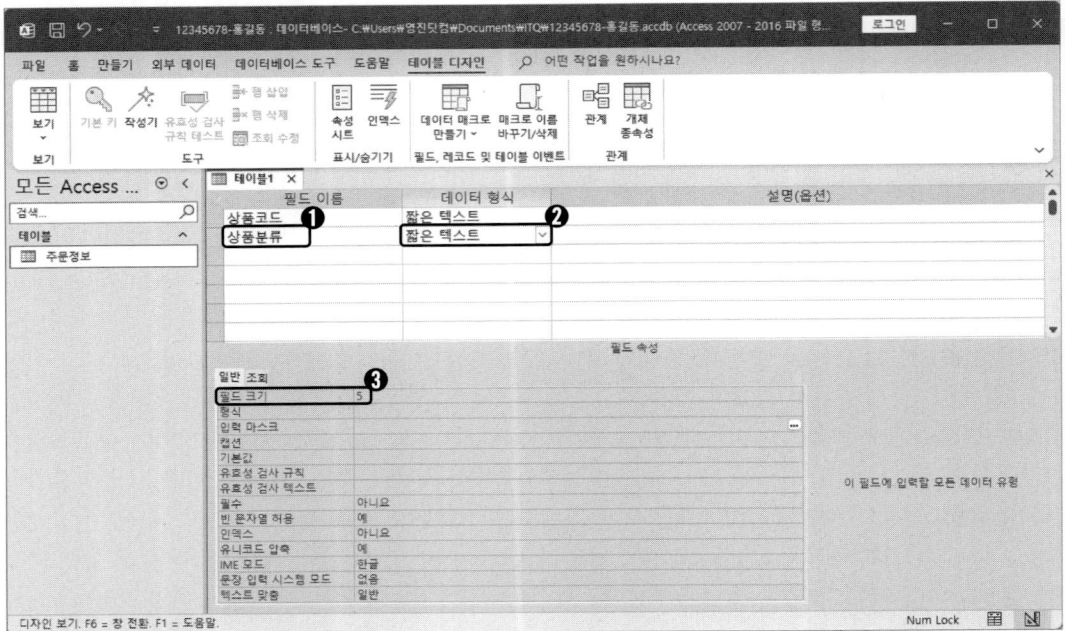

④ [조회] 탭 – [컨트롤 표시]를 '콤보 상자'로 지정한다.
   → [행 원본 유형]을 '값 목록'으로 지정한다.
   → [행 원본]에 『일반의류;스포츠의류;패션/잡화』를 입력한다.

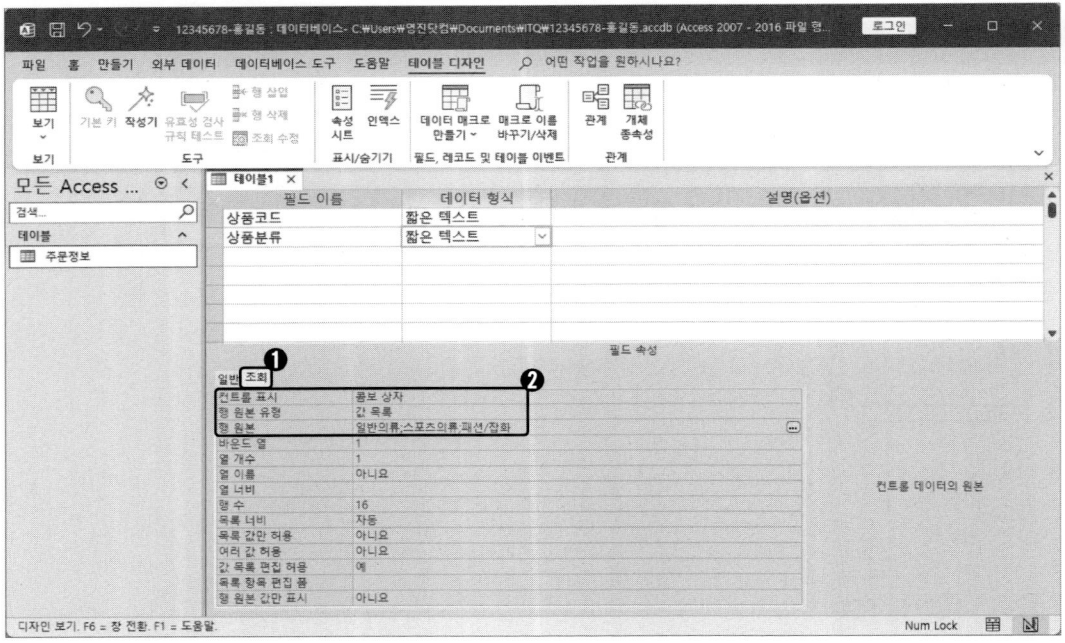

⑤ 나머지 필드들의 [필드 이름], [데이터 형식]을 입력하고 [필드 크기], [형식]도 문제 조건에 맞게 수정한다.

상품코드	상품분류	재고수량	상품입고일자	판매처
짧은 텍스트	짧은 텍스트	숫자	날짜/시간	짧은 텍스트
6	5 콤보 상자	정수	간단한 날짜	10

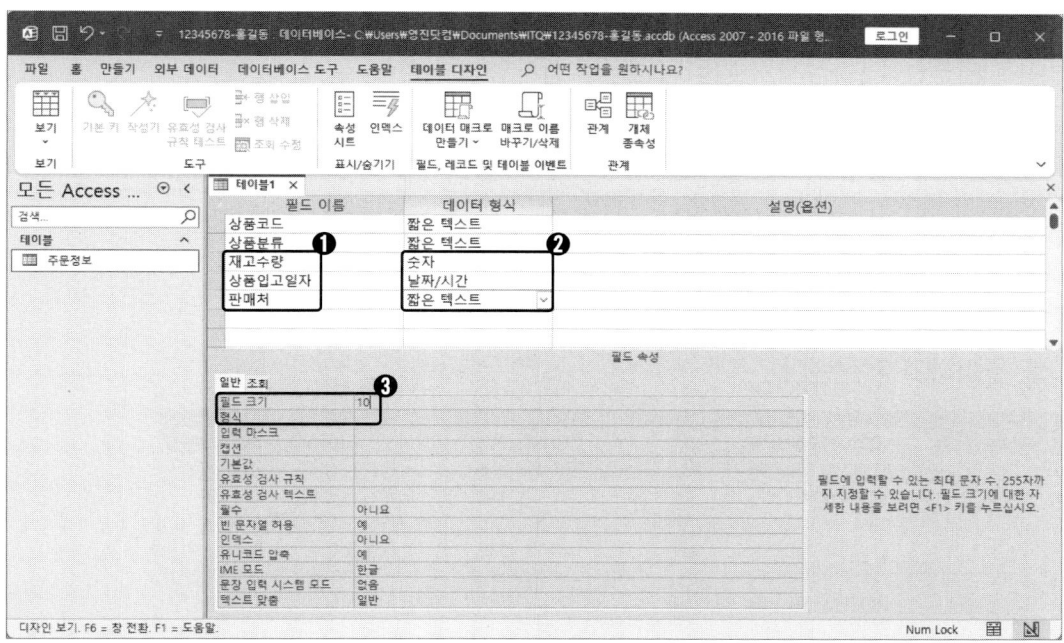

⑥ [테이블 디자인] 탭 – [보기] – [데이터시트 보기](▦)를 클릭한다.
→ 저장 여부를 묻는 대화상자가 나타나면 [예]를 클릭한다.

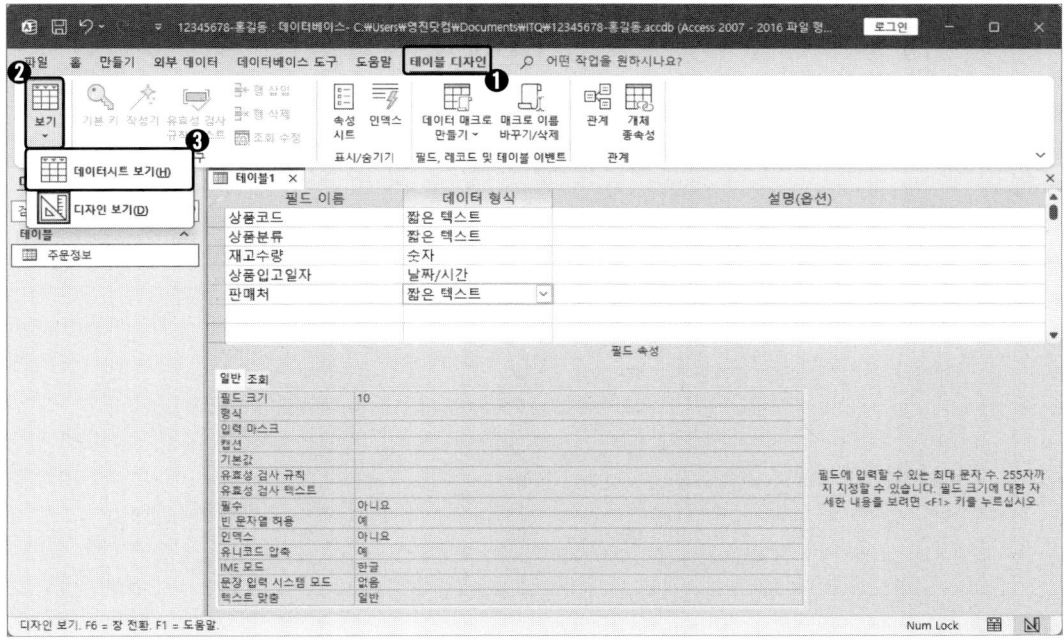

⑦ [다른 이름으로 저장] 대화상자의 [테이블 이름]에 『상품정보』를 입력하고 [확인]을 클릭한다.

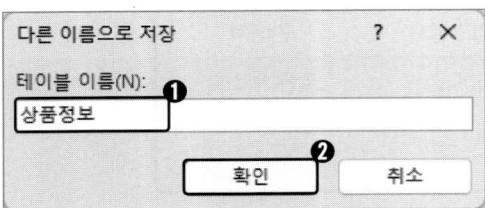

⑧ 기본 키 정의 여부를 묻는 대화상자가 나타나면 [아니요]를 클릭한다.

⑨ ≪출력형태≫를 참고하여 셀에 데이터를 입력한다.
→ [닫기](×)를 클릭하고 저장한다.

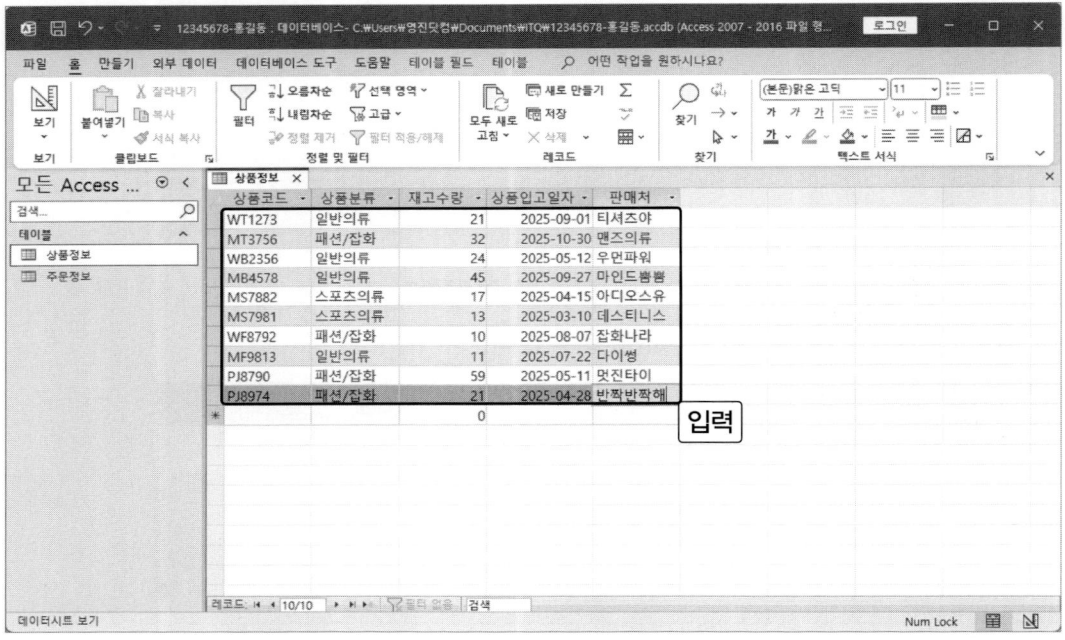

문제 2 선택 쿼리 작성하기   90점

문제 2는 선택 쿼리를 작성하고 지시된 함수를 적용하는 문제이다. 앞에서 작성한 테이블을 활용하는 다양한 함수의 사용법을 알고 있어야 하며 조건에 맞게 정렬과 속성을 지정해야 한다.

SECTION 01 새 쿼리 만들기

① [만들기] 탭 - [쿼리] 그룹 - [쿼리 디자인](▦)을 클릭한다.

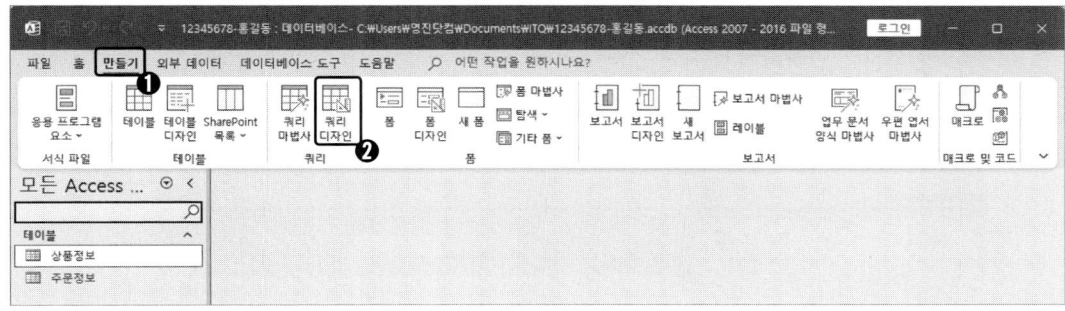

② [테이블 추가] 작업창이 열리면 [테이블] 탭에서 '주문정보'를 선택하고 [선택한 표 추가]를 클릭한다.

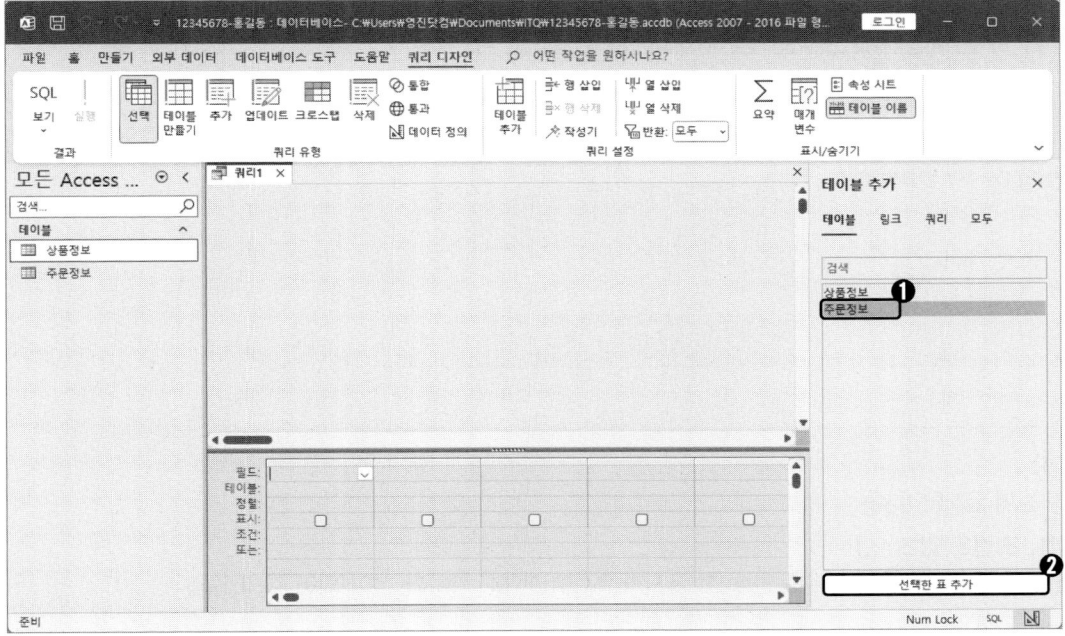

SECTION 02 쿼리에서 함수 활용하기

① '주문정보' 테이블에서 '주문번호'를 더블클릭하여 첫 번째 필드에 입력한다.
→ 출력형태 순서대로 '상품코드', '주문상품명'을 더블클릭하여 필드에 입력한다.

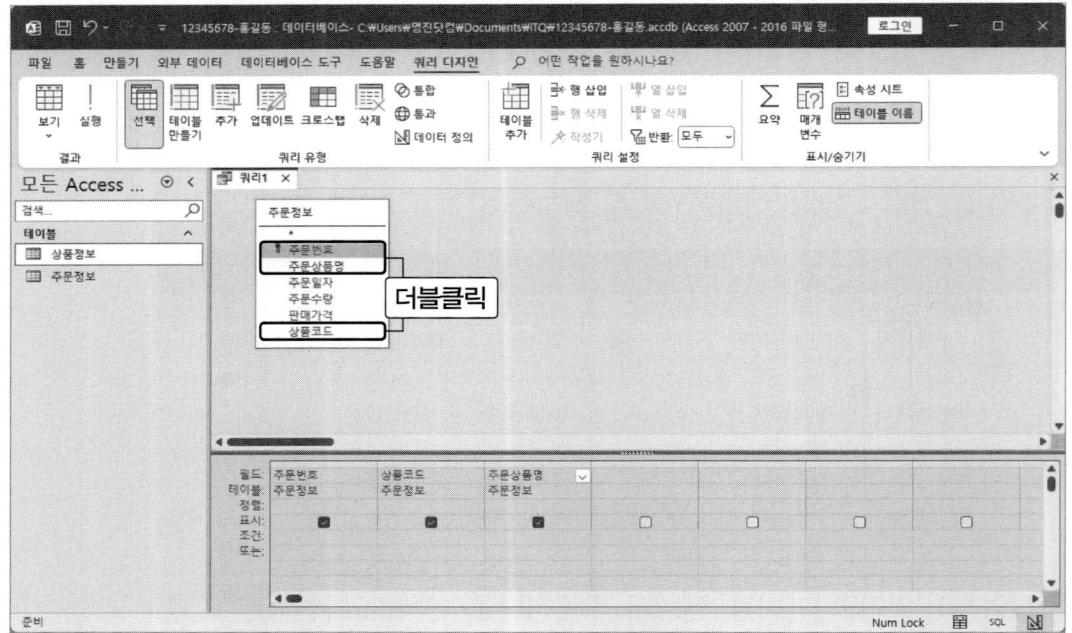

② 다음 필드에서 Shift + F2 를 눌러 [확대/축소] 대화상자를 연다.
→ 아래와 같이 '주문채널' 계산식을 입력하고 [확인]을 클릭한다.

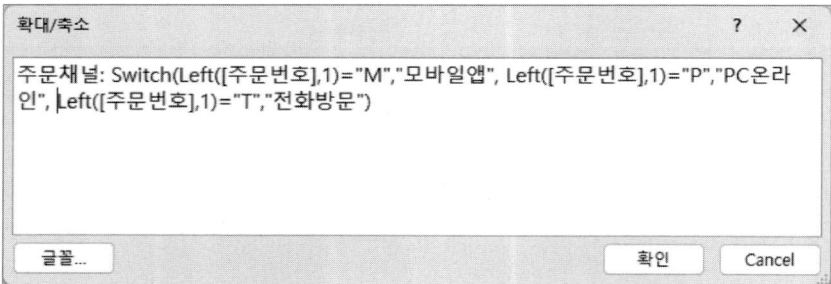

💬 함수/구문 설명

Left([주문번호], 1)
⇒ 주문번호에서 첫 번째 글자만 추출

Switch(조건1, 값1, 조건2, 값2, ...)
⇒ 조건이 참인 경우 해당 값을 반환, 즉 주문번호 첫 글자가 "M"이면 "M"="M"가 참이 되어 "모바일앱" 반환

③ '주문일자'를 더블클릭하여 필드에 입력한다.
   → 다음 필드에서 Shift + F2 를 눌러 [확대/축소] 대화상자를 연다.
   → 아래와 같이 '배송예정일' 계산식을 입력하고 [확인]을 클릭한다.

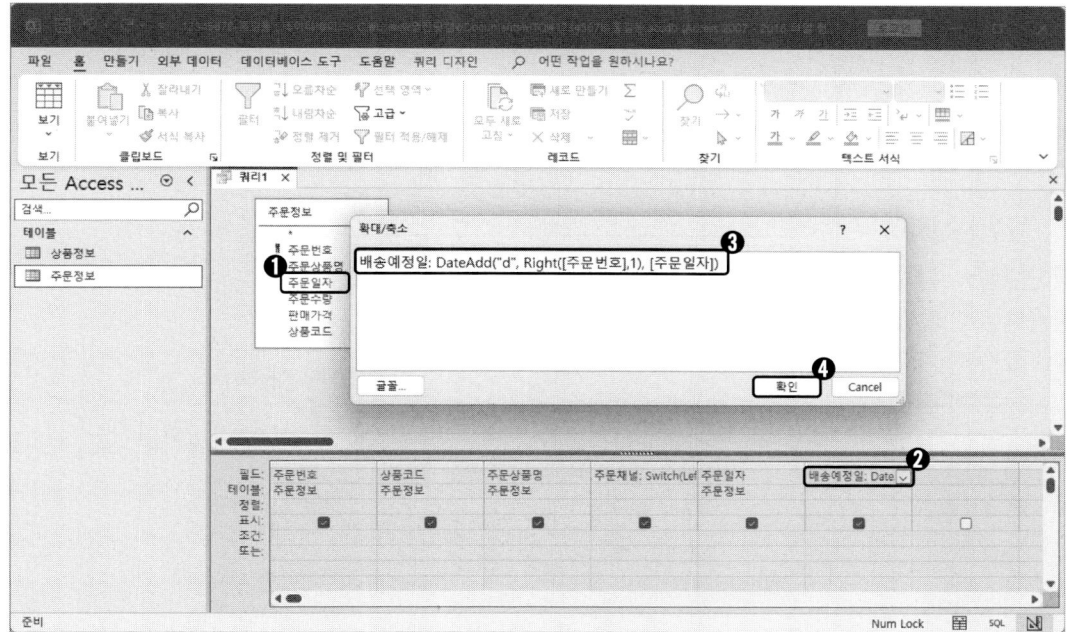

💬 함수/구문 설명

Right([주문번호], 1)
⇒ 주문번호의 오른쪽에서 첫 번째 글자만 추출

DateAdd(인수 간격, 추가할 간격 값, 간격이 추가될 날짜)
⇒ "d"는 일(day) 단위로 계산한다는 의미, 주문번호에서 추출한 숫자만큼 주문일자에 일 수를 더하여 반환

④ '주문수량', '판매가격'을 순서대로 더블클릭하여 필드에 입력한다.

⑤ 다음 필드에서 Shift + F2 를 눌러 [확대/축소] 대화상자를 연다.
→ 아래와 같이 '총금액' 계산식을 입력하고 [확인]을 클릭한다.

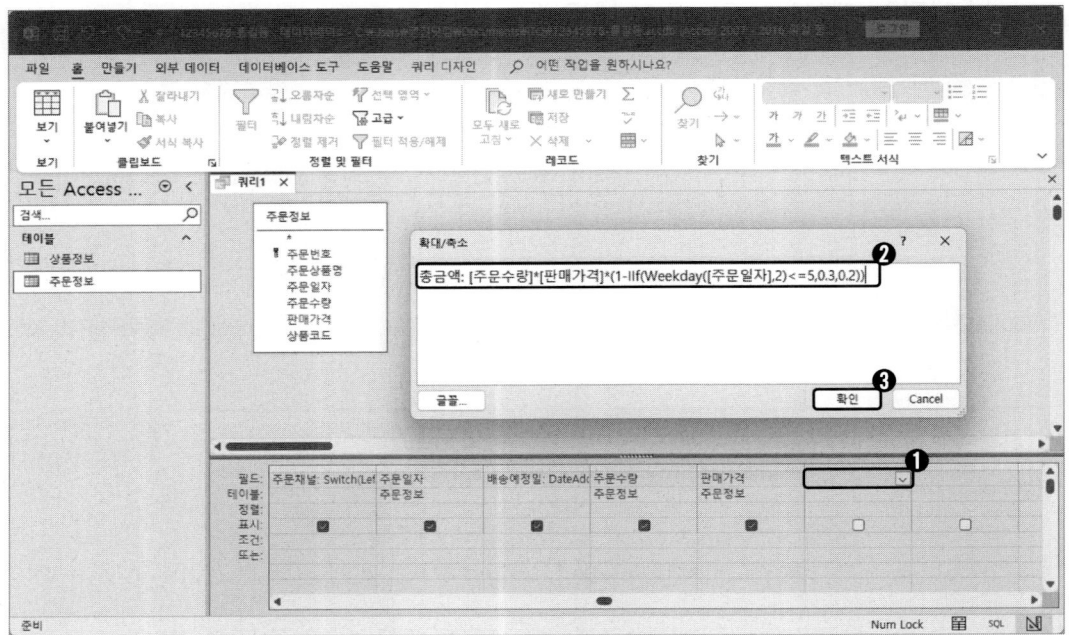

> 💬 **함수/구문 설명**

Weekday([주문일자], 2)
⇒ 주문일자의 요일 번호를 반환. 2로 설정하면 월요일=1, ⋯, 일요일=7로 숫자화, 즉 5이하면 평일

IIf(조건, 참일 때 반환 값, 거짓일 때 반환 값)
⇒ 5이하면 평일 할인율인 0.3을 반환하고, 그 외에는 주말 할인율인 0.2를 반환
  가격에는 (1 − 할인율)을 곱하여 금액 계산

SECTION 03 속성 설정과 정렬하기

① '배송예정일' 필드에서 마우스 오른쪽 클릭한다.
→ [속성]을 클릭한다.

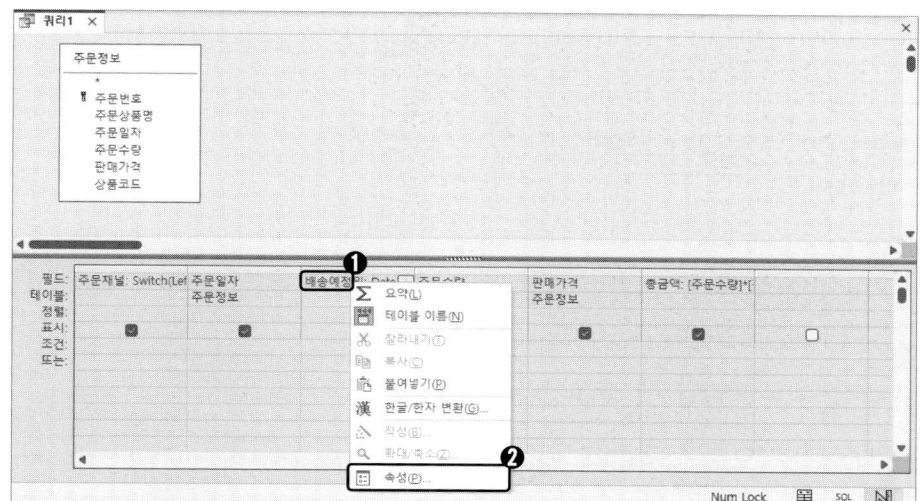

② [속성 시트] 작업창이 열리면 [일반] 탭 - [형식]을 '자세한 날짜'로 지정한다.

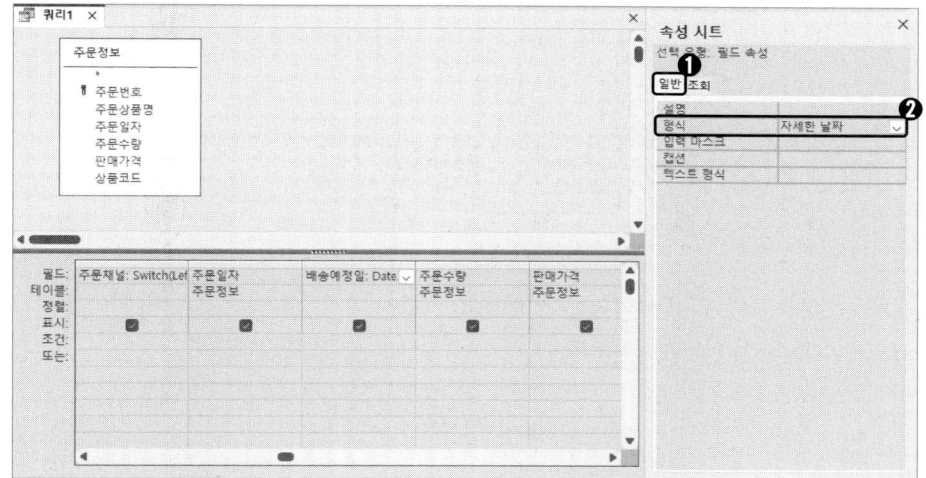

> **해결 TIP**
>
> **날짜 형식 설정이 안보여요!**
> 액세스는 속성 시트의 표시 항목이 일부 지연되거나 조건부로 나타나는 구조를 갖고 있다.
> 데이터시트 보기로 갔다가 다시 디자인 보기로 돌아오면 해결된다.

③ '총금액'의 [속성 시트] 작업창 – [일반] 탭 – [형식]을 '통화'로 지정한다.

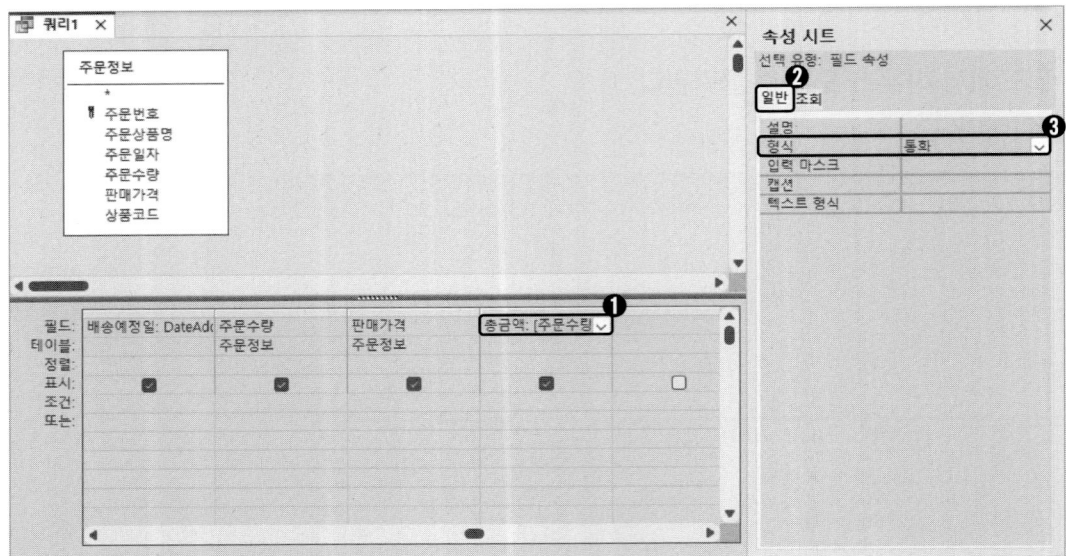

④ '주문일자' 필드의 [정렬]을 '내림차순'으로 선택한다.

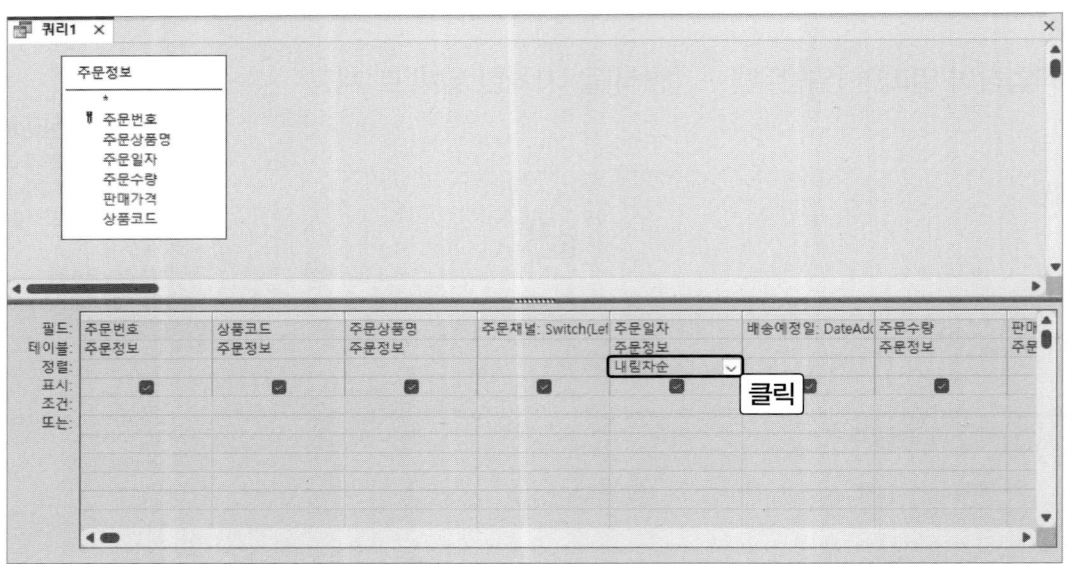

⑤ [쿼리 디자인] 탭 – [보기] – [데이터시트 보기](▦)를 클릭한다.
→ ≪출력형태≫와 같은지 확인하고 [닫기](✕)를 클릭한다.

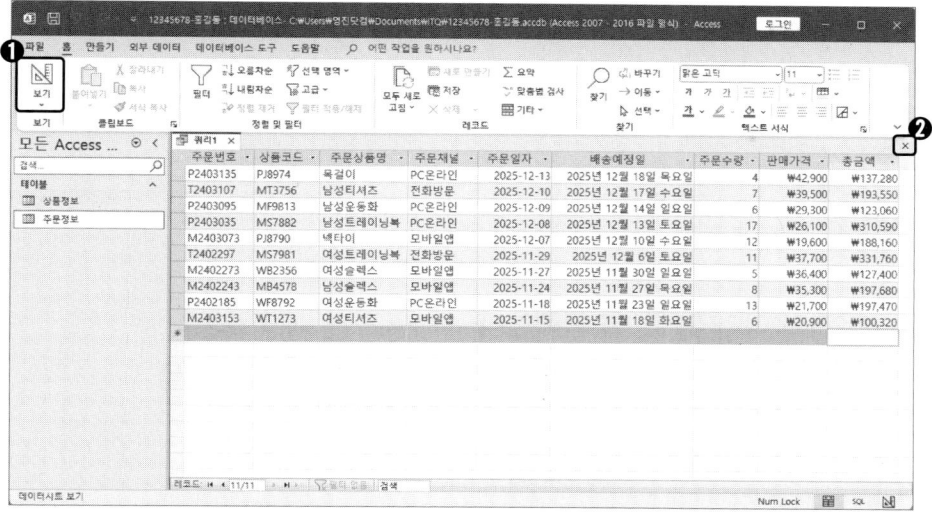

> 해결 TIP
>
> **데이터가 #####로 보여요!**
> 셀의 너비가 좁아서 나타나는 현상이므로 마우스 드래그로 해당 부분의 너비를 넓혀준다.

⑥ 저장 여부를 묻는 대화상자가 나타나면 [예]를 클릭한다.
→ [다른 이름으로 저장] 대화상자의 [쿼리 이름]에 『주문정보현황』을 입력하고 [확인]을 클릭한다.

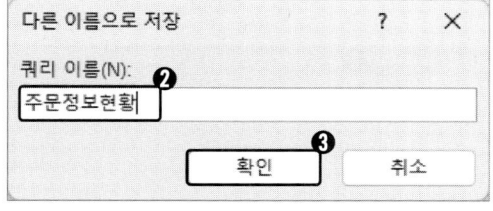

문제 3 조인 쿼리 작성하기   80점

문제 3은 두 테이블을 대상으로 조인 쿼리를 작성하는 문제이다. 주어진 조건에 따른 조건식을 작성하여 적용한다.

SECTION 01 새 쿼리 만들기

① [만들기] 탭 – [쿼리] 그룹 – [쿼리 디자인]( )을 클릭한다.

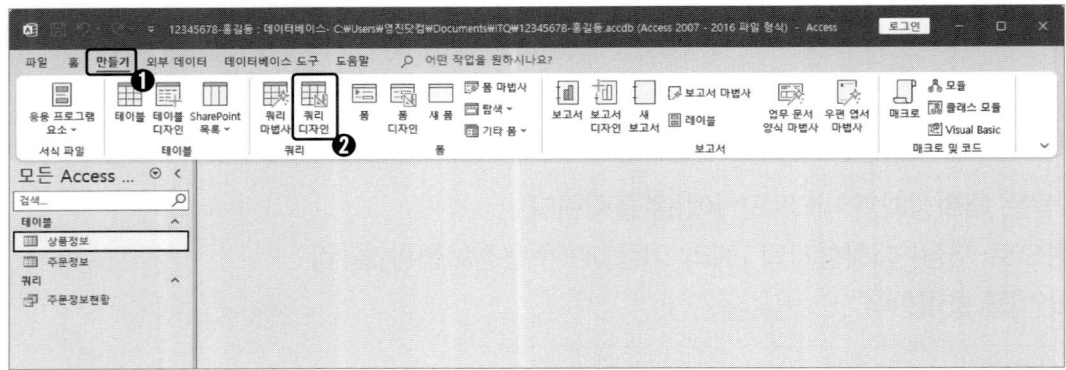

② [테이블 추가] 작업창이 열리면 [테이블] 탭에서 '상품정보', '주문정보'에 [선택한 표 추가]를 각각 클릭한다.

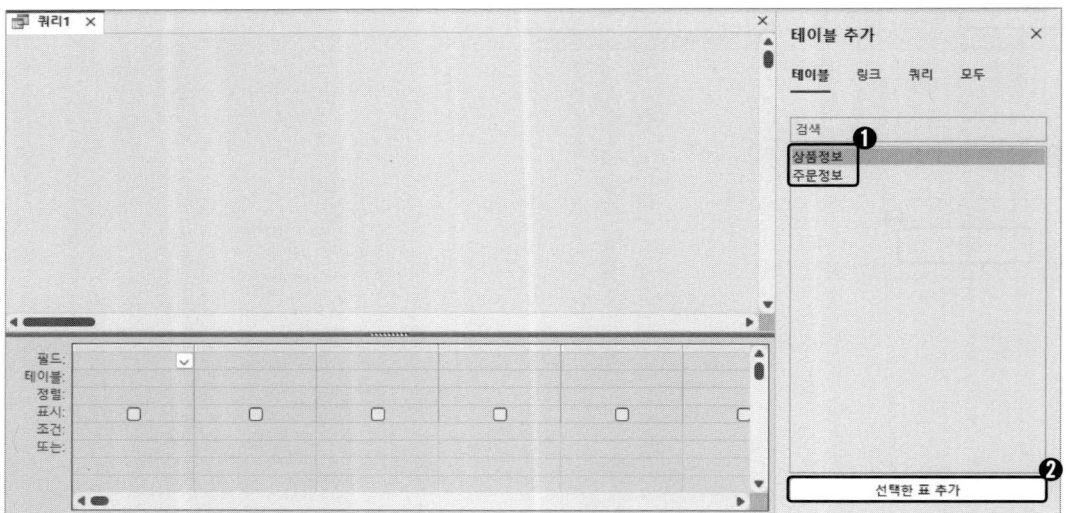

SECTION 02 관계 설정하기

① '상품정보' 테이블의 '상품코드' 필드를 '주문정보' 테이블의 '상품코드' 필드로 드래그한다.

> 🅵 기적의 TIP
>
> **관계 설정**
> 기준 테이블의 기본 키 필드를 클릭하여 연결할 다른 테이블의 외래 키 필드로 드래그한다.

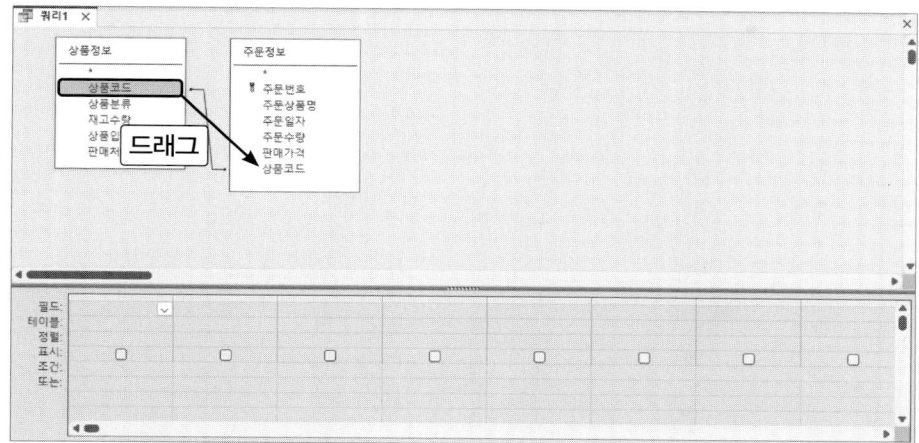

② 관계 설정 선을 더블클릭한다.
→ [조인 속성] 대화상자가 나타나면 '1: 두 테이블의 조인된 필드가 일치하는 행만 포함'을 선택하고 [확인]을 클릭한다.

> 🅵 기적의 TIP
>
> **두 테이블의 조인된 필드가 일치하는 행만 포함**
> SQL 용어로 내부 조인(Inner Join)에 해당하는 가장 기본 옵션이다. 두 테이블에서 조인 조건(공통 필드)이 일치하는 행만 결과에 포함하겠다는 의미이다.

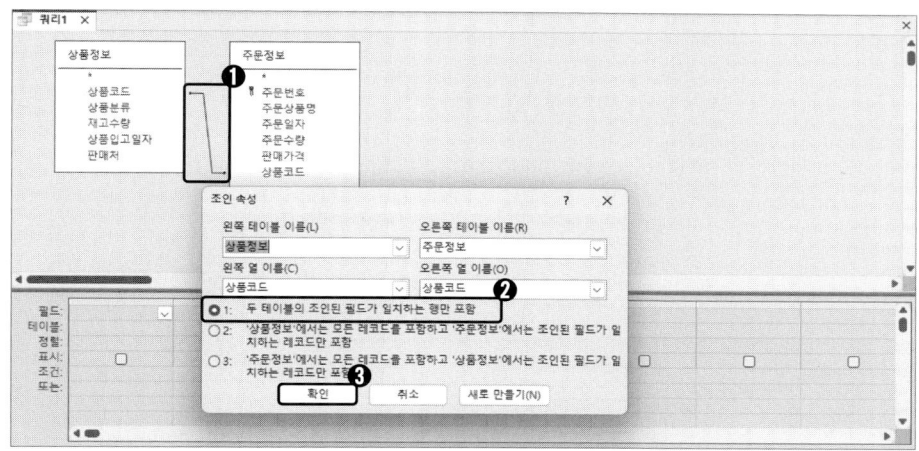

SECTION 03 필드 입력하기

① '상품코드', '주문상품명', '주문일자', '재고수량', '판매처' 순으로 더블클릭하여 필드를 추가한다.

> 🚩 **기적의 TIP**
>
> 필드 추가 순서는 ≪출력형태≫를 참고한다.

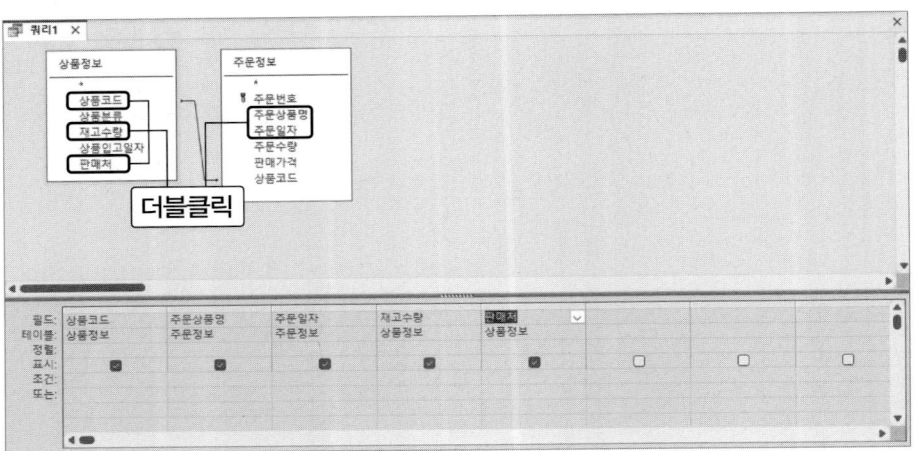

② '상품분류' 필드를 더블클릭한다.
  → [조건]에 『<>"패션/잡화"』를 입력한다.
  → ≪출력형태≫에 '상품분류' 필드는 나타나지 않으므로 [표시]의 체크를 해제한다.

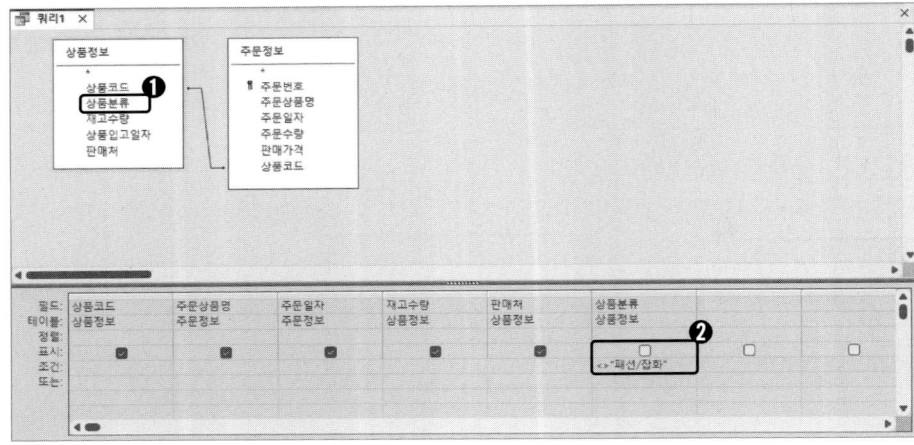

③ '재고수량' 필드의 [조건]에 『<=20』을 입력한다.

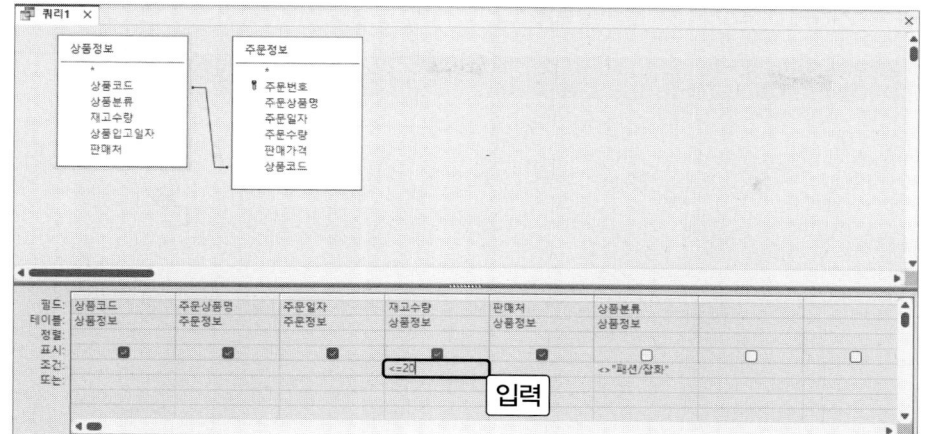

④ '상품코드' 필드의 [정렬]을 '오름차순'으로 선택한다.

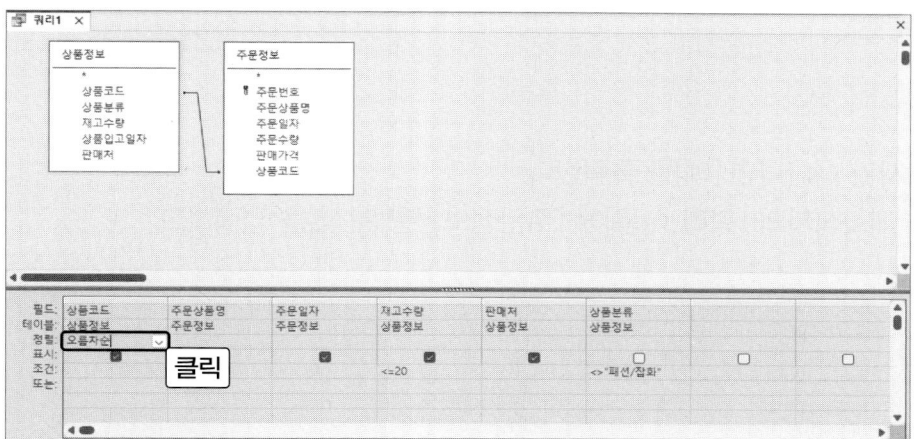

> 기적의 TIP
>
> 상품분류와 재고수량이 And 조건이므로 같은 [조건] 행에 입력한다. 만약 Or 조건이면 서로 다른 행에 입력한다.

⑤ [쿼리 디자인] 탭 - [보기] - [데이터시트 보기](▦)를 클릭한다.
→ ≪출력형태≫와 같은지 확인하고 [닫기](✕)를 클릭한다.

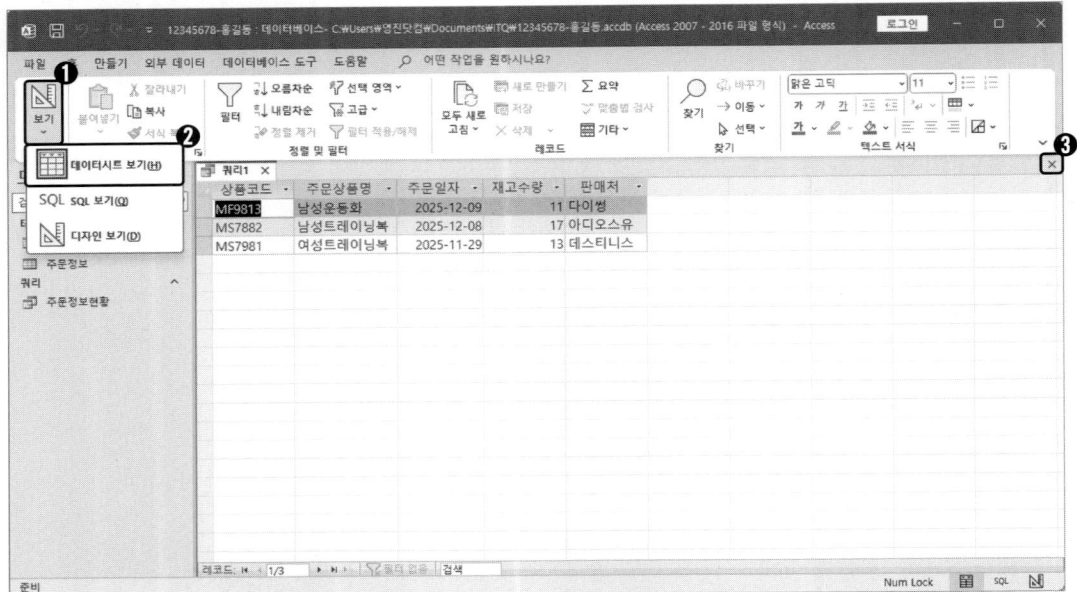

⑥ 저장 여부를 묻는 대화상자가 나타나면 [예]를 클릭한다.
→ [다른 이름으로 저장] 대화상자의 [쿼리 이름]에 『주문정보현황 분석』을 입력하고 [확인]을 클릭한다.

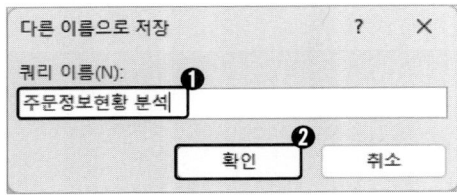

문제 4 폼 만들기   80점

문제 4는 두 테이블을 대상으로 조인 쿼리를 작성하는 문제이다. 주어진 조건에 따른 조건식을 작성하여 적용한다.

SECTION 01 하위 폼 만들기

① [만들기] 탭 – [폼] 그룹 – [폼 마법사](📋)를 클릭한다.

② [폼 마법사] 대화상자의 [테이블/쿼리]에서 '쿼리: 주문정보현황'을 선택한다.

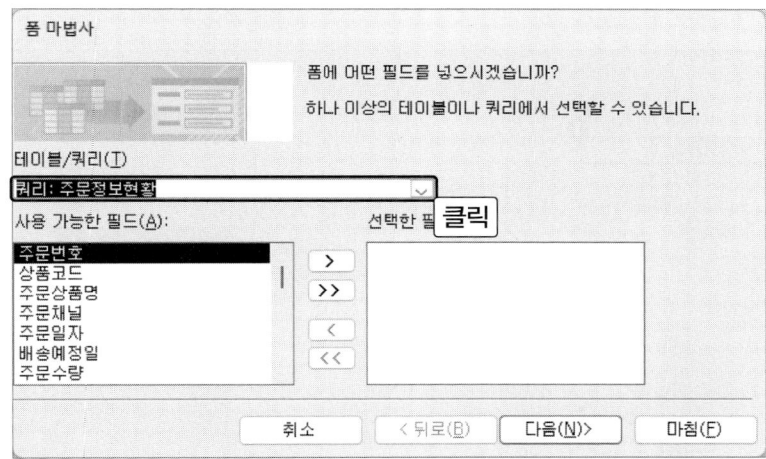

③ [사용 가능한 필드]에서 '주문상품명', '주문일자', '주문수량', '총금액', '주문채널', '배송예정일', '판매가격' 순으로 더블클릭한다.
→ [선택한 필드]가 맞는지 확인하고 [다음]을 클릭한다.

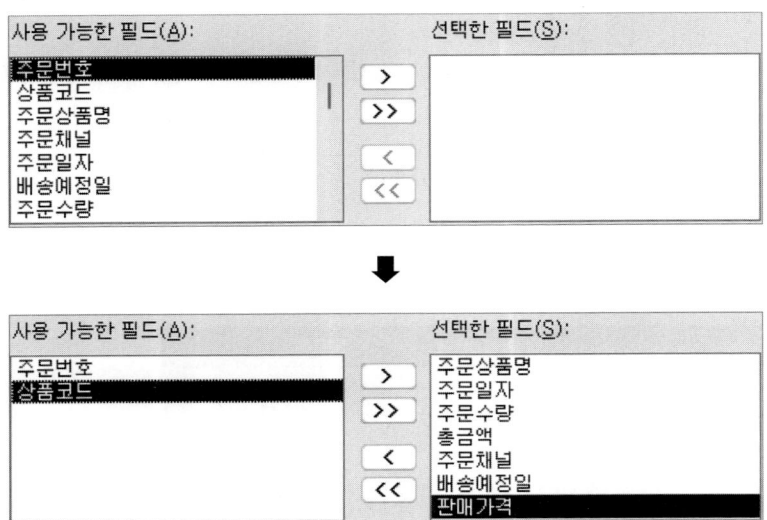

④ 폼의 모양은 '열 형식'으로 선택하고 [다음]을 클릭한다.

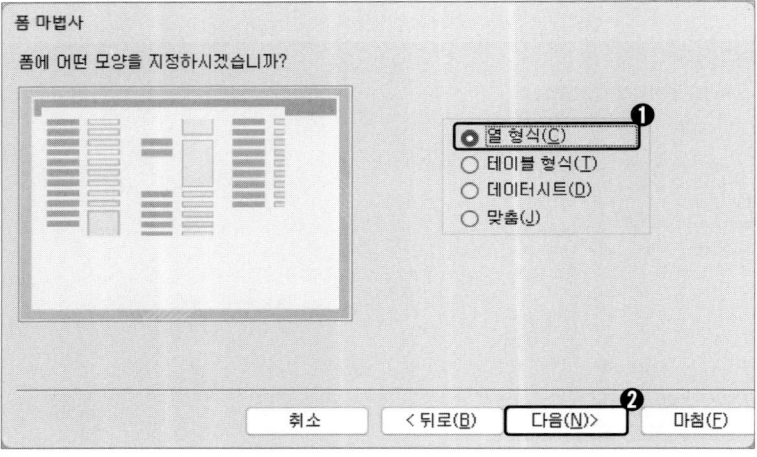

⑤ 폼의 제목은 『주문정보』를 입력한다.

→ '폼 디자인 수정'을 선택하고 [마침]을 클릭한다.

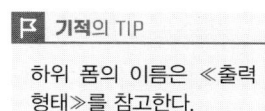

하위 폼의 이름은 ≪출력형태≫를 참고한다.

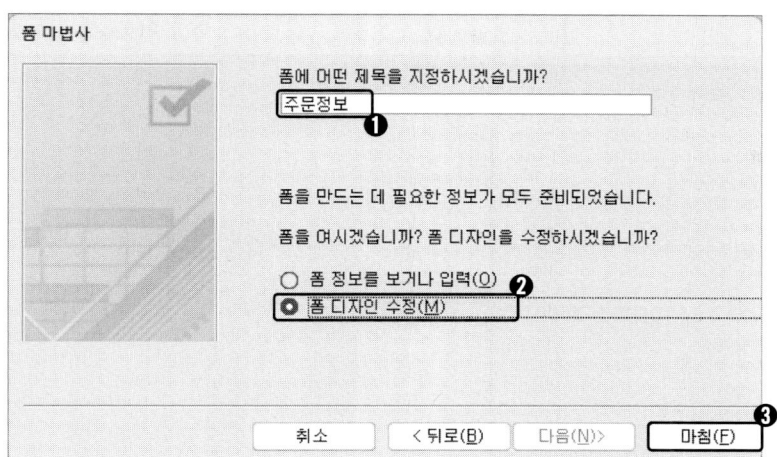

SECTION 02 하위 폼의 디자인 수정

① 레이블을 마우스 드래그로 모두 선택하고 너비를 적당히 조절한다.

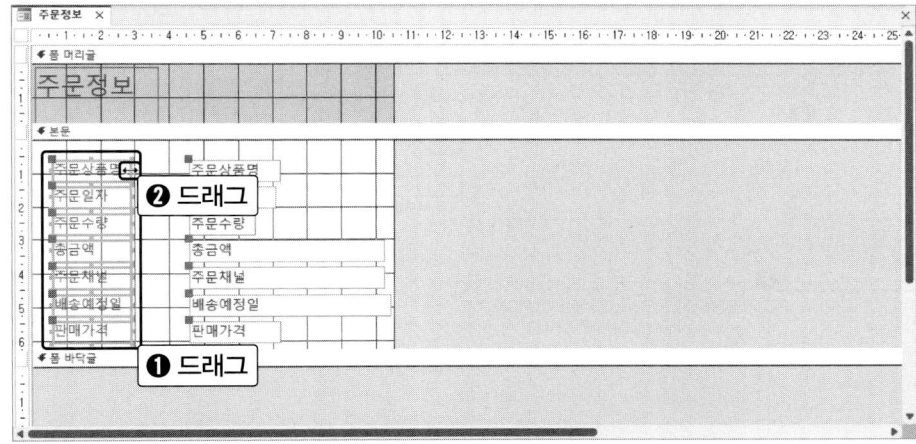

② 텍스트 상자를 마우스 드래그로 모두 선택한다.
   → [정렬] 탭 – [크기 및 순서 조정] 그룹 – [크기/공간](🔲)에서 [가장 넓은 너비에]를 클릭한다.

> 🚩 **기적의 TIP**
> 선택한 텍스트 상자들의 너비를 같게 만든 후에 한 번에 조정한다.

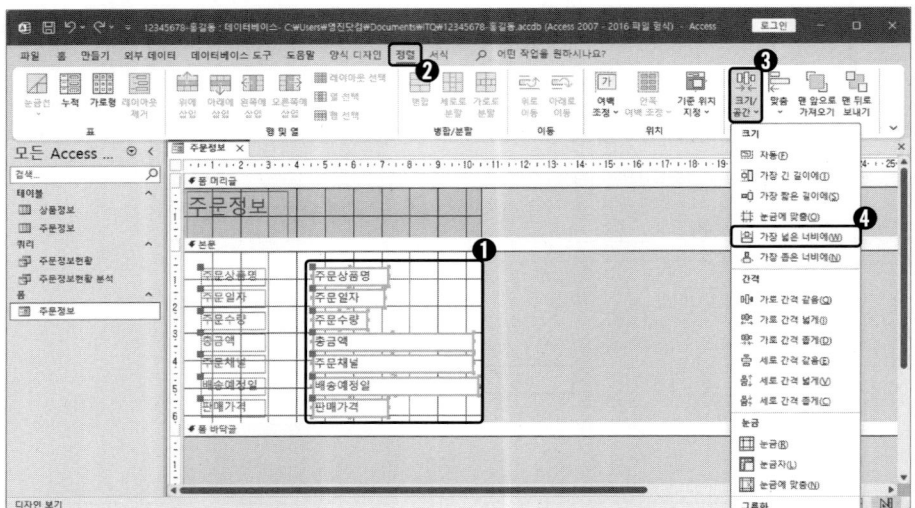

③ 텍스트 상자의 왼쪽 상단 모서리를 마우스 드래그하여 위치를 조정한다.
   → [정렬] 탭 – [크기 및 순서 조정] 그룹 – [맞춤](🔲)에서 [왼쪽]을 클릭한다.

> 🚩 **기적의 TIP**
> 하나의 텍스트 상자를 먼저 이동한 후 [맞춤] 기능을 이용하면 쉽게 위치를 조정할 수 있다.

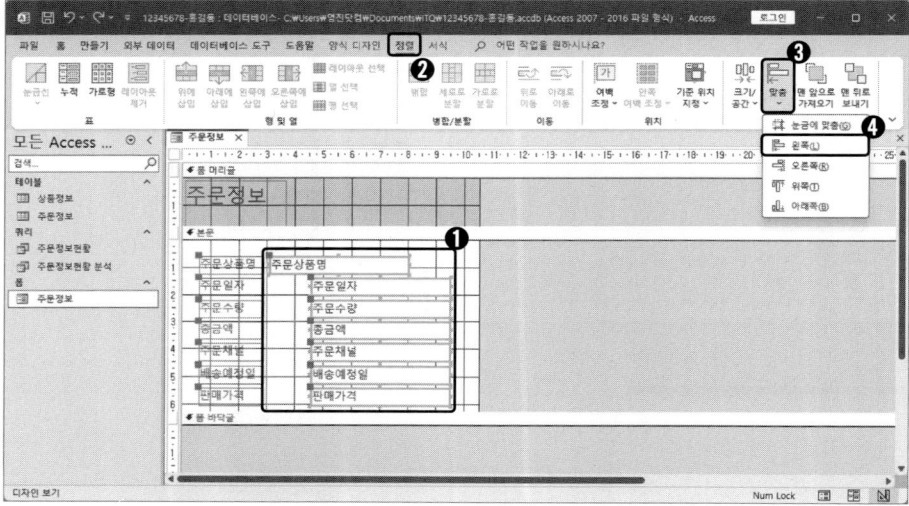

④ '주문채널', '배송예정일', '판매가격'을 마우스 드래그하여 오른쪽으로 배치한다.

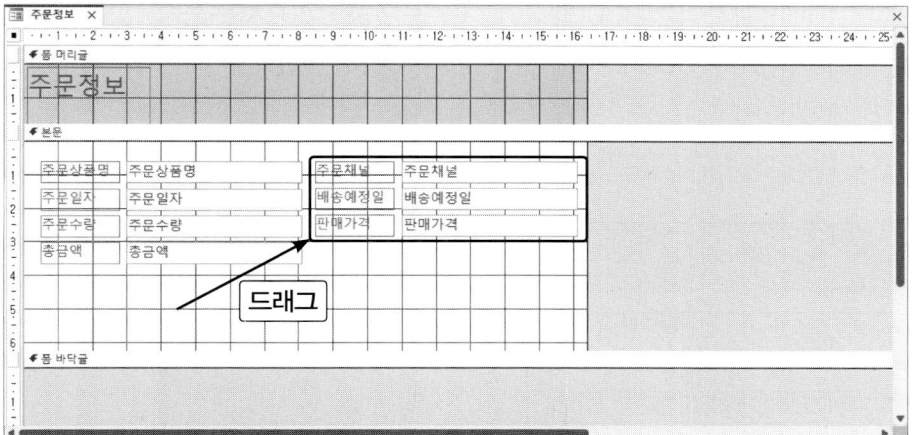

🅵 **기적**의 TIP

폼의 공간이 부족하므로 경계선을 마우스 드래그하여 너비를 넓혀준다.

⑤ '사은품'을 추가하기 위해 [양식 디자인] 탭 – [컨트롤] 그룹 – [텍스트 상자](□)를 선택하고 '판매가격' 아래에 클릭한다.
→ [텍스트 상자 마법사]가 나타나면 [마침]을 클릭한다.

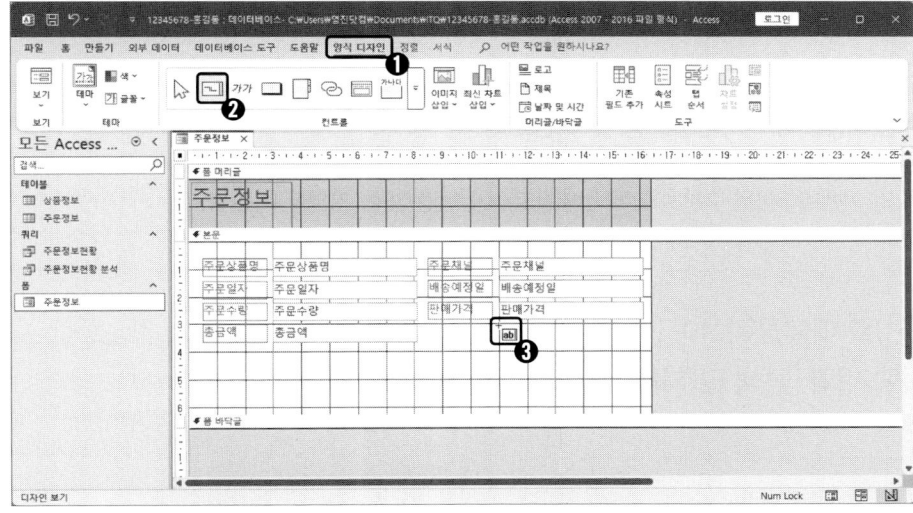

⑥ 새 레이블과 텍스트 상자의 크기를 조절한다.
　→ 레이블에 『사은품』을 입력한다.
　→ 텍스트 상자에는 계산식 『=IIf([판매가격]>=30000 And [주문수량]>=10,"사은품증정 및 이벤트대상", IIf([판매가격]>=30000 Or [주문수량]>=10,"사은품증정","미증정"))』을 입력한다.

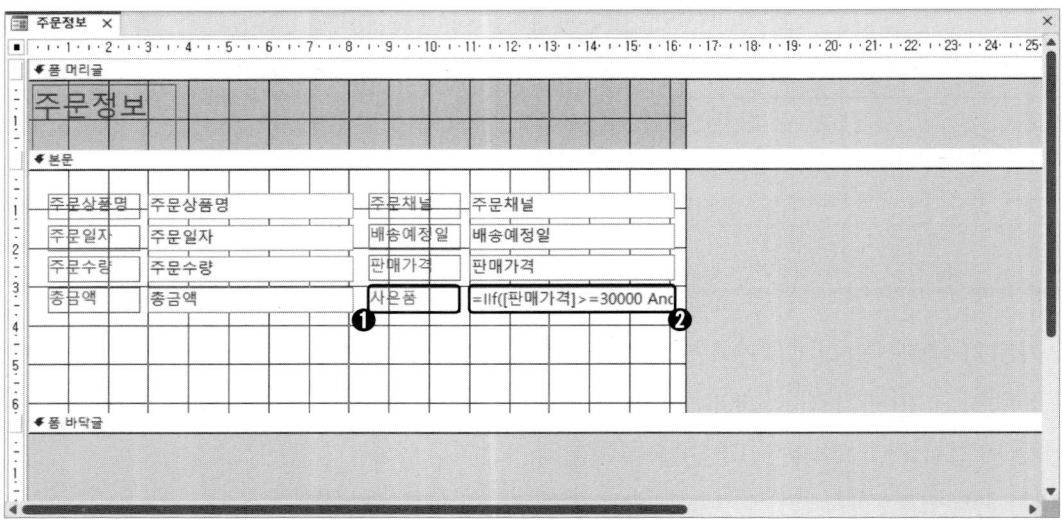

💬 **함수/구문 설명**

IIf([판매가격]>=30000 And [주문수량]>=10,"사은품증정 및 이벤트대상",
　IIf([판매가격]>=30000 Or [주문수량]>=10,"사은품증정","미증정"))
⇒ 첫 번째 =IIF를 통해 사은품증정 및 이벤트대상을 구분하고 두 번째 IIF로 사은품증정을 구분 두 조건 모두 아니면 미증정

⑦ 눈금자 왼쪽의 [선택기](■)를 더블클릭하여 [속성 시트] 작업창을 연다.
　→ [형식] 탭의 [레코드 선택기]와 [탐색 단추]를 '아니요'로 선택한다.

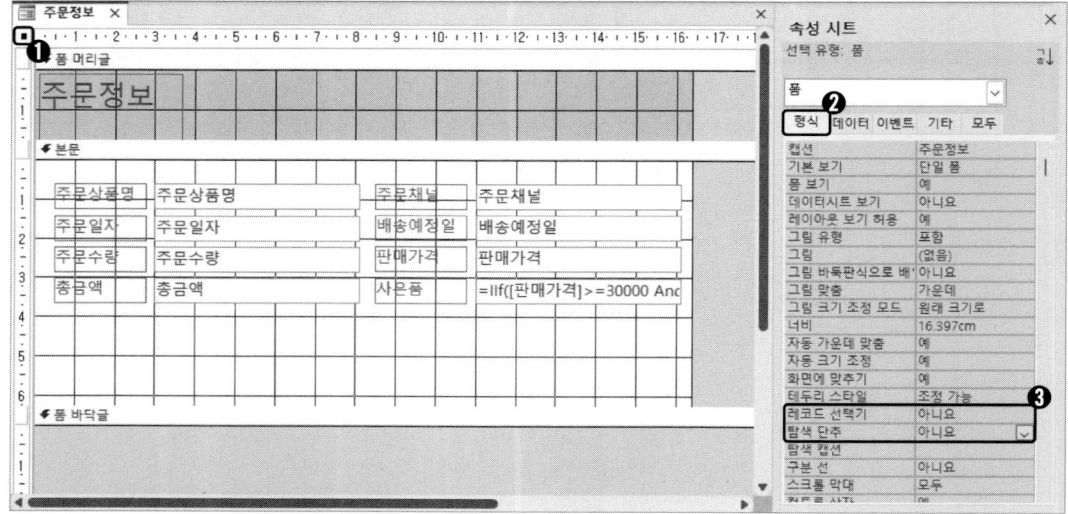

⑧ 폼에서 마우스 오른쪽 클릭하고 [폼 머리글/바닥글]을 클릭한다.
   → 삭제 경고 메시지가 나타나면 [예]를 클릭한다.

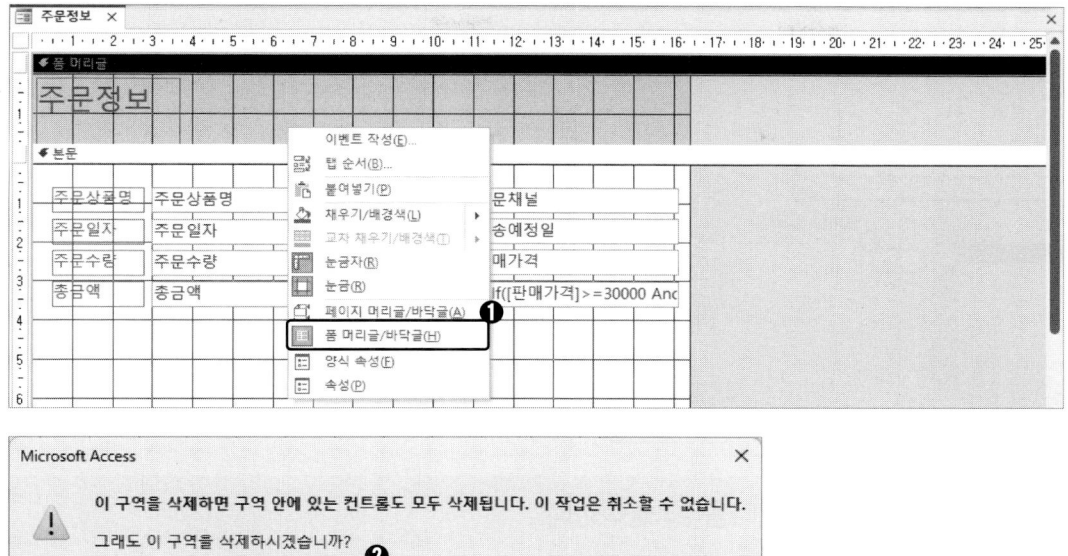

⑨ [양식 디자인] 탭 – [보기] – [폼 보기](▦)를 클릭한다.
   → ≪출력형태≫와 같은지 확인하고 [닫기](✕)를 클릭한다.
   → 저장 여부를 묻는 대화상자가 나타나면 [예]를 클릭한다.

SECTION 03 기본 폼 만들기

① [만들기] 탭 – [폼] 그룹 – [폼 마법사](📝)를 클릭한다.

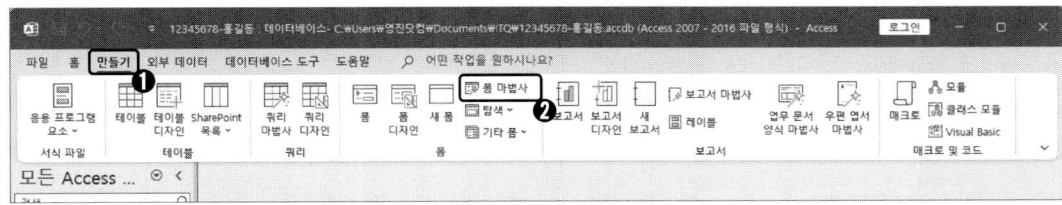

② [폼 마법사] 대화상자의 [테이블/쿼리]에서 '쿼리: 주문정보현황'을 선택한다.
→ [사용 가능한 필드]에서 '주문번호'를 더블클릭하고 [다음]을 클릭한다.

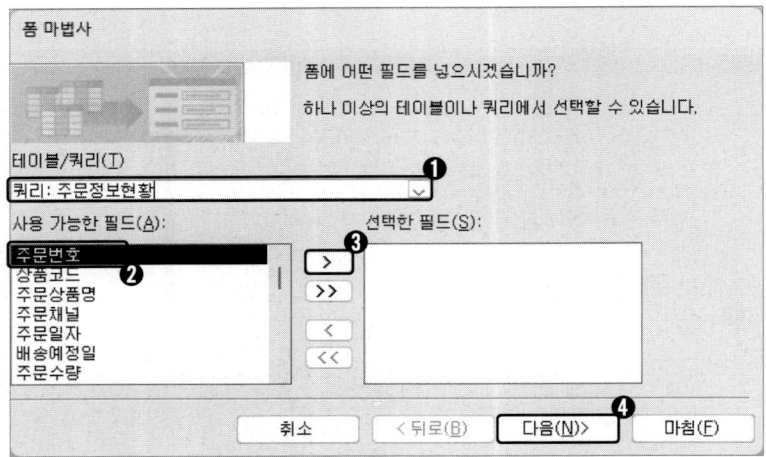

③ 폼의 모양은 '열 형식'으로 선택하고 [다음]을 클릭한다.

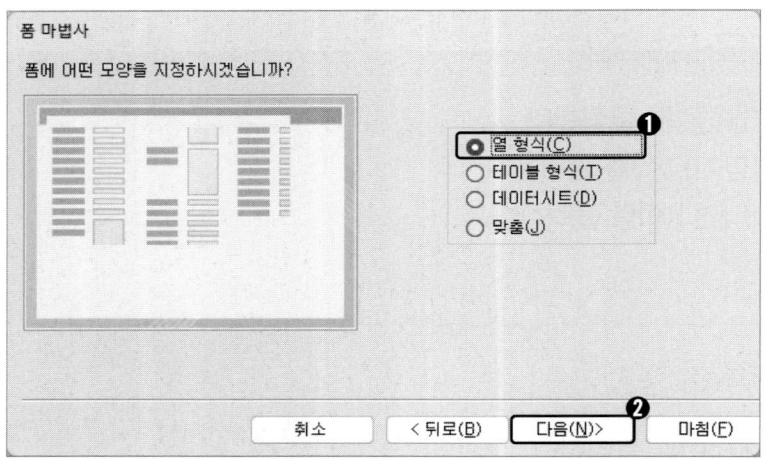

④ 폼의 제목은 『주문정보현황 폼』을 입력한다.
→ '폼 디자인 수정'을 선택하고 [마침]을 클릭한다.

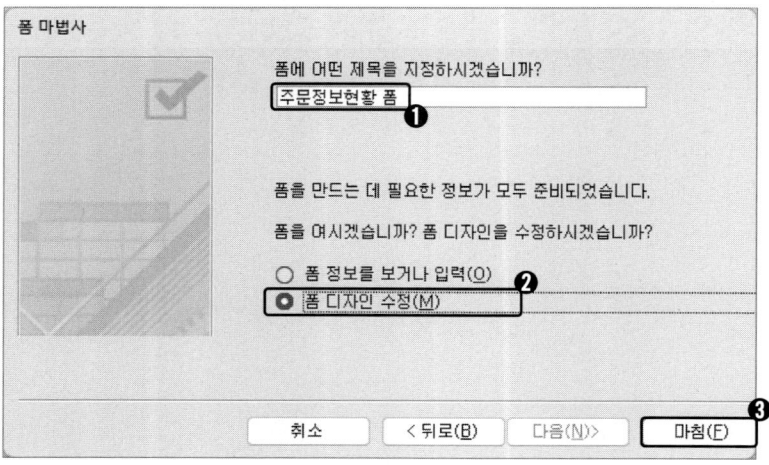

SECTION 04   기본 폼의 디자인 수정

① 폼의 경계선을 마우스 드래그하여 너비를 넓혀준다.

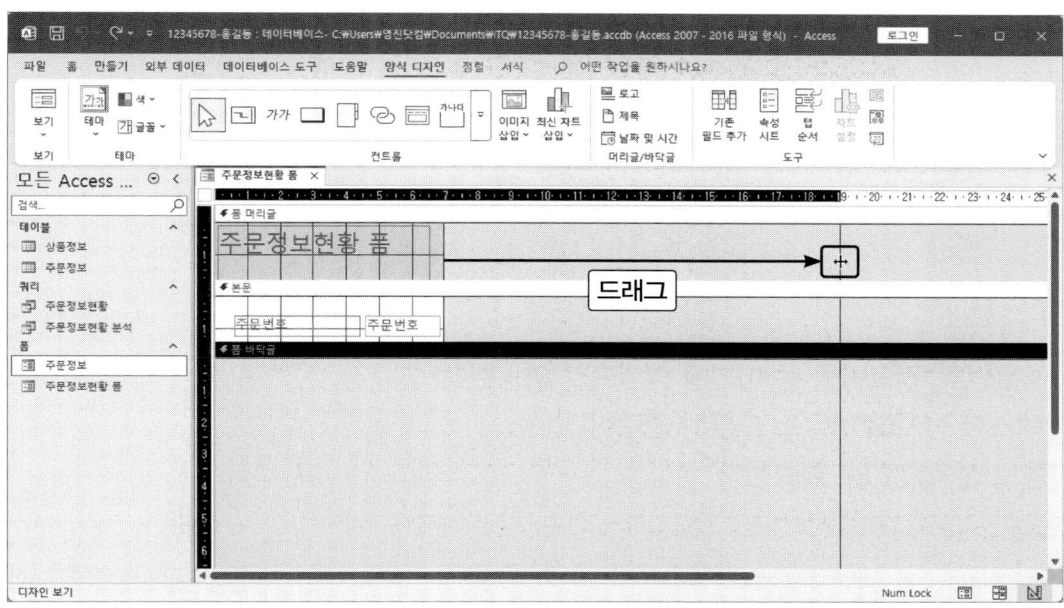

② 폼 제목에 마우스 오른쪽 클릭하고 [속성]을 클릭한다.
  → [형식] 탭의 [특수 효과]를 '볼록'으로 선택한다.
  → [글꼴 이름] '굴림', [글꼴 크기] '20', [텍스트 맞춤] '가운데', [글꼴 두께] '굵게'를 선택한다.

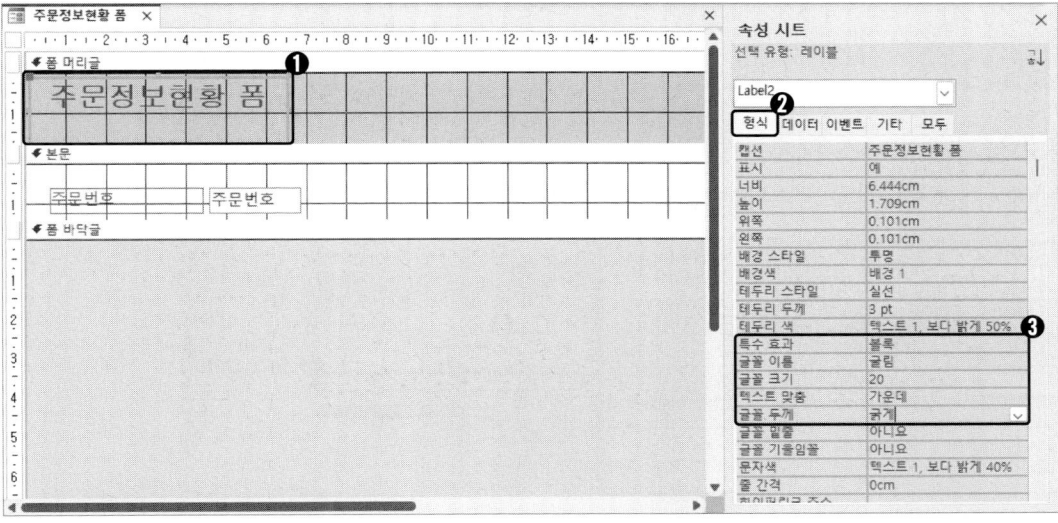

③ 폼 제목 컨트롤을 가운데로 이동한다.

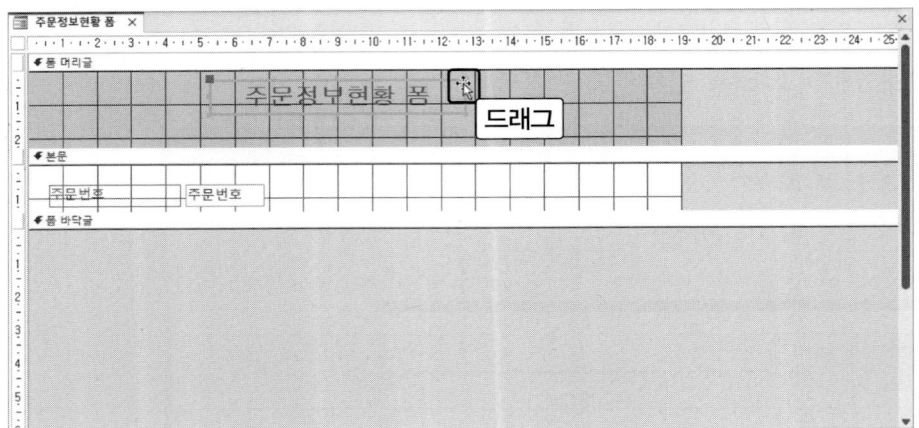

> **기적의 TIP**
> 영역과 폼 제목의 높이, 너비는 출력형태를 참고하여 적당히 조정한다.

④ 본문 영역의 '주문번호' 컨트롤을 폼 머리글 영역으로 이동한다.
  → '주문번호' 텍스트 상자에 마우스 오른쪽 클릭한다.
  → [변경] – [콤보 상자](▦)를 클릭한다.

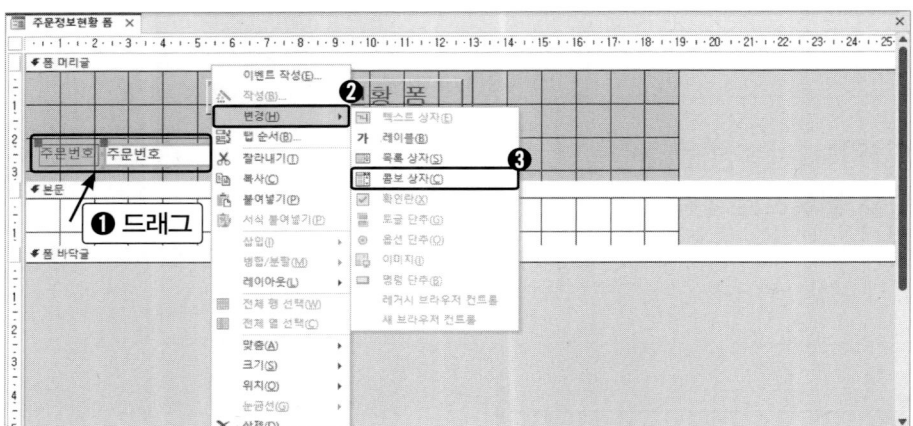

⑤ '주문번호' 콤보 상자에 마우스 오른쪽 클릭하고 [속성]을 클릭한다.
  → [데이터] 탭에서 [행 원본]을 '주문정보현황'으로 선택한다.

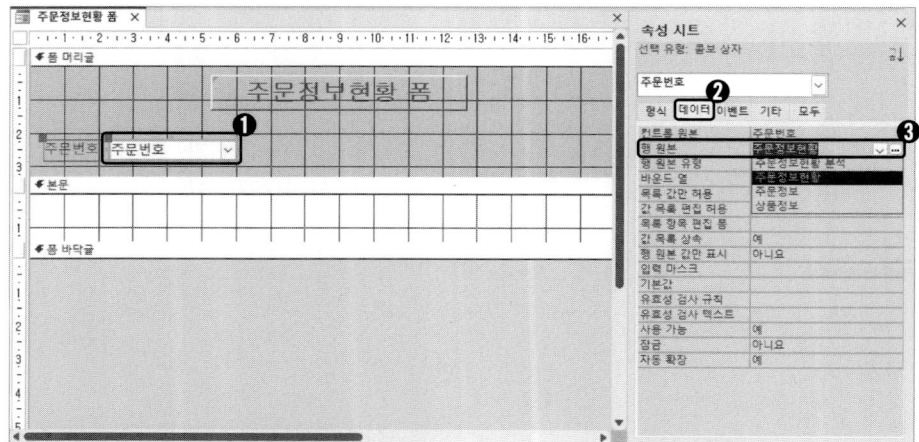

⑤ 눈금자 왼쪽의 [선택기](■)를 더블클릭하여 [속성 시트] 작업창을 연다.
→ [형식] 탭의 [레코드 선택기]를 '아니요'로 선택한다.

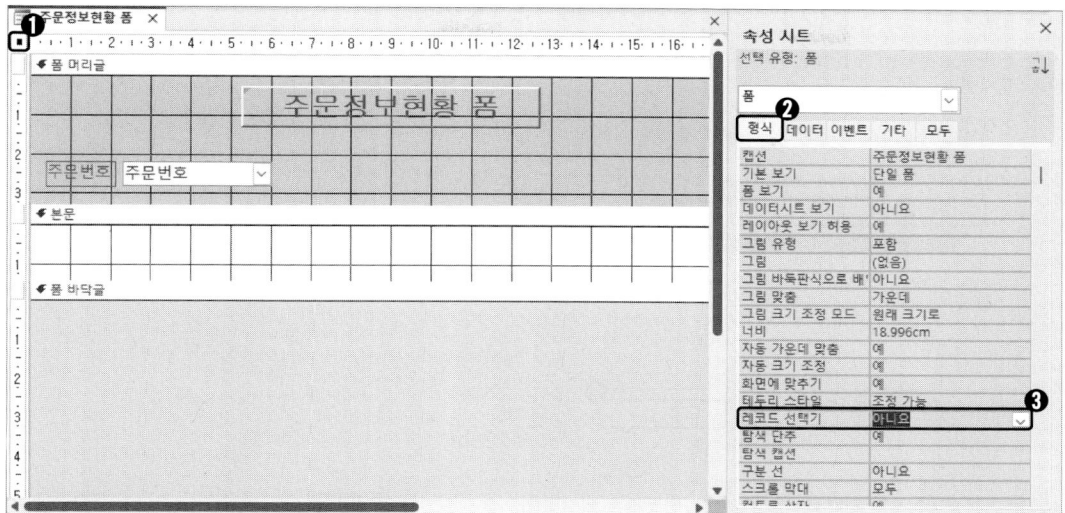

SECTION 05 하위 폼 연결하기

① [양식 디자인] 탭 – [컨트롤] – [하위 폼/하위 보고서](▦)를 클릭한다.
→ 본문 영역에 클릭한다.

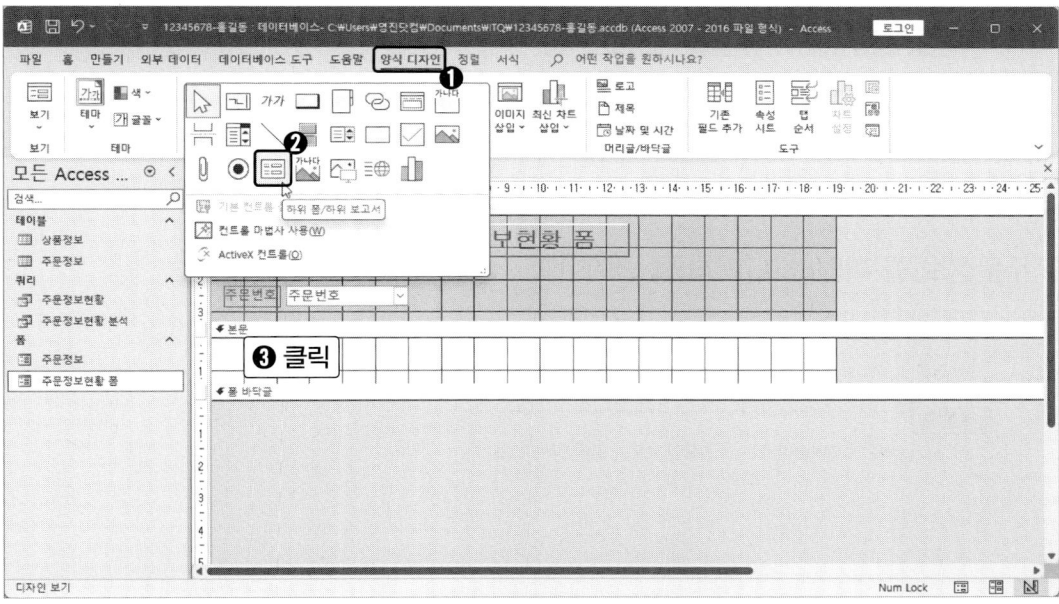

② [하위 폼 마법사] 대화상자가 나타나면 '기존 폼 사용'을 선택하고 [다음]을 클릭한다.

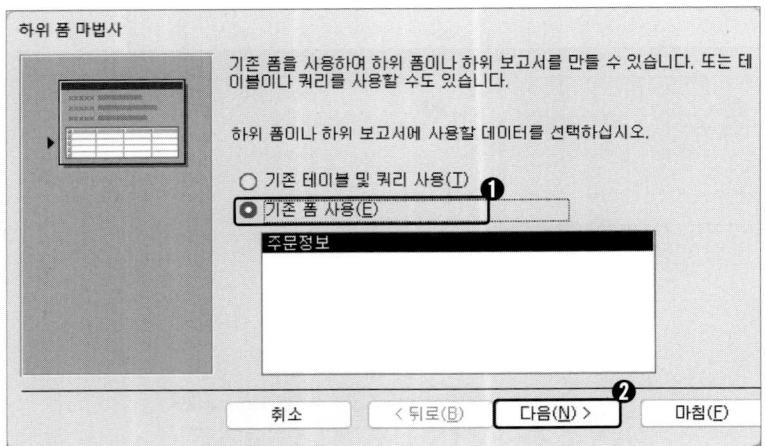

③ '주문번호를 사용하여 주가정보현황의 각 레코드에 대해 주문정보현황을 표시합니다'를 선택하고 [다음]을 클릭한다.

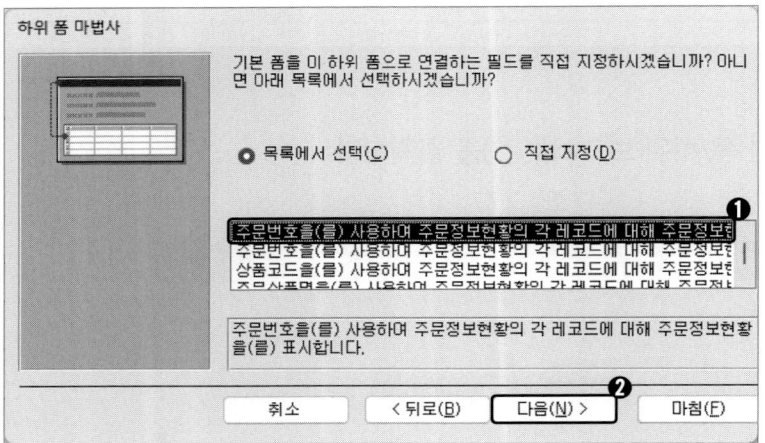

④ 하위 폼 이름 『주문정보』를 확인하고 [마침]을 클릭한다.

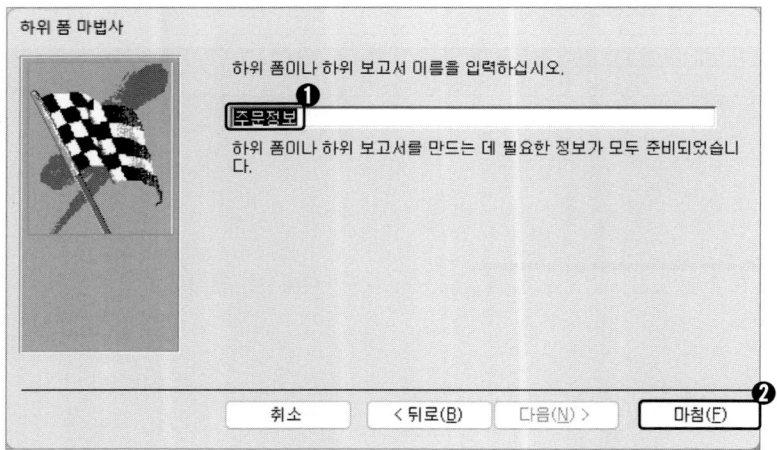

SECTION 06 메시지 폼 만들기

① [만들기] 탭 – [폼] 그룹 – [폼 디자인](📋)을 클릭한다.
→ 본문 영역의 크기를 조절한다.

> **기적의 TIP**
> 메시지 폼은 레이블만 표시하므로 [폼 마법사]를 이용할 필요는 없다.

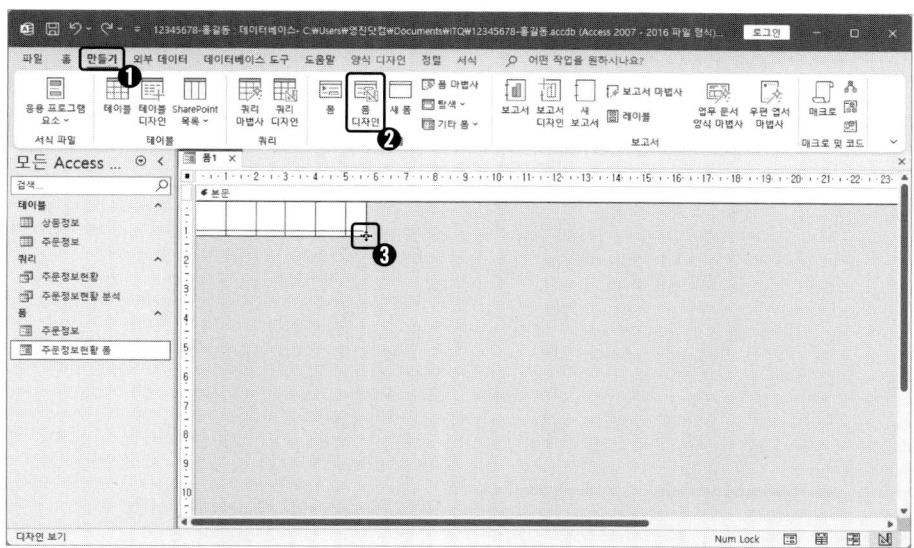

② [양식 디자인] 탭 – [컨트롤] 그룹 – [레이블](가가)을 클릭한다.
→ 본문 영역에 적당한 크기로 마우스 드래그한다.

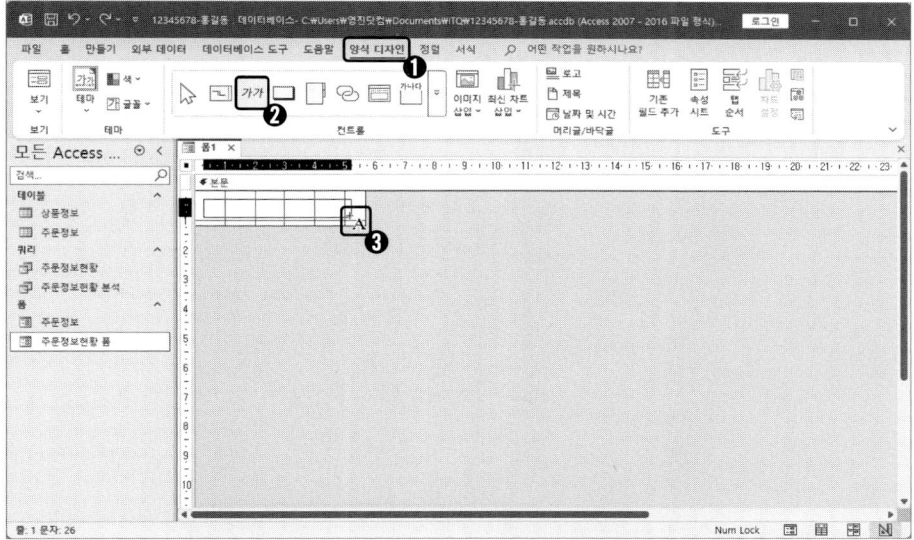

③ 레이블에 『수정할 수 없습니다.』를 입력한다.

→ [서식] 탭 - [글꼴] 그룹에서 [가운데 정렬](≡)을 클릭한다.

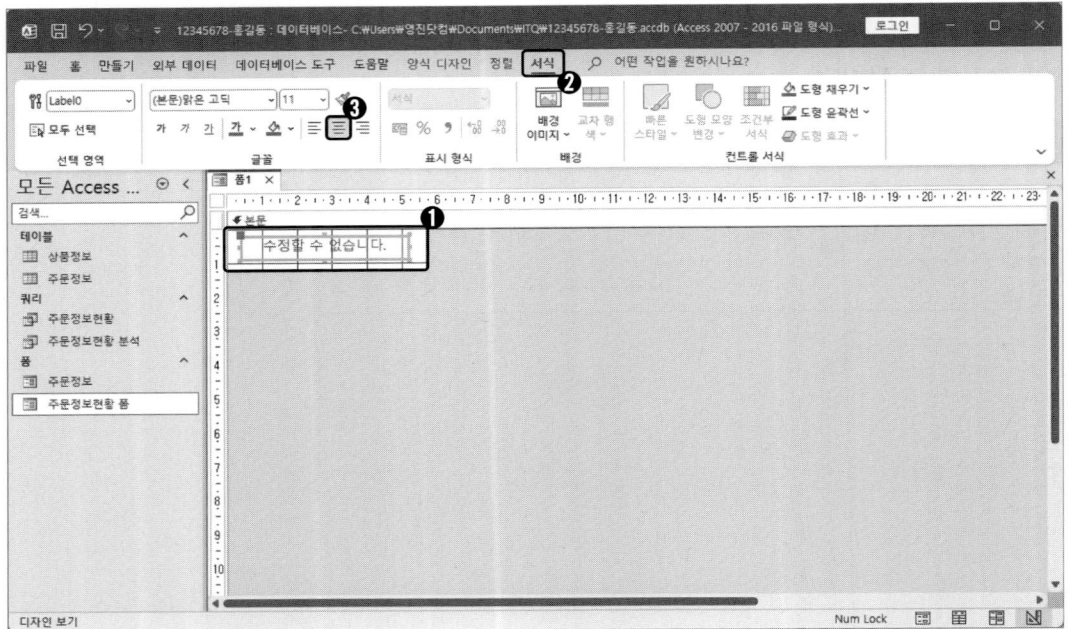

④ 눈금자 왼쪽의 [선택기](■)를 더블클릭하여 [속성 시트] 작업창을 연다.

→ [형식] 탭의 [레코드 선택기]와 [탐색 단추]를 '아니요'로 선택한다.

→ [스크롤 막대]를 '표시 안 함'으로 선택한다.

→ [닫기](✕)를 클릭한다.

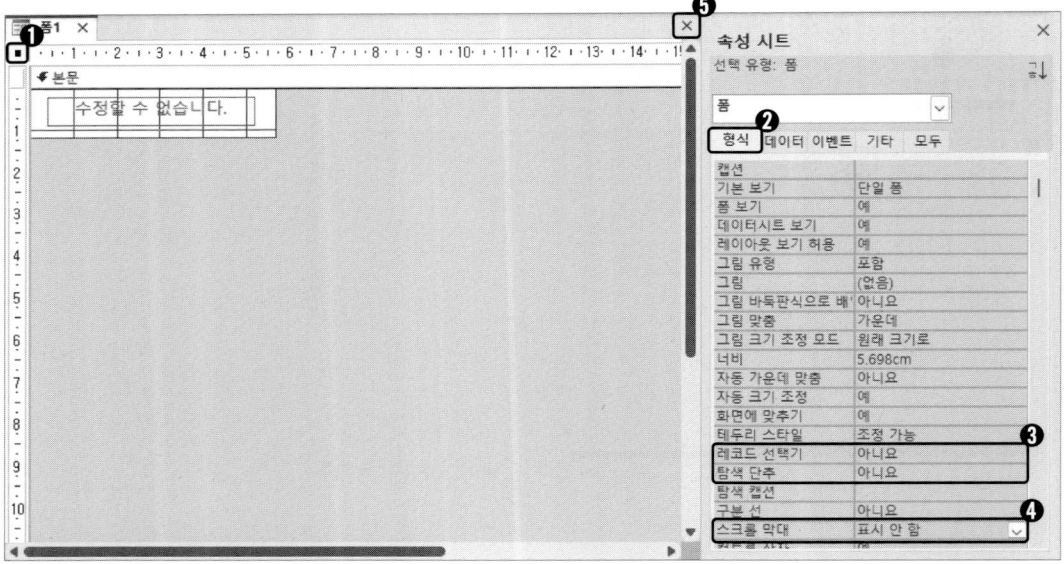

⑤ 저장 여부를 묻는 대화상자가 나타나면 [예]를 클릭한다.
→ [다른 이름으로 저장] 대화상자의 [폼 이름]에 『메시지』를 입력하고 [확인]을 클릭한다.

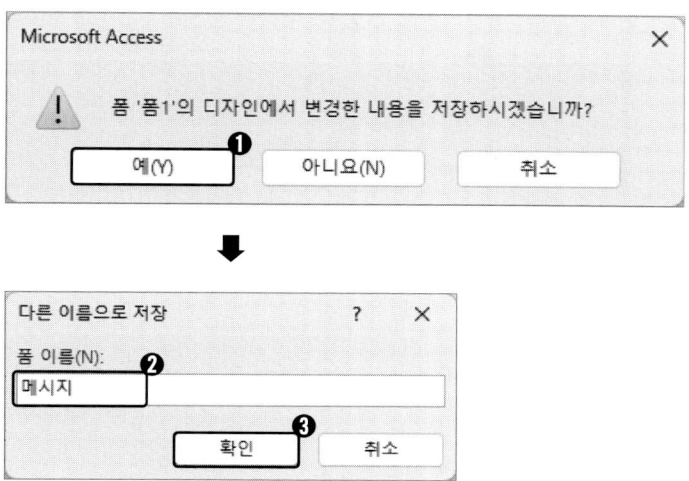

⑥ 탐색 창에서 '주문정보'를 더블클릭한다.
→ [홈] 탭 - [보기] - [디자인 보기](🗎)를 클릭한다.

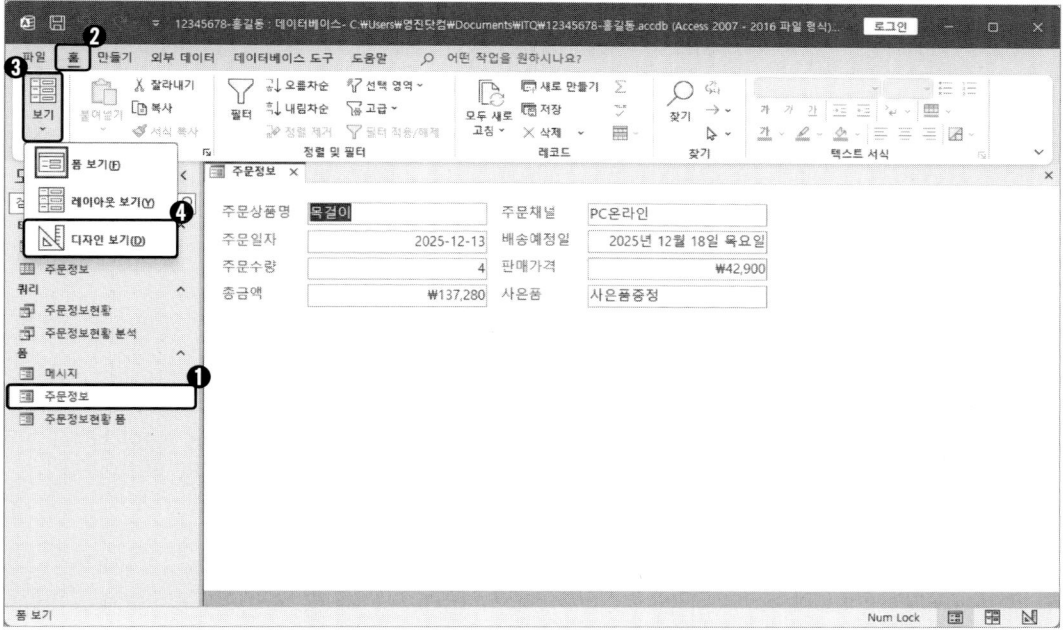

⑦ '주문수량' 텍스트 상자에 마우스 오른쪽 클릭하고 [속성]을 클릭한다.
→ [이벤트] 탭의 [On Click]에서 [작성기 버튼](...)을 클릭한다.

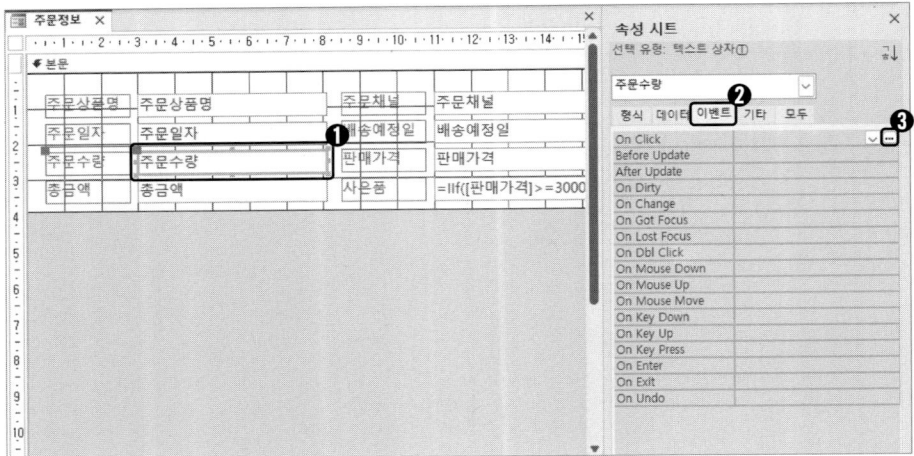

> 🇵 **기적**의 TIP
>
> **On Click**
> 사용자가 마우스 클릭하면 이벤트가 발생한다.

⑧ [작성기 선택] 대화상자에서 '코드 작성기'를 선택하고 [확인]을 클릭한다.

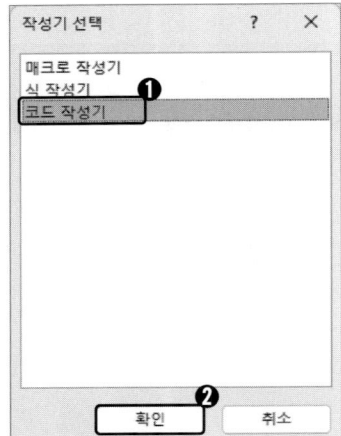

⑨ 코드 작성창에서 아래와 같이 코드를 입력하고 [닫기]를 클릭한다.

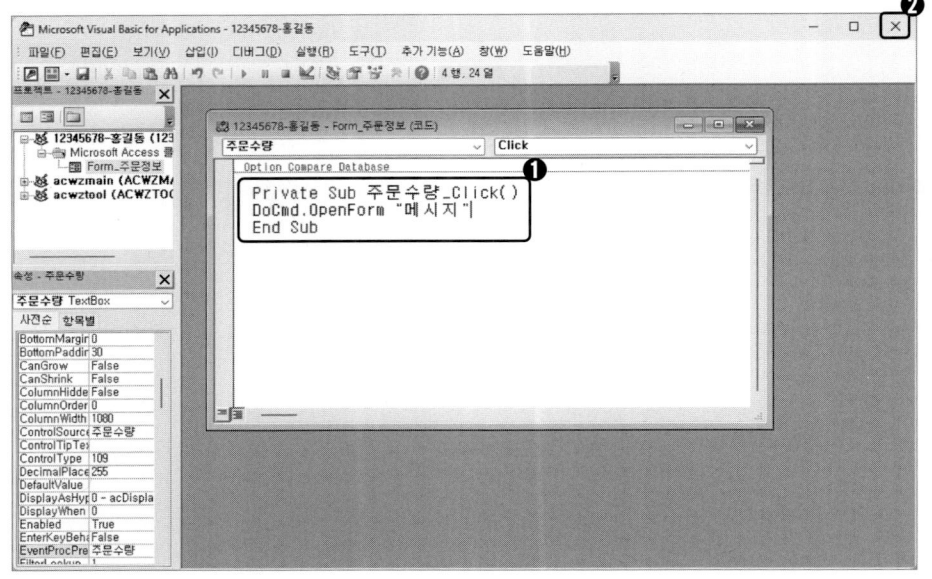

> 🇵 **기적**의 TIP
>
> 폼 이름은 반드시 큰 따옴표("")로 묶어준다.

SECTION 07 로고 삽입하기

① 탐색 창에서 '주문정보현황 폼'을 더블클릭한다.
→ [홈] 탭 - [보기] - [디자인 보기](📐)를 클릭한다.

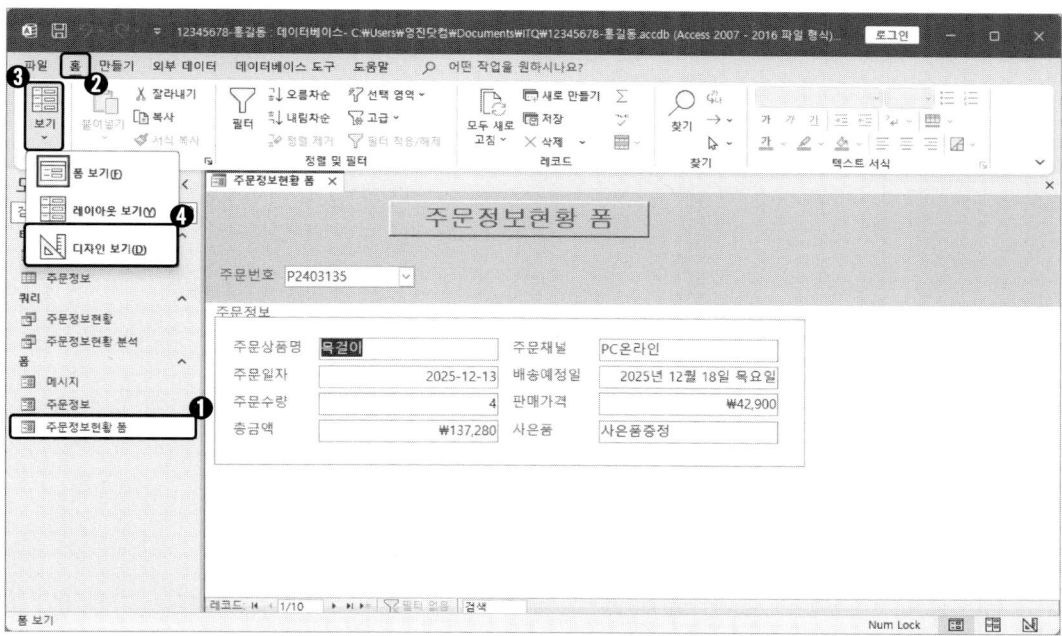

② [양식 디자인] 탭 - [이미지 삽입] - [찾아보기]를 클릭한다.

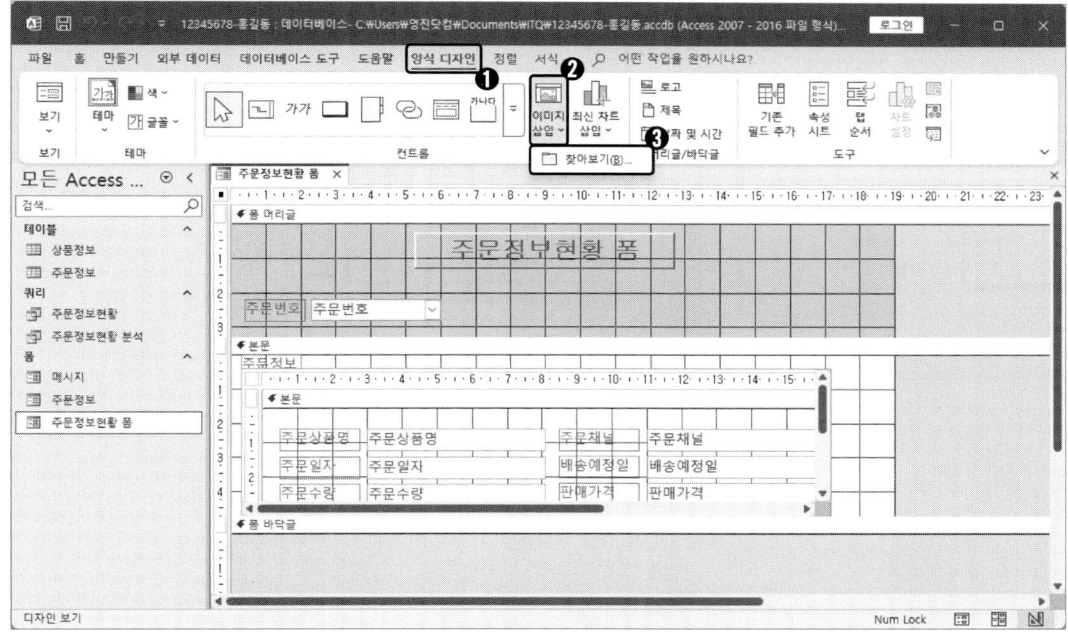

③ [그림 삽입] 대화상자에서 '로고1.jpg'를 선택하고 [열기]를 클릭한다.
    → 로고를 넣을 위치에 마우스 클릭하면 로고가 삽입된다.

> 기적의 TIP
> 실제 시험지에 로고의 경로가 제시되어 있으므로 참고한다.

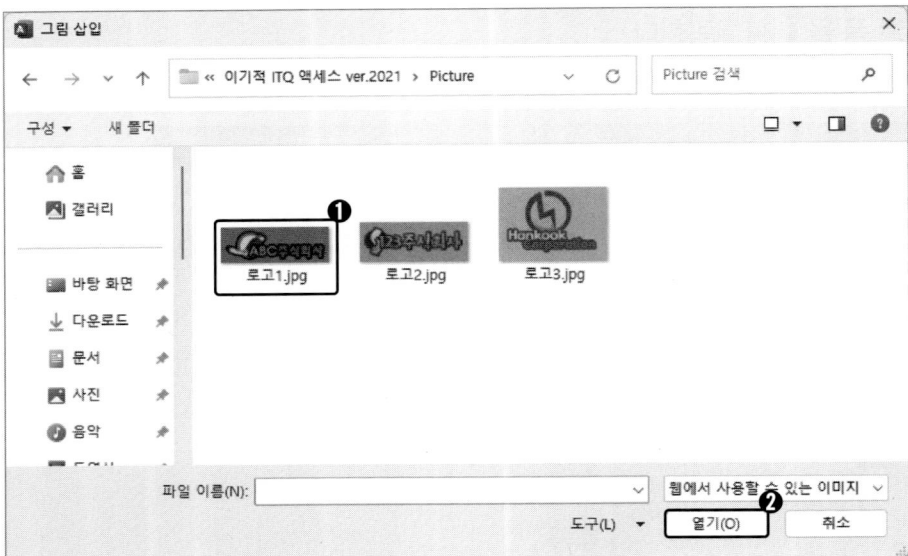

④ 로고를 더블클릭하여 [속성 시트] 작업창을 연다.
    → [형식] 탭의 [크기 조절 모드]를 '전체 확대/축소'로 선택한다.
    → [너비] '2cm', [높이] '1cm', [특수 효과] '볼록'을 설정한다.

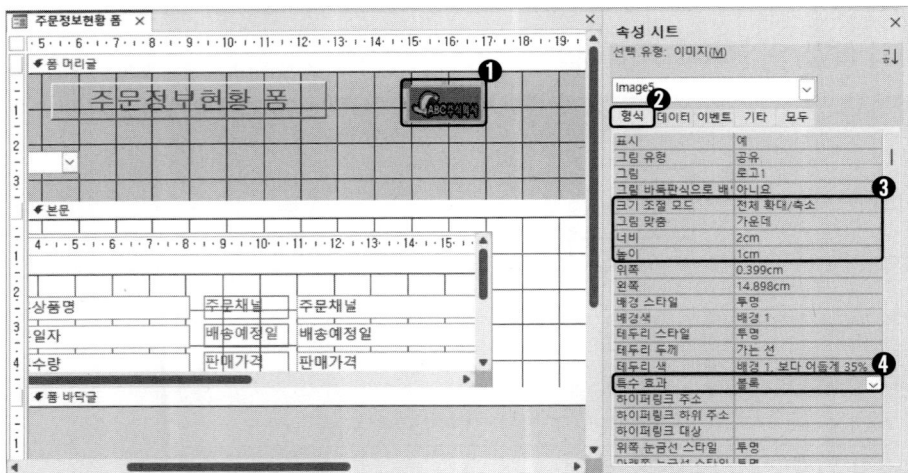

문제 5 보고서 작성하기   80점

문제 5는 보고서를 작성하는 문제이다. 주어진 조건을 확인하고 보고서를 작성하여 적용한다.

SECTION 01 보고서 만들기

① [만들기] 탭 – [보고서] 그룹 – [보고서 마법사](📋)를 클릭한다.

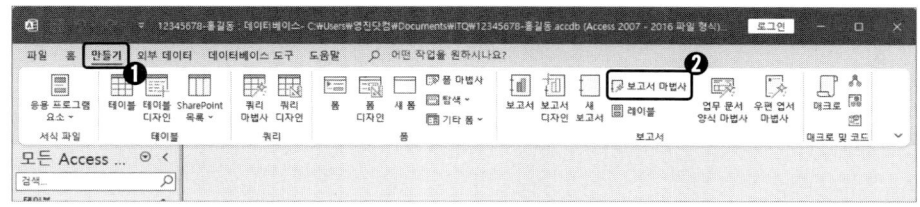

② [보고서 마법사] 대화상자의 [테이블/쿼리]에서 '쿼리: 주문정보현황'을 선택한다.
→ [사용 가능한 필드]에서 '주문채널', '주문상품명', '주문일자', '주문수량', '판매가격', '총금액' 순으로 더블클릭한다.
→ [선택한 필드]가 맞는지 확인하고 [다음]을 클릭한다.

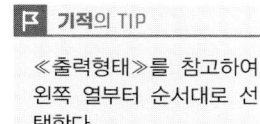

기적의 TIP

≪출력형태≫를 참고하여 왼쪽 열부터 순서대로 선택한다.

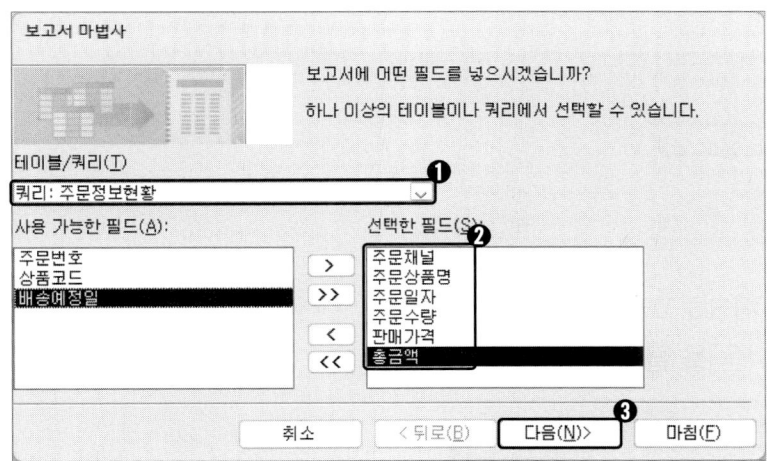

③ 그룹 수준은 '주문채널'로 선택한다.

→ > 버튼을 클릭하고 [다음]을 클릭한다.

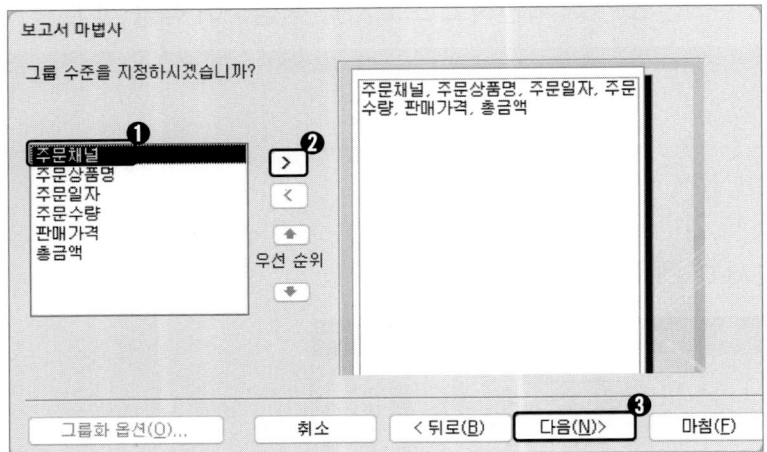

④ 정렬할 필드로 '주문일자'를 선택한다.

→ [오름차순]을 확인하고 [요약 옵션]을 클릭한다.

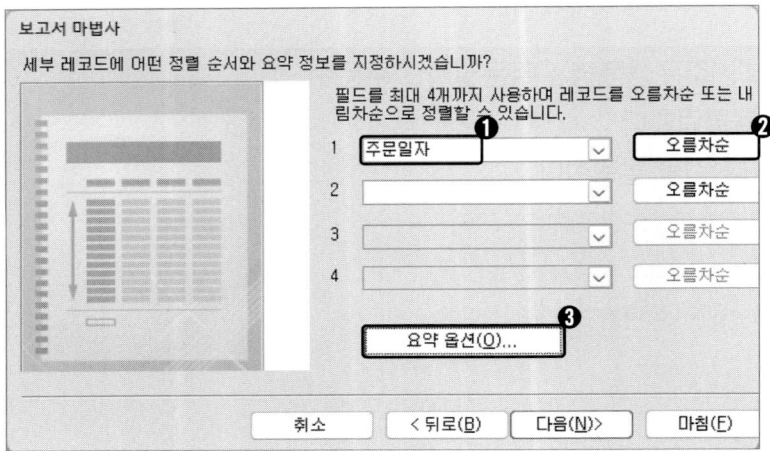

⑤ 요약 옵션에서 '주문수량'의 [합계]에 체크하고 [확인]을 클릭한다.

→ 다시 보고서 마법사로 돌아오면 [다음]을 클릭한다.

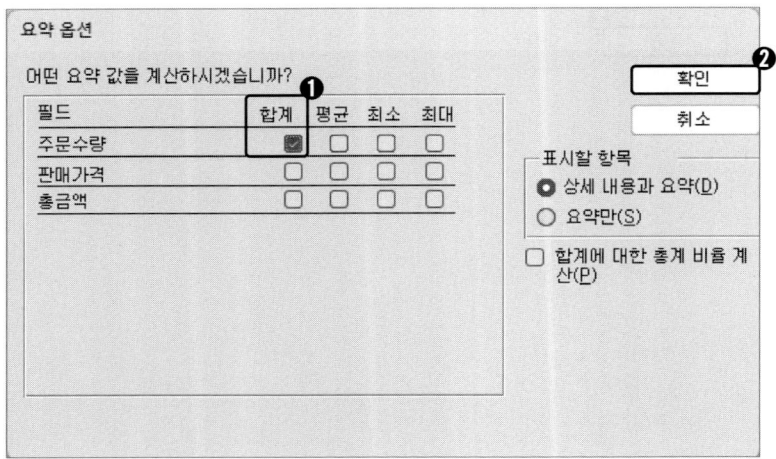

⑥ [모양] '단계', [용지 방향] '세로'를 선택한다.
　→ '모든 필드가 한 페이지에 들어가도록 필드 너비 조정' 체크를 확인하고 [다음]을 클릭한다.

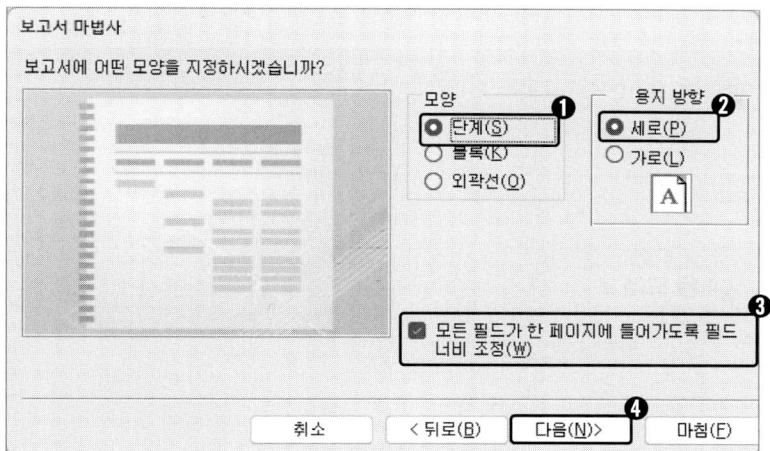

⑦ 보고서 제목으로 『주문정보현황 보고서』를 입력한다.
　→ '보고서 디자인 수정'을 선택하고 [마침]을 클릭한다.

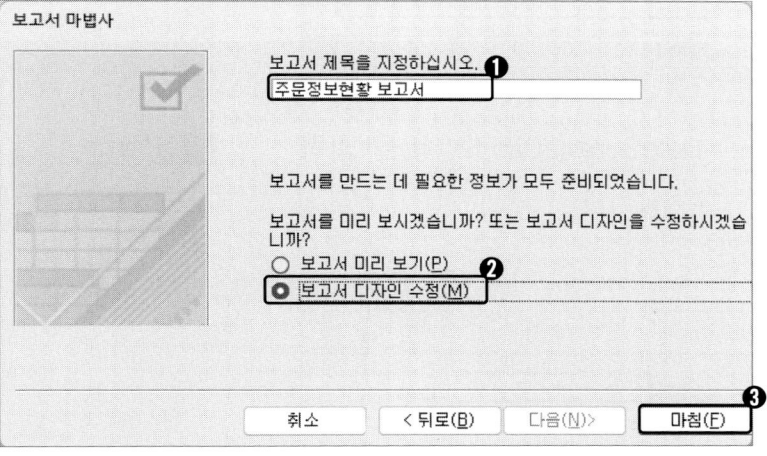

SECTION 02 보고서 디자인 수정하기

① 주문채널 바닥글과 페이지 바닥글의 불필요한 부분을 선택하여 Delete 로 삭제한다.
→ 페이지 바닥글의 날짜 텍스트 상자를 보고서 머리글로 마우스 드래그 하여 이동한다.

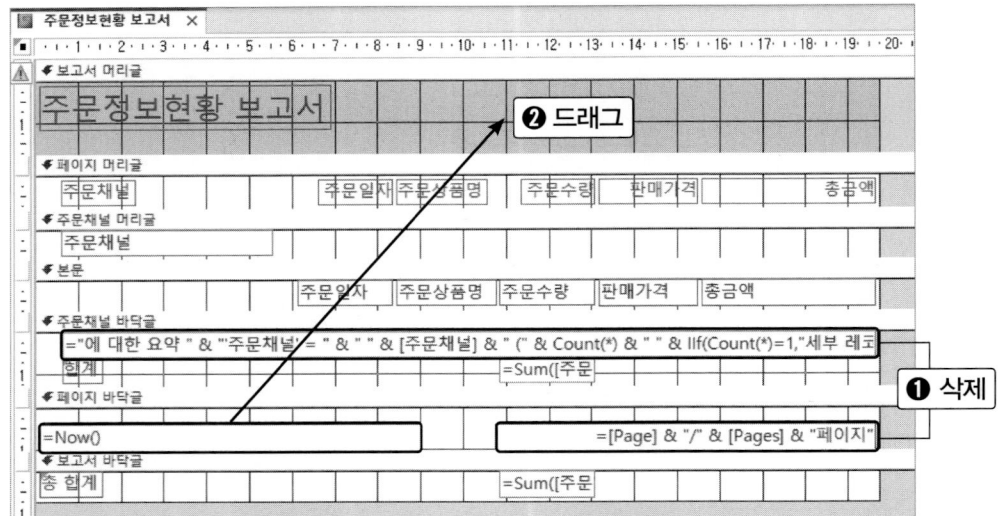

② 날짜 텍스트 상자의 내용을 지우고 『=DateSerial(2025,12,14)』을 입력한다.

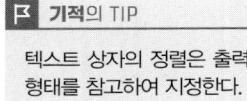

기적의 TIP

텍스트 상자의 정렬은 출력 형태를 참고하여 지정한다.

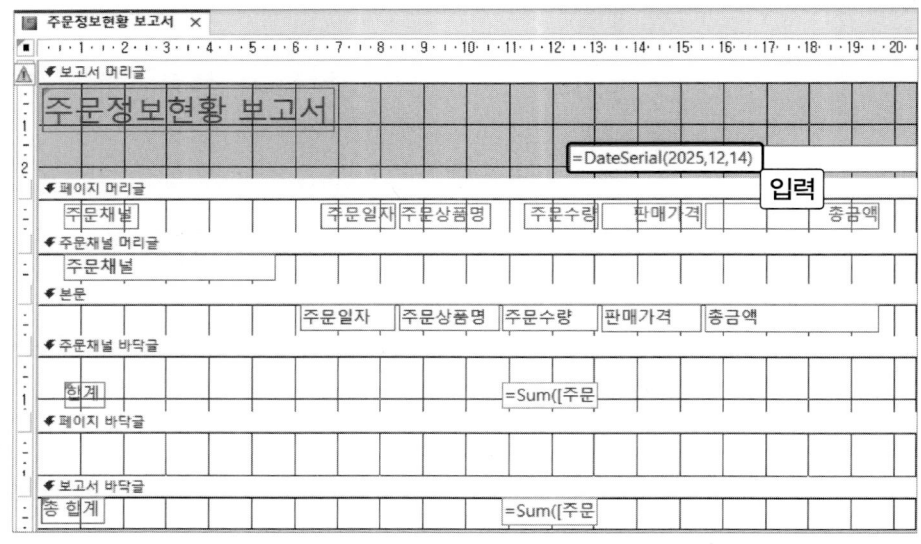

💬 함수/구문 설명

DateSerial(연도, 월, 일)
⇒ 연도, 월, 일 값을 조합하여 하나의 날짜 형식으로 생성

③ 날짜 텍스트 상자를 더블클릭하여 [속성 시트] 작업창을 연다.
→ [형식] 탭의 [배경 스타일]을 '투명'으로 선택한다.

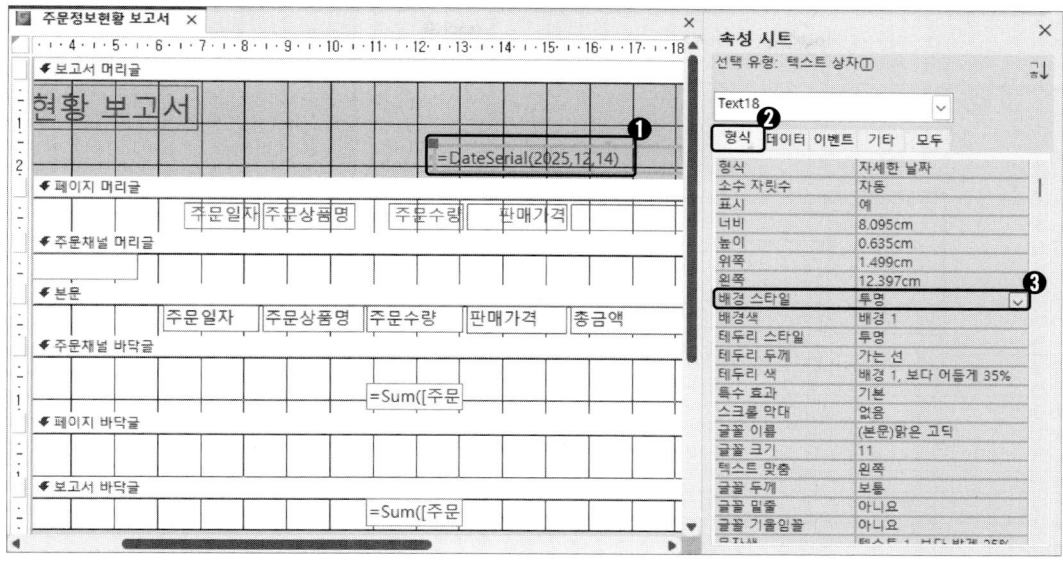

④ 보고서 제목을 더블클릭하여 [속성 시트] 작업창을 연다.
→ [글꼴 이름] '궁서', [글꼴 크기] '24', [텍스트 맞춤] '가운데', [글꼴 밑줄] '예'를 선택한다.
→ 마우스 드래그하여 위치를 가운데로 이동한다.

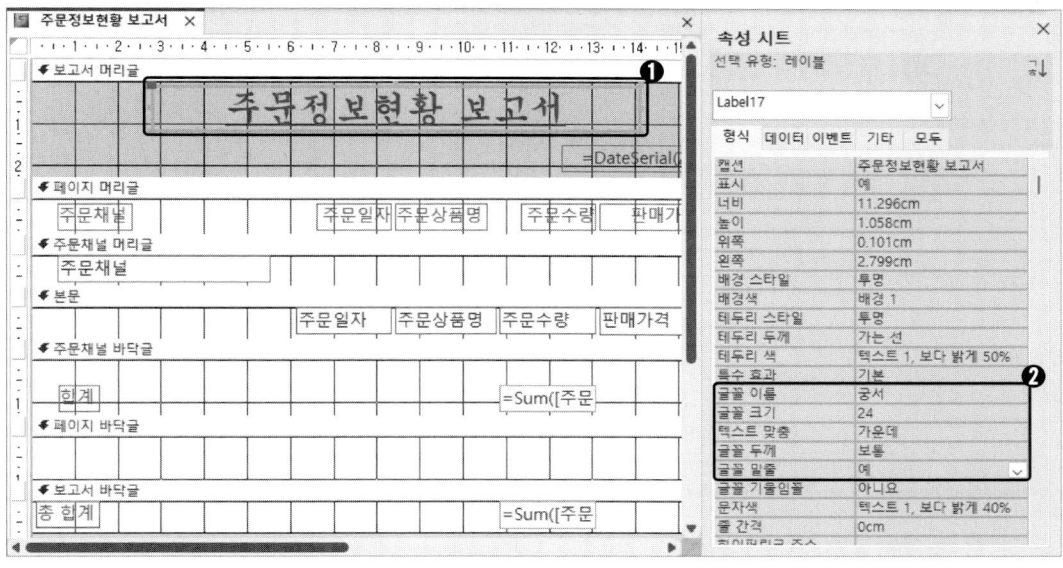

⑤ '주문일자' 레이블과 텍스트 상자를 선택한다.
→ '주문상품명'과 '주문수량' 사이로 마우스 드래그하여 이동한다.

> 🅿 **기적**의 TIP
>
> Ctrl 또는 Shift를 누른 채 클릭하면 한 번에 여러 상자를 선택할 수 있다.

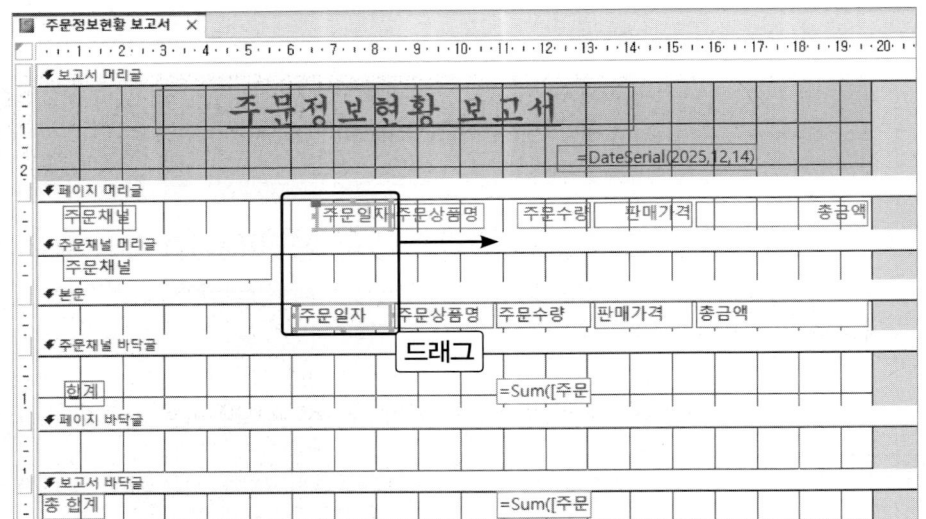

⑥ 페이지 머리글의 레이블들을 선택하고 [서식] 탭 – [글꼴] 그룹 – [가운데 정렬](≡)을 클릭한다.
→ ≪출력형태≫를 참고하여 나머지 레이블과 텍스트 상자들의 위치, 너비, 정렬을 설정한다.

> 🅿 **기적**의 TIP
>
> [정렬] 탭 – [크기 및 순서 조정] 그룹에서 [크기/공간]과 [맞춤]의 기능을 적절히 활용하면 편리하다.

> 🅿 **기적**의 TIP
>
> 페이지 바닥글은 마우스 드래그로 높이를 적당히 조절하면 된다.

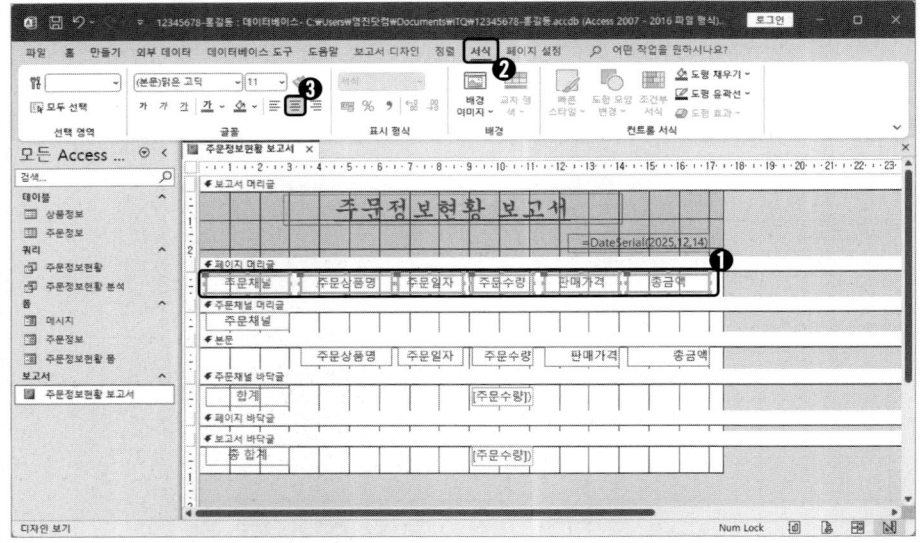

⑦ 레이블들과 '합계', '총 합계' 텍스트 상자를 선택한다.
→ [서식] 탭 - [글꼴] 그룹 - [굵게](가)를 클릭한다.

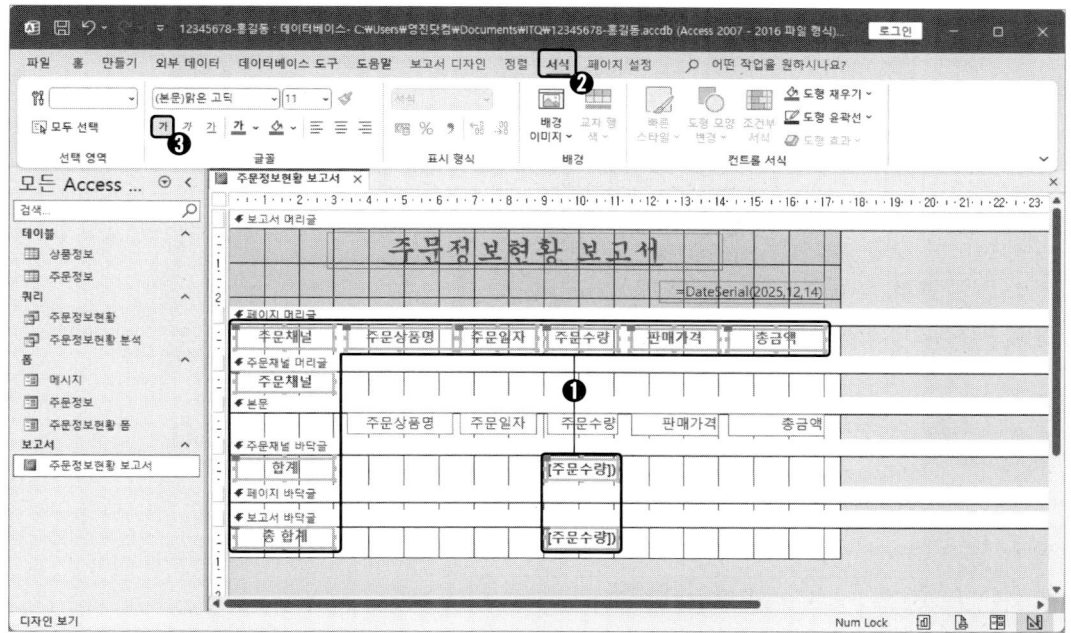

⑧ '합계', '총 합계' 텍스트 상자를 더블클릭하여 [속성 시트] 작업창을 연다.
→ [형식] 탭 - [테두리 스타일]을 '투명'으로 선택한다.

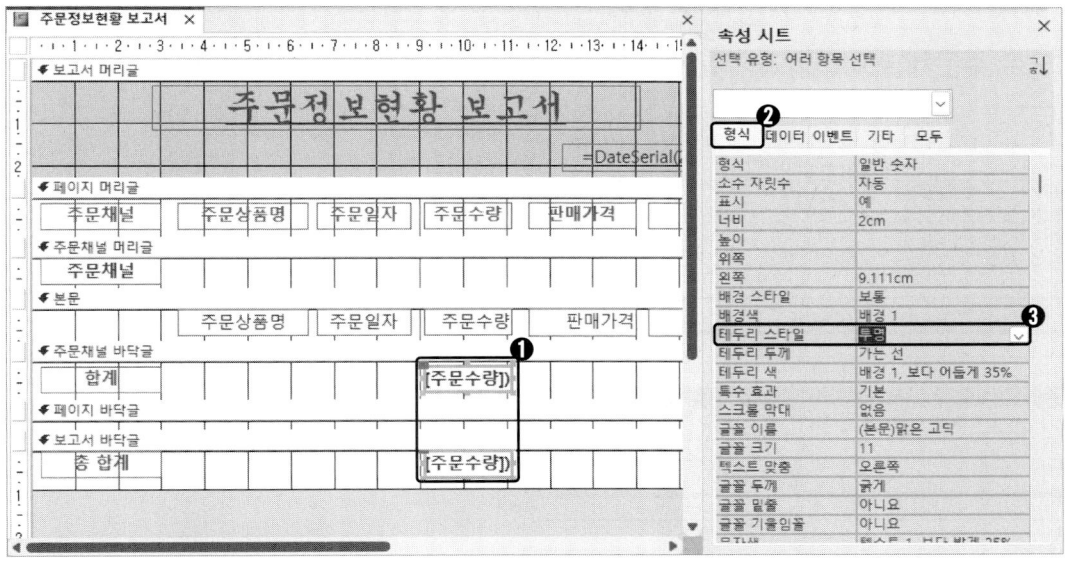

⑨ [보고서 디자인] 탭 – [컨트롤] 그룹에서 [선](◣)을 클릭한다.
　→ 페이지 머리글과 주문채널 바닥글에 마우스 드래그하여 선을 그린다.
　→ [형식] 탭 – [테두리 두께]를 '2pt'로 선택한다.

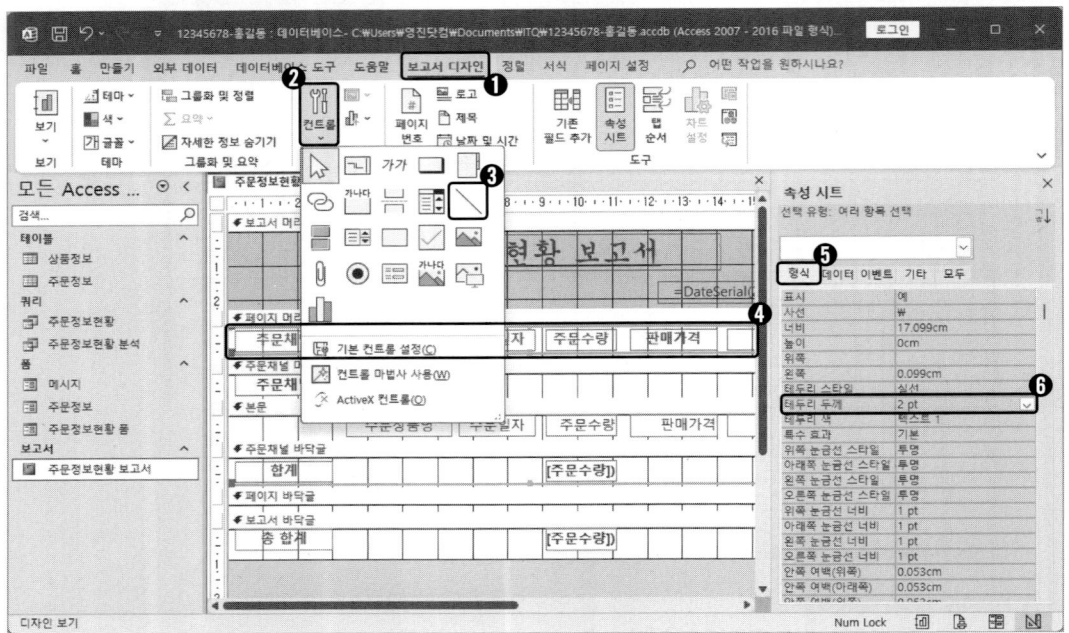

⑩ 본문 영역을 선택하고 [속성 시트] 작업창의 [형식] 탭 – [다른 배경색]을 '색 없음'으로 선택한다.
　→ 같은 방법으로 주문채널 머리글과 주문채널 바닥글의 [다른 배경색]도 설정한다.

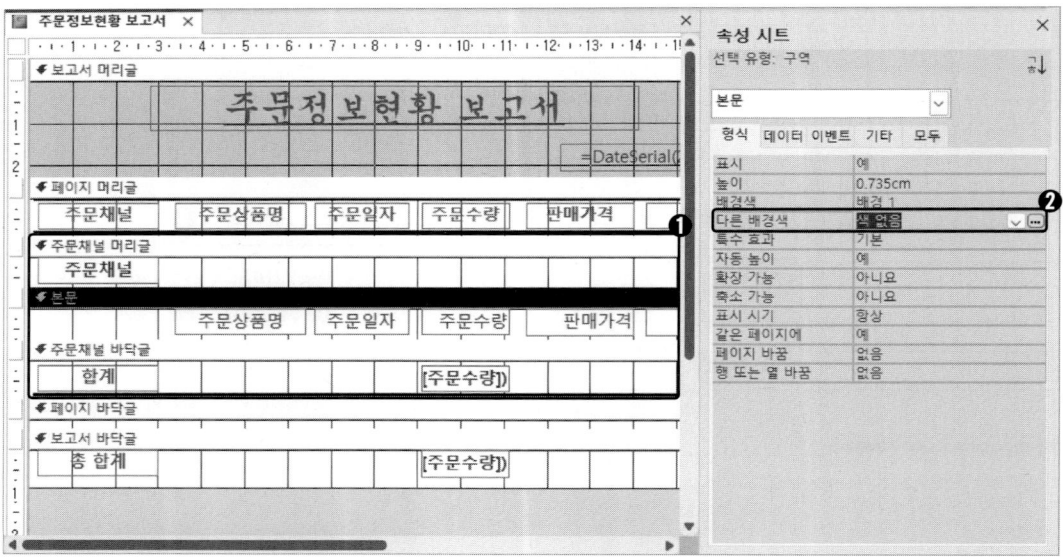

SECTION 03 　 조건부 서식 적용하기

① '주문수량' 텍스트 상자를 선택한다.
　→ [서식] 탭 – [컨트롤 서식] 그룹 – [조건부 서식](▦)을 클릭한다.

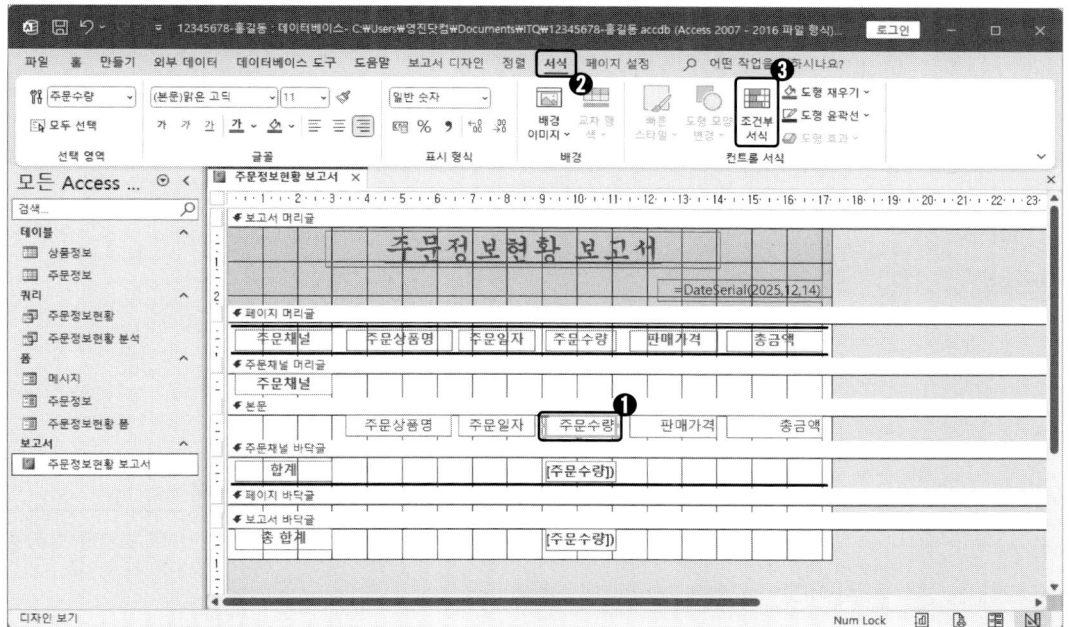

② [새 규칙]을 클릭한다.

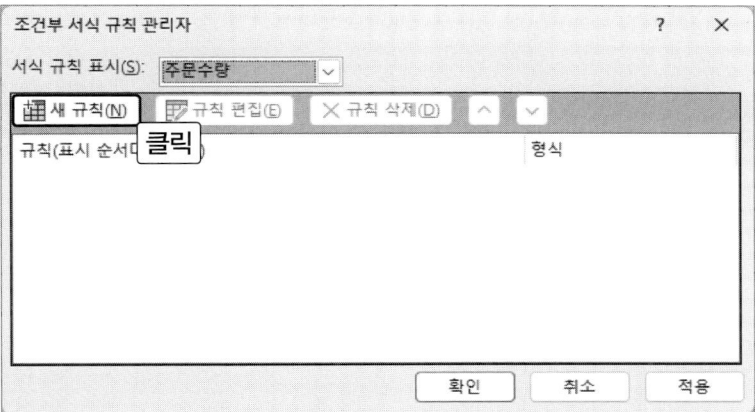

③ [규칙 유형 선택]은 '현재 레코드의 값 확인 또는 식 사용'을 선택한다.
  → [규칙 설명 편집]에 '필드 값이', '다음 값보다 크거나 같음', 『10』을 순서대로 입력한다.
  → [굵게](가), [배경색] '노랑'을 선택한 후 [확인]을 클릭한다.
  → [조건부 서식 규칙 관리자] 대화상자로 돌아오면 [확인]을 클릭한다.

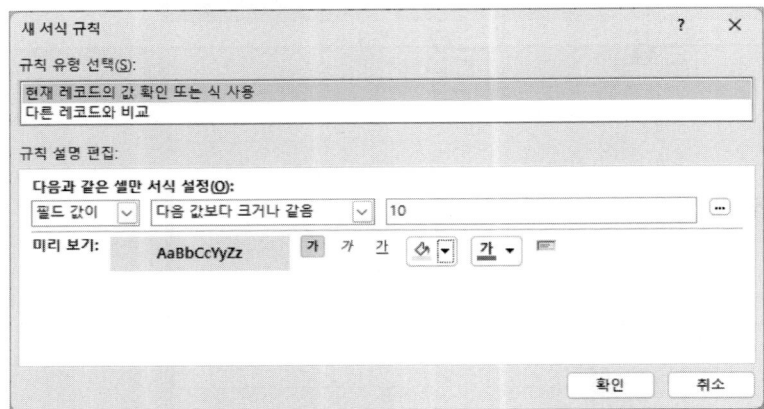

④ [보고서 디자인] 탭 - [보기] - [보고서 보기](⬚)를 클릭하여 ≪출력형태≫와 비교해본다.
  → 저장하고 [닫기](×)를 클릭한다.

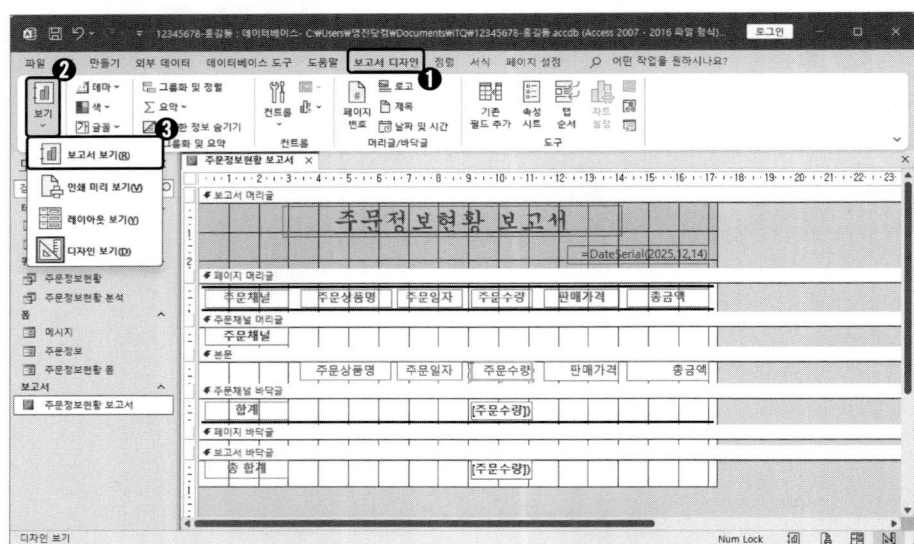

> **기적의 TIP**
>
> 문제의 조건을 모두 만족하는지 꼭 확인해본다.

문제 6　레이블 보고서 작성하기　70점

문제 6은 레이블 보고서를 작성하는 문제이다. 주어진 함수 조건을 확인하고 우편물 레이블 마법사를 활용하여 작성한다.

SECTION 01　레이블 보고서 만들기

① [탐색] 창에서 '상품정보'를 선택한다.
　→ [만들기] 탭 – [보고서] 그룹 – [레이블](圖)을 클릭한다.

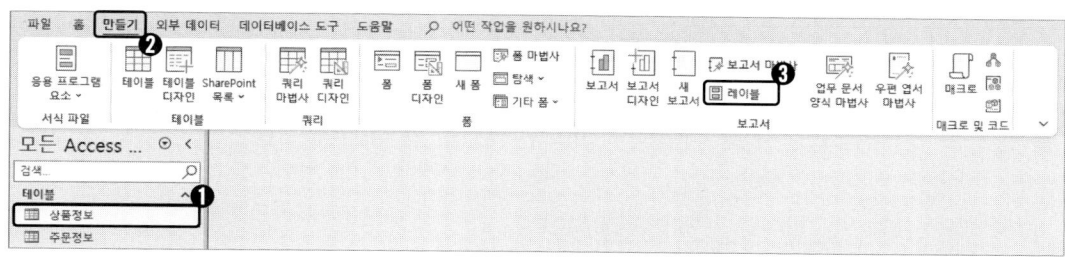

② [우편물 레이블 마법사] 대화상자에서 [제조업체로 필터링]을 'A – ONE'으로 선택한다.
　→ [제품 번호]는 'AOne 28315'를 선택하고 [다음]을 클릭한다.

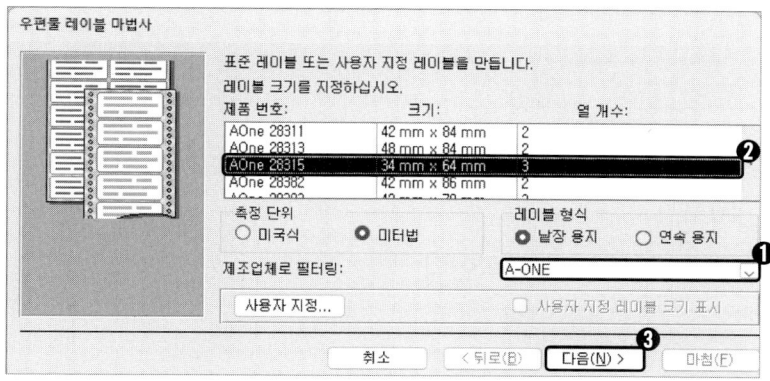

③ [글꼴 이름] '굴림', [글꼴 크기] '10', [글꼴 두께] '중간'을 선택하고 [다음]을 클릭한다.

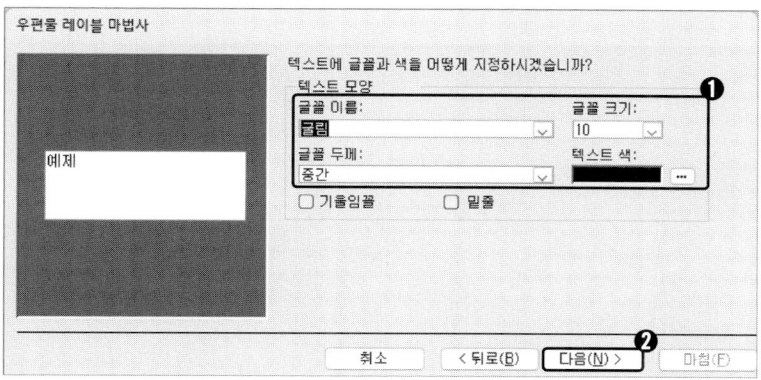

④ [사용 가능한 필드]에서 '판매처', '상품분류'를 더블클릭한다.
　→ 두 번째 줄에는 『현 재고량 : 』을 직접 입력하고 '재고수량'를 더블클릭한다.
　→ 세 번째 줄에는 '상품입고일자'를 더블클릭하고 『 입고상품』을 직접 입력한다.
　→ [다음]을 클릭한다.

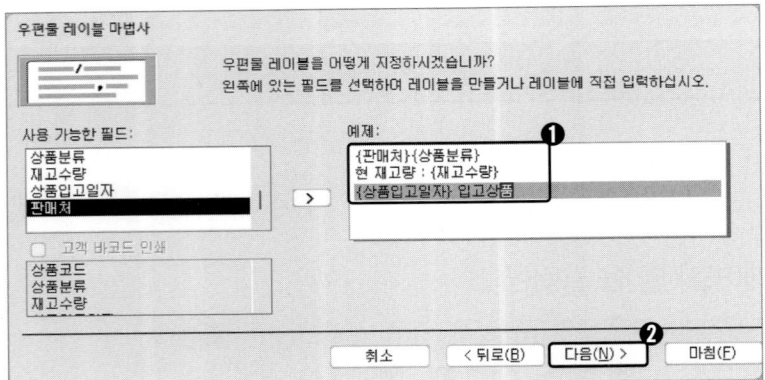

⑤ 정렬 기준이 될 필드로 '상품입고일자'를 더블클릭하고 [다음]을 클릭한다.

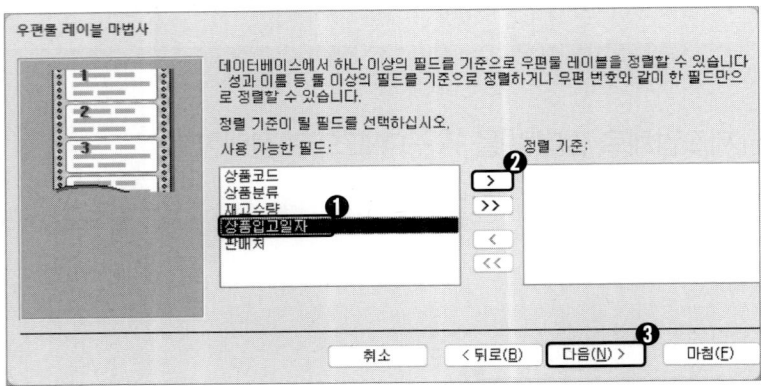

⑥ 보고서 이름에 『상품정보 레이블』을 입력한다.
　→ '우편물 레이블의 디자인 수정'을 선택하고 [마침]을 클릭한다.

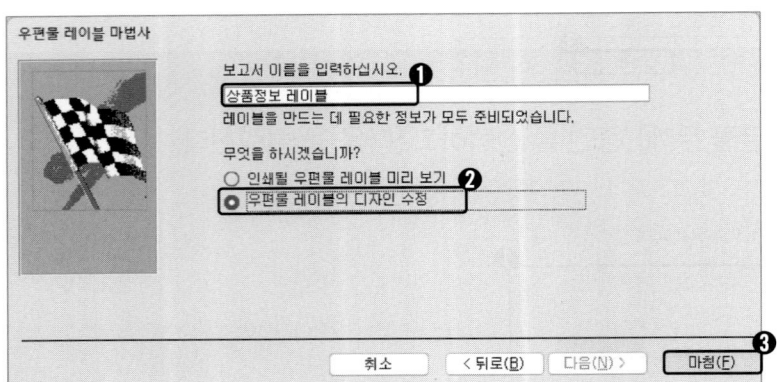

SECTION 02 　레이블 보고서 수정하기

① 첫 번째 텍스트 상자를 선택한다.
　→ [서식] 탭 – [글꼴] 그룹 – [굵게](가)를 클릭한다.
　→ 표현식 『="상호 : " & [판매처] & "[" & [상품분류] & "]"』를 입력한다.

> 🇫 **기적**의 TIP
>
> **& 연산자**
> 두 개 이상의 텍스트를 이어 붙일 때 사용한다.

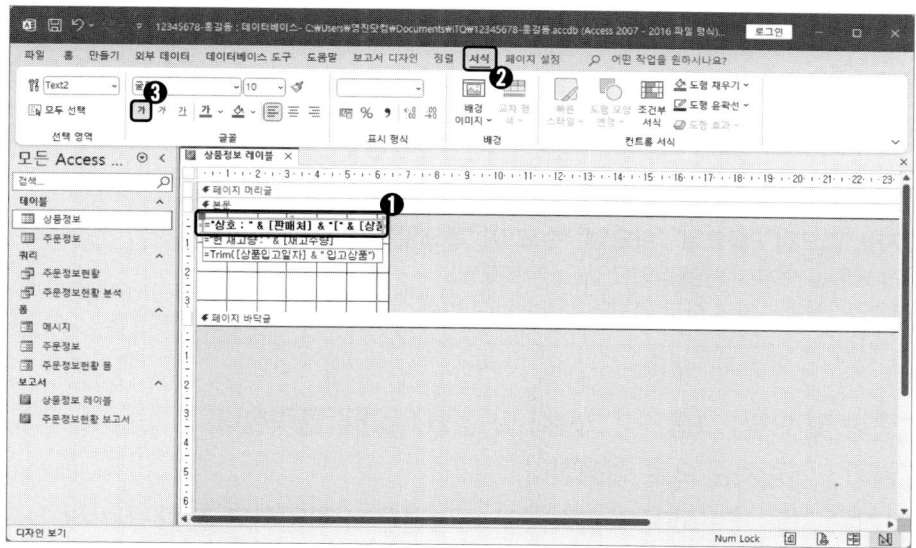

② 두 번째 텍스트 상자를 선택한다.
　→ 표현식 『="현 재고량 : " & [재고수량] & "EA"』를 입력한다.

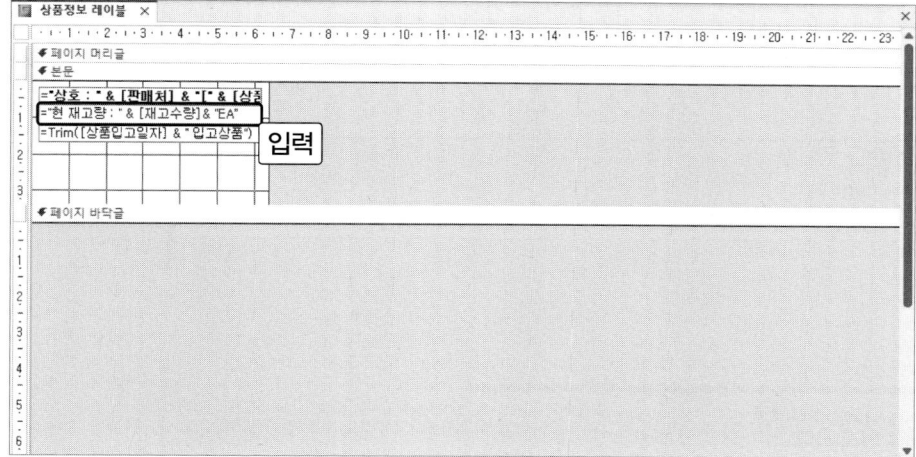

③ 세 번째 텍스트 상자를 선택한다.
→ 표현식 『=Choose(Weekday([상품입고일자]),"일요일","월요일","화요일","수요일","목요일","금요일","토요일") & " 입고상품"』을 입력한다.

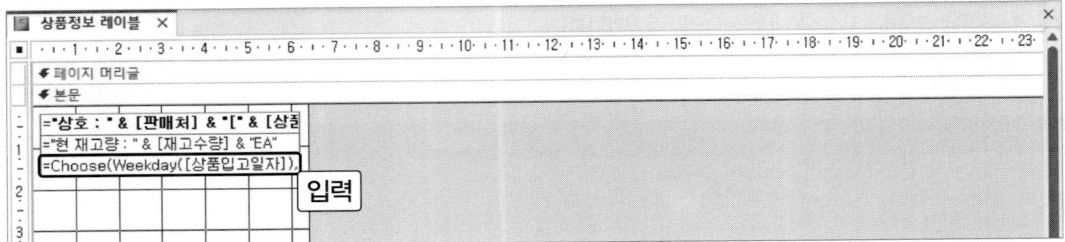

💬 함수/구문 설명

Choose(Weekday([상품입고일자]),"일요일","월요일","화요일","수요일","목요일","금요일","토요일")
⇒ Weekday 함수로 상품입고일자의 요일을 숫자로 반환(1=일요일,…, 7=토요일)
　 Choose 함수로 Weekday 값에 따른 해당 요일의 한글 문자열을 선택하여 반환

④ [보고서 디자인] 탭 – [그룹화 및 요약] 그룹 – [그룹화 및 정렬](🗔)을 클릭한다.
→ 정렬 기준을 '상품입고일자', '내림차순'으로 설정한다.
→ [보기] – [인쇄 미리 보기](🗔)를 클릭하여 ≪출력형태≫와 같은지 확인하고 저장한다.

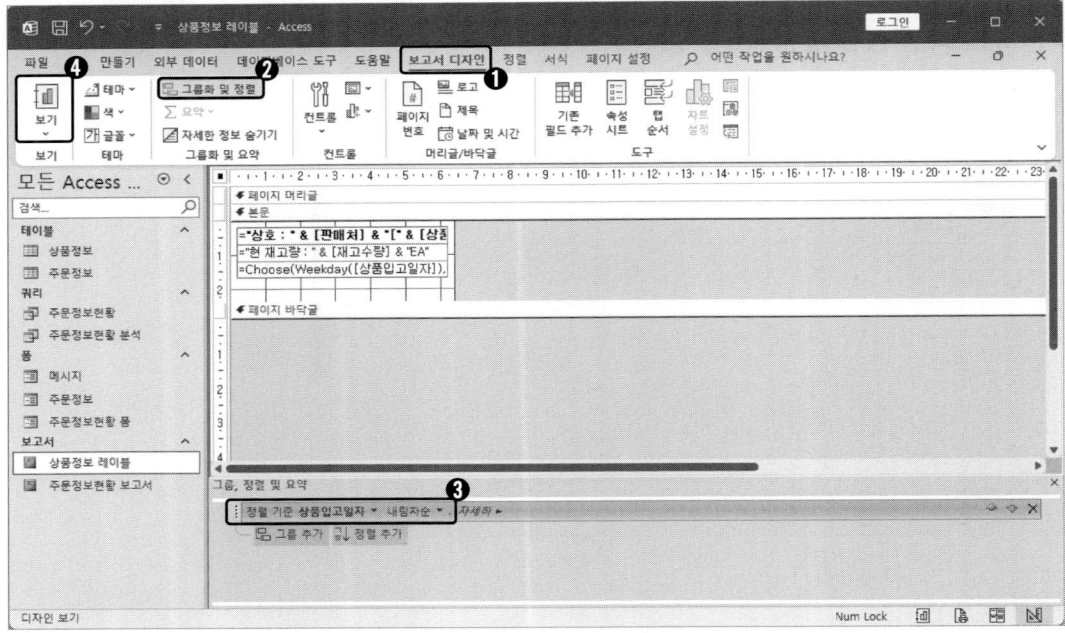

MEMO

대표 기출 따라하기 02회 보고서 버튼 유형

과목	코드	문제유형	시험시간	수험번호	성명
한글액세스	1132	B	60분		

수험자 유의사항

- 수험자는 문제지를 받는 즉시 문제지와 **수험표상의 시험과목(프로그램)이 동일한지 반드시 확인**하여야 합니다.
- 파일명은 본인의 "수험번호-성명"으로 입력하여 답안폴더(내 PC\문서\ITQ)에 하나의 파일로 저장해야 하며, 답안문서 파일명이 "수험번호-성명"과 일치하지 않거나, 답안파일을 전송하지 않아 미제출로 처리될 경우 실격 처리합니다(예:12345678-홍길동.accdb).
- 답안 작성을 마치면 파일을 저장하고, '답안 전송' 버튼을 선택하여 감독위원 PC로 답안을 전송하십시오. 수험생 정보와 저장한 파일명이 다를 경우 전송되지 않으므로 주의하시기 바랍니다.
- 답안 작성 중에도 **주기적으로 저장하고, '답안 전송'**하여야 문제 발생을 줄일 수 있습니다. 작업한 내용을 저장하지 않고 전송할 경우 이전에 저장된 내용이 전송되오니 이점 유의하시기 바랍니다.
- 답안문서는 지정된 경로 외의 다른 보조기억장치에 저장하는 경우, 지정된 시험 시간 외에 작성된 파일을 활용할 경우, 기타 통신수단(이메일, 메신저, 네트워크 등)을 이용하여 타인에게 전달 또는 외부 반출하는 경우는 부정 처리합니다.
- 시험 중 부주의 또는 고의로 시스템을 파손한 경우는 수험자가 변상해야 하며, 〈수험자 유의사항〉에 기재된 방법대로 이행하지 않아 생기는 불이익은 수험생 당사자의 책임임을 알려 드립니다.
- 문제의 조건은 MS오피스 2021 버전으로 설정되어 있으니 유의하시기 바랍니다.
- 시험을 완료한 수험자는 답안파일이 전송되었는지 확인한 후 감독위원의 지시에 따라 문제지를 제출하고 퇴실합니다.

답안 작성요령

- 온라인 답안 작성 절차
  수험자 등록 ⇒ 시험 시작 ⇒ 답안파일 저장 ⇒ 답안 전송 ⇒ 시험 종료
- 문제는 테이블/쿼리/폼/보고서로 구성하며 문제에서 제시한 테이블의 내용을 누락시켰을 경우에 0점 처리됩니다.
- 테이블의 데이터는 정확히 입력해야 하며 임의로 정렬(소트)시킬 경우 감점 처리됩니다.
- 각 문제에서 주어진 ≪조건≫에 맞게 작성하고 언급하지 않은 조건은 ≪출력형태≫와 같이 작성합니다.
- 글꼴 및 기타 사항에 대해 별도의 지시사항이 없는 경우 기본 설정값(Default)으로 처리합니다.
- 문제에서 제시한 테이블/쿼리/폼/보고서 이외에 추가로 작성한 경우나 테이블/쿼리/폼/보고서의 이름이 잘못되었을 경우 해당 항목에 감점 처리됩니다.

다음은 ○○도시가스의 납부업무를 관리할 데이터베이스를 작성하기 위한 내용이다. 주어진 《조건》에 맞게 문서를 작성하시오.

문제 1 | 주어진 엑셀 데이터와 다음 《조건》을 이용하여 테이블을 작성하시오. | 100점

조건

[테이블1] 이름 : 가스납부관리

[테이블1] : 대표기출02회.xlsx(시트명 : B유형)에 있는 엑셀 데이터를 가져와 테이블을 작성한 후, 다음 디자인을 적용하시오. 단, 납부방법은 목록값(자동이체, 제휴카드, 청구서)만 허용하는 콤보 상자를 이용하여 직접 입력하시오.

필드 이름	관리번호	납부자	당월검침량	전월검침량	미납액	납부방법
데이터 형식	짧은 텍스트	짧은 텍스트	숫자	숫자	숫자	짧은 텍스트
크기 (또는 형식)	8 기본키 설정	10	정수 표준	정수 표준	정수(Long) 통화	5 콤보 상자

출력형태

관리번호	납부자	당월검침량	전월검침량	미납액	납부방법
B0250612	방희수	4,514	4,514	₩93,900	제휴카드
B0257032	주홍진희	742	742	₩0	자동이체
F0359272	홍애란	1,234	135	₩9,870	청구서
F0362521	고주안	4,108	4,105	₩79,080	제휴카드
H0141301	태이만	2,350	2,020	₩35,204	자동이체
H0142012	도레미	1,043	454	₩0	청구서
H0160341	호정운	5,432	5,122	₩0	청구서
H0161523	목경빈	4,066	3,916	₩0	자동이체
S0440163	여진교	2,257	2,143	₩0	제휴카드
S0450293	부용	3,458	3,132	₩12,862	청구서

조건

[테이블2] 이름 : 검침담당정보

[테이블2] : 아래 《출력형태》를 참고하여 테이블을 직접 작성하고 디자인을 적용하시오. 단, 성별은 '남자' 또는 '여자'인 데이터만 입력받도록 유효성 검사를 이용하시오

필드 이름	관리번호	검침담당자	성별	매월검침일	연락처
데이터 형식	짧은 텍스트	짧은 텍스트	짧은 텍스트	짧은 텍스트	짧은 텍스트
크기 (또는 형식)	8	10	4 유효성 검사	10	13

출력형태

관리번호	검침담당자	성별	매월검침일	연락처
F0362521	홍길수	남자	5일,7일,9일	010-1**1-1111
H0161523	김만중	남자	15일,20일	010-2**2-2222
S0450293	황지니	여자	5일,10일	010-3**3-3333
S0440163	이나라	여자	5일,7일,9일	010-4**4-4444
H0160341	한나무	여자	17일,18일	010-5**5-3655
H0141301	최한국	남자	10일,15일	010-6**6-9466
H0142012	성시경	남자	17일,18일	010-7**7-1707
B0250612	연개숙	여자	10일,15일	010-8**8-6008
F0359272	장이빈	여자	5일,10일	010-9**9-5120
B0257032	정약용	남자	5일,7일,9일	010-1**4-9453

문제 2

[테이블1:가스납부관리]를 이용하여 다음과 같은 조건에 따라 쿼리를 완성하시오.　　90점

조건
(1) 쿼리 이름 : 가스납부관리현황
(2) 기본요금 : 전월검침량이 '500'보다 작거나 관리번호의 첫 번째 글자가 'H' 이면 '1,250', 그렇지 않으면 '0'으로 적용(IIF, OR, LEFT 함수 사용)
(3) 당월사용액 : (당월검침량 – 전월검침량) × 부과액 으로 계산. 단, 부과액은 관리번호의 세 번째 글자가 '1'이면 '207', '2'이면 '203', '3'이면 '222', '4'이면 '206'로 적용 (CHOOSE, MID 함수 사용)
(4) 할인율 : 납부방법이 '자동이체' 이면 '5%', '제휴카드' 이면 '4~10%'로 적용(SWITCH 함수 사용)
(5) 기본요금과 당월사용액은 통화 형식, 당월검침량에 대해 오름차순으로 정렬

출력형태

관리번호	납부자	기본요금	당월검침량	전월검침량	당월사용액	할인율	미납액	납부방법
B0257032	주홍진희	₩0	742	742	₩0	5%	₩0	자동이체
H0142012	도레미	₩1,250	1,043	454	₩121,923		₩0	청구서
F0359272	홍애란	₩1,250	1,234	135	₩243,978		₩9,870	청구서
S0440163	여진교	₩0	2,257	2,143	₩23,484	4~10%	₩0	제휴카드
H0141301	태이만	₩1,250	2,350	2,020	₩68,310	5%	₩35,204	자동이체
S0450293	부용	₩0	3,458	3,132	₩67,156		₩12,862	청구서
H0161523	목경빈	₩1,250	4,066	3,916	₩31,050	5%	₩0	자동이체
F0362521	고주안	₩0	4,108	4,105	₩666	4~10%	₩79,080	제휴카드
B0250612	방희수	₩0	4,514	4,514	₩0	4~10%	₩93,900	제휴카드
H0160341	호정운	₩1,250	5,432	5,122	₩64,170		₩0	청구서

문제 3

[테이블1:가스납부관리]와 [테이블2:검침담당정보]를 이용하여 다음과 같은 조건에 따라 쿼리를 완성하시오.　　80점

조건
(1) 쿼리 이름 : 가스납부관리현황 분석
(2) 테이블조인 : '관리번호'를 기준으로 관계 설정(조건 : 두 테이블의 조인된 필드가 일치하는 행만 포함)
(3) 미납액이 '10,000' 초과인 데이터 중에서 납부방법이 '청구서'가 아닌 데이터를 추출하고 검침담당자를 기준으로 정렬하여 ≪출력형태≫와 같이 선택 쿼리를 작성하시오.

출력형태

관리번호	납부자	검침담당자	성별	납부방법
B0250612	방희수	연개숙	여자	제휴카드
H0141301	태이만	최한국	남자	자동이체
F0362521	고주안	홍길수	남자	제휴카드

문제 4 [쿼리:가스납부관리현황]을 이용하여 다음과 같은 모양의 폼을 설계하시오. 80점

조건

(1) 폼 이름 : 가스납부관리현황 폼
(2) 폼 제목 : 굴림, 20pt, 굵게, 가운데 맞춤, 특수 효과 : 그림자
(3) 미사용안내 : 당월검침량에서 전월검침량을 뺀 값이 '0'이면 '가스 미사용이 지속되면 [사용중지]를 신청하세요.'를 ≪출력형태≫와 같이 적용(IIF 함수 사용)
(4) '가스납부관리현황 폼'의 머리글 영역에 제목과 관리번호를 작성하고, 본문에 '관리번호' 필드를 기준으로 연결하여 '가스납부관리' 폼을 하위 폼으로 추가하시오.
(5) 관리번호 : 입력란을 '콤보 상자'로 변경하시오.
(6) 보고서 버튼을 추가하고, 클릭하면 '가스납부관리현황 보고서'가 나타나도록 하시오(가로 – 2 cm, 세로 – 1 cm).
(7) 로고 삽입(내 PC₩문서₩ITQ₩Picture₩로고1.jpg), 특수 효과 – 볼록, 크기(가로 – 2 cm, 세로 – 1 cm).

출력형태

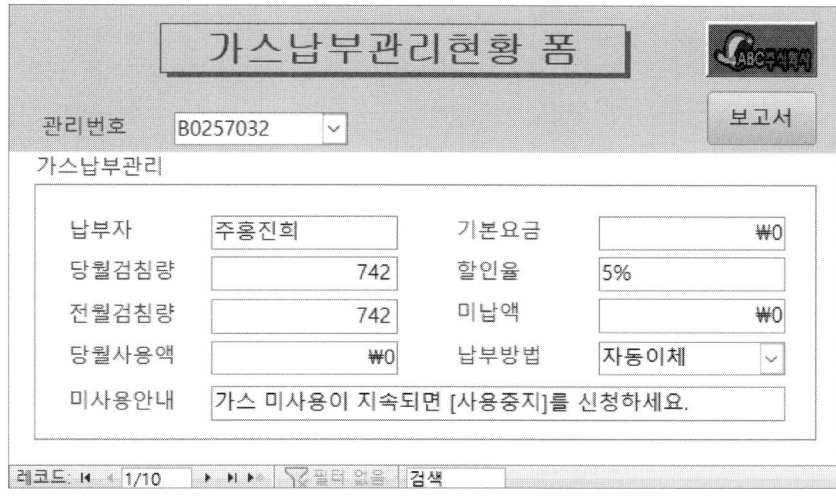

문제 5 [쿼리:가스납부관리현황]을 이용하여 보고서를 작성하시오. 80점

조건

(1) 보고서 이름 : 가스납부관리현황 보고서
(2) 보고서 제목 : 궁서, 24pt, 굵게, 밑줄, 가운데 맞춤
(3) 보고서 머리글 부분의 날짜는 DATESERIAL 함수를 이용하여 표시
(4) 납부방법으로 그룹화하고, '당월검침량'에 대해 오름차순으로 정렬
(5) 미납액의 합계, 총합계는 함수를 이용하여 계산(굵게, SUM 함수 사용)
(6) 조건부 서식을 이용하여 '미납액'이 '50,000' 이상인 경우 다음의 서식을 적용(글꼴 – 굵게, 배경색 – 노랑)

출력형태

가스납부관리현황 보고서

2025년 9월 21일 일요일

납부방법	관리번호	납부자	당월검침량	할인율	미납액
자동이체					
	B0257032	주홍진희	742	5%	₩0
	H0141301	태이만	2,350	5%	₩35,204
	H0161523	목경빈	4,066	5%	₩0
합계					₩35,204
제휴카드					
	S0440163	여진교	2,257	4~10%	₩0
	F0362521	고주안	4,108	4~10%	₩79,080
	B0250612	방희수	4,514	4~10%	₩93,900
합계					₩172,980
청구서					
	H0142012	도레미	1,043		₩0
	F0359272	홍애란	1,234		₩9,870
	S0450293	부용	3,458		₩12,862
	H0160341	호정운	5,432		₩0
합계					₩22,732
총 합계					₩230,916

문제 6 [테이블2:검침담당정보]를 이용하여 레이블 보고서를 작성하시오. 70점

조건

(1) 레이블 보고서 이름 : 검침담당정보 레이블
(2) 표준레이블 : 제조업체 A – ONE, 제품번호 28315(세로*가로 : 34 mm × 64 mm/개수 : 3)
(3) 글꼴색과 크기 : 돋움, 10pt, 중간, 검정
(4) 레이블의 필드 순서 : 관리번호, 검침담당자, 연락처, 매월검침일
(5) 레이블 출력 순서 : 검침담당자에 대해 오름차순으로 정렬
(6) 필드 표현방법 : 관리번호, 검침담당자 – ≪출력형태≫와 같이 적용(굵게, & 연산자 사용)
　　　　　　　　　연락처 – 연락처의 '*'를 '#'으로 치환하여 ≪출력형태≫와 같이 적용
　　　　　　　　　(REPLACE 함수, & 연산자 사용)
　　　　　　　　　매월검침일 – ≪출력형태≫와 같이 적용(& 연산자 사용)

출력형태

(전체 데이터 출력물 중 일부만 캡처된 화면임)

```
H0161523 담당(김만중)님        H0142012 담당(성시경)님        B0250612 담당(연계숙)님
연락처 : 010-2##2-2222         연락처 : 010-7##7-1707         연락처 : 010-8##8-6008
검침일 : 매월 15일,20일         검침일 : 매월 17일,18일         검침일 : 매월 10일,15일


S0440163 담당(이나라)님        F0359272 담당(장이빈)님        B0257032 담당(정약용)님
연락처 : 010-4##4-4444         연락처 : 010-9##9-5120         연락처 : 010-1##4-9453
검침일 : 매월 5일,7일,9일        검침일 : 매월 5일,10일          검침일 : 매월 5일,7일,9일
```

대표 기출 따라하기 02회 해설

정답파일 Part 02 대표 기출 따라하기₩대표기출02회_정답.accdb

문제 1 테이블 작성하기 100점

문제 1은 새 데이터베이스를 만들고 테이블을 작성하는 문제이다. 두 개의 테이블을 작성하며, 하나는 제공되는 엑셀 파일에서 데이터를 가져와 주어진 조건에 맞게 수정하고, 다른 하나는 출력형태를 참고하여 직접 작성한다.

SECTION 01 새 데이터베이스 만들기

① Access를 실행한다.
   → [새로 만들기]의 [빈 데이터베이스]를 클릭한다.

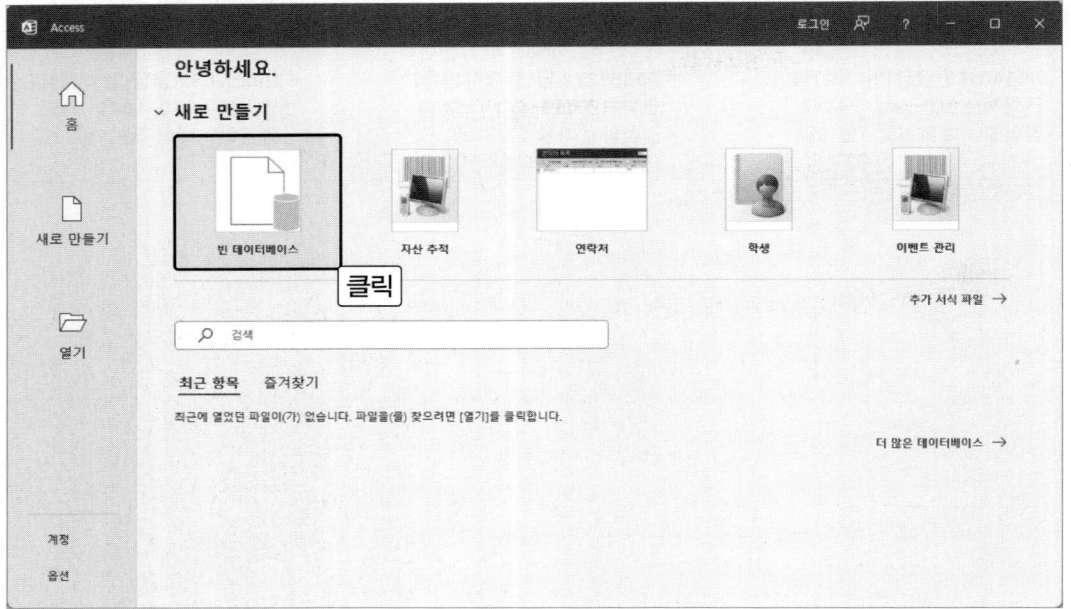

② [빈 데이터베이스] 대화상자에서 [찾아보기]()를 클릭한다.

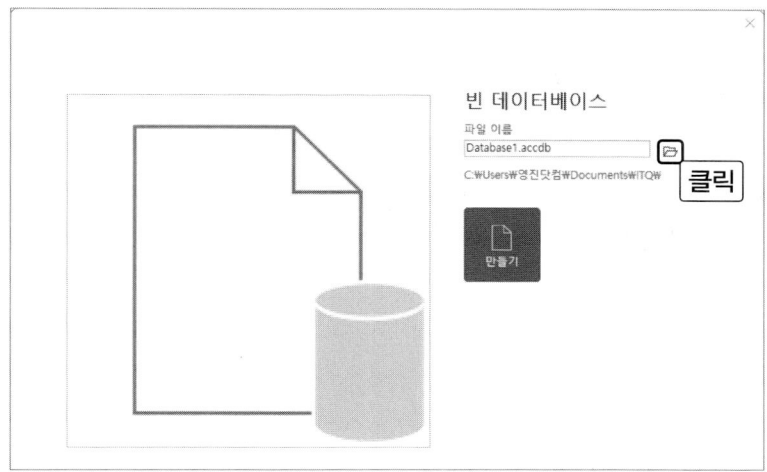

③ 나타나는 대화상자에서 파일을 저장할 폴더로 이동한다. (시험에서는 '내 PC\문서\ITQ' 폴더)
→ 파일 이름을 입력하고 [확인]을 클릭한다.

> **기적의 TIP**
>
> 시험에서 파일 이름은 '수험번호-성명'으로 저장하도록 안내된다.

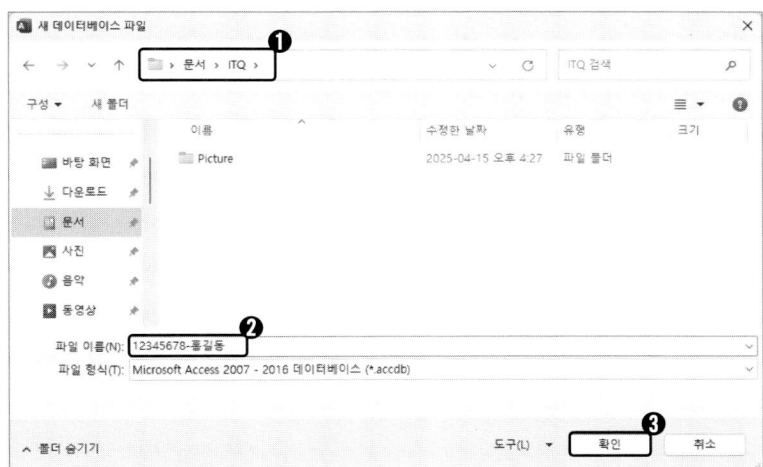

④ [빈 데이터베이스] 대화상자로 돌아오면 [만들기]를 클릭한다.

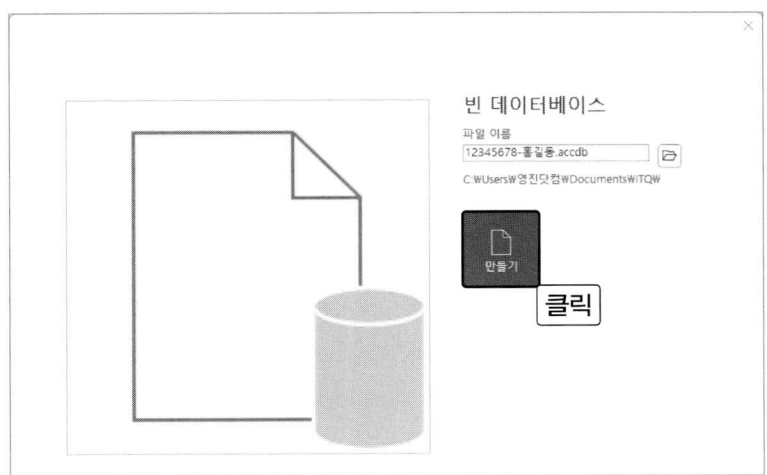

SECTION 02   엑셀 데이터 가져오기

① [외부 데이터] 탭 - [가져오기 및 연결] 그룹 - [새 데이터 원본](📊)을 클릭한다.
   → [파일에서] - [Excel]을 클릭한다.

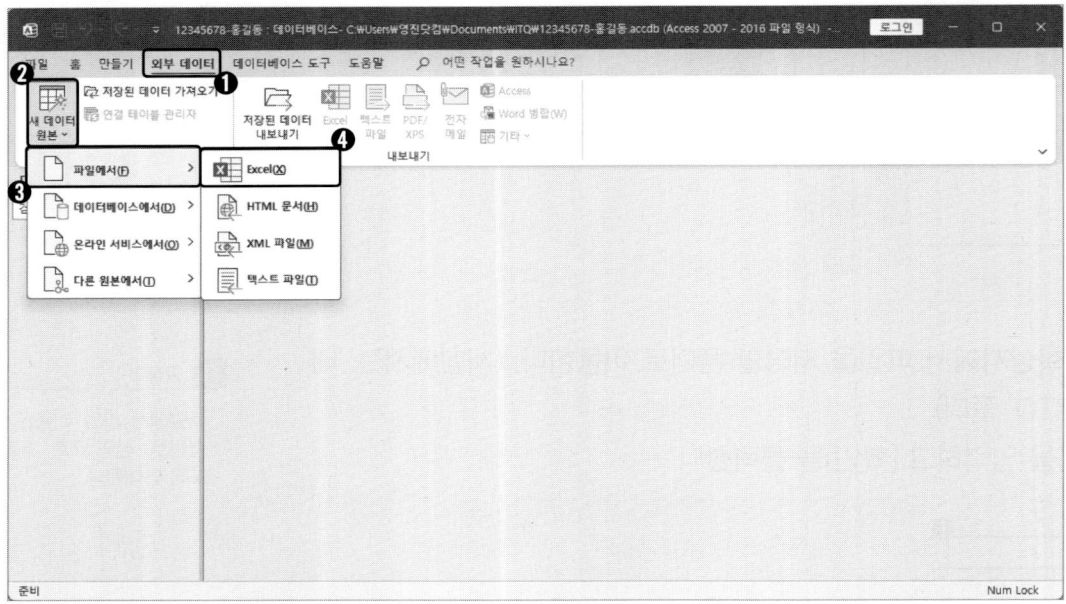

② [외부 데이터 가져오기] 대화상자에서 '현재 데이터베이스의 새 테이블로 원본 데이터 가져오기'를 선택한다.
   → [찾아보기]를 클릭한다.

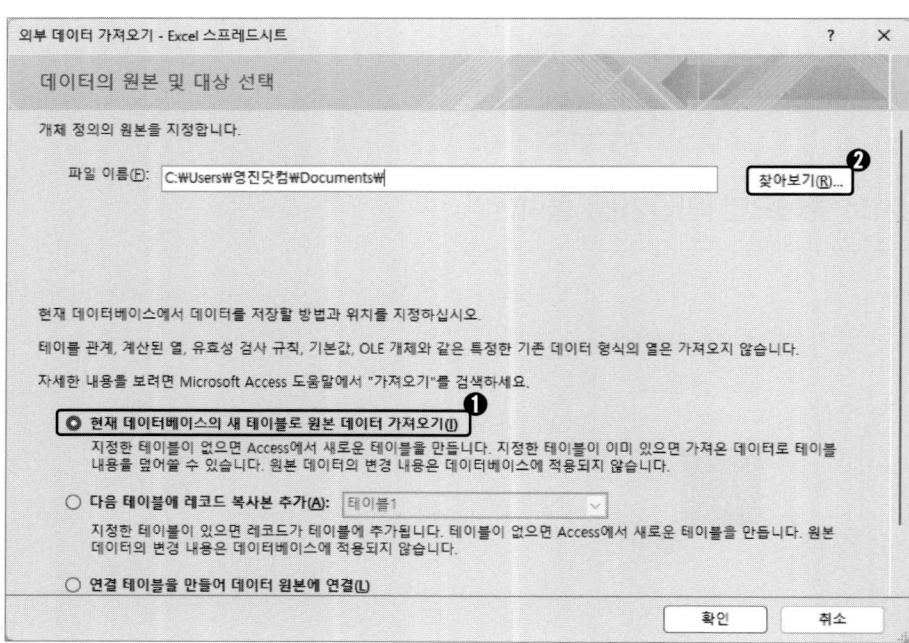

③ [파일 열기] 대화상자에서 부록 자료로 제공되는 '대표기출02회.xlsx' 파일을 선택한 후 [열기]를 클릭한다.
→ 다시 [외부 데이터 가져오기] 대화상자로 돌아오면 [확인]을 클릭한다.

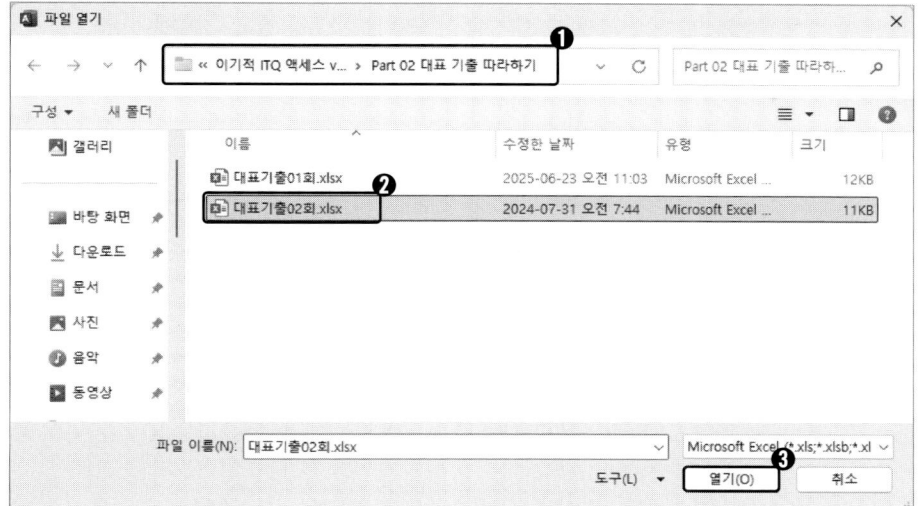

> 기적의 TIP
>
> 이기적 홈페이지에서 부록 자료를 다운로드할 수 있다.

④ 대화상자의 다음 화면에서 '첫 행에 열 머리글이 있음'을 체크하고 [다음]을 클릭한다.

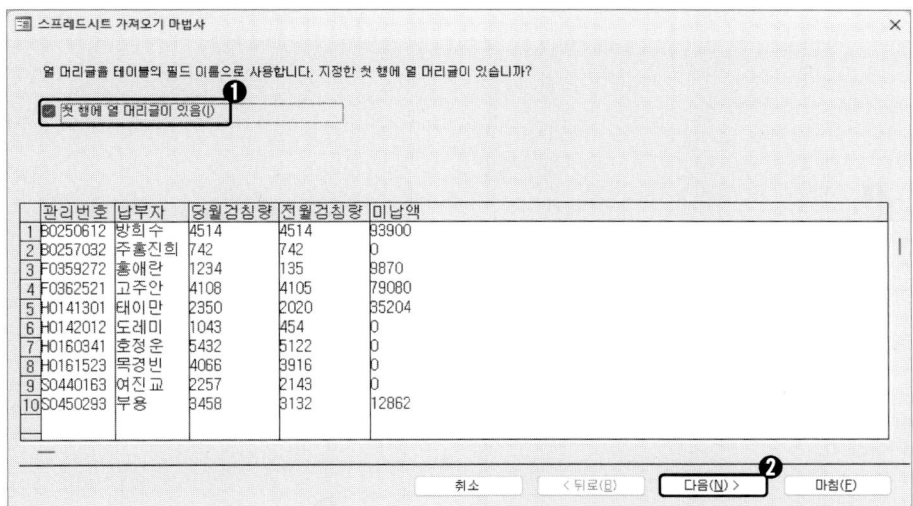

> 기적의 TIP
>
> 이 예제에서는 '관리번호', '납부자', '당월검침량' 등이 열 머리글에 해당한다.

⑤ 대화상자의 다음 화면에서 필드 옵션은 수정하지 않고 [다음]을 클릭한다.

⑥ 대화상자의 다음 화면에서 '기본 키 선택'을 클릭한다.
→ '관리번호'를 선택하고 [다음]을 클릭한다.

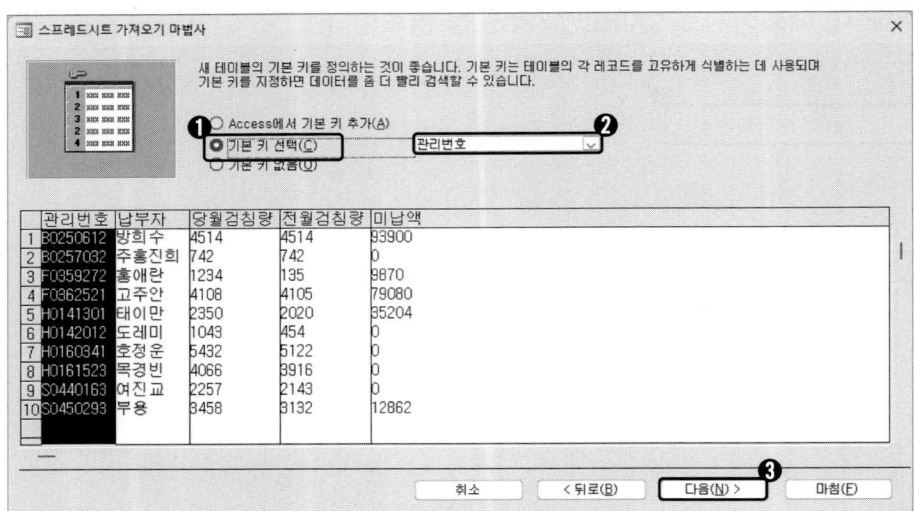

> 🔲 **기적**의 TIP
>
> **기본 키**
> 데이터베이스에서 각 행을 구분하는 유일한 값이다. 문제보기의 조건을 참고하여 지정한다.

⑦ 대화상자의 다음 화면에서 '테이블로 가져오기'에 『가스납부관리』를 입력하고 [마침]을 클릭한다.
→ '가져오기 단계 저장'을 물어보는 대화상자가 나타나면 체크하지 않고 [닫기]를 클릭한다.

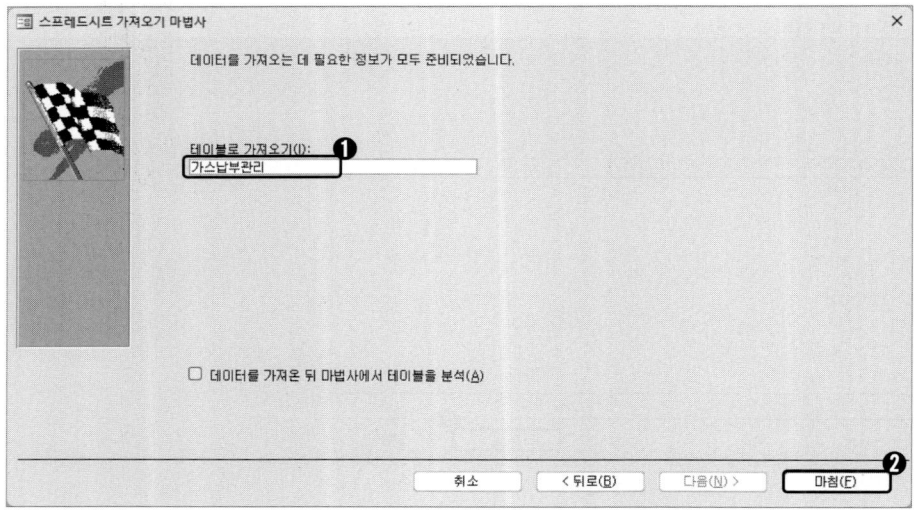

> 🔲 **기적**의 TIP
>
> 테이블 이름은 문제보기의 조건을 참고하여 입력한다.

SECTION 03 테이블 디자인 수정하기

① 작성된 '가스납부관리' 테이블에 마우스 오른쪽 클릭한다.
→ [디자인 보기]를 클릭한다.

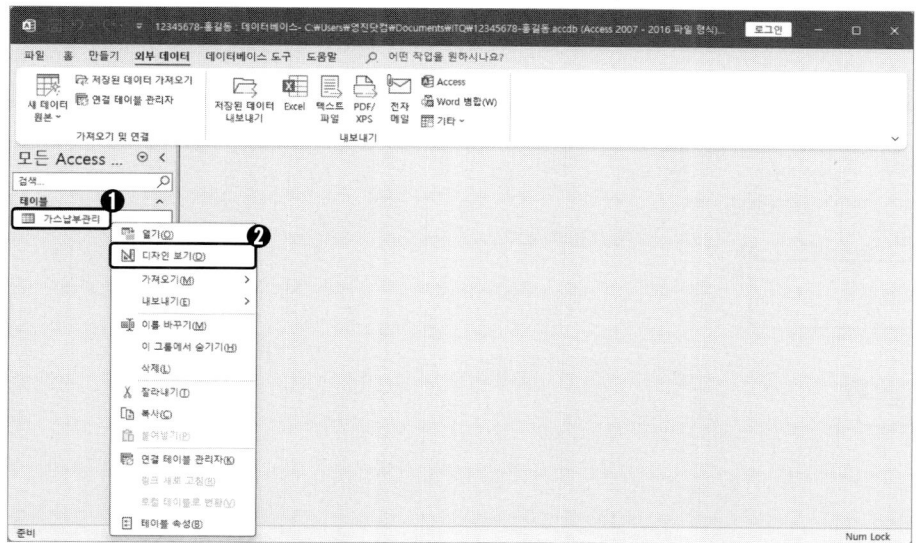

② '관리번호'의 [필드 크기]를 『8』로 입력하여 수정한다.

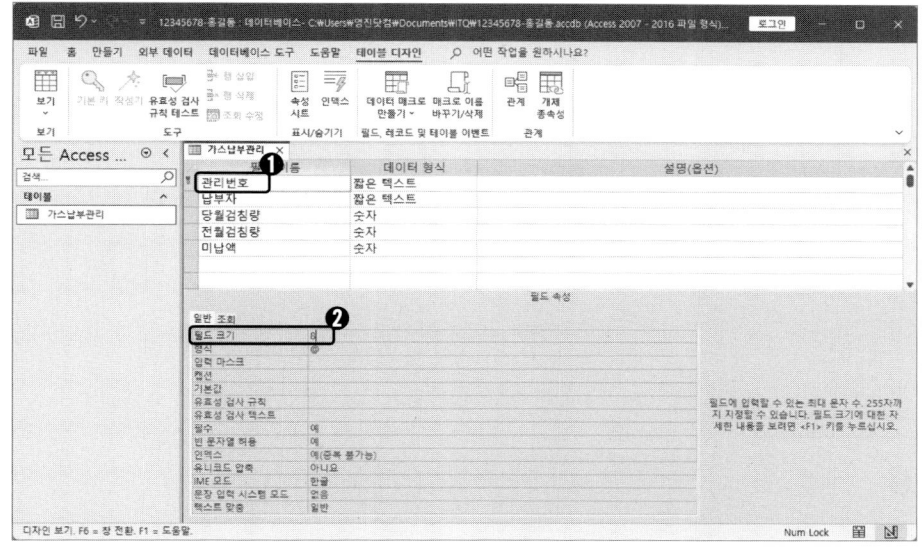

> **기적의 TIP**
>
> '관리번호'의 왼쪽에 열쇠 모양의 아이콘으로 기본키를 표시하고 있다.
> 기본키가 설정되지 않은 경우 [테이블 디자인] 탭에서 [기본 키]를 클릭하면 된다.

③ 나머지 필드들의 [필드 크기], [형식]도 문제 조건에 맞게 수정한다.

관리번호	납부자	당월검침량	전월검침량	미납액	납부방법
짧은 텍스트	짧은 텍스트	숫자	숫자	숫자	짧은 텍스트
8 기본키 설정	10	정수 표준	정수 표준	정수(Long) 통화	5 콤보 상자

> 기적의 TIP
>
> 당월검침량, 전월검침량의 소수 자릿수는 '0'으로 설정한다.

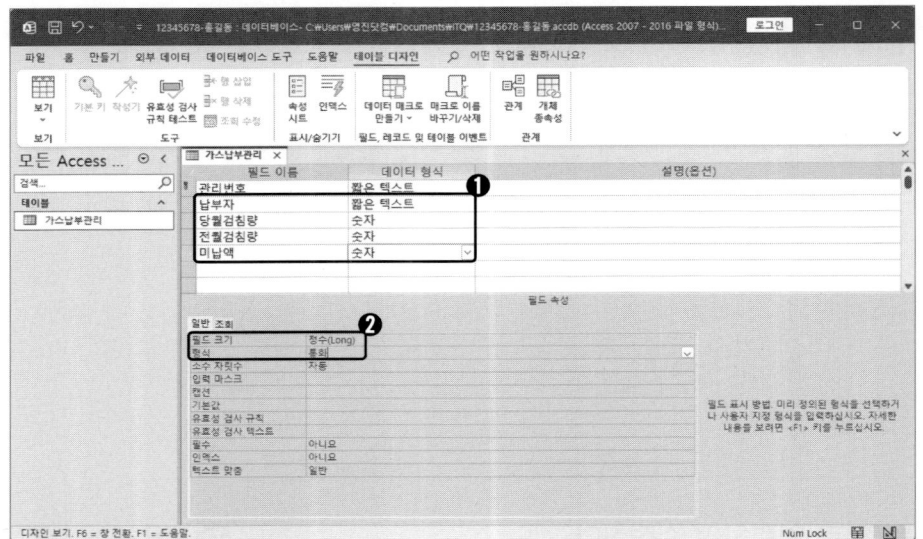

④ 마지막 행의 [필드 이름]에 『납부방법』을 입력하고 [데이터 형식]을 '짧은 텍스트'로 지정한다.

→ [필드 크기]에 『5』를 입력하여 수정한다.

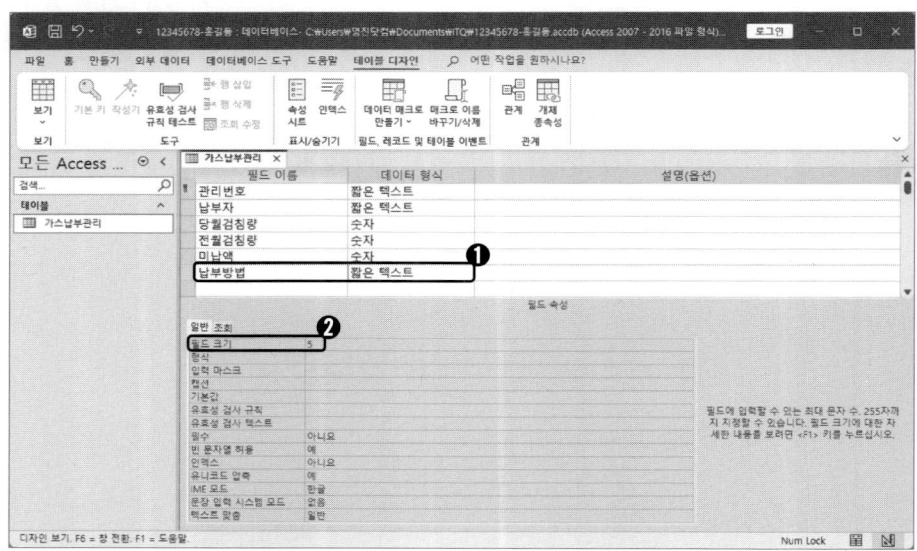

⑤ [조회] 탭 – [컨트롤 표시]를 '콤보 상자'로 지정한다.
  → [행 원본 유형]을 '값 목록'으로 지정한다.
  → [행 원본]에 『자동이체;제휴카드;청구서』를 입력한다.

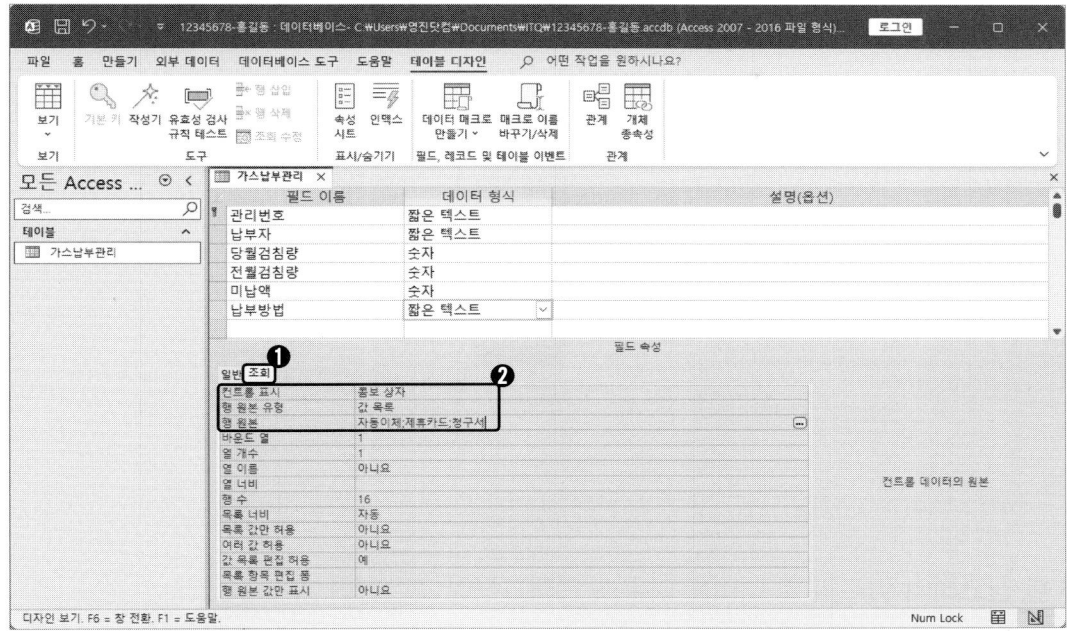

⑥ [테이블 디자인] 탭 – [보기] – [데이터시트 보기](▦)를 클릭한다.
  → 저장 여부를 묻는 대화상자가 나타나면 [예]를 클릭한다.

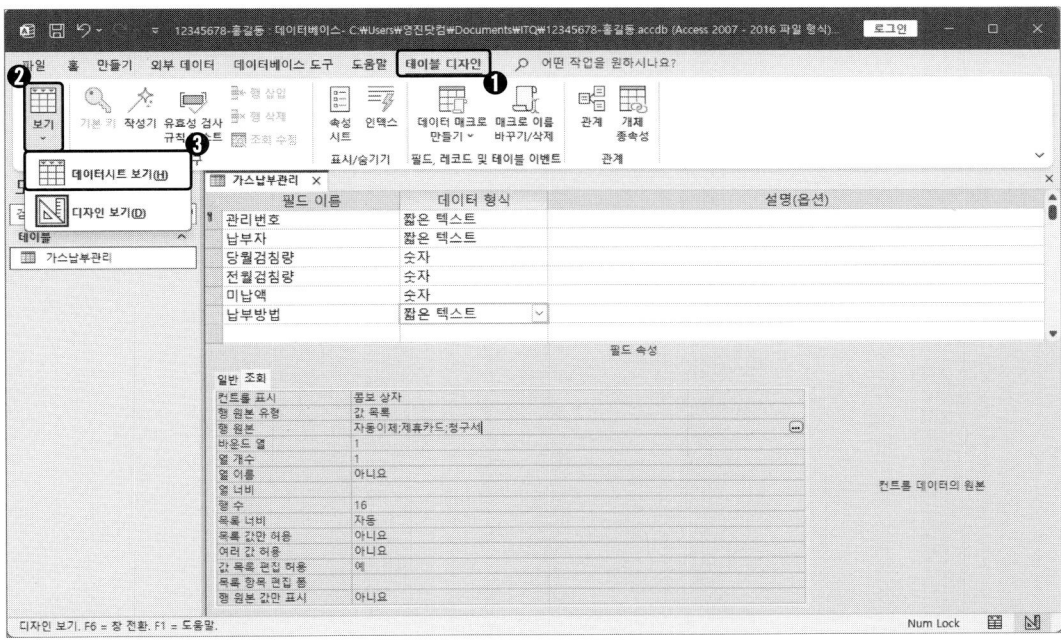

⑦ 데이터의 일부가 손실될 수 있다는 메시지가 나타나면 [예]를 클릭한다.

⑧ ≪출력형태≫를 참고하여 '납부방법'을 입력한다.

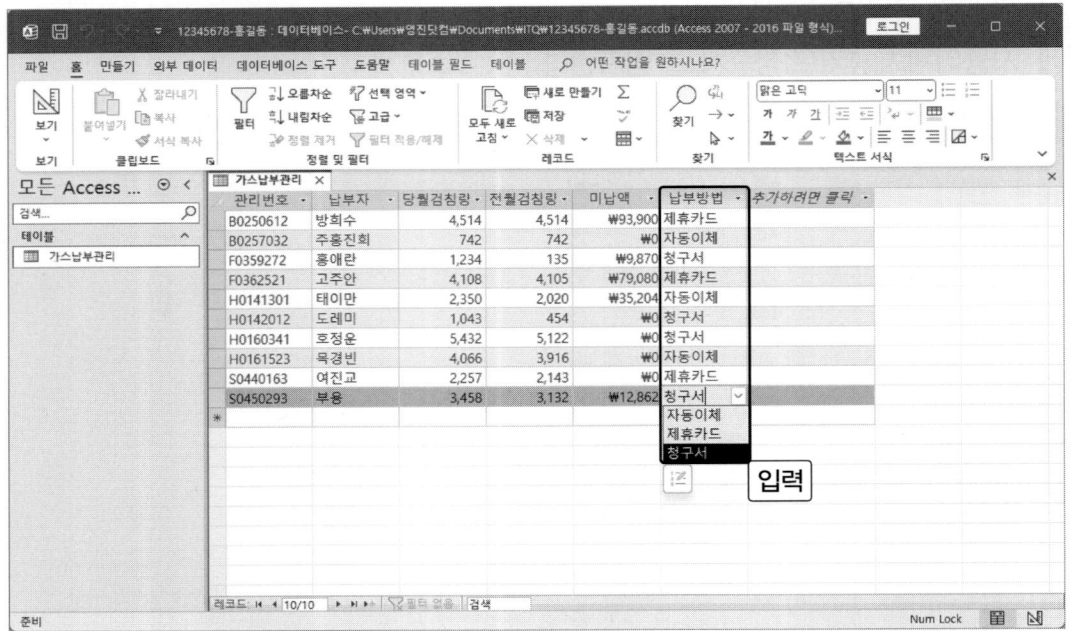

⑨ ≪출력형태≫를 참고하여 필드의 열 너비를 마우스 드래그하여 조절한다.

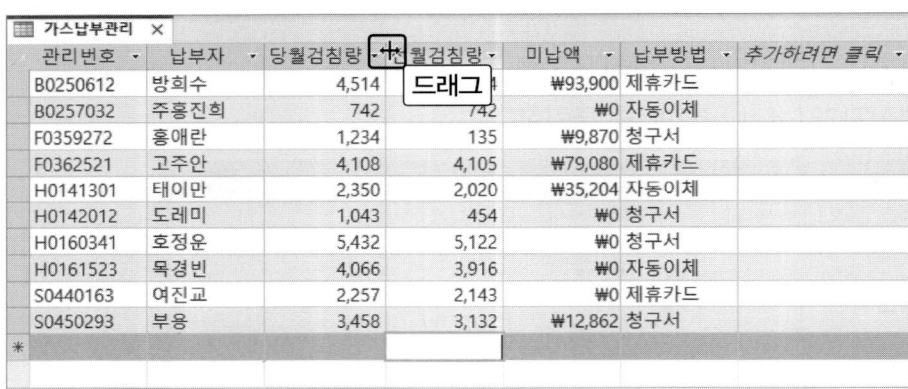

SECTION 04　테이블 직접 작성하기

① [만들기] 탭 - [테이블] 그룹 - [테이블 디자인](📋)을 클릭한다.

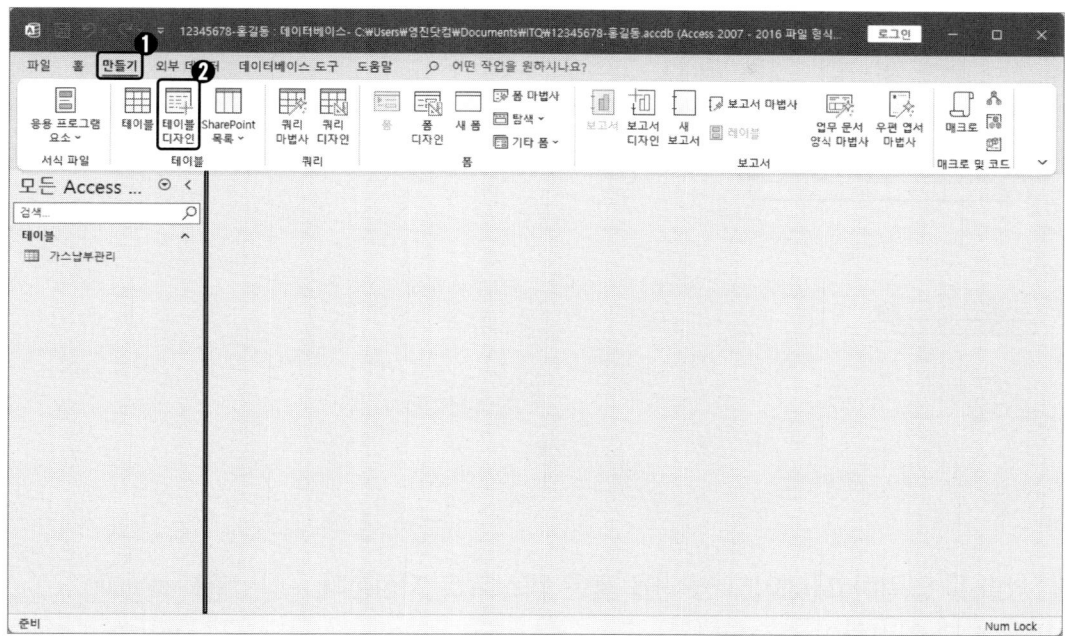

② [필드 이름]의 첫 번째 셀에 『관리번호』를 입력하고 [데이터 형식]을 '짧은 텍스트'로 지정한다.
→ [필드 크기]를 『8』로 입력하여 수정한다.

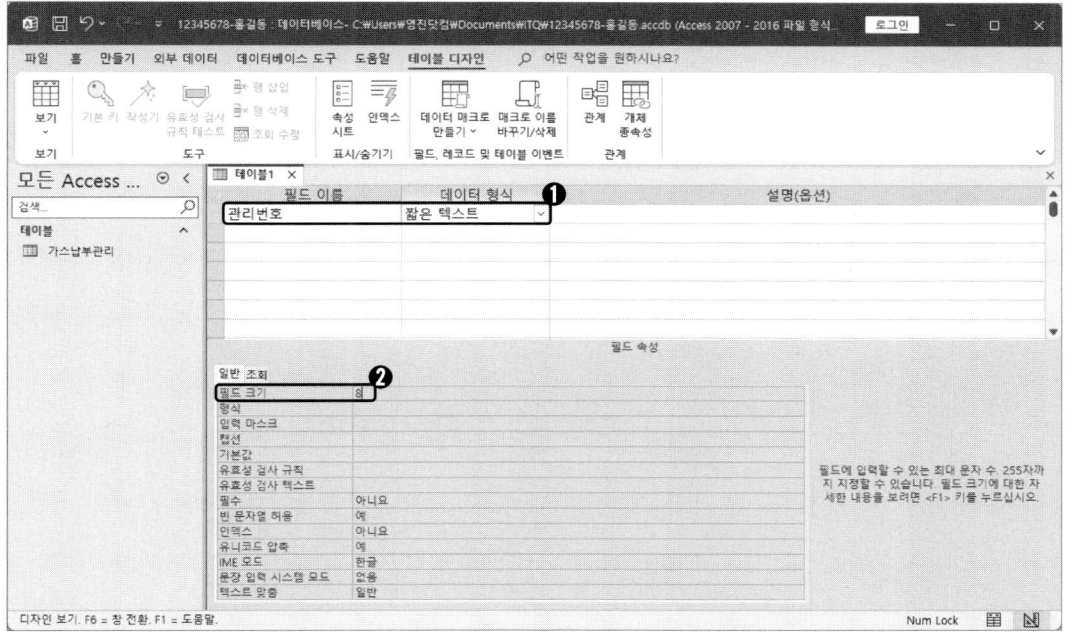

③ [필드 이름]의 두 번째 셀에 『검침담당자』를 입력하고 [데이터 형식]을 '짧은 텍스트'로 지정한다.
→ [필드 크기]를 『10』으로 입력하여 수정한다.

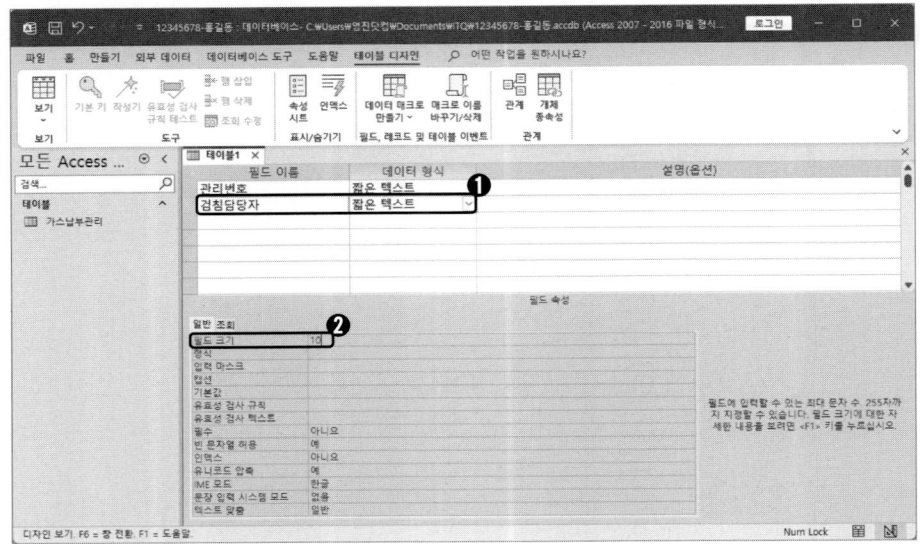

④ [필드 이름]에 『성별』을 입력하고 [데이터 형식]을 '짧은 텍스트'로 지정한다.
→ [필드 크기]를 『4』로 입력하여 수정한다.
→ [유효성 검사 규칙]에 조건식 『In ("남자","여자")』를 입력한다.

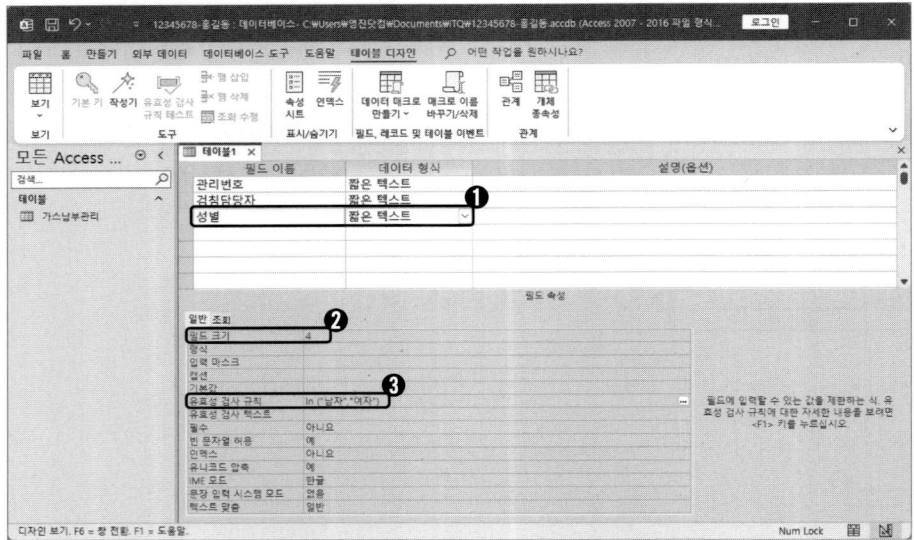

> 기적의 TIP
>
> In 연산자는 지정한 여러 값 중 하나인지 판단한다.

⑤ 나머지 필드들의 [필드 이름], [데이터 형식]을 입력하고 [필드 크기]도 문제 조건에 맞게 수정한다.

관리번호	검침담당자	성별	매월검침일	연락처
짧은 텍스트	짧은 텍스트	짧은 텍스트	짧은 텍스트	짧은 텍스트
8	10	4 유효성 검사	10	13

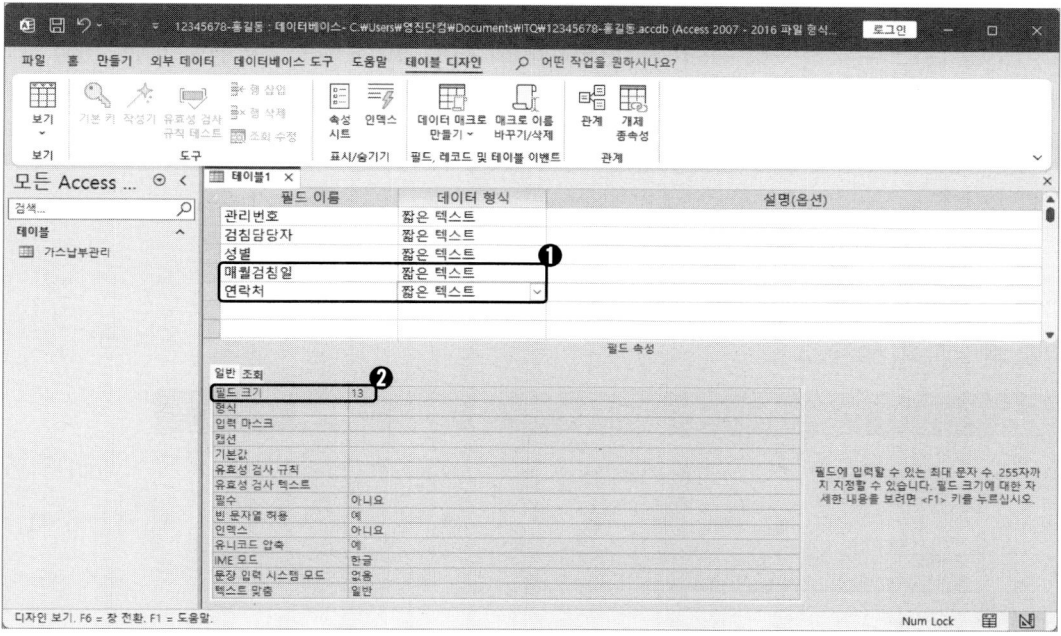

⑥ [테이블 디자인] 탭 – [보기] – [데이터시트 보기](▦)를 클릭한다.
→ 저장 여부를 묻는 대화상자가 나타나면 [예]를 클릭한다.

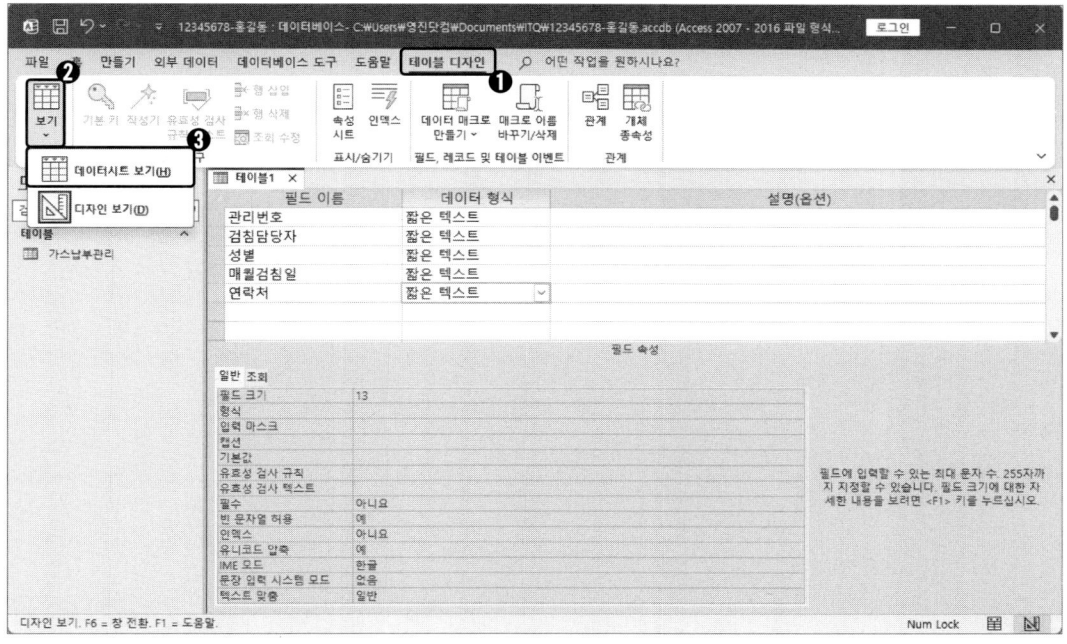

⑦ [다른 이름으로 저장] 대화상자의 [테이블 이름]에 『검침담당정보』를 입력하고 [확인]을 클릭한다.

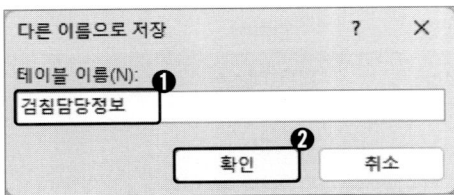

⑧ 기본 키 정의 여부를 묻는 대화상자가 나타나면 [아니요]를 클릭한다.

⑨ ≪출력형태≫를 참고하여 셀에 데이터를 입력한다.
→ [닫기](✕)를 클릭하고 저장한다.

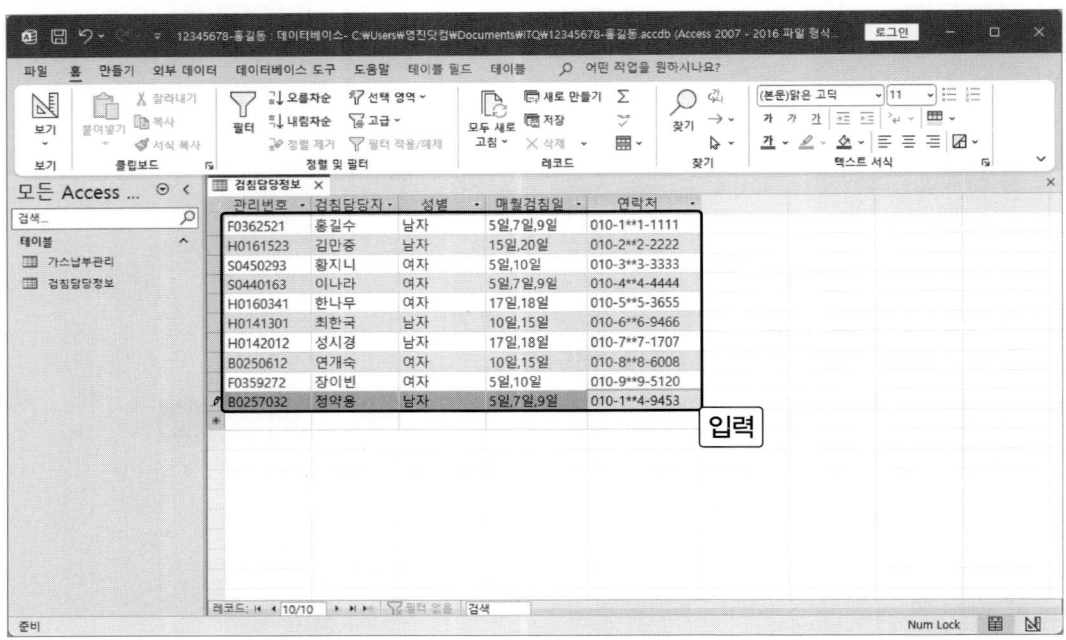

문제 2 선택 쿼리 작성하기   90점

문제 2는 선택 쿼리를 작성하고 지시된 함수를 적용하는 문제이다. 앞에서 작성한 테이블을 활용하는 다양한 함수의 사용법을 알고 있어야 하며 조건에 맞게 정렬과 속성을 지정해야 한다.

SECTION 01 새 쿼리 만들기

① [만들기] 탭 – [쿼리] 그룹 – [쿼리 디자인](🔲)을 클릭한다.

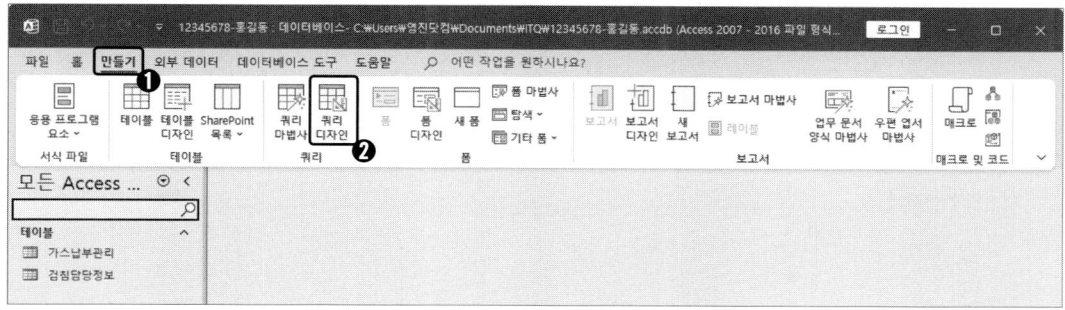

② [테이블 추가] 작업창이 열리면 [테이블] 탭에서 '가스납부관리'를 선택하고 [선택한 표 추가]를 클릭한다.

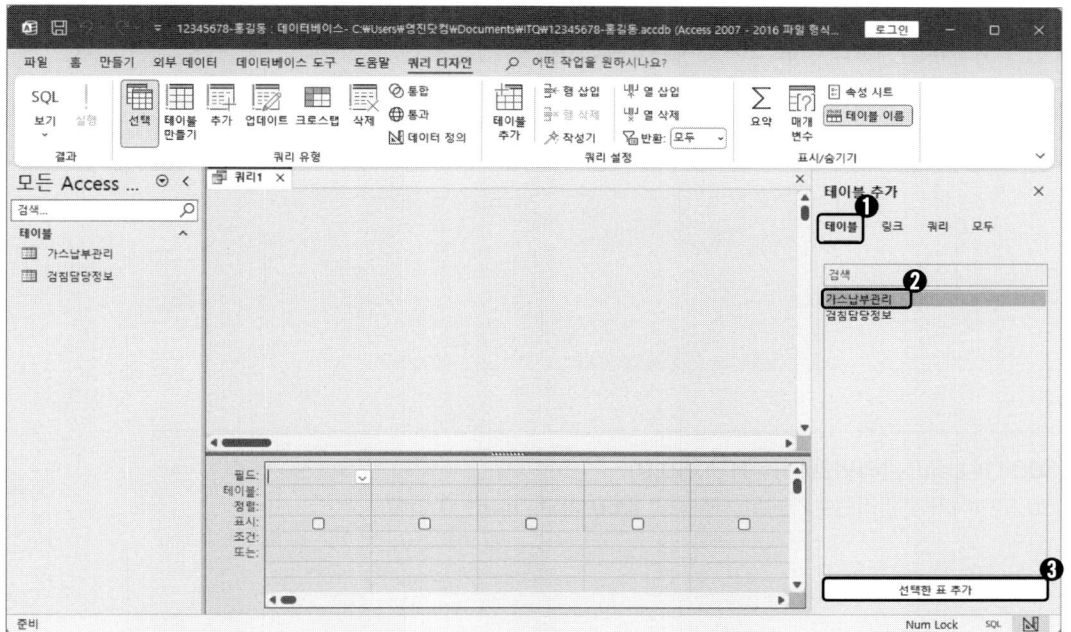

SECTION 02 쿼리에서 함수 활용하기

① '가스납부관리' 테이블에서 '관리번호'를 더블클릭하여 첫 번째 필드에 입력한다.
→ 출력형태 순서대로 이어서 '납부자'를 더블클릭하여 필드에 입력한다.

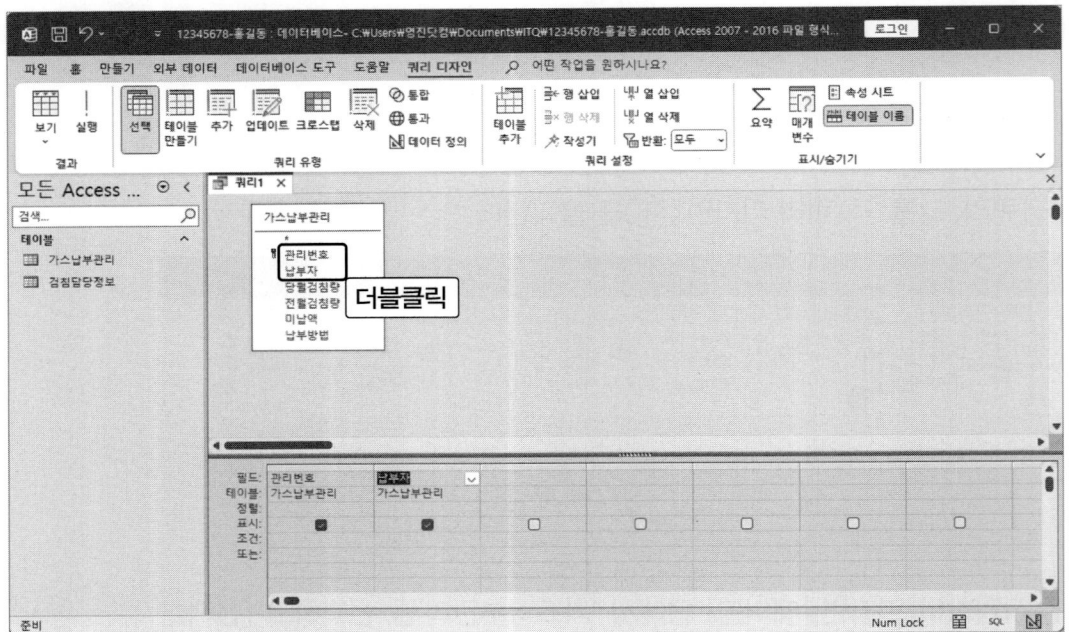

② 다음 필드에서 [Shift]+[F2]를 눌러 [확대/축소] 대화상자를 연다.
→ 아래와 같이 '기본요금' 계산식을 입력하고 [확인]을 클릭한다.

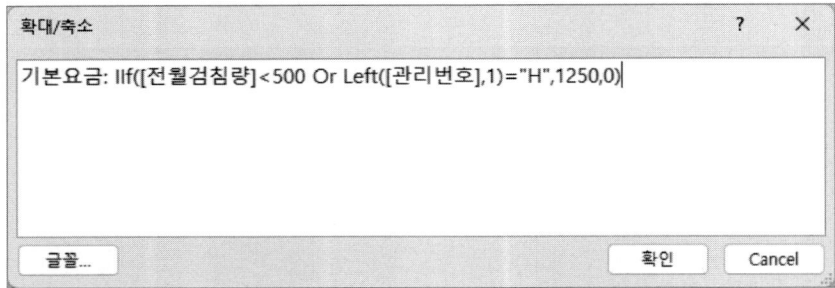

💬 함수/구문 설명

IIf([전월검침량]<500 Or Left([관리번호],1)="H",1250,0)
⇒ 전월검침량이 500 미만이거나 관리번호가 H로 시작하면 1250 반환, 아니면 0 반환

③ '당월검침량', '전월검침량'을 더블클릭하여 필드에 입력한다.
→ 다음 필드에서 Shift + F2 를 눌러 [확대/축소] 대화상자를 연다.
→ 아래와 같이 '당월사용액' 계산식을 입력하고 [확인]을 클릭한다.

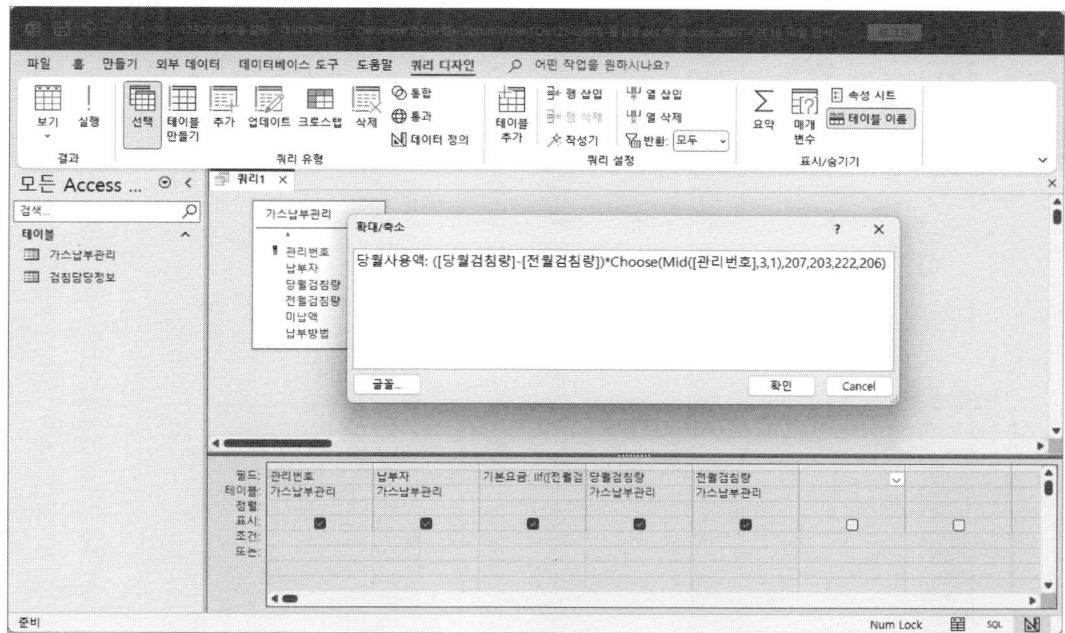

함수/구문 설명

Mid([관리번호],3,1)
⇒ 관리번호의 세 번째 글자 1글자 추출

Choose(index, 207, 203, 222, 206)
⇒ 추출한 숫자값(1~4)을 기준으로 해당 위치의 단가 선택

④ 다음 필드에서 Shift + F2 를 눌러 [확대/축소] 대화상자를 연다.
→ 아래와 같이 '할인율' 계산식을 입력하고 [확인]을 클릭한다.

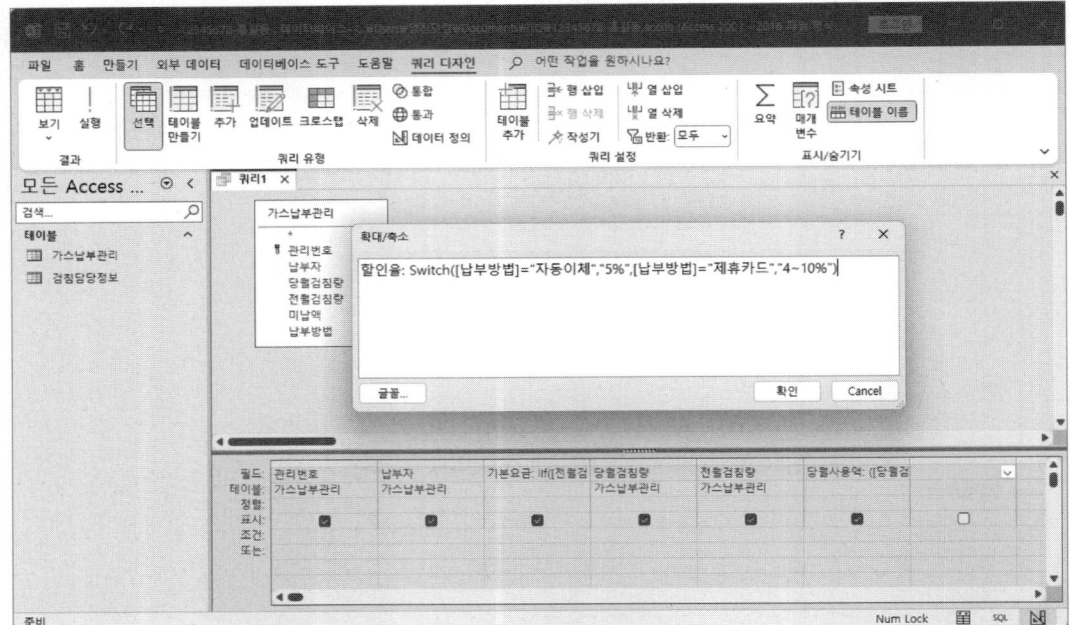

💬 함수/구문 설명

Switch([납부방법]="자동이체","5%",[납부방법]="제휴카드","4~10%")
⇒ 납부방법이 자동이체이면 5%, 제휴카드이면 4~10%라는 문자열을 표시

⑤ '미납액', '납부방법'을 순서대로 더블클릭하여 필드에 입력한다.

SECTION 03 속성 설정과 정렬하기

① '기본요금' 필드에서 마우스 오른쪽 클릭한다.
   → [속성]을 클릭한다.

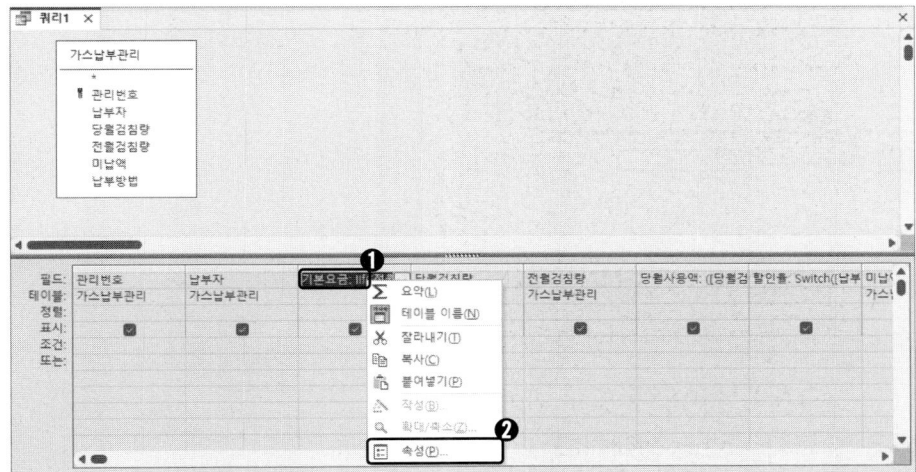

② [속성 시트] 작업창이 열리면 [일반] 탭 – [형식]을 '통화'로 지정한다.

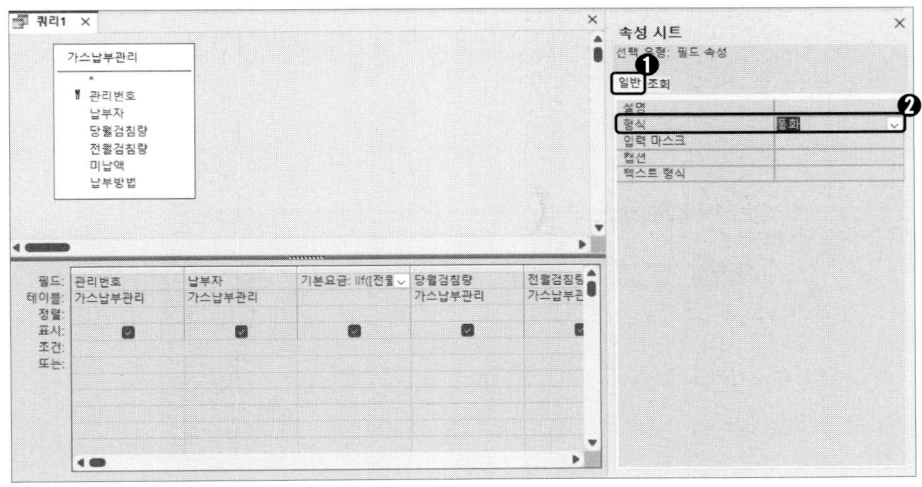

해결 TIP

형식 설정이 안보여요!
액세스는 속성 시트의 표시 항목이 일부 지연되거나 조건부로 나타나는 구조를 갖고 있다.
데이터시트 보기로 갔다가 다시 디자인 보기로 돌아오면 해결된다.

③ '당월사용액'과 '미납액'의 [형식]을 '통화'로 지정한다.

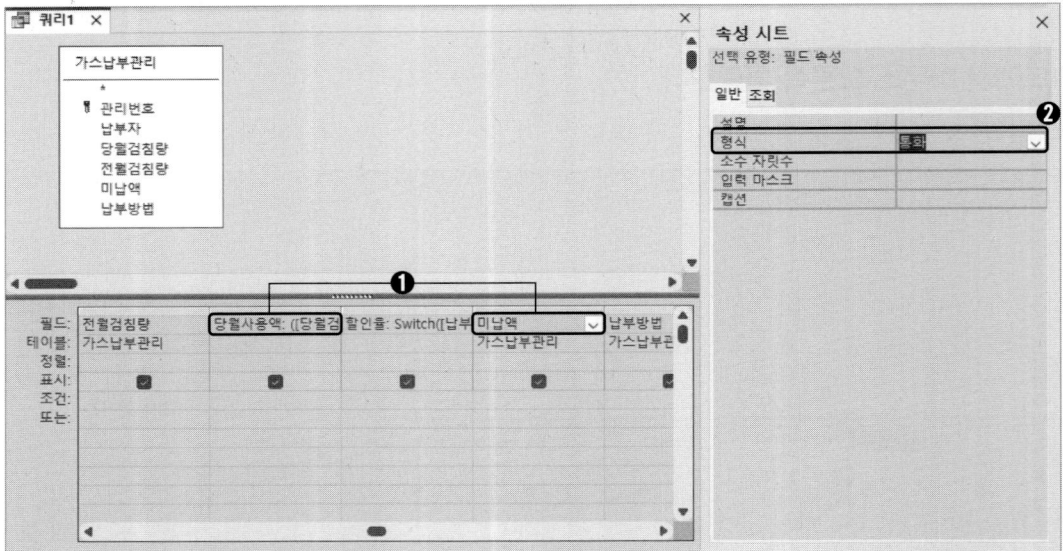

④ '당월검침량' 필드의 [정렬]을 '오름차순'으로 선택한다.

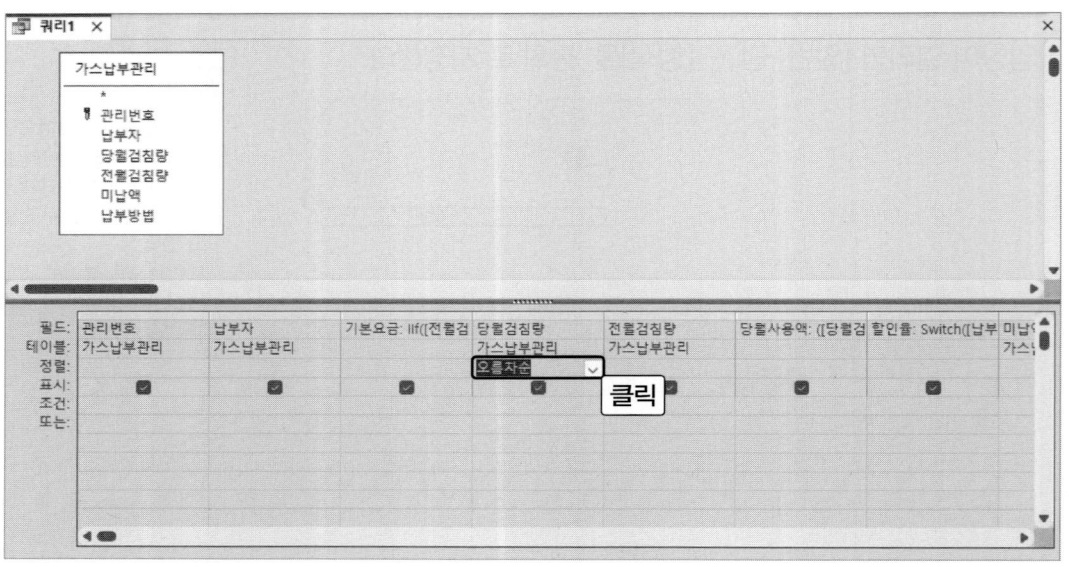

⑤ [쿼리 디자인] 탭 – [보기] – [데이터시트 보기](⌗)를 클릭한다.
   → ≪출력형태≫와 같은지 확인하고 [닫기](✕)를 클릭한다.

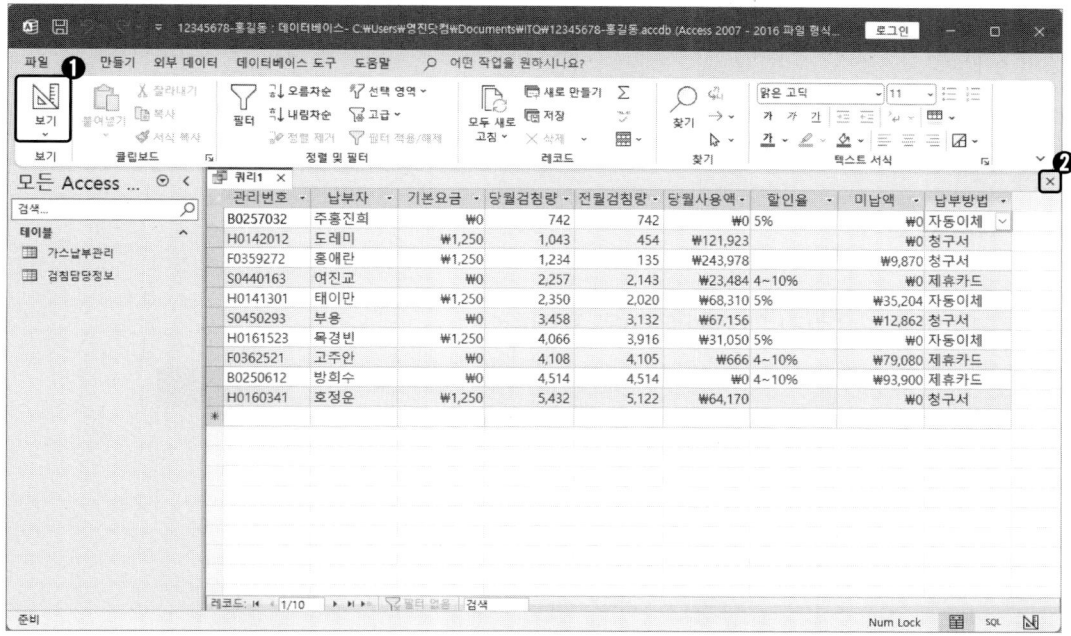

⑥ 저장 여부를 묻는 대화상자가 나타나면 [예]를 클릭한다.
   → [다른 이름으로 저장] 대화상자의 [쿼리 이름]에 『가스납부관리현황』을 입력하고 [확인]을 클릭한다.

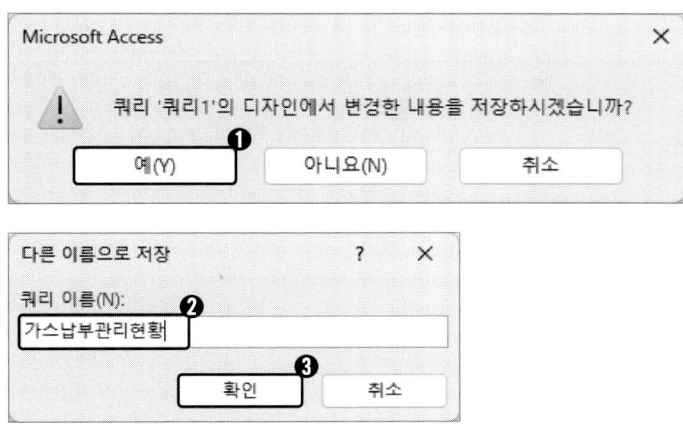

| 문제 3 | 조인 쿼리 작성하기 | 80점 |

문제 3은 두 테이블을 대상으로 조인 쿼리를 작성하는 문제이다. 주어진 조건에 따른 조건식을 작성하여 적용한다.

SECTION 01 새 쿼리 만들기

① [만들기] 탭 – [쿼리] 그룹 – [쿼리 디자인](▦)을 클릭한다.

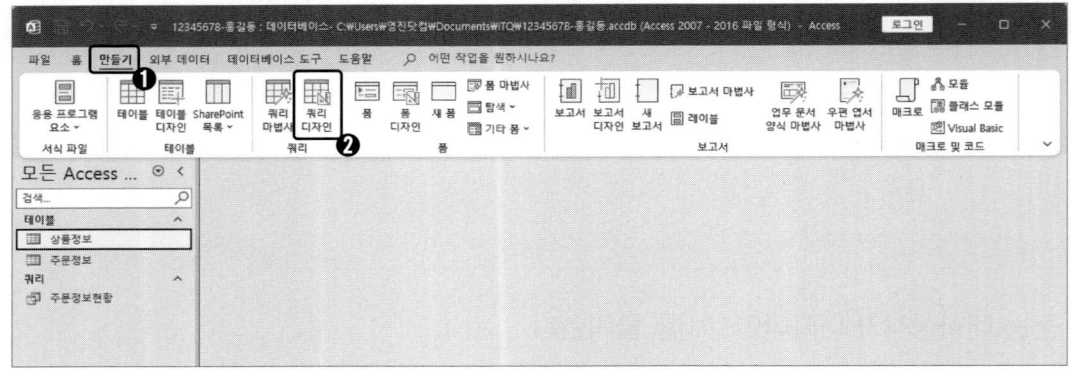

② [테이블 추가] 작업창이 열리면 [테이블] 탭에서 '가스납부관리', '검침담당정보'에 [선택한 표 추가]를 각각 클릭한다.

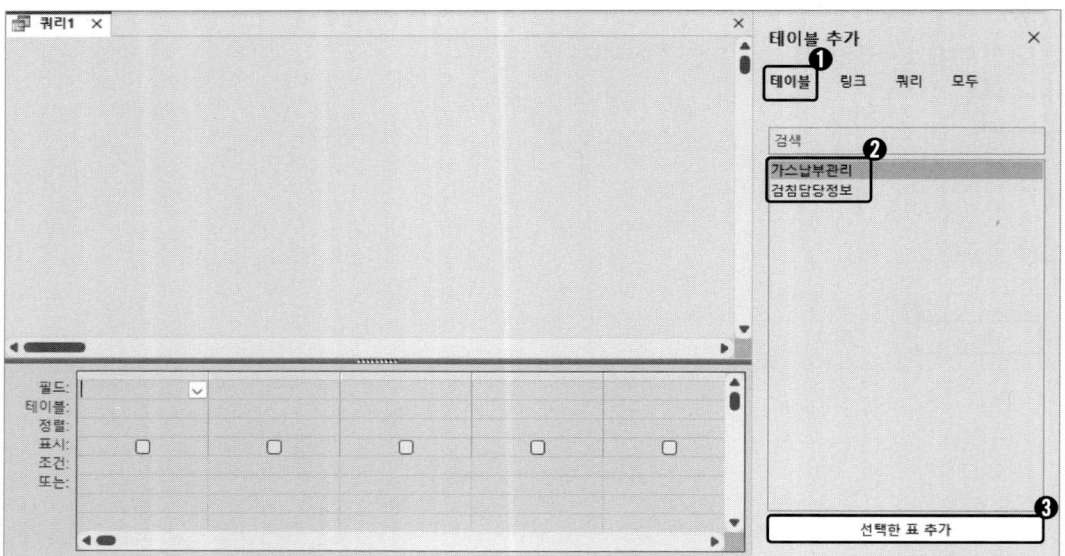

SECTION 02 관계 설정하기

① '가스납부관리' 테이블의 '관리번호' 필드를 '검침담당정보' 테이블의 '관리번호' 필드로 드래그한다.

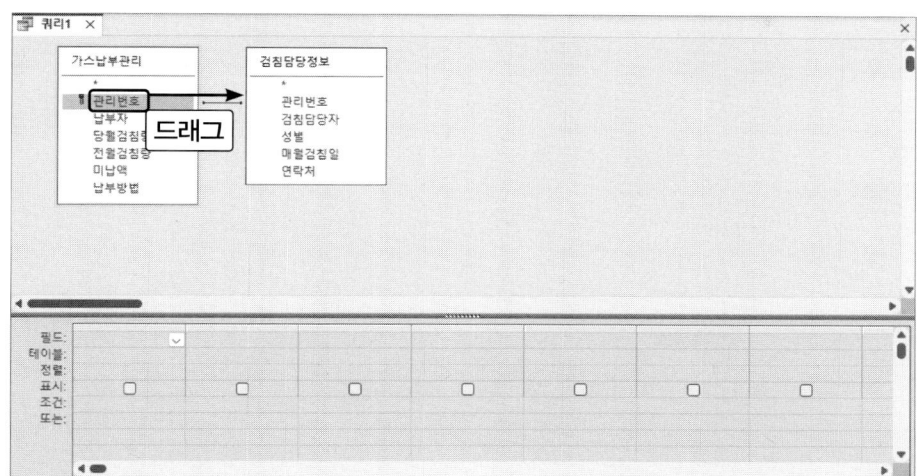

> **기적의 TIP**
>
> **관계 설정**
> 기준 테이블의 기본 키 필드를 클릭하여 연결할 다른 테이블의 외래 키 필드로 드래그한다.

② 관계 설정 선을 더블클릭한다.
→ [조인 속성] 대화상자가 나타나면 '1: 두 테이블의 조인된 필드가 일치하는 행만 포함'을 선택하고 [확인]을 클릭한다.

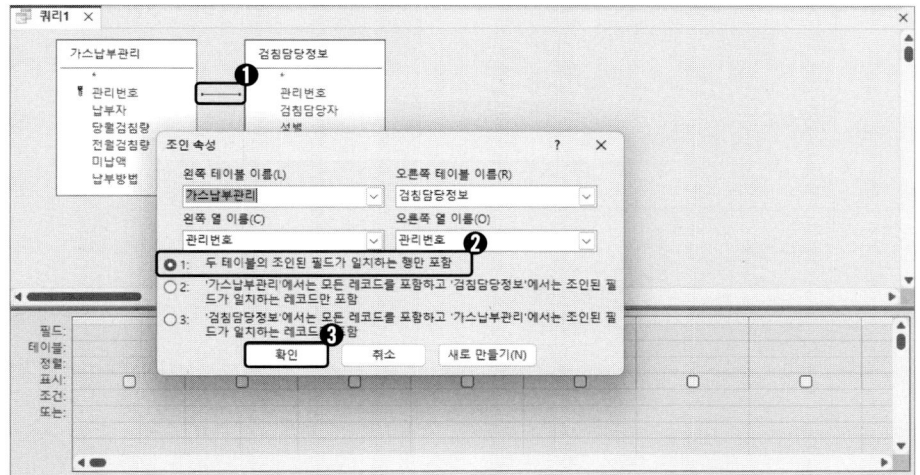

> **기적의 TIP**
>
> **두 테이블의 조인된 필드가 일치하는 행만 포함**
> SQL 용어로 내부 조인(Inner Join)에 해당하는 가장 기본 옵션이다. 두 테이블에서 조인 조건(공통 필드)이 일치하는 행만 결과에 포함하겠다는 의미이다.

SECTION 03 필드 입력하기

① '관리번호', '납부자', '검침담당자', '성별', '납부방법' 순으로 더블클릭하여 필드를 추가한다.

> 🎯 **기적**의 TIP
>
> 필드 추가 순서는 ≪출력형태≫를 참고한다.

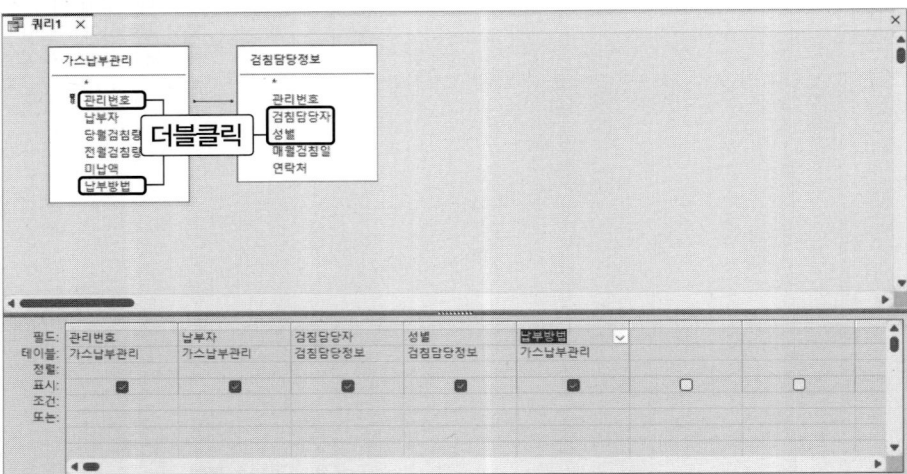

② '납부방법' 필드의 [조건]에 『<>"청구서"』를 입력한다.

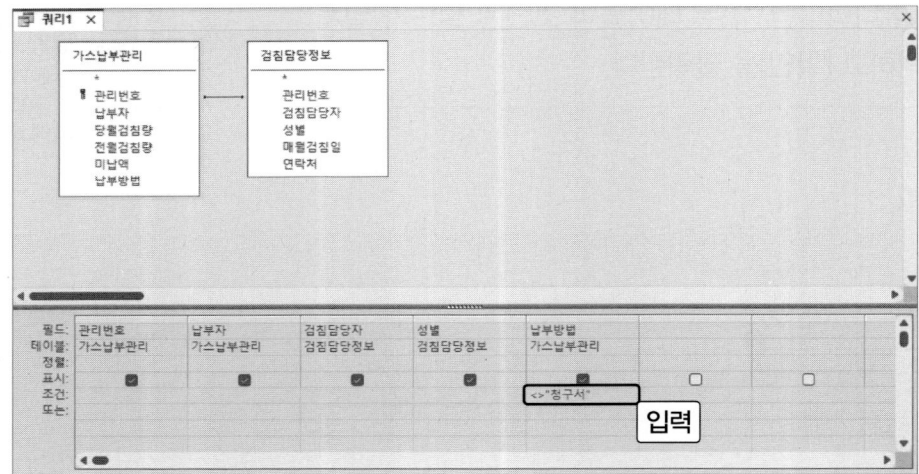

③ '미납액' 필드를 더블클릭한다.
→ [조건]에 『>10000』을 입력한다.
→ ≪출력형태≫에 '미납액' 필드는 나타나지 않으므로 [표시]의 체크를 해제한다.

> **기적의 TIP**
>
> 납부방법과 미납액이 And 조건이므로 같은 [조건] 행에 입력한다. 만약 Or 조건이면 서로 다른 행에 입력한다.

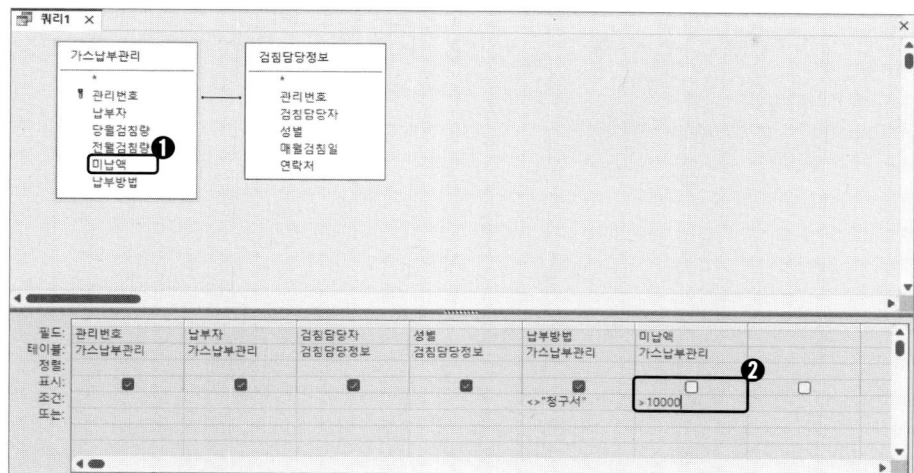

④ '검침담당자' 필드의 [정렬]을 '오름차순'으로 선택한다.

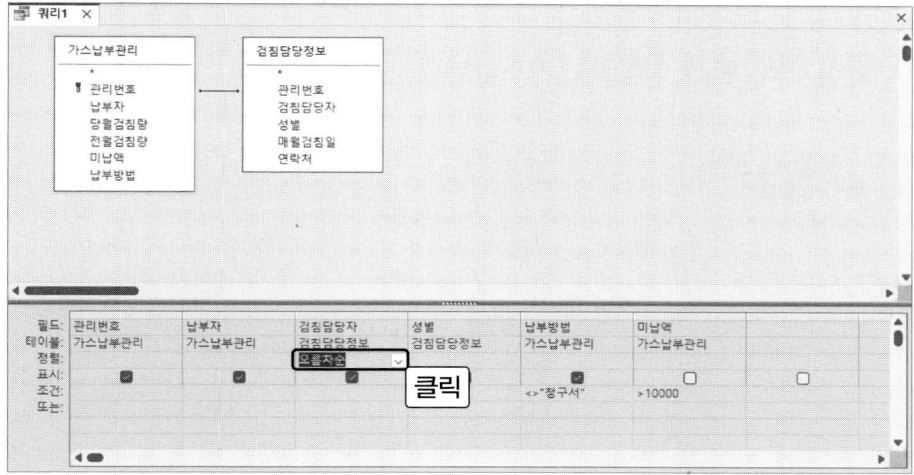

⑤ [쿼리 디자인] 탭 – [보기] – [데이터시트 보기](▦)를 클릭한다.
　→ ≪출력형태≫와 같은지 확인하고 [닫기](✕)를 클릭한다.

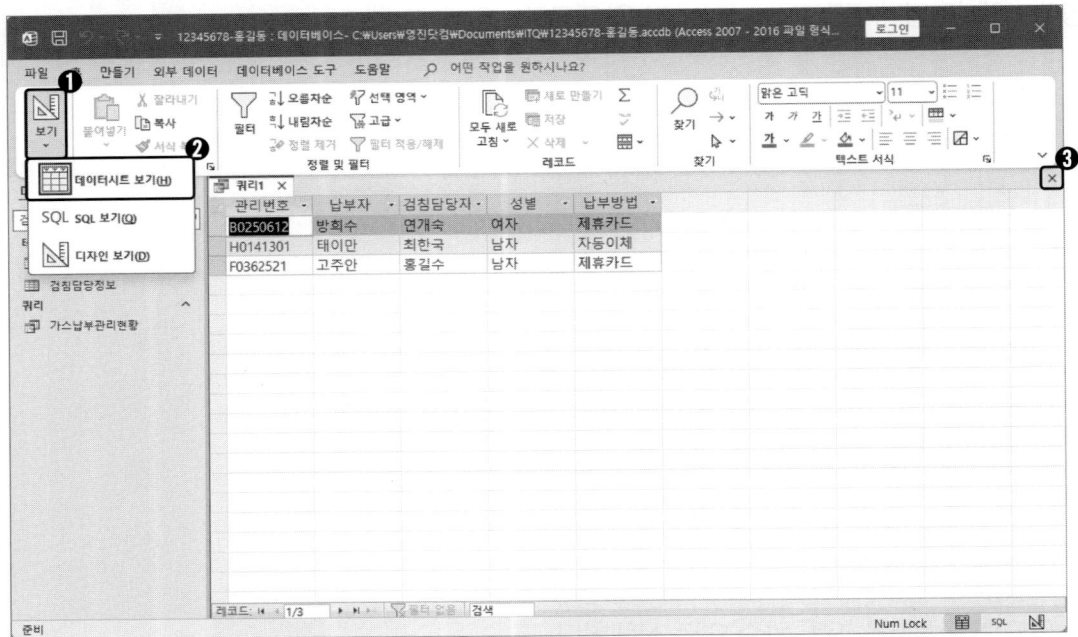

⑥ 저장 여부를 묻는 대화상자가 나타나면 [예]를 클릭한다.
　→ [다른 이름으로 저장] 대화상자의 [쿼리 이름]에 『가스납부관리현황 분석』을 입력하고 [확인]을 클릭한다.

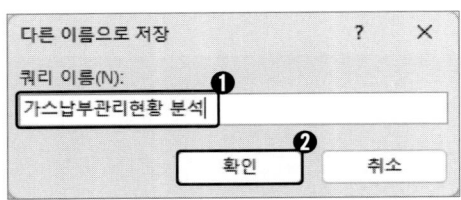

문제 4 폼 만들기   80점

문제 4는 두 테이블을 대상으로 조인 쿼리를 작성하는 문제이다. 주어진 조건에 따른 조건식을 작성하여 적용한다.

SECTION 01 하위 폼 만들기

① [만들기] 탭 – [폼] 그룹 – [폼 마법사](📝)를 클릭한다.

② [폼 마법사] 대화상자의 [테이블/쿼리]에서 '쿼리: 가스납부관리현황'을 선택한다.

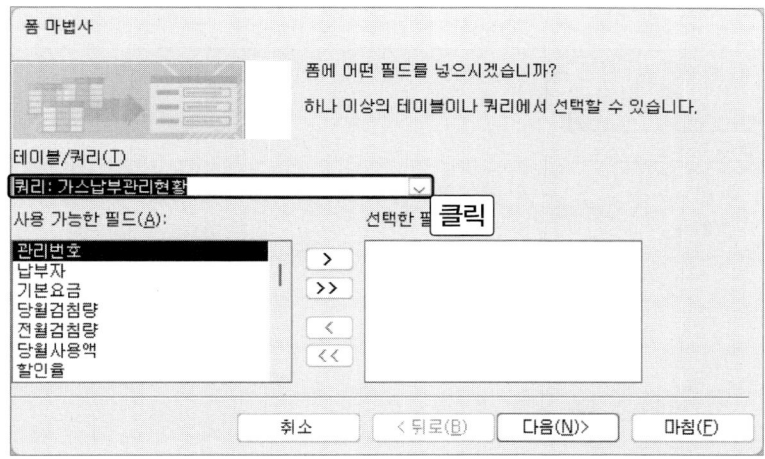

③ [사용 가능한 필드]에서 '납부자', '당월검침량', '전월검침량', '당월사용액', '기본요금', '할인율', '미납액', '납부방법' 순으로 더블클릭한다.
　→ [선택한 필드]가 맞는지 확인하고 [다음]을 클릭한다.

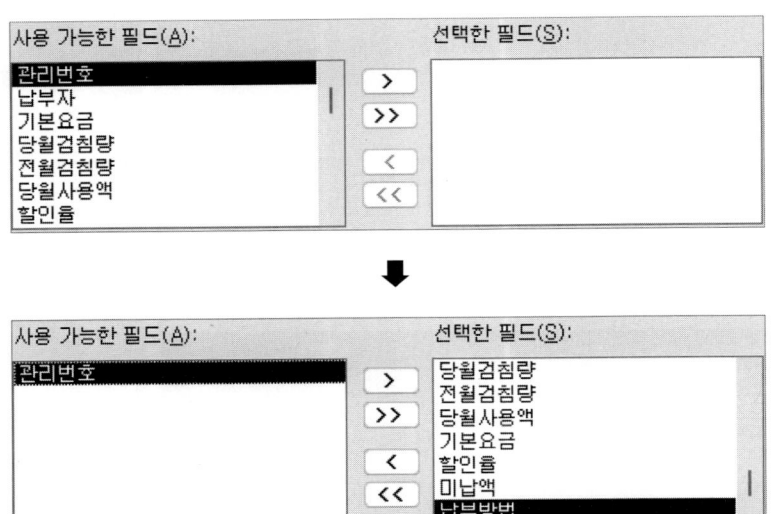

④ 폼의 모양은 '열 형식'으로 선택하고 [다음]을 클릭한다.

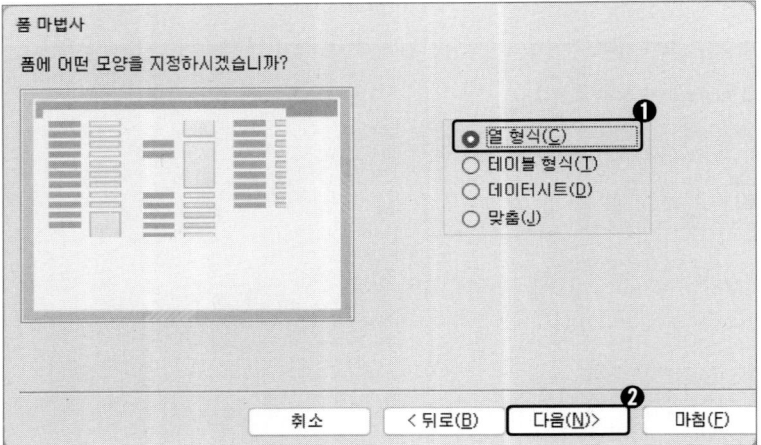

⑤ 폼의 제목은 『가스납부관리』를 입력한다.
　→ '폼 디자인 수정'을 선택하고 [마침]을 클릭한다.

> **기적의 TIP**
> 하위 폼의 이름은 ≪출력형태≫를 참고한다.

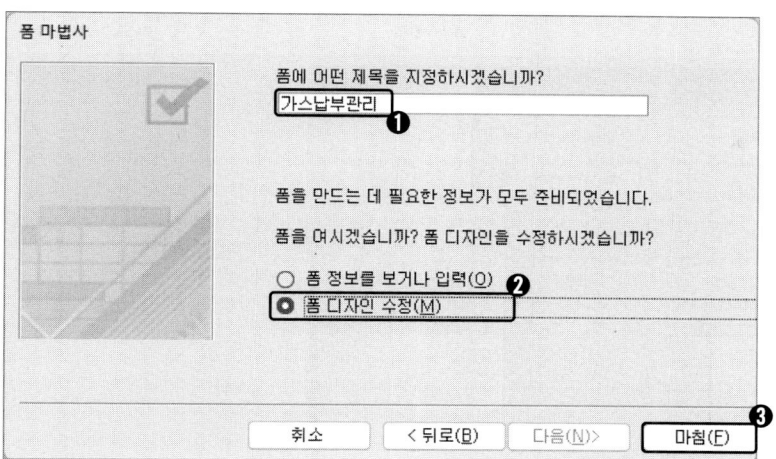

SECTION 02　하위 폼의 디자인 수정

① 레이블을 마우스 드래그로 모두 선택하고 너비를 적당히 조절한다.

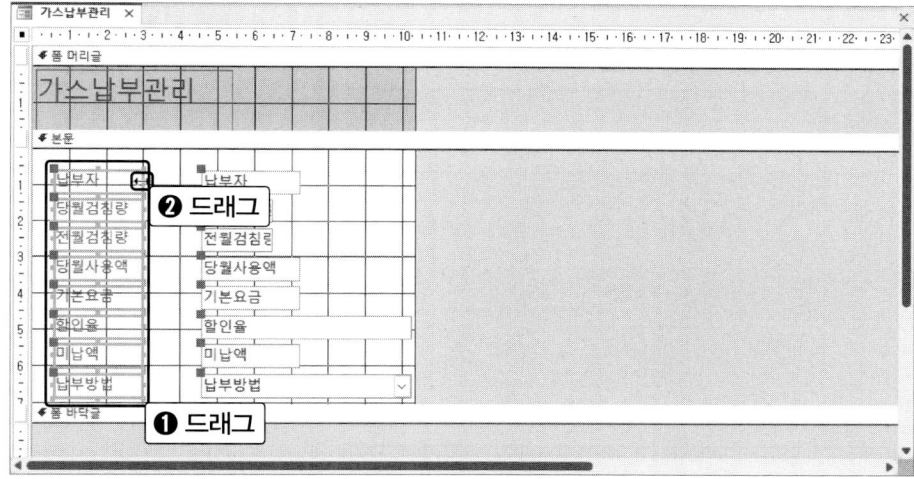

② 텍스트 상자를 마우스 드래그로 모두 선택한다.
→ [정렬] 탭 - [크기 및 순서 조정] 그룹 - [크기/공간](🔲)에서 [가장 넓은 너비에]를 클릭한다.

> 🅕 **기적의 TIP**
> 선택한 텍스트 상자들의 너비를 같게 만든 후에 한 번에 조정한다.

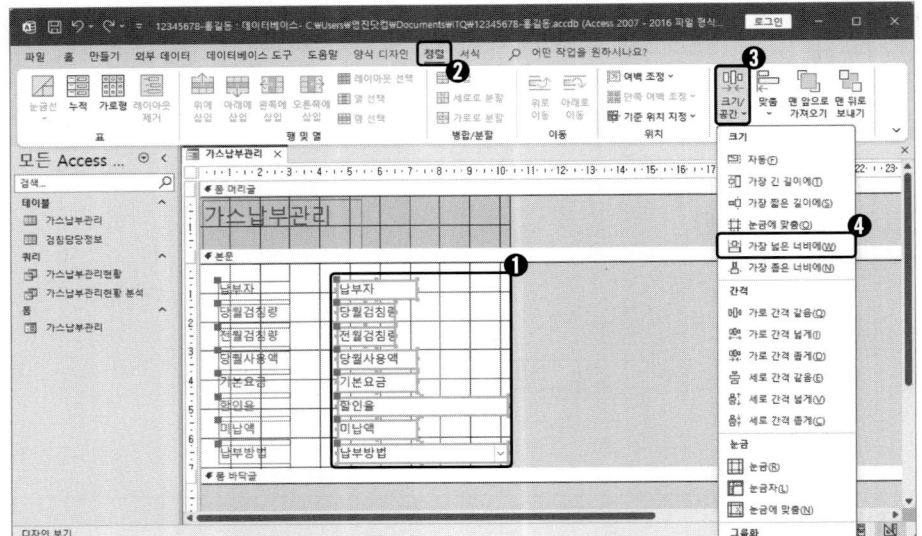

③ 텍스트 상자의 왼쪽 모서리를 마우스 드래그하여 시작 위치를 조정한다.
→ 텍스트 상자의 오른쪽 모서리를 마우스 드래그하여 너비를 조정한다.

> 🅕 **기적의 TIP**
> 상자의 위치와 너비 조정은 다양한 방법이 있으므로 참고하여 진행한다.

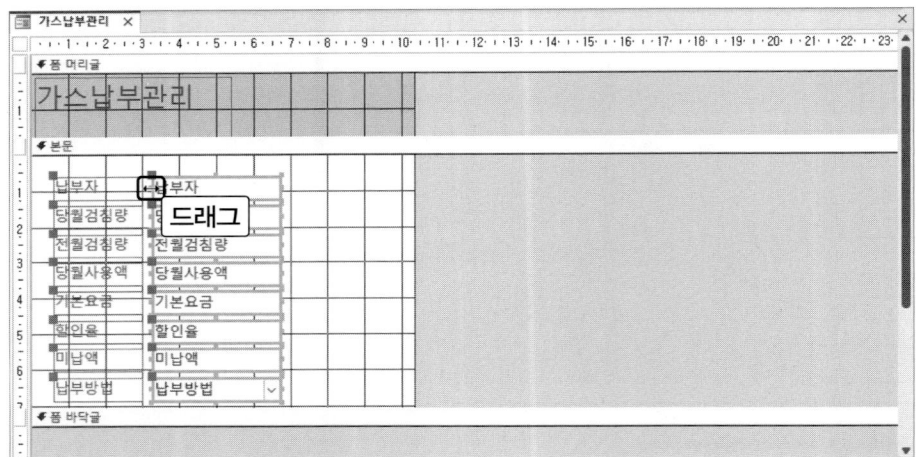

④ '기본요금', '할인율', '미납액', '납부방법'을 마우스 드래그하여 오른쪽으로 배치한다.

> **기적의 TIP**
> 폼의 공간이 부족하므로 경계선을 마우스 드래그하여 너비를 넓혀준다.

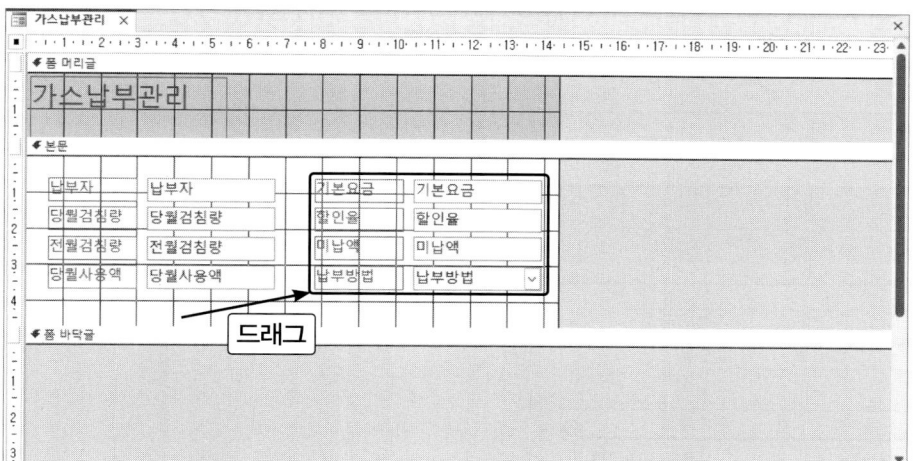

⑤ '미사용안내'를 추가하기 위해 [양식 디자인] 탭 – [컨트롤] 그룹 – [텍스트 상자](□)를 선택하고 '당월사용액' 아래에 클릭한다.
→ [텍스트 상자 마법사]가 나타나면 [마침]을 클릭한다.

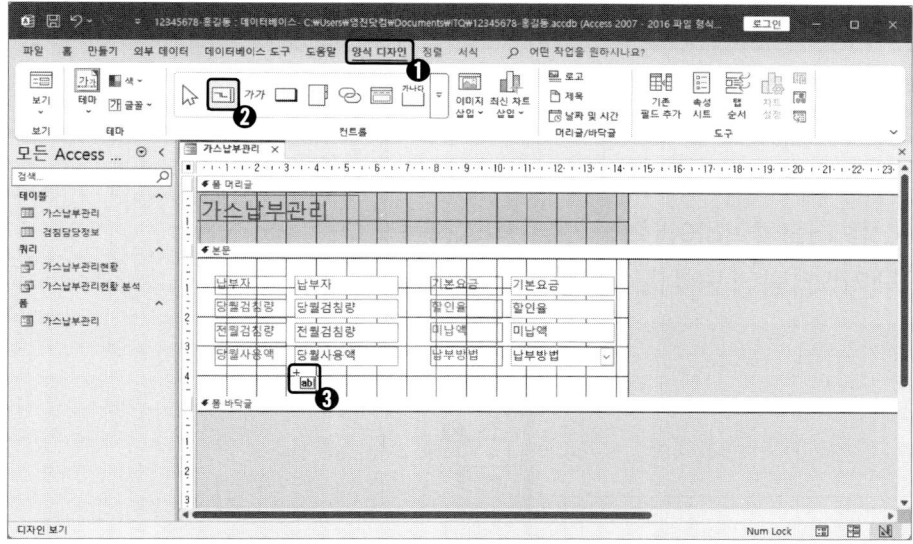

⑥ 새 레이블과 텍스트 상자의 크기를 조절한다.
   → 레이블에 『미사용안내』를 입력한다.
   → 텍스트 상자에는 계산식 『=IIf([당월검침량] – [전월검침량]=0,"가스 미사용이 지속되면 [사용중지]를 신청하세요.")』를 입력한다.

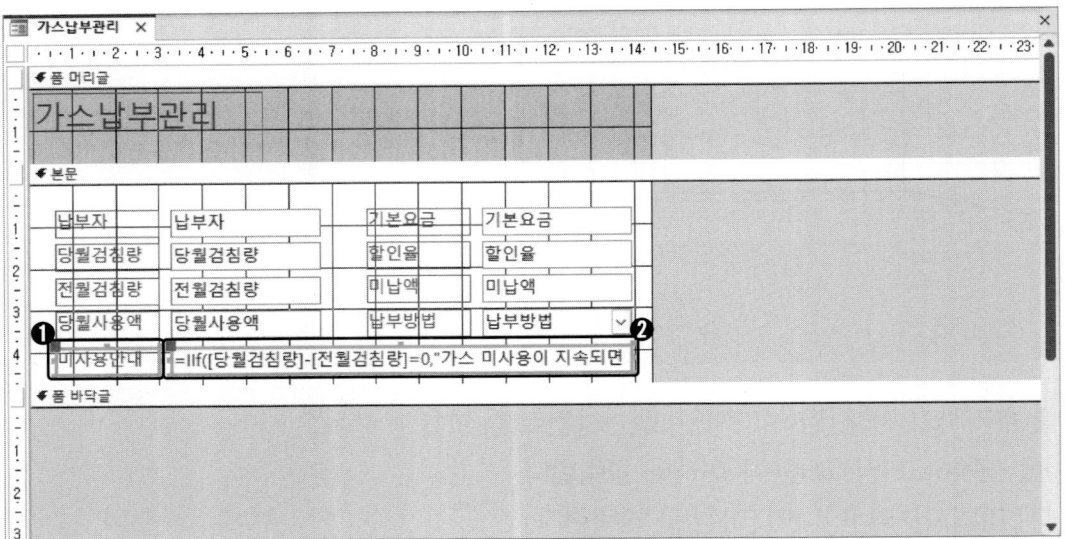

> 함수/구문 설명

IIf([당월검침량]-[전월검침량]=0,"가스 미사용이 지속되면 [사용중지]를 신청하세요.")
⇒ 검침량 차이가 0이면, 즉 가스 사용량이 없으면 메시지 출력, 아닌 경우는 아무 표시 없음

---

⑦ 눈금자 왼쪽의 [선택기](■)를 더블클릭하여 [속성 시트] 작업창을 연다.
   → [형식] 탭의 [레코드 선택기]와 [탐색 단추]를 '아니요'로 선택한다.

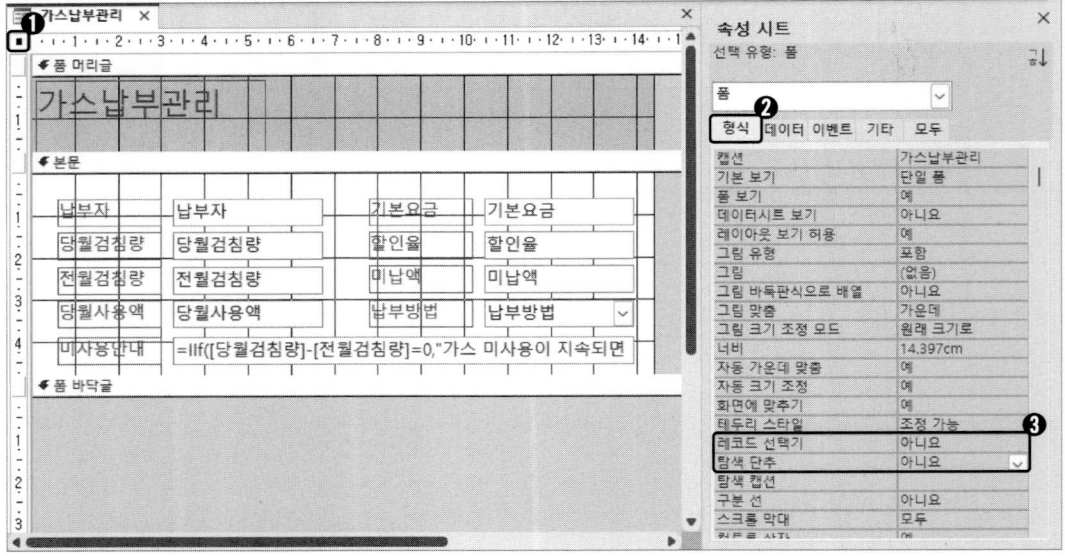

⑧ 폼에서 마우스 오른쪽 클릭하고 [폼 머리글/바닥글]을 클릭한다.
→ 삭제 경고 메시지가 나타나면 [예]를 클릭한다.

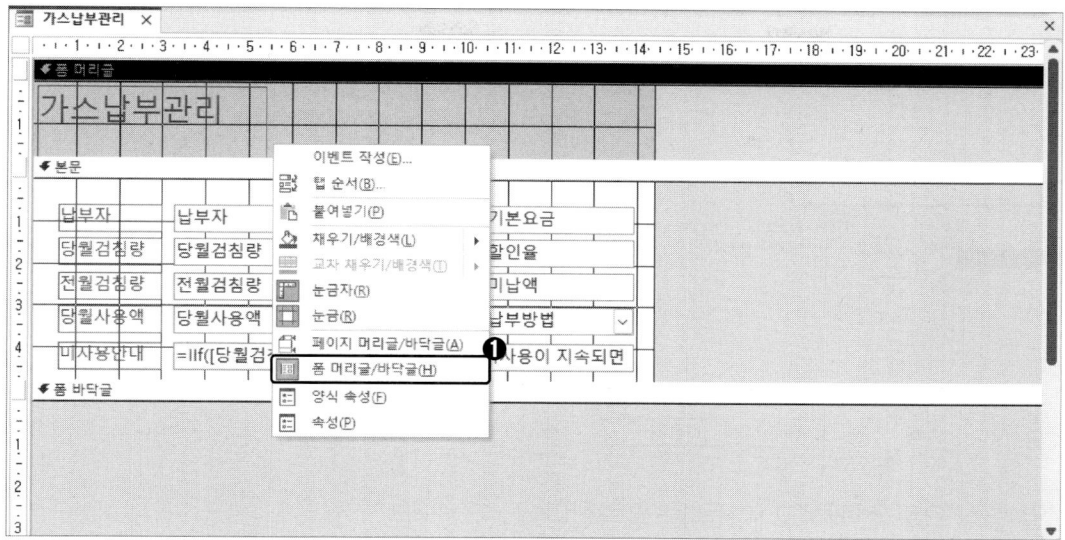

⑨ [양식 디자인] 탭 – [보기] – [폼 보기](▦)를 클릭한다.
→ ≪출력형태≫와 같은지 확인하고 [닫기](✕)를 클릭한다.
→ 저장 여부를 묻는 대화상자가 나타나면 [예]를 클릭한다.

SECTION 03 기본 폼 만들기

① [만들기] 탭 – [폼] 그룹 – [폼 마법사](📝)를 클릭한다.

② [폼 마법사] 대화상자의 [테이블/쿼리]에서 '쿼리: 가스납부관리현황'을 선택한다.
→ [사용 가능한 필드]에서 '관리번호'를 더블클릭하고 [다음]을 클릭한다.

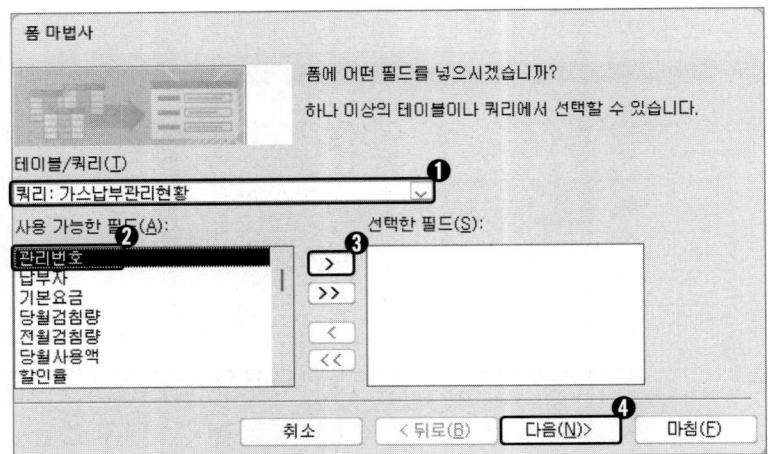

③ 폼의 모양은 '열 형식'으로 선택하고 [다음]을 클릭한다.

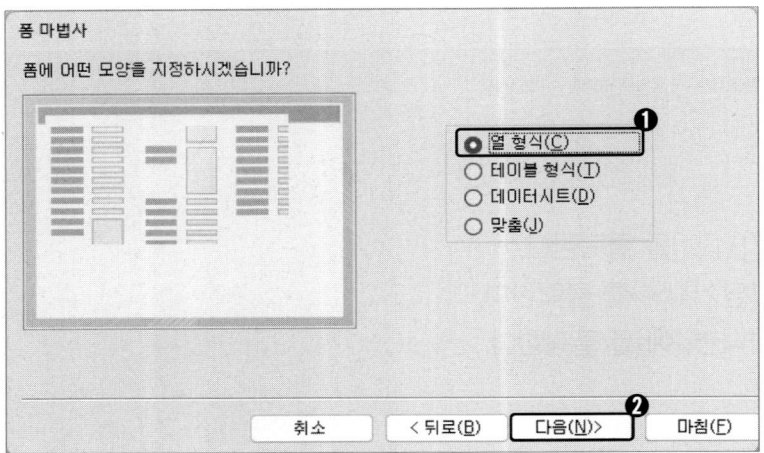

④ 폼의 제목은 『가스납부관리현황 폼』을 입력한다.
→ '폼 디자인 수정'을 선택하고 [마침]을 클릭한다.

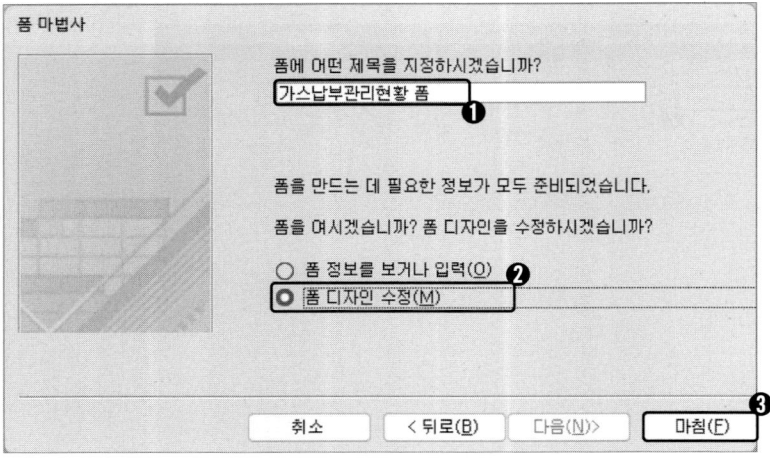

SECTION 04   기본 폼의 디자인 수정

① 폼의 경계선을 마우스 드래그하여 너비를 넓혀준다.

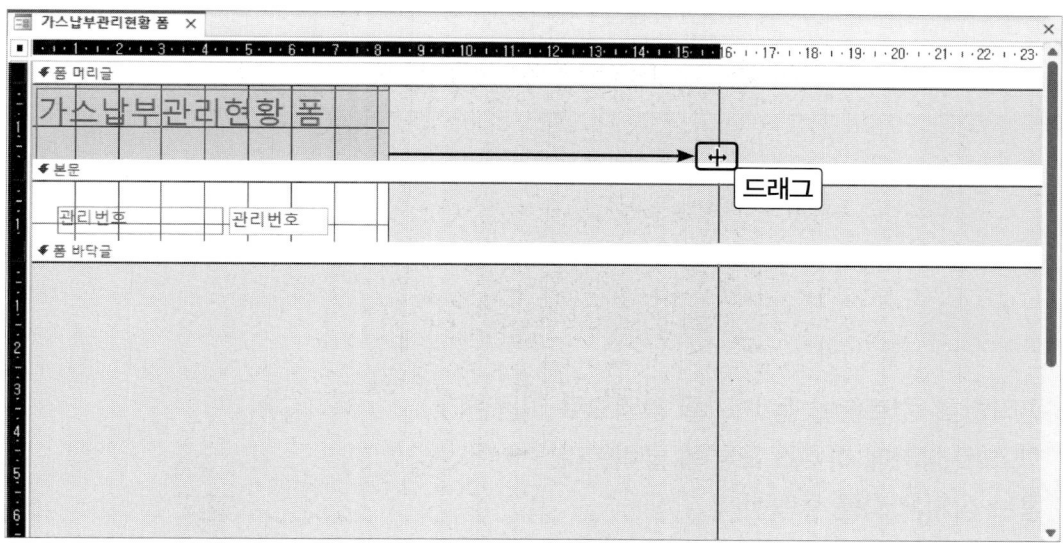

② 폼 제목에 마우스 오른쪽 클릭하고 [속성]을 클릭한다.
→ [형식] 탭의 [특수 효과]를 '그림자'로 선택한다.
→ [글꼴 이름] '굴림', [글꼴 크기] '20', [텍스트 맞춤] '가운데', [글꼴 두께] '굵게'를 선택한다.

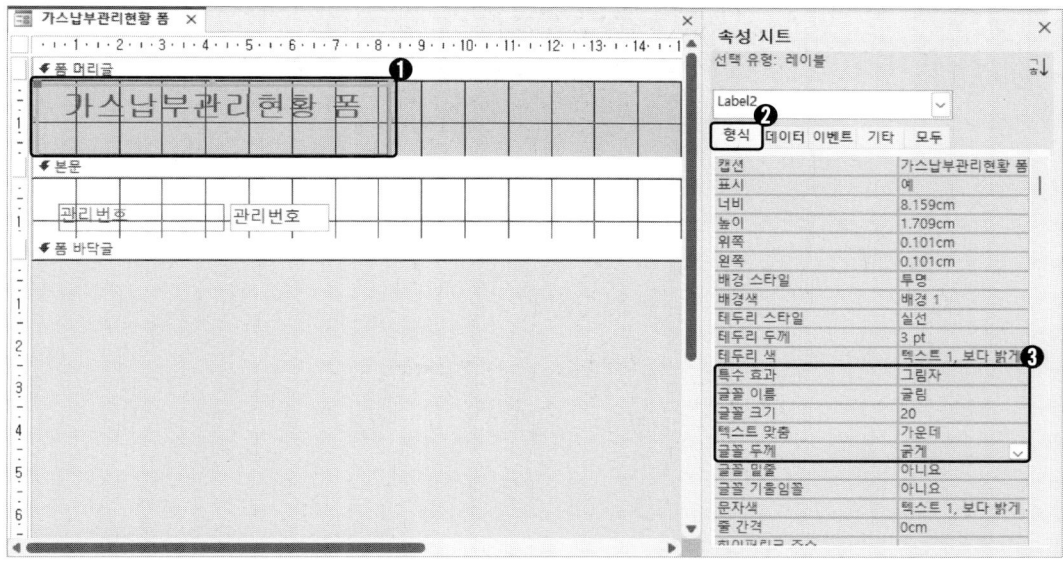

③ 폼 제목 컨트롤을 가운데로 이동한다.

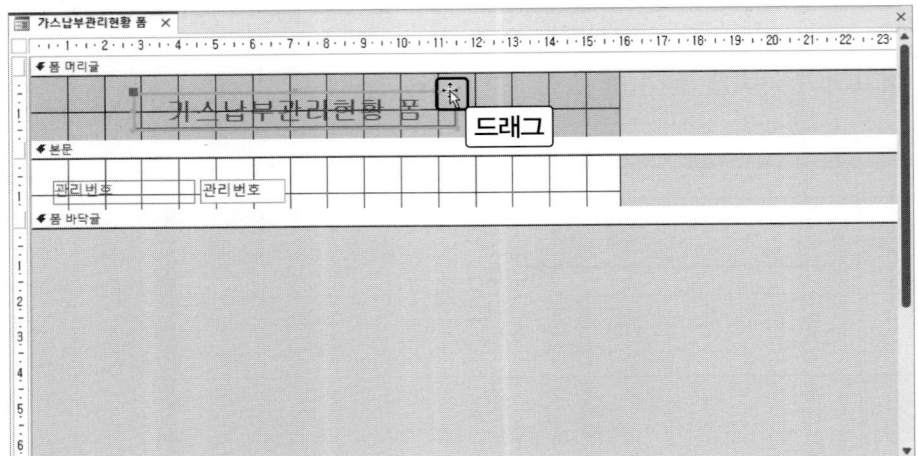

> **기적의 TIP**
>
> 영역과 폼 제목의 높이, 너비는 출력형태를 참고하여 적당히 조정한다.

④ 본문 영역의 '관리번호' 컨트롤을 폼 머리글 영역으로 이동한다.
  → '관리번호' 텍스트 상자에 마우스 오른쪽 클릭한다.
  → [변경] - [콤보 상자](▦)를 클릭한다.

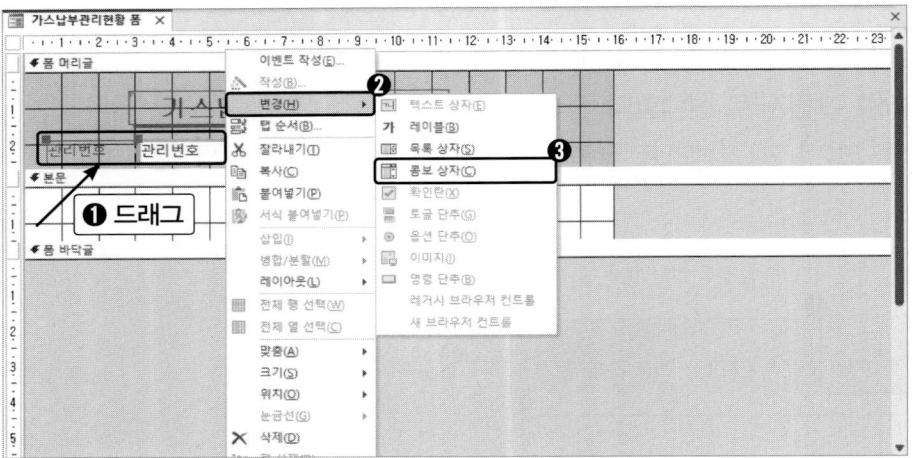

⑤ '관리번호' 콤보 상자에 마우스 오른쪽 클릭하고 [속성]을 클릭한다.
→ [데이터] 탭에서 [행 원본]을 '가스납부관리현황'으로 선택한다.

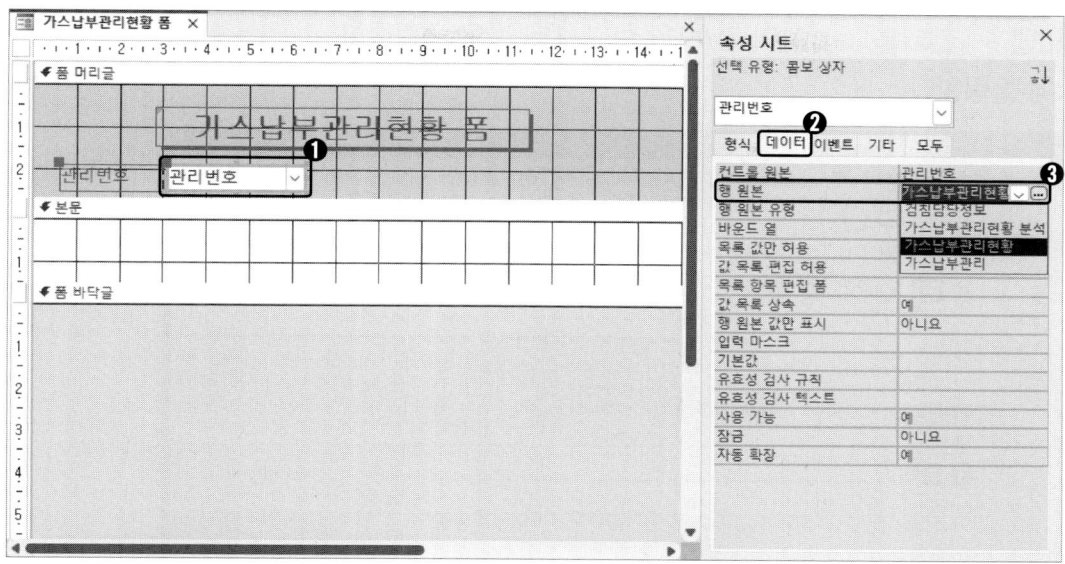

⑥ 눈금자 왼쪽의 [선택기](■)를 더블클릭하여 [속성 시트] 작업창을 연다.
→ [형식] 탭의 [레코드 선택기]를 '아니요'로 선택한다.

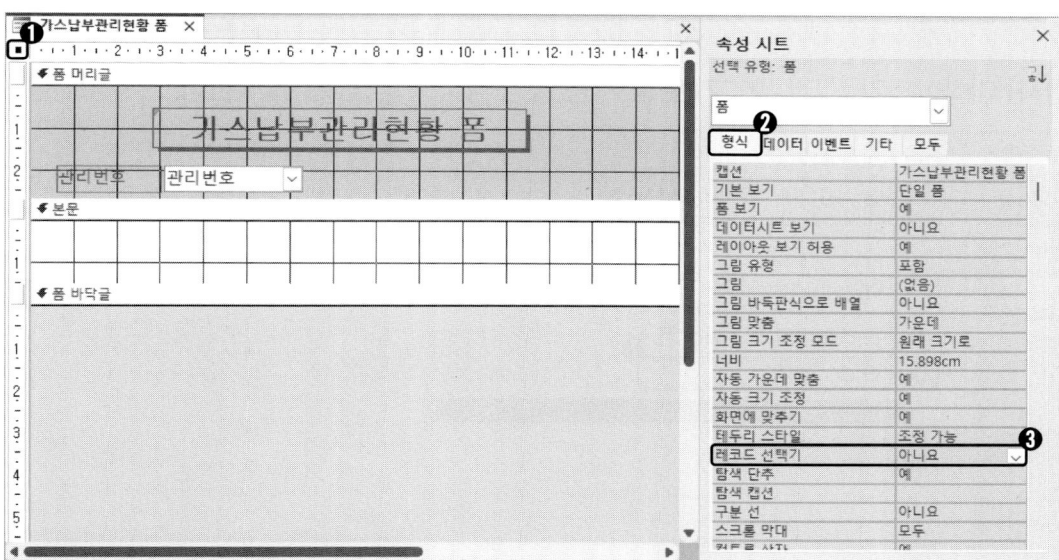

SECTION 05 하위 폼 연결하기

① [양식 디자인] 탭 - [컨트롤] - [하위 폼/하위 보고서](▦)를 클릭한다.
→ 본문 영역에 클릭한다.

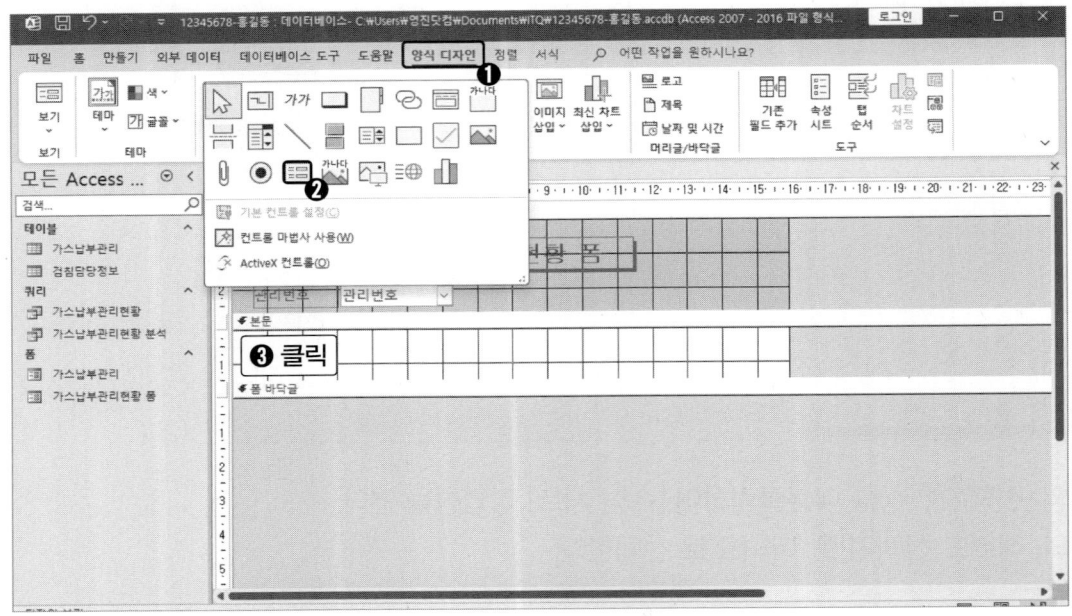

② [하위 폼 마법사] 대화상자가 나타나면 '기존 폼 사용'을 선택하고 [다음]을 클릭한다.

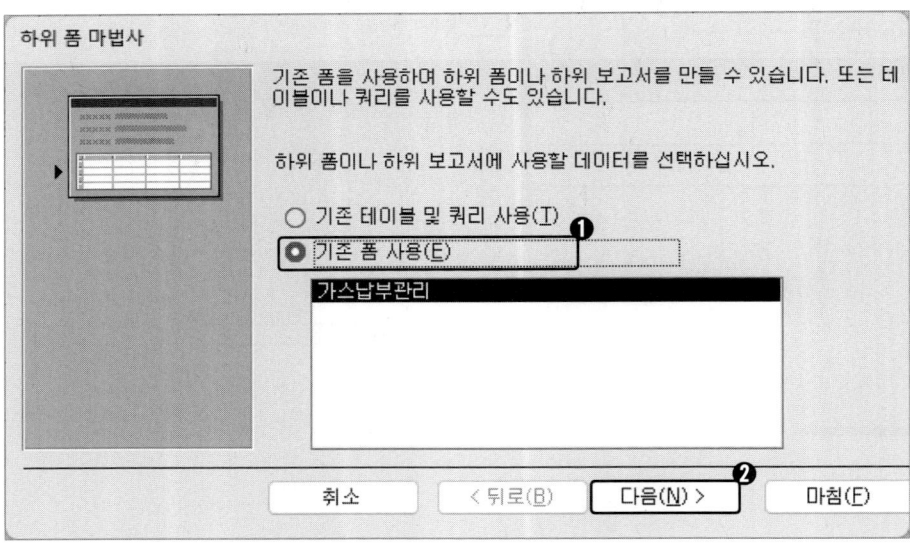

③ '관리번호를 사용하여 가스납부관리현황의 각 레코드에 대해 가스납부관리현황을 표시합니다'를 선택하고 [다음]을 클릭한다.

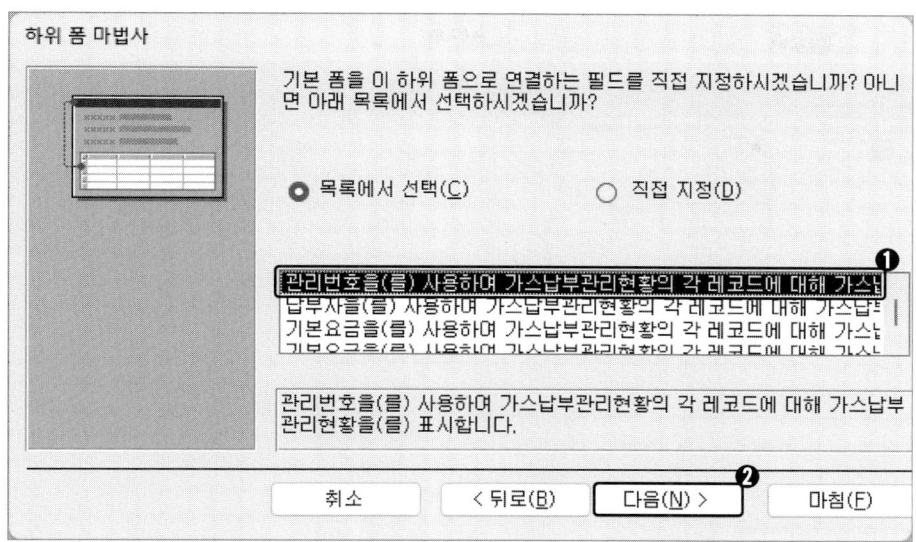

④ 하위 폼 이름 『가스납부관리』를 확인하고 [마침]을 클릭한다.

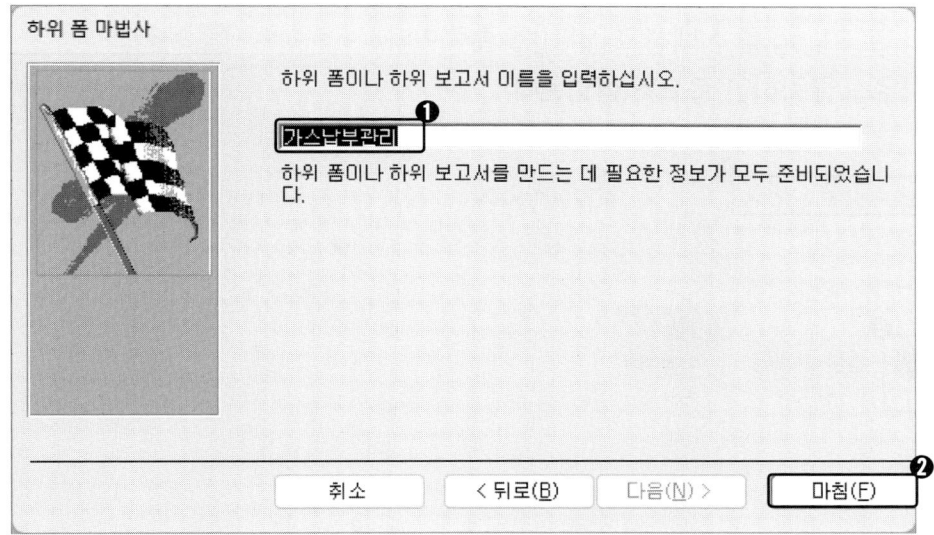

SECTION 06   로고 삽입하기

① [양식 디자인] 탭 – [이미지 삽입] – [찾아보기]를 클릭한다.

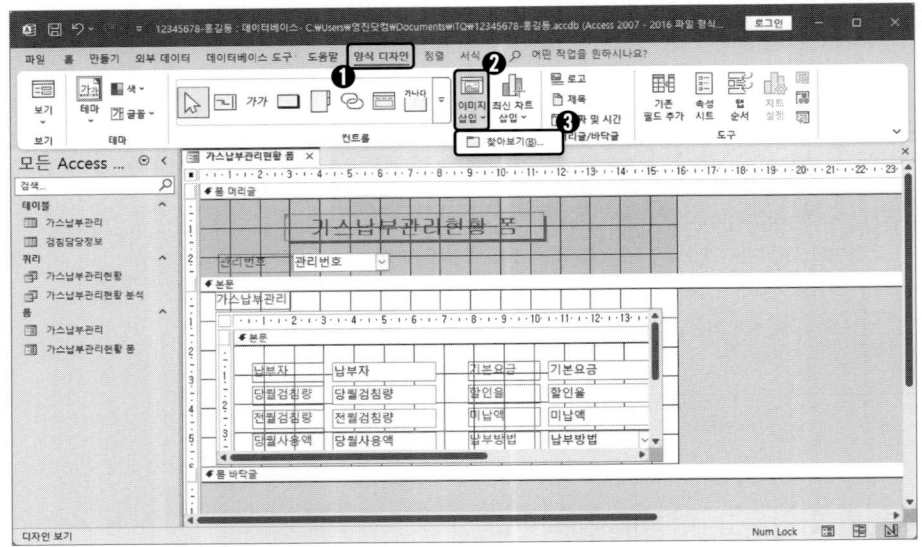

② [그림 삽입] 대화상자에서 '로고1.jpg'를 선택하고 [열기]를 클릭한다.
→ 로고를 넣을 위치에 마우스 클릭하면 로고가 삽입된다.

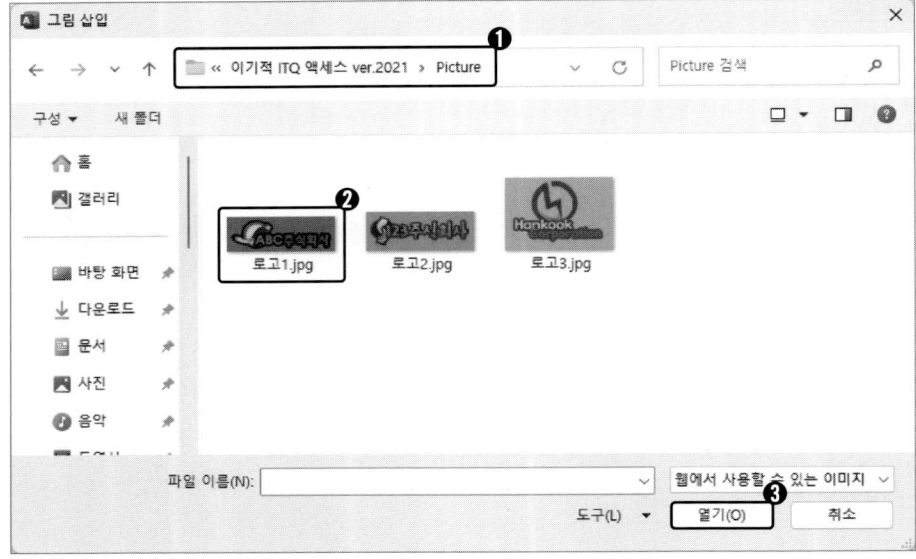

> **기적의 TIP**
>
> 실제 시험지에 로고의 경로가 제시되어 있으므로 참고한다.

③ 로고를 더블클릭하여 [속성 시트] 작업창을 연다.
　→ [형식] 탭의 [크기 조절 모드]를 '전체 확대/축소'로 선택한다.
　→ [너비] '2cm', [높이] '1cm', [특수 효과] '볼록'을 설정한다.

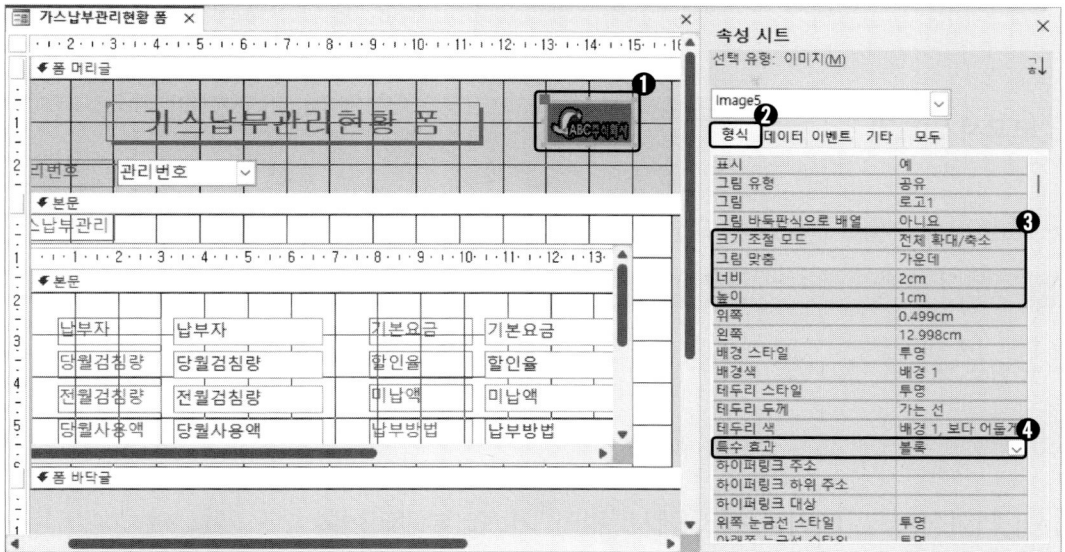

④ ≪출력형태≫를 참고하여 위치 등을 조정한다.
　→ [닫기](☒)를 클릭하고 저장한다.

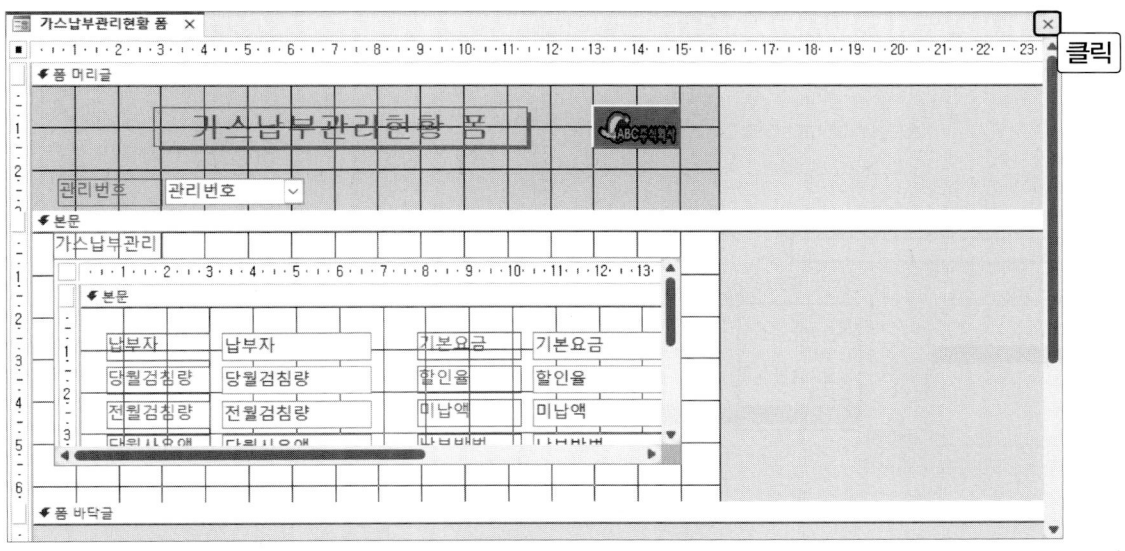

문제 5 보고서 작성하기   80점

문제 5는 보고서를 작성하는 문제이다. 주어진 조건을 확인하고 보고서를 작성하여 적용한다.

SECTION 01 보고서 만들기

① [만들기] 탭 – [보고서] 그룹 – [보고서 마법사](📋)를 클릭한다.

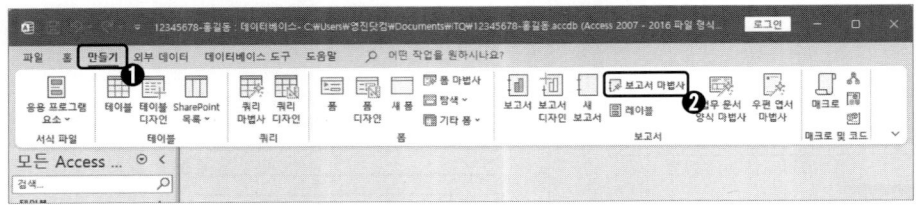

② [보고서 마법사] 대화상자의 [테이블/쿼리]에서 '쿼리: 가스납부관리현황'을 선택한다.
  → [사용 가능한 필드]에서 '납부방법', '관리번호', '납부자', '당월검침량', '할인율', '미납액' 순으로 더블클릭한다.
  → [선택한 필드]가 맞는지 확인하고 [다음]을 클릭한다.

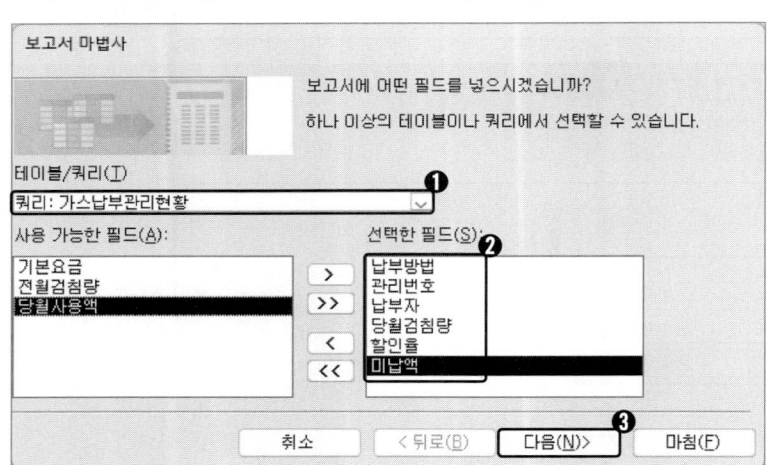

> 🏁 **기적의 TIP**
> 《출력형태》를 참고하여 왼쪽 열부터 순서대로 선택한다.

③ 그룹 수준은 '납부방법'으로 선택한다.
  → > 버튼을 클릭하고 [다음]을 클릭한다.

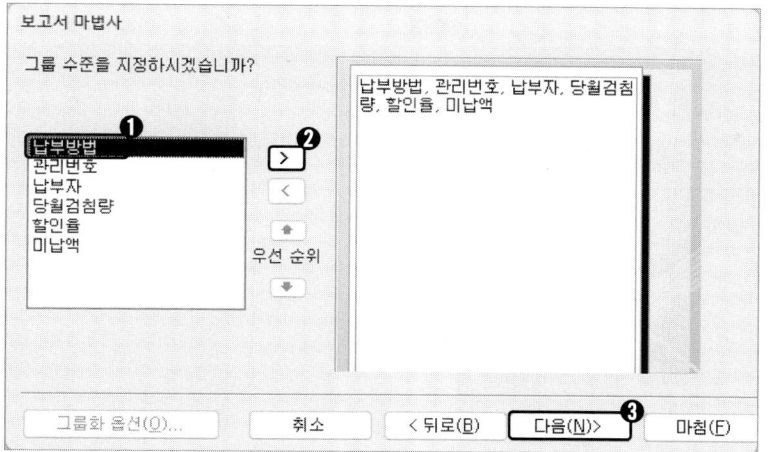

④ 정렬할 필드로 '당월검침량'를 선택한다.
  → [오름차순]을 확인하고 [요약 옵션]을 클릭한다.

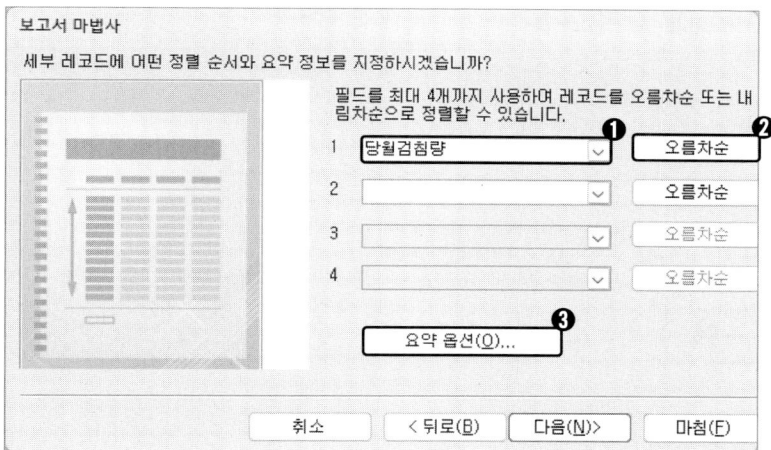

⑤ 요약 옵션에서 '미납액'의 [합계]에 체크하고 [확인]을 클릭한다.
  → 다시 보고서 마법사로 돌아오면 [다음]을 클릭한다.

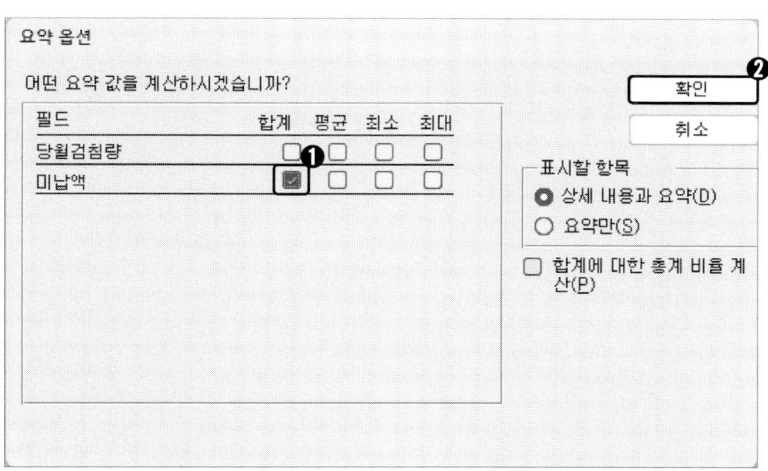

⑥ [모양] '단계', [용지 방향] '세로'를 선택한다.
   → '모든 필드가 한 페이지에 들어가도록 필드 너비 조정' 체크를 확인하고 [다음]을 클릭한다.

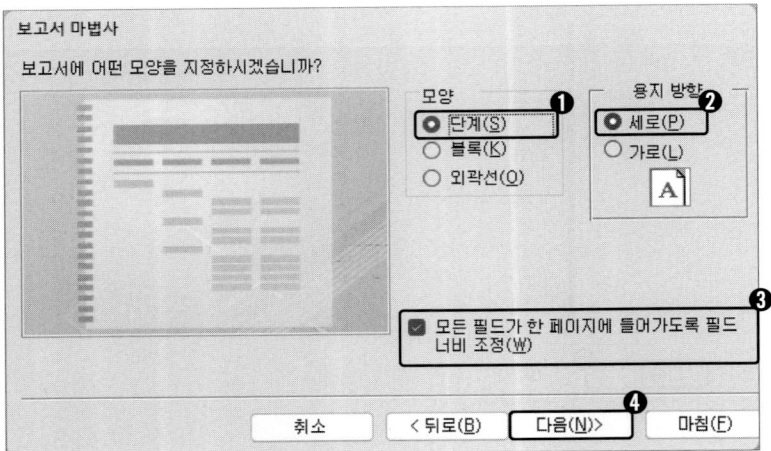

⑦ 보고서 제목으로 『가스납부관리현황 보고서』를 입력한다.
   → '보고서 디자인 수정'을 선택하고 [마침]을 클릭한다.

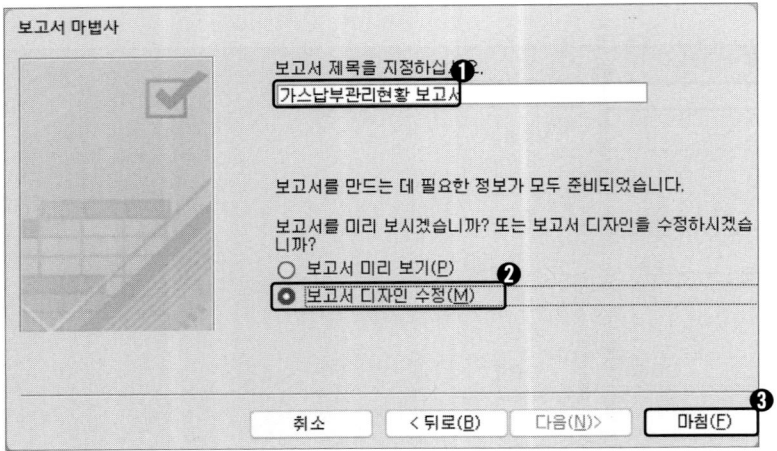

SECTION 02 보고서 디자인 수정하기

① 납부방법 바닥글과 페이지 바닥글의 불필요한 부분을 선택하여 Delete 로 삭제한다.
   → 페이지 바닥글의 날짜 텍스트 상자를 보고서 머리글로 마우스 드래그 하여 이동한다.

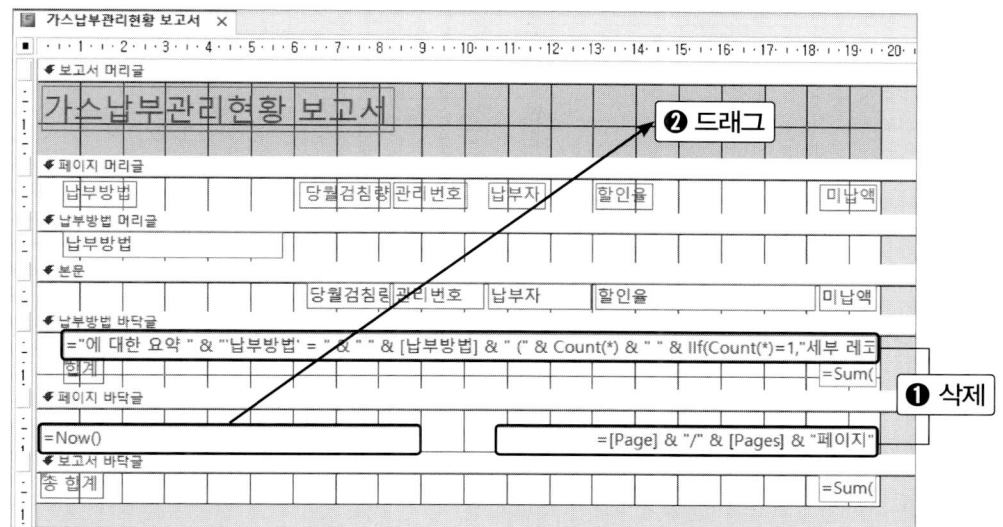

② 날짜 텍스트 상자의 내용을 지우고 『=DateSerial(2025,09,21)』을 입력한다.

> 기적의 TIP
>
> 텍스트 상자의 정렬은 출력 형태를 참고하여 지정한다.

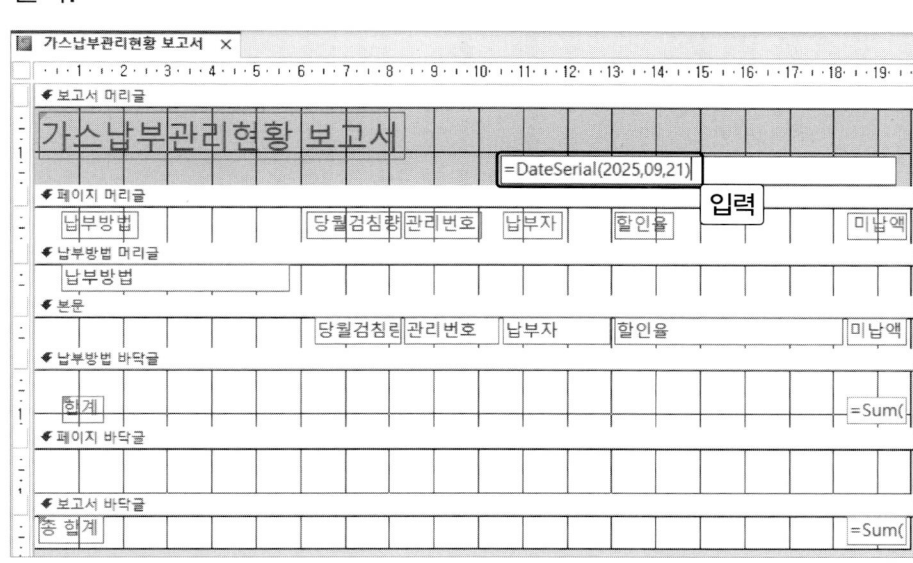

함수/구문 설명

DateSerial(연도, 월, 일)
⇒ 연도, 월, 일 값을 조합하여 하나의 날짜 형식으로 생성

③ 날짜 텍스트 상자를 더블클릭하여 [속성 시트] 작업창을 연다.
   → [형식] 탭의 [배경 스타일]을 '투명'으로 선택한다.

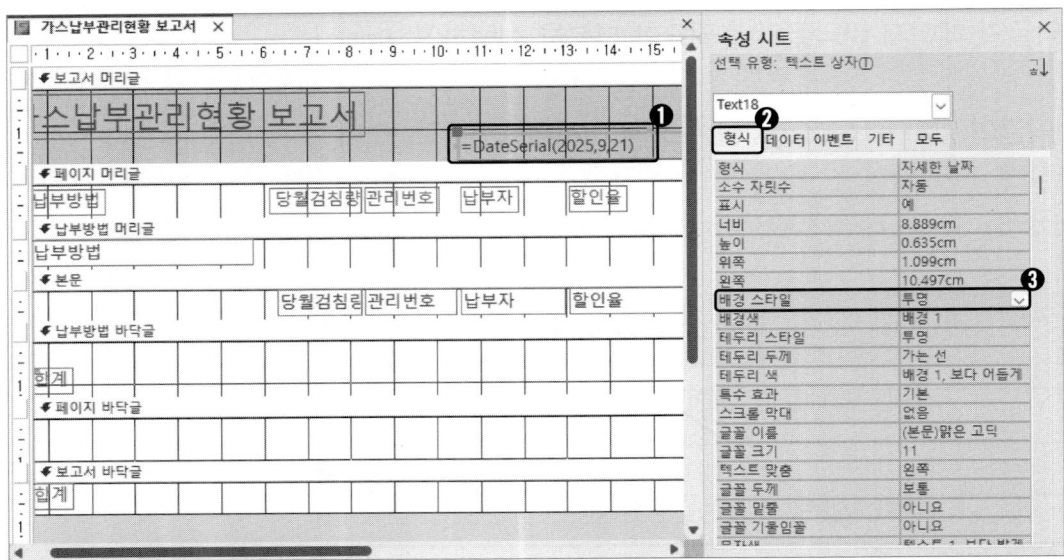

④ 보고서 제목을 더블클릭하여 [속성 시트] 작업창을 연다
   → [글꼴 이름] '궁서', [글꼴 크기] '24', [텍스트 맞춤] '가운데', [글꼴 두께] '굵게', [글꼴 밑줄] '예'를 선택한다.
   → 마우스 드래그하여 위치를 가운데로 이동한다.

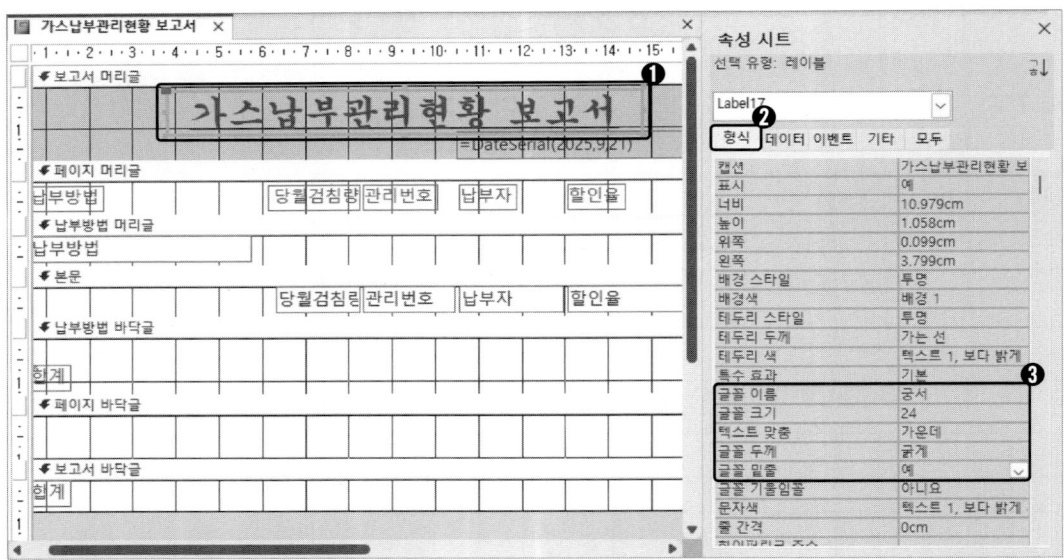

⑤ '당월검침량' 레이블과 텍스트 상자를 선택한다.
  → '납부자'와 '할인율' 사이로 마우스 드래그하여 이동한다.

> 기적의 TIP
>
> Ctrl 또는 Shift를 누른 채 클릭하면 한 번에 여러 상자를 선택할 수 있다.

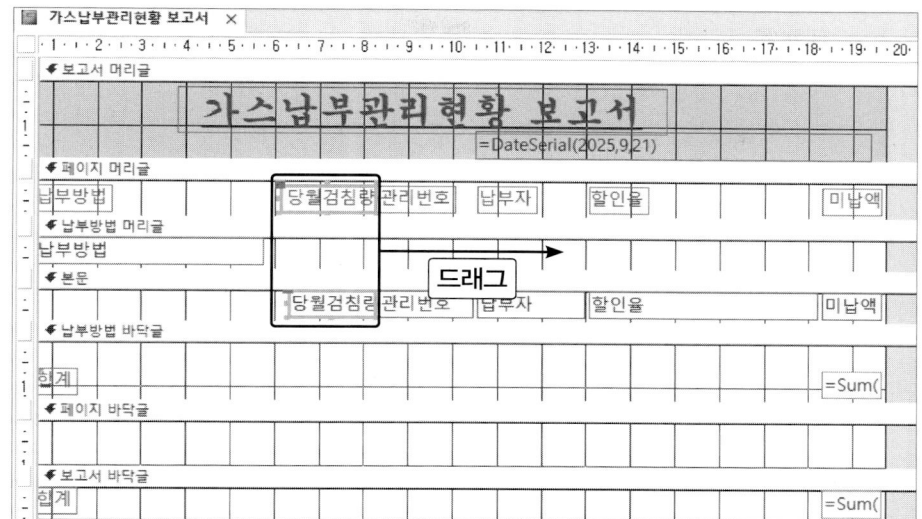

⑥ 페이지 머리글의 레이블들을 선택하고 [서식] 탭 - [글꼴] 그룹 - [가운데 정렬](≡)을 클릭한다.
  → ≪출력형태≫를 참고하여 나머지 레이블과 텍스트 상자들의 위치, 너비, 정렬을 설정한다.

> 기적의 TIP
>
> [정렬] 탭 - [크기 및 순서 조정] 그룹에서 [크기/공간] 과 [맞춤]의 기능을 적절히 활용하면 편리하다.

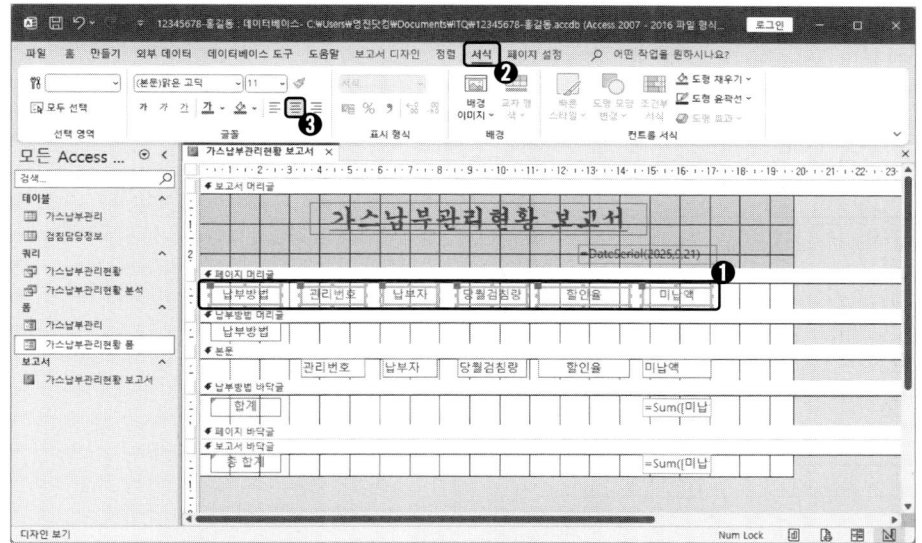

⑦ 레이블들과 '합계', '총 합계' 텍스트 상자를 선택한다.
→ [서식] 탭 - [글꼴] 그룹 - [굵게](가)를 클릭한다.

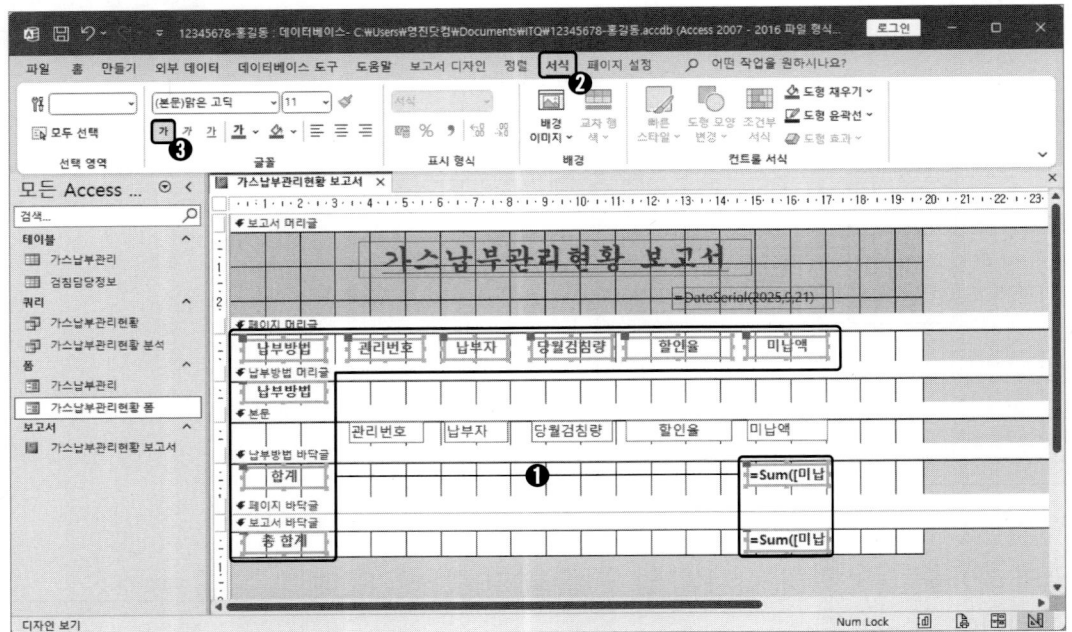

⑧ '합계', '총 합계' 텍스트 상자를 더블클릭하여 [속성 시트] 작업창을 연다.
→ [형식] 탭 - [테두리 스타일]을 '투명'으로 선택한다.

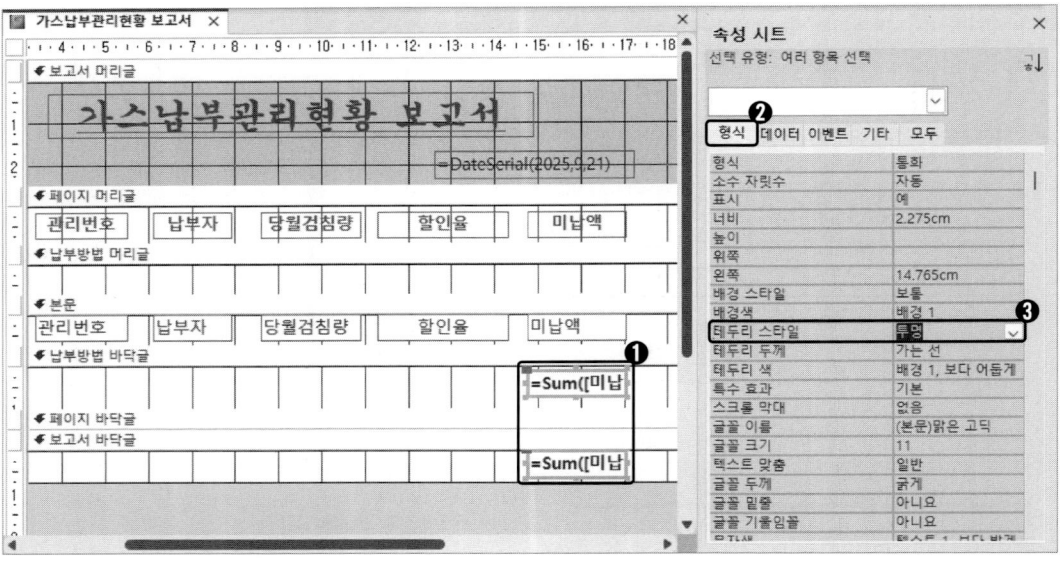

⑨ [보고서 디자인] 탭 – [컨트롤] 그룹에서 [선](◳)을 클릭한다.
→ 페이지 머리글과 납부방법 바닥글에 마우스 드래그하여 선을 그린다.
→ [형식] 탭 – [테두리 두께]를 '2pt'로 선택한다.

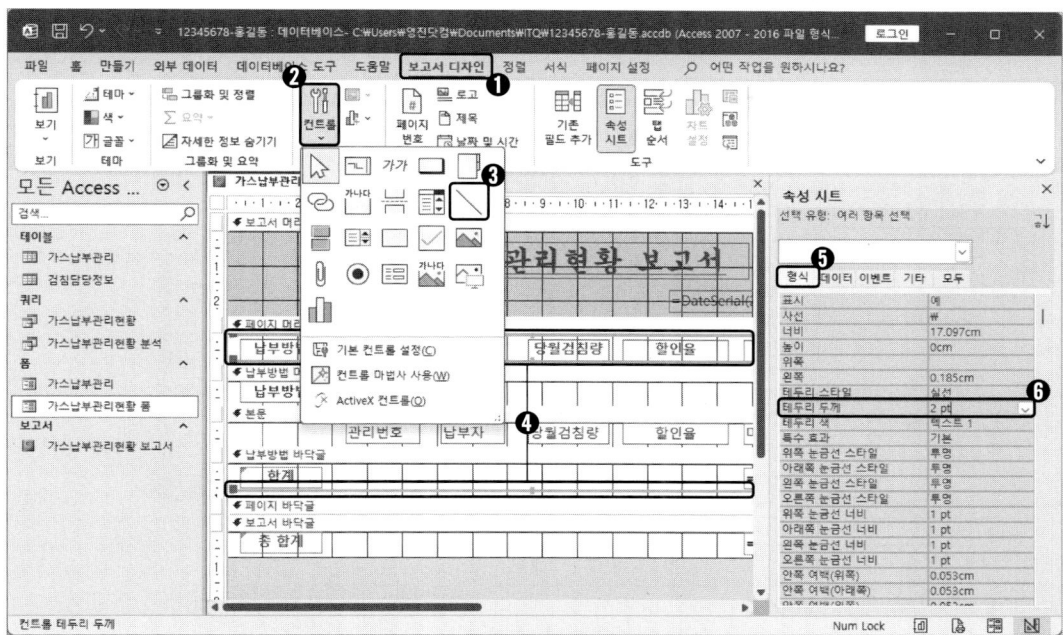

⑩ 본문 영역을 선택하고 [속성 시트] 작업창의 [형식] 탭 – [다른 배경색]을 '색 없음'으로 선택한다.
→ 같은 방법으로 납부방법 머리글과 납부방법 바닥글의 [다른 배경색]도 설정한다.

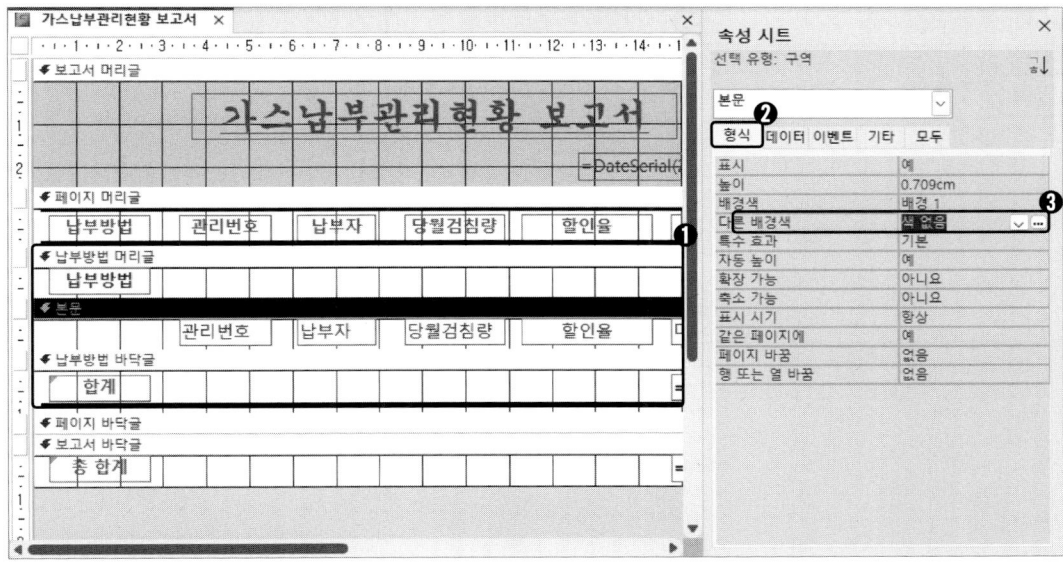

SECTION 03 조건부 서식 적용하기

① '미납액' 텍스트 상자를 선택한다.
→ [서식] 탭 – [컨트롤 서식] 그룹 – [조건부 서식](▦)을 클릭한다.

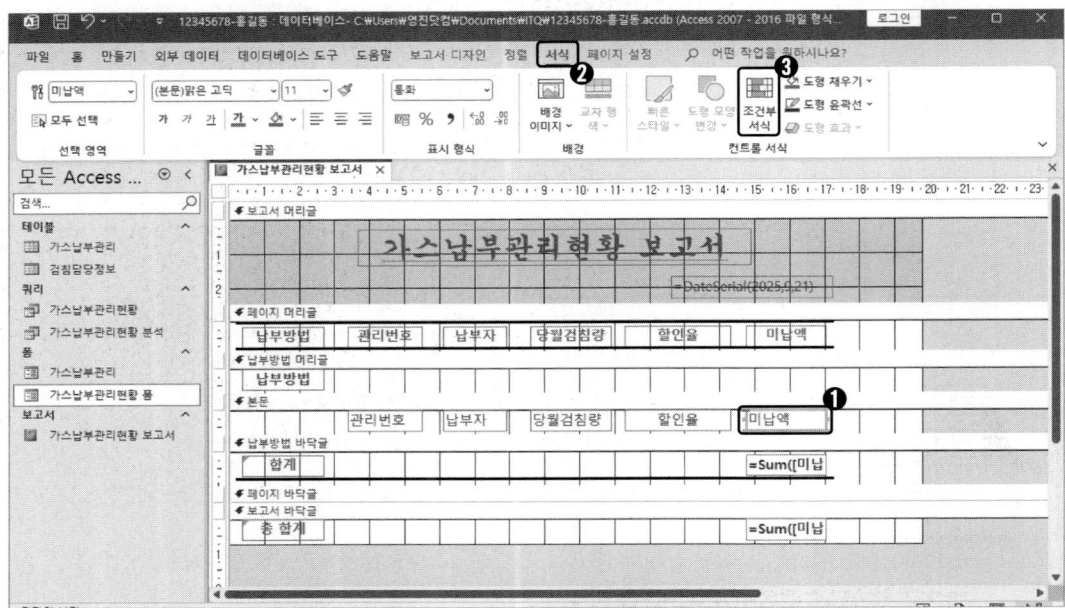

② [새 규칙]을 클릭한다.

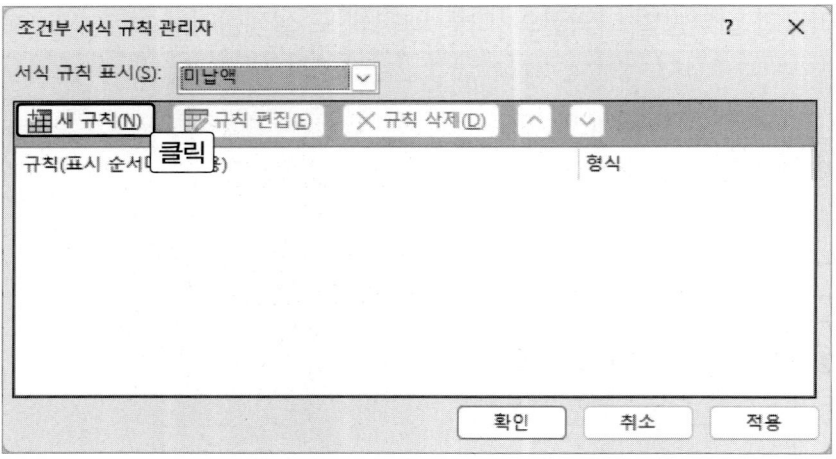

③ [규칙 유형 선택]은 '현재 레코드의 값 확인 또는 식 사용'을 선택한다.
　→ [규칙 설명 편집]에 '필드 값이', '다음 값보다 크거나 같음', 『50000』을 순서대로 입력한다.
　→ [굵게](가), [배경색] '노랑'을 선택한 후 [확인]을 클릭한다.
　→ [조건부 서식 규칙 관리자] 대화상자로 돌아오면 [확인]을 클릭한다.

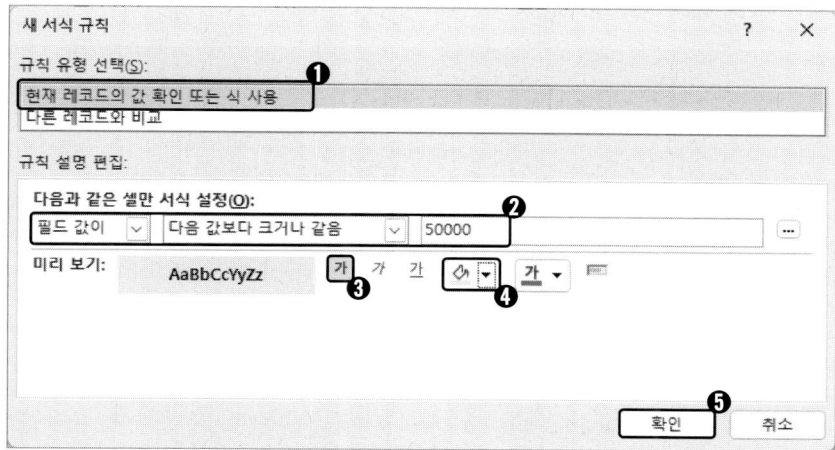

④ [보고서 디자인] 탭 – [보기] – [보고서 보기](圖)를 클릭하여 ≪출력형태≫와 비교해본다.
　→ 저장하고 [닫기](✕)를 클릭한다.

> **기적의 TIP**
>
> 문제의 조건을 모두 만족하는지 꼭 확인해본다.

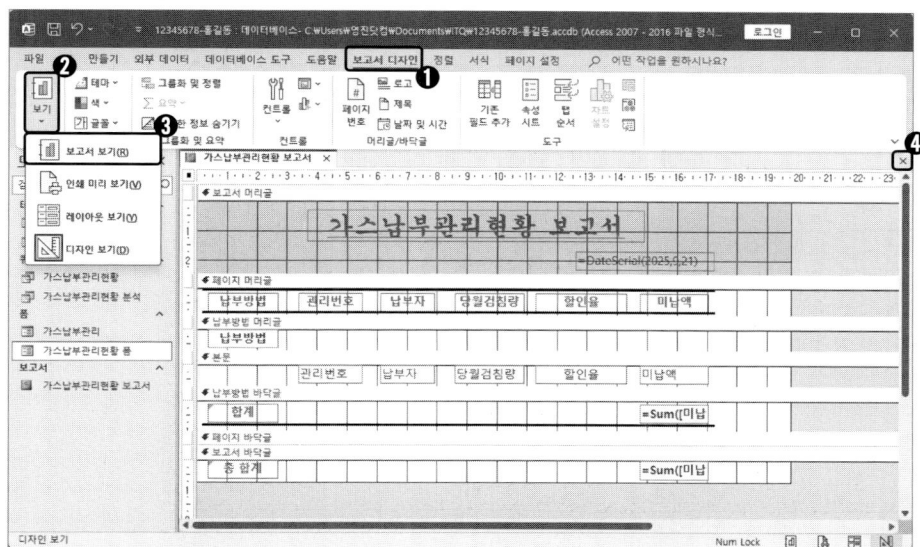

SECTION 04 보고서 버튼 만들기

① '가스납부관리현황 폼'에 마우스 오른쪽 클릭하고 [디자인 보기]를 클릭한다.

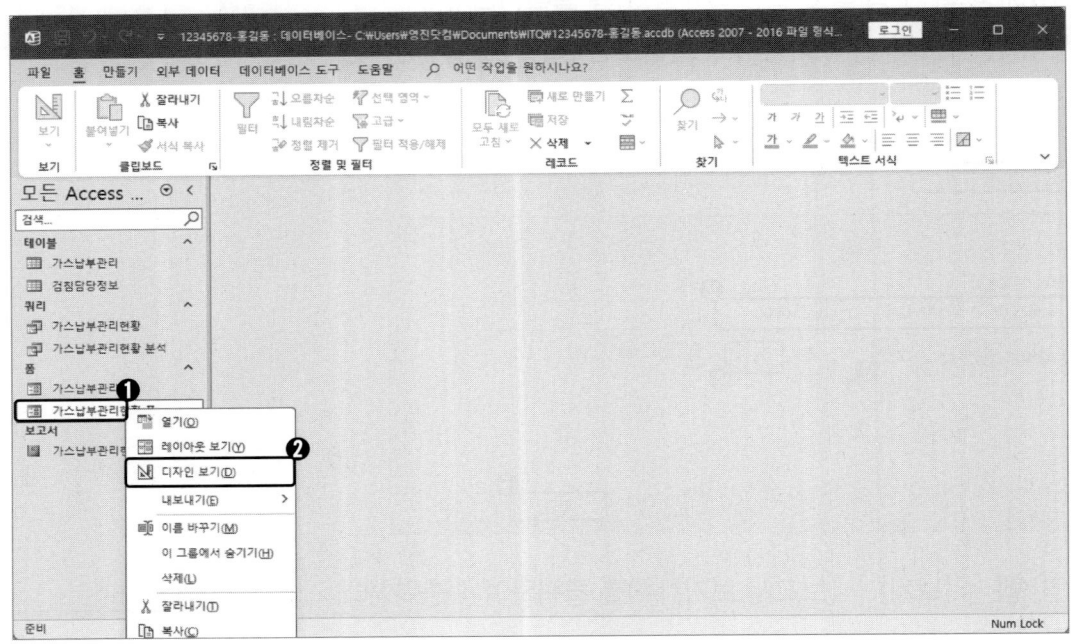

② [양식 디자인] 탭 – [컨트롤] 그룹 – [단추](▢)를 클릭한다.
→ 폼 머리글 영역의 로고 아래 위치에 클릭한다.

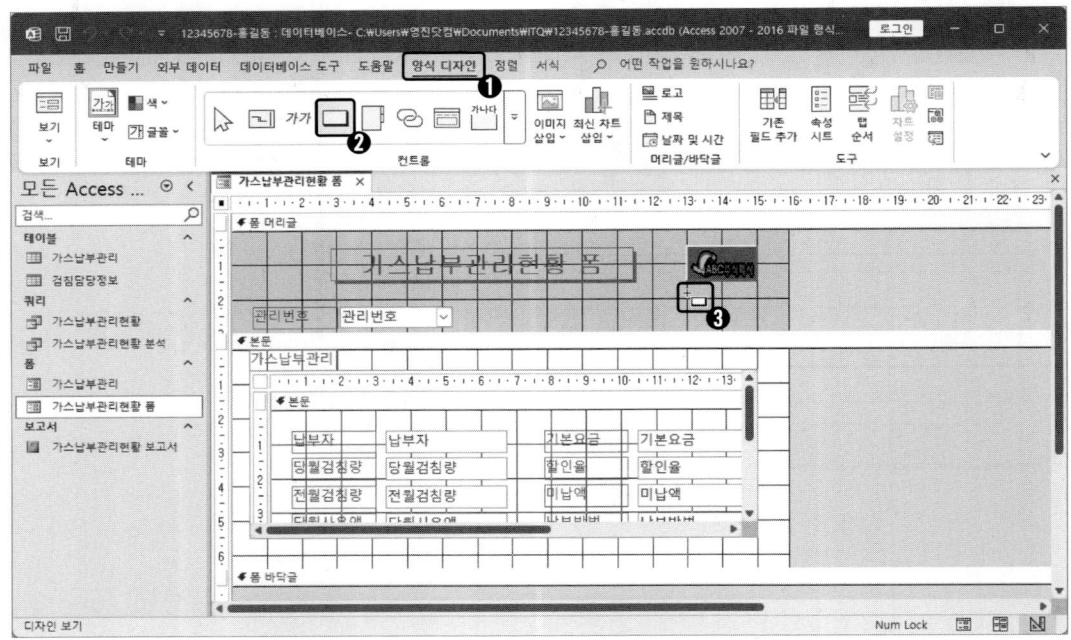

③ [명령 단추 마법사]가 나타나면 [종류]에서 '보고서 작업'을 선택한다.
→ [매크로 함수]는 '보고서 미리 보기'를 선택하고 [다음]을 클릭한다.

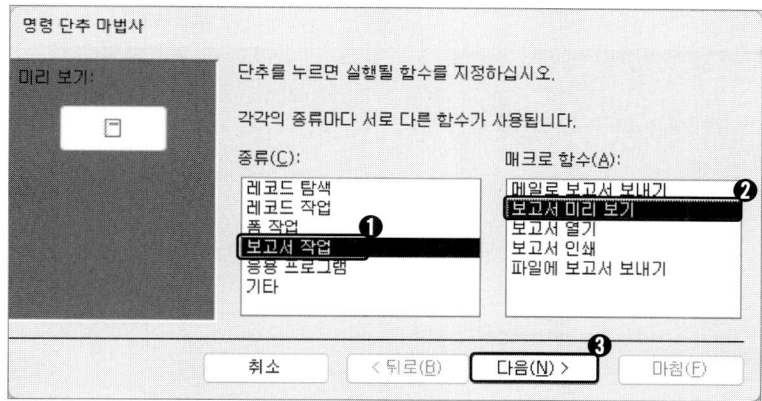

④ '가스납부관리현황 보고서' 선택을 확인하고 [다음]을 클릭한다.

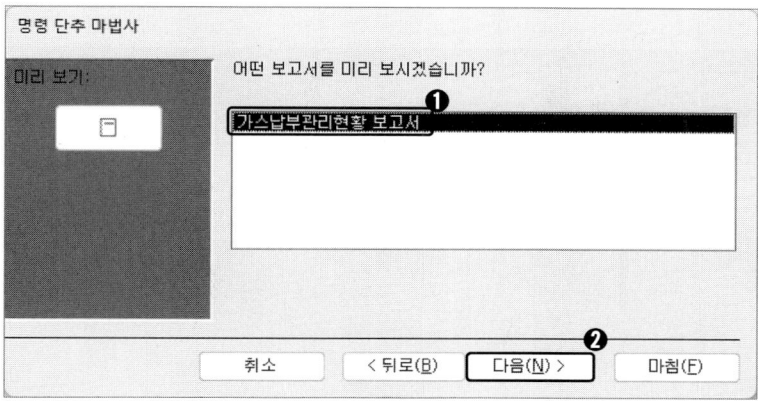

⑤ [텍스트]를 선택하고 『보고서』를 입력한 후 [다음]을 클릭한다.

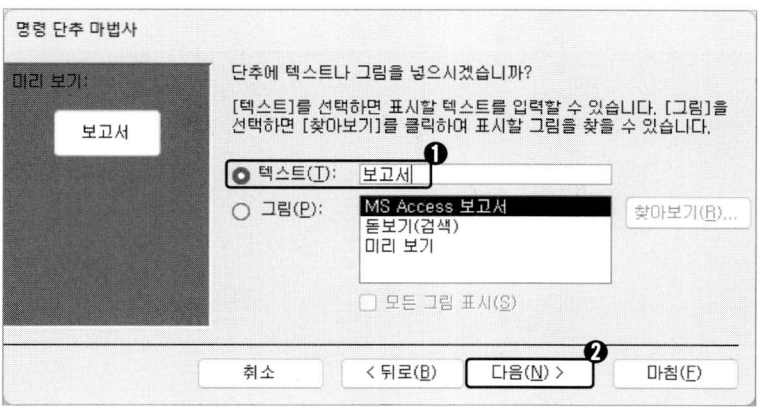

⑥ 명령 단추의 참조 이름은 별도 지정하지 않고 [마침]을 클릭한다.

> **기적의 TIP**
> 명령 단추의 이름은 조건에 없으므로 따로 지정할 필요는 없다.

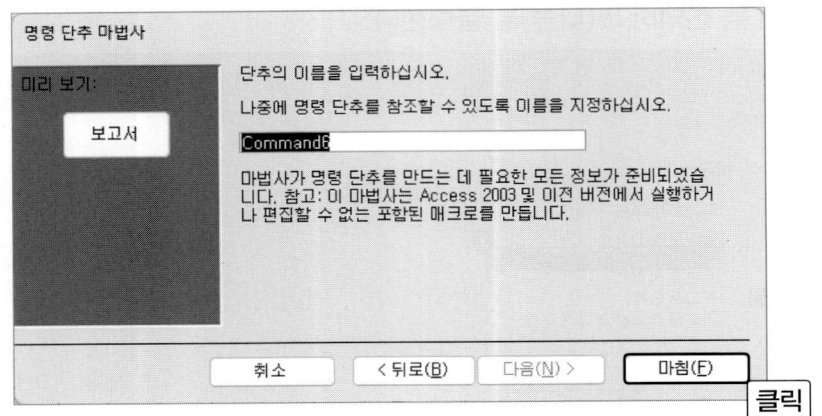

⑦ 명령 단추를 더블클릭하여 [속성 시트] 작업창을 연다.
→ [형식] 탭에서 [너비] '2cm', [높이] '1cm'를 설정한다.

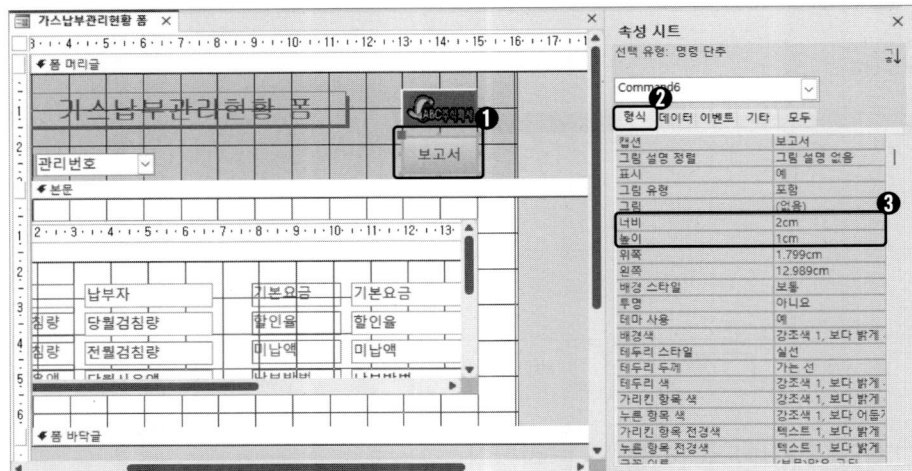

문제 6 | 레이블 보고서 작성하기   70점

문제 6은 레이블 보고서를 작성하는 문제이다. 주어진 함수 조건을 확인하고 우편물 레이블 마법사를 활용하여 작성한다.

SECTION 01 | 레이블 보고서 만들기

① [탐색] 창에서 '검침담당정보'를 선택한다.
  → [만들기] 탭 – [보고서] 그룹 – [레이블](圖)을 클릭한다.

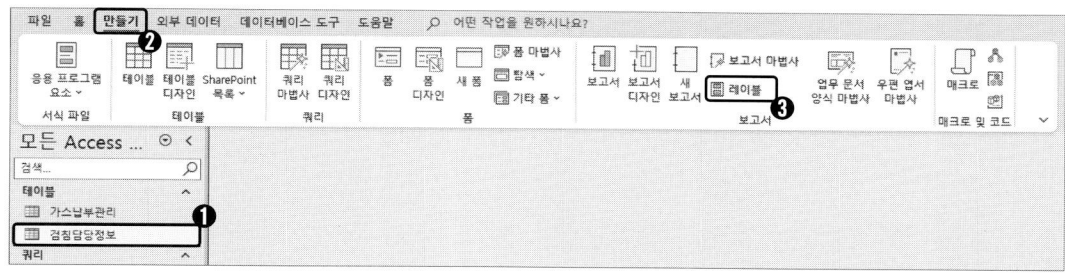

② [우편물 레이블 마법사] 대화상자에서 [제조업체로 필터링]을 'A – ONE'으로 선택한다.
  → [제품 번호]는 'AOne 28315'를 선택하고 [다음]을 클릭한다.

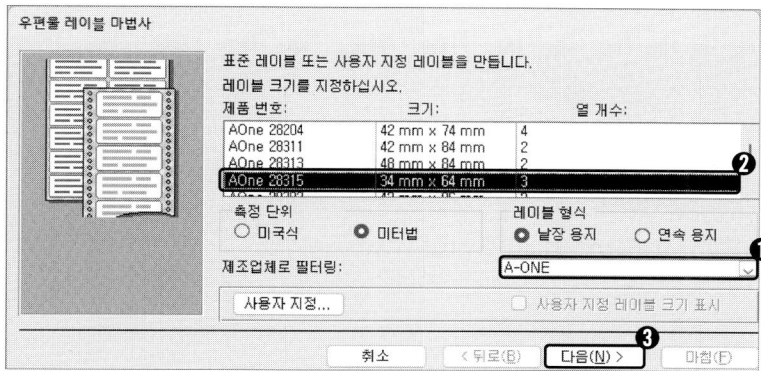

③ [글꼴 이름] '돋움', [글꼴 크기] '10', [글꼴 두께] '중간'을 선택하고 [다음]을 클릭한다.

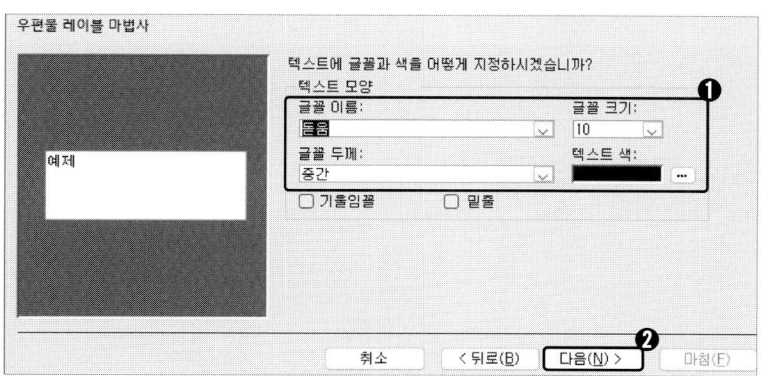

④ [사용 가능한 필드]에서 '관리번호', '검침담당자'를 더블클릭한다.
　→ 두 번째 줄에는 『연락처 : 』를 직접 입력하고 '연락처'를 더블클릭한다.
　→ 세 번째 줄에는 『검침일 : 매월 』을 직접 입력하고 '매월검침일'을 더블클릭한다.
　→ [다음]을 클릭한다.

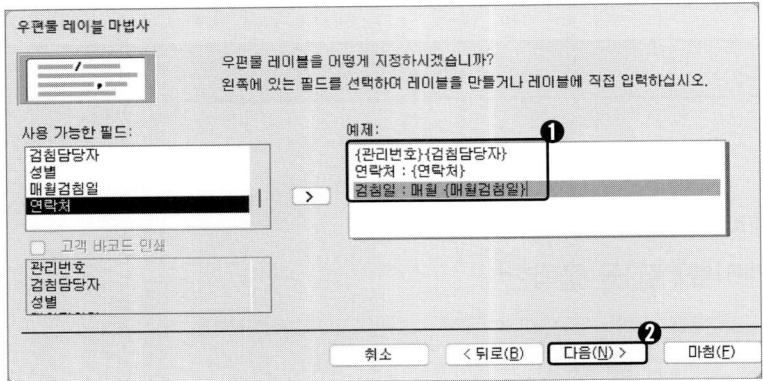

⑤ 정렬 기준이 될 필드로 '검침담당자'를 더블클릭하고 [다음]을 클릭한다.

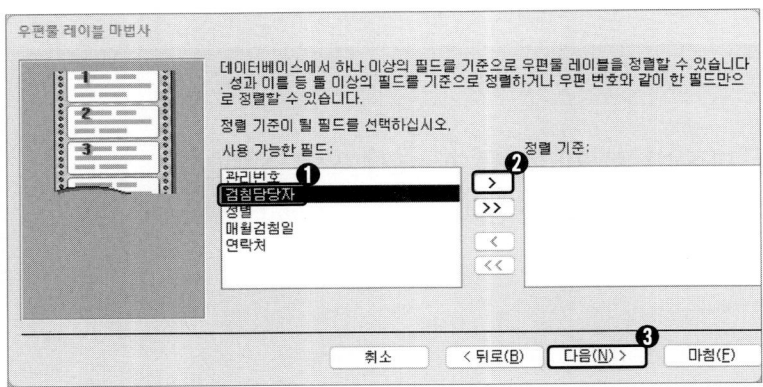

⑥ 보고서 이름에 『검침담당정보 레이블』을 입력한다.
　→ '우편물 레이블의 디자인 수정'을 선택하고 [마침]을 클릭한다.

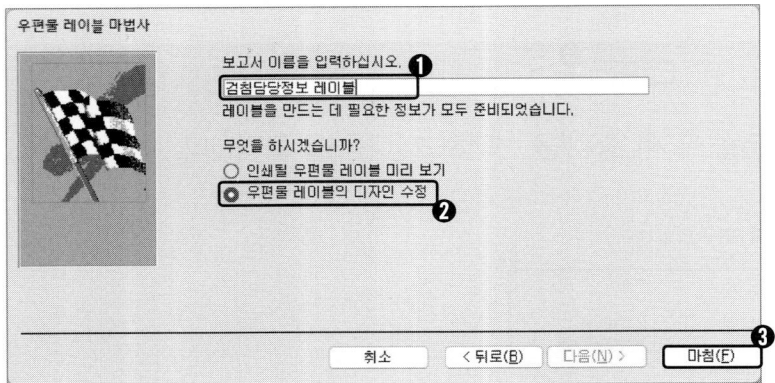

SECTION 02 레이블 보고서 수정하기

① 첫 번째 텍스트 상자를 선택한다.
  → [서식] 탭 – [글꼴] 그룹 – [굵게](가)를 클릭한다.
  → 표현식 『=[관리번호] & " 담당(" & [검침담당자] & ")님"』을 입력한다.

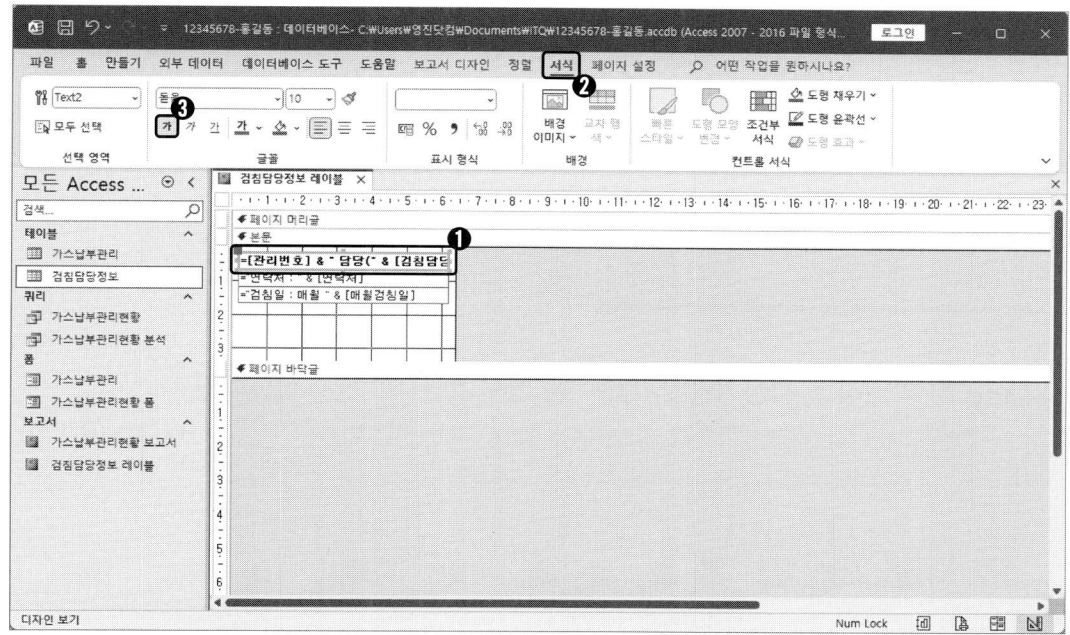

② 두 번째 텍스트 상자를 선택한다.
  → 표현식 『="연락처 : " & Replace([연락처],"*","#")』을 입력한다.

💬 함수/구문 설명

Replace([연락처], "*", "#")
⇒ 연락처 문자열에서 *를 찾아 # 문자로 바꿈

③ [보고서 디자인] 탭 – [보기] – [인쇄 미리 보기](🖨)를 클릭한다.

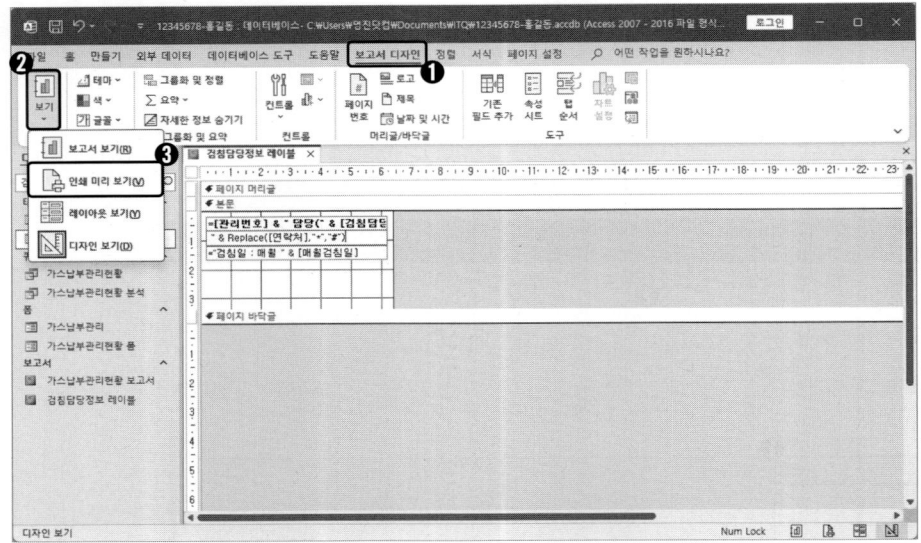

④ ≪출력형태≫와 같은지 확인하고 저장 후 [닫기](✕)를 클릭한다.

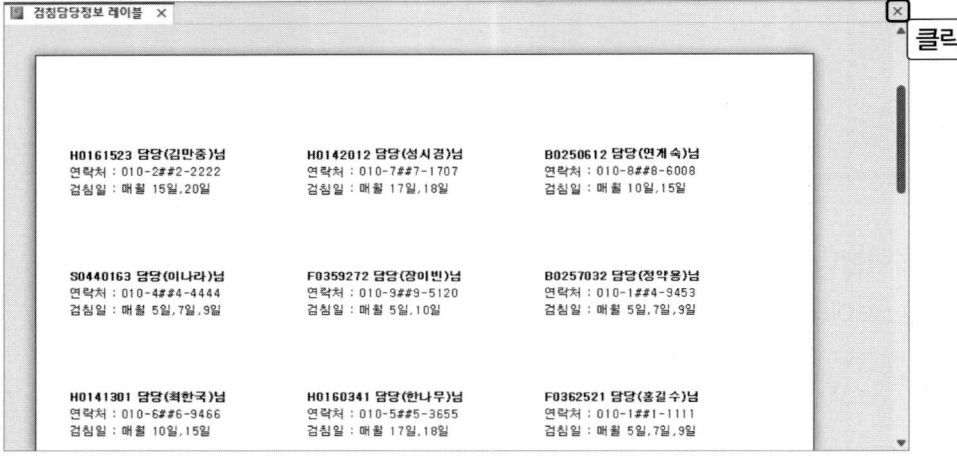

기적의 TIP

정렬은 오름차순이 기본 설정이다.

PART 03

최신 기출문제

최신 기출문제 01회	235
최신 기출문제 02회	240
최신 기출문제 03회	245
최신 기출문제 04회	250
최신 기출문제 05회	255

정보기술자격(ITQ) 시험

MS 오피스

과목	코드	문제유형	시험시간	수험번호	성명
한글액세스	1132	B	60분		

※ 최신 기출문제 01~05회 학습 시 답안 작성요령을 동일하게 적용하세요.

수험자 유의사항

- 수험자는 문제지를 받는 즉시 문제지와 **수험표상의 시험과목(프로그램)이 동일한지 반드시 확인**하여야 합니다.
- 파일명은 본인의 "수험번호-성명"으로 입력하여 답안폴더(내 PC₩문서₩ITQ)에 하나의 파일로 저장해야 하며, 답안문서 파일명이 "수험번호-성명"과 일치하지 않거나, 답안파일을 전송하지 않아 미제출로 처리될 경우 실격 처리합니다(예:12345678-홍길동.accdb).
- 답안 작성을 마치면 파일을 저장하고, '답안 전송' 버튼을 선택하여 감독위원 PC로 답안을 전송하십시오. 수험생 정보와 저장한 파일명이 다를 경우 전송되지 않으므로 주의하시기 바랍니다.
- 답안 작성 중에도 **주기적으로 저장하고, '답안 전송'**하여야 문제 발생을 줄일 수 있습니다. 작업한 내용을 저장하지 않고 전송할 경우 이전에 저장된 내용이 전송되니 이점 유의하시기 바랍니다.
- 답안문서는 지정된 경로 외의 다른 보조기억장치에 저장하는 경우, 지정된 시험 시간 외에 작성된 파일을 활용할 경우, 기타 통신수단(이메일, 메신저, 네트워크 등)을 이용하여 타인에게 전달 또는 외부 반출하는 경우는 부정 처리합니다.
- 시험 중 부주의 또는 고의로 시스템을 파손한 경우는 수험자가 변상해야 하며, 〈수험자 유의사항〉에 기재된 방법대로 이행하지 않아 생기는 불이익은 수험생 당사자의 책임임을 알려 드립니다.
- 문제의 조건은 MS오피스 2021 버전으로 설정되어 있으니 유의하시기 바랍니다.
- 시험을 완료한 수험자는 답안파일이 전송되었는지 확인한 후 감독위원의 지시에 따라 문제지를 제출하고 퇴실합니다.

답안 작성요령

- 온라인 답안 작성 절차
  수험자 등록 ⇒ 시험 시작 ⇒ 답안파일 저장 ⇒ 답안 전송 ⇒ 시험 종료
- 문제는 테이블/쿼리/폼/보고서로 구성하며 문제에서 제시한 테이블의 내용을 누락시켰을 경우에 0점 처리됩니다.
- 테이블의 데이터는 정확히 입력해야 하며 임의로 정렬(소트)시킬 경우 감점 처리됩니다.
- 각 문제에서 주어진 ≪조건≫에 맞게 작성하고 언급하지 않은 조건은 ≪출력형태≫와 같이 작성합니다.
- 글꼴 및 기타 사항에 대해 별도의 지시사항이 없는 경우 기본 설정값(Default)으로 처리합니다.
- 문제에서 제시한 테이블/쿼리/폼/보고서 이외에 추가로 작성한 경우나 테이블/쿼리/폼/보고서의 이름이 잘못되었을 경우 해당 항목에 감점 처리됩니다.

최신 기출문제 01회

수험번호 20265001   **정답파일** Part 03 최신 기출문제₩최신기출01회_정답.accdb

다음은 ○○회사의 불합리징계를 관리할 데이터베이스를 작성하기 위한 내용이다.
주어진 ≪조건≫에 맞게 문서를 작성하시오.

문제 1 주어진 엑셀 데이터와 다음 ≪조건≫을 이용하여 테이블을 작성하시오. 100점

조건

[테이블1] 이름 : 불합리징계정보

[테이블1] : 최신기출01회.xlsx(시트명 : B유형)에 있는 엑셀 데이터를 가져와 테이블을 작성한 후, 다음 디자인을 적용하시오. 단, 징계내용은 목록값(1 작업일 출력 중지, 3 작업일 출력 중지)만 허용하는 콤보 상자를 이용하여 직접 입력하시오.

필드 이름	징계코드	발생일	불합리내용	징계시작일	징계내용	사원번호
데이터 형식	짧은 텍스트	날짜/시간	짧은 텍스트	날짜/시간	짧은 텍스트	짧은 텍스트
크기 (또는 형식)	8 기본키 설정	보통 날짜	20	간단한 날짜	15 콤보 상자	8

출력형태

징계코드	발생일	불합리내용	징계시작일	징계내용	사원번호
PQ1847	25년 07월 11일	유체스티커 미부착	2025-07-12	1 작업일 출력 중지	W981204
PQ2953	25년 07월 05일	용접부 비드 불량	2025-07-06	1 작업일 출력 중지	W427581
PS1538	25년 06월 18일	안전서류 미비	2025-06-20	1 작업일 출력 중지	W238407
VQ3819	25년 06월 25일	용접부 슬래그 함유물	2025-06-26	1 작업일 출력 중지	W850619
VQ4625	25년 06월 24일	용접 라멜라 찢어짐	2025-06-25	3 작업일 출력 중지	W591043
VQ9071	25년 06월 17일	용접 크기 부족	2025-06-18	1 작업일 출력 중지	W763501
VS2094	25년 06월 28일	최대적재 하중 무시	2025-06-29	1 작업일 출력 중지	W573980
VS5630	25년 06월 13일	생명줄 미설치	2025-06-14	3 작업일 출력 중지	W365792
VS6781	25년 07월 06일	정밀 안전진단 미실시	2025-07-08	3 작업일 출력 중지	W946218
VS7402	25년 07월 07일	보호구 미비	2025-07-08	1 작업일 출력 중지	W142837

조건

[테이블2] 이름 : 임직원현황

[테이블2] : 아래 ≪출력형태≫를 참고하여 테이블을 직접 작성하고 디자인을 적용하시오. 단, 작업위치는 'Zone'으로 시작하는 데이터만 입력받도록 유효성 검사를 이용하시오.

필드 이름	사원번호	임직원명	작업위치	연락처	메일주소
데이터 형식	짧은 텍스트	짧은 텍스트	짧은 텍스트	짧은 텍스트	짧은 텍스트
크기(또는 형식)	8	6	10 유효성 검사	13	20

출력형태	사원번호	임직원명	작업위치	연락처	메일주소
	W142837	정하준	Zone1	010-1??1-1111	jhj@worker.co.kr
	W238407	임서연	Zone1	010-2??2-2222	imsy@worker.co.kr
	W365792	박지후	Zone2	010-3??3-3333	pjk@worker.co.kr
	W427581	김민준	Zone1	010-4??4-4444	kmj@worker.co.kr
	W573980	장유진	Zone2	010-5??5-5555	jyj@worker.co.kr
	W591043	조민서	Zone2	010-6??6-6666	jms@worker.co.kr
	W763501	강지민	Zone1	010-7??7-7777	kjm@worker.co.kr
	W850619	최예준	Zone3	010-8??8-8888	cyj@worker.co.kr
	W946218	윤지우	Zone3	010-9??9-9999	yji@worker.co.kr
	W981204	이서준	Zone3	010-0??0-1000	isj@worker.co.kr

문제 2

[테이블1:불합리징계정보]를 이용하여 다음과 같은 조건에 따라 쿼리를 완성하시오. **90**점

조건

(1) 쿼리 이름 : 불합리징계정보현황

(2) 징계유형 : 징계코드의 두 번째 글자가 'Q'이면 '품질', 'S'이면 '안전'으로 적용(SWITCH, MID 함수 사용)

(3) 징계종료일 : [징계시작일+징계일 – 1] 적용. 징계일은 징계내용의 첫 글자로 적용하고, 징계종료일이 일요일이면 다음날로 적용(IIF, WEEKDAY, LEFT 함수 사용)

(4) 교육사항 : 징계코드 앞 두 글자가 'VQ'이면 '품질교육실시', 'VS'이면 '안전교육실시', 그 외 공백으로 적용(IIF, LEFT 함수 사용)

(5) 징계종료일은 자세한 날짜 형식, 불합리내용에 대해 오름차순으로 정렬

출력형태

징계코드	징계유형	발생일	불합리내용	징계시작일	징계종료일	징계내용	교육사항	사원번호
VS7402	안전	25년 07월 07일	보호구 미비	2025-07-08	2025년 7월 8일 화요일	1 작업일 출력 중지	안전교육실시	W142837
VS5630	안전	25년 06월 13일	생명줄 미설치	2025-06-14	2025년 6월 16일 월요일	3 작업일 출력 중지	안전교육실시	W365792
PS1538	안전	25년 06월 18일	안전서류 미비	2025-06-20	2025년 6월 20일 금요일	1 작업일 출력 중지		W238407
VQ4625	품질	25년 06월 24일	용접 라멜라 찢어짐	2025-06-25	2025년 6월 27일 금요일	3 작업일 출력 중지	품질교육실시	W591043
VQ9071	품질	25년 06월 17일	용접 크기 부족	2025-06-18	2025년 6월 18일 수요일	1 작업일 출력 중지	품질교육실시	W763501
PQ2953	품질	25년 07월 05일	용접부 비드 불량	2025-07-06	2025년 7월 7일 월요일	1 작업일 출력 중지		W427581
VQ3819	품질	25년 06월 25일	용접부 슬래그 함유물	2025-06-26	2025년 6월 26일 목요일	1 작업일 출력 중지	품질교육실시	W850619
PQ1847	품질	25년 07월 11일	유체스티커 미부착	2025-07-12	2025년 7월 12일 토요일	1 작업일 출력 중지		W981204
VS6781	안전	25년 07월 06일	정밀 안전진단 미실시	2025-07-08	2025년 7월 10일 목요일	3 작업일 출력 중지	안전교육실시	W946218
VS2094	안전	25년 06월 28일	최대적재 하중 무시	2025-06-29	2025년 6월 30일 월요일	1 작업일 출력 중지	안전교육실시	W573980

문제 3

[테이블1:불합리징계정보]와 [테이블2:임직원현황]을 이용하여 다음과 같은 조건에 따라 쿼리를 완성하시오. 80점

조건

(1) 쿼리 이름 : 불합리징계정보현황 분석
(2) 테이블조인 : '사원번호'를 기준으로 관계 설정(조건 : 두 테이블의 조인된 필드가 일치하는 행만 포함)
(3) 작업위치가 'Zone1'이 아니면서 징계내용이 '1 작업일 출력 중지'인 데이터를 추출하고, 징계시작일을 기준으로 정렬하여 ≪출력형태≫와 같이 선택 쿼리를 작성하시오.

출력형태

징계코드	징계시작일	임직원명	작업위치	불합리내용
PQ1847	2025-07-12	이서준	Zone3	유체스티커 미부착
VS2094	2025-06-29	장유진	Zone2	최대적재 하중 무시
VQ3819	2025-06-26	최예준	Zone3	용접부 슬래그 함유물

문제 4

[쿼리:불합리징계정보현황]을 이용하여 다음과 같은 모양의 폼을 설계하시오. 80점

조건

(1) 폼 이름 : 불합리징계정보현황 폼
(2) 폼 제목 : 굴림, 22pt, 굵게, 가운데 맞춤, 특수 효과 : 그림자
(3) 위험요소 : 불합리내용에 '용접'이 포함되어 있으면 '화재, 폭발 위험', 그 이외에는 공백으로 적용 (IIF 함수 사용)
(4) '불합리징계정보현황 폼'의 머리글 영역에 제목과 징계코드를 작성하고, 본문에 '징계코드' 필드를 기준으로 연결하여 '불합리징계정보' 폼을 하위 폼으로 추가하시오.
(5) 징계코드 : 입력란을 '콤보 상자'로 변경하시오.
(6) 보고서 버튼을 추가하고, 클릭하면 '불합리징계정보현황 보고서'가 나타나도록 하시오(가로 – 2 cm, 세로 – 1 cm).
(7) 로고 삽입(내 PC₩문서₩ITQ₩Picture₩로고2.jpg), 특수 효과 – 볼록, 크기(가로 – 2 cm, 세로 – 1 cm).

출력형태

불합리징계정보현황 폼

징계코드	VS7402

불합리징계정보

발생일	25년 07월 07일	징계유형	안전
불합리내용	보호구 미비	징계내용	1 작업일 출력 중지
징계시작일	2025-07-08	징계종료일	2025년 7월 8일 화요일
교육사항	안전교육실시	위험요소	

레코드: 1/10 필터 없음 검색

문제 5 [쿼리:불합리징계정보현황]을 이용하여 보고서를 작성하시오. 80점

조건

(1) 보고서 이름 : 불합리징계정보현황 보고서
(2) 보고서 제목 : 궁서, 24pt, 굵게, 밑줄, 가운데 맞춤
(3) 보고서 머리글 부분의 날짜는 DATESERIAL 함수를 이용하여 표시
(4) 징계유형으로 그룹화하고, '발생일'에 대해 오름차순으로 정렬
(5) 불합리내용의 개수, 총개수는 함수를 이용하여 계산(굵게, COUNT 함수 사용)
(6) 조건부 서식을 이용하여 '징계내용'이 '3 작업일 출력 중지'인 경우 다음의 서식을 적용(글꼴 – 굵게, 배경색 – 노랑)

출력형태

불합리징계정보현황 보고서

2025년 7월 12일 토요일

징계유형	발생일	불합리내용	징계시작일	징계종료일	징계내용
안전					
	2025-06-13	생명줄 미설치	2025-06-14	2025-06-16	**3 작업일 출력 중지**
	2025-06-18	안전서류 미비	2025-06-20	2025-06-20	1 작업일 출력 중지
	2025-06-28	최대적재 하중 무시	2025-06-29	2025-06-30	1 작업일 출력 중지
	2025-07-06	정밀 안전진단 미실시	2025-07-08	2025-07-10	**3 작업일 출력 중지**
	2025-07-07	보호구 미비	2025-07-08	2025-07-08	1 작업일 출력 중지
개수		**5개**			
품질					
	2025-06-17	용접 크기 부족	2025-06-18	2025-06-18	1 작업일 출력 중지
	2025-06-24	용접 라멜라 찢어짐	2025-06-25	2025-06-27	**3 작업일 출력 중지**
	2025-06-25	용접부 슬래그 함유물	2025-06-26	2025-06-26	1 작업일 출력 중지
	2025-07-05	용접부 비드 불량	2025-07-06	2025-07-07	1 작업일 출력 중지
	2025-07-11	유체스티커 미부착	2025-07-12	2025-07-12	1 작업일 출력 중지
개수		**5개**			
총개수		**10개**			

문제 6 [테이블2:임직원현황]을 이용하여 레이블 보고서를 작성하시오. 70점

조건

(1) 레이블 보고서 이름 : 임직원현황 레이블
(2) 표준레이블 : 제조업체 A – ONE, 제품번호 28315(세로*가로 : 34 mm × 64 mm/개수 : 3)
(3) 글꼴색과 크기 : 돋움, 10pt, 중간, 검정
(4) 레이블의 필드 순서 : 사원번호, 임직원명, 작업위치, 연락처
(5) 레이블 출력 순서 : 임직원명에 대해 내림차순으로 정렬
(6) 필드 표현방법 : 사원번호, 임직원명 – ≪출력형태≫와 같이 적용(굵게, & 연산자 사용)
　　　　　　　　　작업위치 – ≪출력형태≫와 같이 적용(& 연산자 사용)
　　　　　　　　　연락처 – 연락처의 뒤 4자리를 대신하여 '#'으로 연결하여 ≪출력형태≫와 같이 적용
　　　　　　　　　(LEFT 함수, & 연산자 사용)

출력형태 (전체 데이터 출력물 중 일부만 캡처된 화면임)

[₩850619] 최예준 작업자	[₩591043] 조민서 작업자	[₩142837] 정하준 작업자
작업 위치 : Zone3	작업 위치 : Zone2	작업 위치 : Zone1
연락처 : 010-8??8-####	연락처 : 010-6??6-####	연락처 : 010-1??1-####

[₩573980] 장유진 작업자	[₩238407] 임서연 작업자	[₩981204] 이서준 작업자
작업 위치 : Zone2	작업 위치 : Zone1	작업 위치 : Zone3
연락처 : 010-5??5-####	연락처 : 010-2??2-####	연락처 : 010-0??0-####

최신 기출문제 02회

수험번호 20265002 **정답파일** Part 03 최신 기출문제₩최신기출02회_정답.accdb

다음은 ○○상사의 거래처를 관리할 데이터베이스를 작성하기 위한 내용이다.
주어진 ≪조건≫에 맞게 문서를 작성하시오.

문제 1 — 주어진 엑셀 데이터와 다음 ≪조건≫을 이용하여 테이블을 작성하시오. (100점)

조건

[테이블1] 이름 : 거래처정보

[테이블1] : 최신기출02회.xlsx(시트명 : B유형)에 있는 엑셀 데이터를 가져와 테이블을 작성한 후, 다음 디자인을 적용하시오. 단, 단가는 목록값(30280, 42900, 44780)만 허용하는 콤보 상자를 이용하여 직접 입력하시오.

필드 이름	거래처코드	거래처명	거래시작일	수량(kg)	단가	담당자코드
데이터 형식	짧은 텍스트	짧은 텍스트	날짜/시간	숫자	숫자	짧은 텍스트
크기 (또는 형식)	8 기본키 설정	15	간단한 날짜	정수(Long) 표준	정수(Long) 표준, 콤보 상자	6

출력형태

거래처코드	거래처명	거래시작일	수량(kg)	단가	담당자코드
15CS085	팡그루	2015-08-02	42	30,280	P37481
15EY013	오프아이디어	2015-01-16	12	42,900	P32545
16CS093	시즌카페	2016-09-30	18	30,280	P35836
17BY053	온앤온커피	2017-05-07	15	44,780	P26373
17EY063	구워르텐	2017-06-09	13	42,900	P34191
19BY115	파머스카페	2019-11-30	38	44,780	P43654
21CS028	커피프린스	2021-02-07	50	30,280	P32137
22EY063	스타빈스로드	2022-06-03	15	42,900	P40772
23BY113	플랫커피	2023-11-11	10	44,780	P39126
23CS033	카페일상적	2023-03-25	12	30,280	P29255

조건

[테이블2] 이름 : 담당자현황

[테이블2] : 아래 ≪출력형태≫를 참고하여 테이블을 직접 작성하고 디자인을 적용하시오.
단, 메일주소는 '@company.com'으로 끝나는 데이터만 입력받도록 유효성 검사를 이용하시오.

필드 이름	담당자코드	담당자명	직급	연락처	메일주소
데이터 형식	짧은 텍스트	짧은 텍스트	짧은 텍스트	짧은 텍스트	짧은 텍스트
크기(또는 형식)	6	10	5	13	20 유효성 검사

출력형태	담당자코드	담당자명	직급	연락처	메일주소
	P26373	위현찬	대리	010-1234-0??3	hcwi@company.com
	P29255	김혁주	사원	010-2345-9??2	hjkim@company.com
	P32137	송윤하	사원	010-3456-8??1	yhsong@company.com
	P32545	이인태	대리	010-4567-7??0	itlee@company.com
	P34191	여동민	과장	010-5678-6??9	dmyeo@company.com
	P35836	이승훈	대리	010-6789-5??8	shlee@company.com
	P37481	이은유	사원	010-7890-4??7	eylee@company.com
	P39126	김유리	사원	010-8901-3??6	yrkim@company.com
	P40772	류수민	대리	010-9012-2??5	smryu@company.com
	P43654	신정훈	과장	010-0123-1??4	jhshin@company.com

문제 2

[테이블1:거래처정보]를 이용하여 다음과 같은 조건에 따라 쿼리를 완성하시오. 90점

조건

(1) 쿼리 이름 : 거래처정보현황
(2) 원두종류 : 거래처코드의 3, 4번째 글자가 'BY'이면 '브라질 옐로우버번', 'CS'이면 '콜롬비아 수프리모', 'EY'이면 '에티오피아 예가체프'로 적용(SWITCH, MID 함수 사용)
(3) 거래개월수 : 거래시작일과 기준일과의 개월 수 차이로 계산. 단, 기준일은 '2025 – 05 – 01'로 적용(DATEDIFF, DATESERIAL 함수 사용)
(4) 거래금액 : 「수량(kg) × (단가 × (1 – 할인율))」로 계산. 단, 할인율은 거래처코드 마지막 글자에 1%를 곱하여 적용(RIGHT 함수 사용)
(5) 거래금액은 통화 형식, 거래처명에 대해 오름차순으로 정렬

출력형태

거래처코드	거래처명	원두종류	거래시작일	거래개월수	수량(kg)	단가	거래금액	담당자코드
17EY063	구워르텐	에티오피아 예가체프	2017-06-09	95	13	42,900	₩540,969	P34191
22EY063	스타빈스로드	에티오피아 예가체프	2022-06-03	35	15	42,900	₩624,195	P40772
16CS093	시즌카페	콜롬비아 수프리모	2016-09-30	104	18	30,280	₩528,689	P35836
15EY013	오프아이디어	에티오피아 예가체프	2015-01-16	124	12	42,900	₩499,356	P32545
17BY053	온앤온커피	브라질 옐로우버번	2017-05-07	96	15	44,780	₩651,549	P26373
23CS033	카페일상적	콜롬비아 수프리모	2023-03-25	26	12	30,280	₩352,459	P29255
21CS028	커피프린스	콜롬비아 수프리모	2021-02-07	51	50	30,280	₩1,392,880	P32137
19BY115	파머스카페	브라질 옐로우버번	2019-11-30	66	38	44,780	₩1,616,558	P43654
15CS085	팡그루	콜롬비아 수프리모	2015-08-02	117	42	30,280	₩1,208,172	P37481
23BY113	플랫커피	브라질 옐로우버번	2023-11-11	18	10	44,780	₩434,366	P39126

문제 3

[테이블1:거래처정보]와 [테이블2:담당자현황]을 이용하여 다음과 같은 조건에 따라 쿼리를 완성하시오. **80점**

조건
(1) 쿼리 이름 : 거래처정보현황 분석
(2) 테이블조인 : '담당자코드'를 기준으로 관계 설정(조건 : 두 테이블의 조인된 필드가 일치하는 행만 포함)
(3) 직급이 '과장'이 아니면서 거래시작일이 '2017'년 이전(해당년도 포함)인 데이터를 추출하고, 거래처명을 기준으로 정렬하여 ≪출력형태≫와 같이 선택 쿼리를 작성하시오.

출력형태

거래시작일	거래처명	담당자명	연락처	수량(kg)
2015-08-02	팡그루	이은유	010-7890-4??7	42
2017-05-07	온앤온커피	위현찬	010-1234-0??3	15
2015-01-16	오프아이디어	이인태	010-4567-7??0	12
2016-09-30	시즌카페	이승훈	010-6789-5??8	18

문제 4

[쿼리:거래처정보현황]을 이용하여 다음과 같은 모양의 폼을 설계하시오. **80점**

조건
(1) 폼 이름 : 거래처정보현황 폼
(2) 폼 제목 : 굴림, 22pt, 굵게, 가운데 맞춤, 특수 효과 : 그림자
(3) 할인쿠폰 : 수량(kg)이 '25' 이상이면 '발급', 그렇지 않으면 '없음'으로 적용(IIF 함수 사용)
(4) '거래처정보현황 폼'의 머리글 영역에 제목과 거래처코드를 작성하고, 본문에 '거래처코드' 필드를 기준으로 연결하여 '거래처정보' 폼을 하위 폼으로 추가하시오.
(5) 거래처코드 : 입력란을 '콤보 상자'로 변경하시오.
(6) 원두종류는 수정할 수 없게 작성하고, 클릭할 경우 아래와 같은 메시지 폼을 출력하시오.
(7) 로고 삽입(내 PC₩문서₩ITQ₩Picture₩로고1.jpg), 특수 효과 – 볼록, 크기(가로 – 2 cm, 세로 – 1 cm).

출력형태

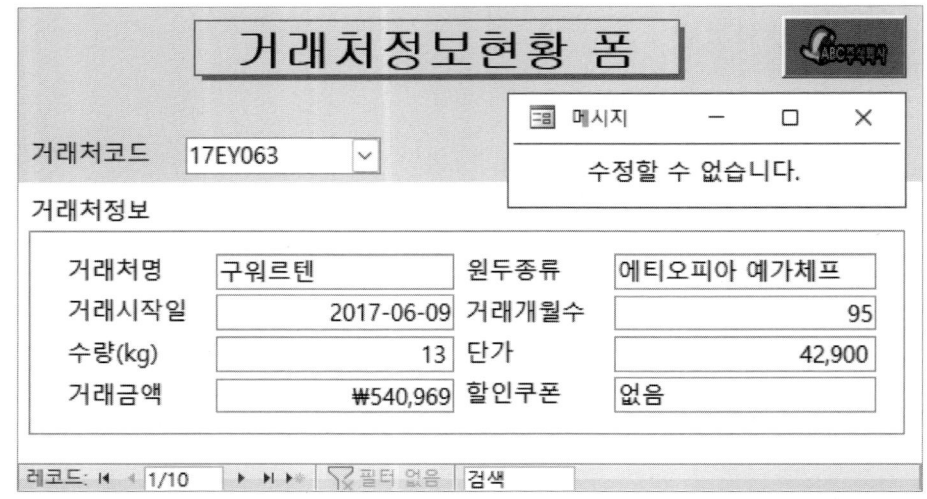

문제 5 [쿼리:거래처정보현황]을 이용하여 보고서를 작성하시오. 80점

조건

(1) 보고서 이름 : 거래처정보현황 보고서
(2) 보고서 제목 : 궁서, 24pt, 굵게, 밑줄, 가운데 맞춤
(3) 보고서 머리글 부분의 날짜는 DATESERIAL 함수를 이용하여 표시
(4) 원두종류로 그룹화하고, '거래시작일'에 대해 내림차순으로 정렬
(5) 수량의 합계, 총합계는 함수를 이용하여 계산(굵게, SUM 함수 사용)
(6) 조건부 서식을 이용하여 '수량(kg)'이 '30' 이상인 경우 다음의 서식을 적용(글꼴 – 굵게, 배경색 – 노랑)

출력형태

거래처정보현황 보고서

2025년 5월 10일 토요일

원두종류	거래시작일	거래처명	수량(kg)	담당자코드	거래금액
브라질 옐로우버번					
	2023-11-11	플랫커피	10	P39126	₩434,366
	2019-11-30	파머스카페	38	P43654	₩1,616,558
	2017-05-07	온앤온커피	15	P26373	₩651,549
합계			63		
에티오피아 예가체프					
	2022-06-03	스타빈스로드	15	P40772	₩624,195
	2017-06-09	구워르텐	13	P34191	₩540,969
	2015-01-16	오프아이디어	12	P32545	₩499,356
합계			40		
콜롬비아 수프리모					
	2023-03-25	카페일상적	12	P29255	₩352,459
	2021-02-07	커피프린스	50	P32137	₩1,392,880
	2016-09-30	시즌카페	18	P35836	₩528,689
	2015-08-02	팡그루	42	P37481	₩1,208,172
합계			122		
총합계			225		

문제 6 [테이블2:담당자현황]을 이용하여 레이블 보고서를 작성하시오. 70점

조건	(1) 레이블 보고서 이름 : 담당자현황 레이블 (2) 표준레이블 : 제조업체 A – ONE, 제품번호 28315(세로*가로 : 34 mm × 64 mm/개수 : 3) (3) 글꼴색과 크기 : 굴림, 10pt, 중간, 검정 (4) 레이블의 필드 순서 : 담당자코드, 담당자명, 직급, 메일주소 (5) 레이블 출력 순서 : 담당자명에 대해 내림차순으로 정렬 (6) 필드 표현방법 : 담당자코드 – ≪출력형태≫와 같이 적용(굵게, & 연산자 사용) 　　　　　　　　담당자명, 직급 – ≪출력형태≫와 같이 적용(& 연산자 사용) 　　　　　　　　메일주소 – '@company.com'를 공백으로 치환하여 ≪출력형태≫와 같이 적용 　　　　　　　　(REPLACE 함수, & 연산자 사용)
출력형태	(전체 데이터 출력물 중 일부만 캡처된 화면임) **[P32545]**　　　　　　　　**[P37481]**　　　　　　　　**[P35836]** 담당자 : 이인태 대리　　　　담당자 : 이은유 사원　　　　담당자 : 이승훈 대리 아이디 : itlee　　　　　　　아이디 : eylee　　　　　　　아이디 : shlee **[P26373]**　　　　　　　　**[P34191]**　　　　　　　　**[P43654]** 담당자 : 위현찬 대리　　　　담당자 : 여동민 과장　　　　담당자 : 신정훈 과장 아이디 : hcwi　　　　　　　아이디 : dmyeo　　　　　　　아이디 : jhshin

최신 기출문제 03회

수험번호 20265003　**정답파일** Part 03 최신 기출문제\최신기출03회_정답.accdb

다음은 ○○호텔의 객실예약업무를 관리할 데이터베이스를 작성하기 위한 내용이다.
주어진 ≪조건≫에 맞게 문서를 작성하시오.

문제 1　주어진 엑셀 데이터와 다음 ≪조건≫을 이용하여 테이블을 작성하시오.　100점

조건

[테이블1] 이름 : 객실예약정보

[테이블1] : 최신기출03회.xlsx(시트명 : B유형)에 있는 엑셀 데이터를 가져와 테이블을 작성한 후, 다음 디자인을 적용하시오. 단, 예약채널은 목록값(카카오, 홈페이지, 기타)만 허용하는 콤보 상자를 이용하여 직접 입력하시오.

필드 이름	예약번호	예약일자	예약채널	체크인	투숙기간	1박요금
데이터 형식	짧은 텍스트	날짜/시간	짧은 텍스트	날짜/시간	숫자	숫자
크기 (또는 형식)	6 기본키 설정	간단한 날짜	4 콤보 상자	간단한 날짜	정수(Long)	정수(Long) 통화

출력형태

예약번호	예약일자	예약채널	체크인	투숙기간	1박요금
2015-S	2025-04-02	기타	2025-05-31	5	₩50,000
2021-A	2025-03-29	홈페이지	2025-05-25	5	₩60,000
2026-A	2025-04-02	카카오	2025-05-18	6	₩275,000
2029-B	2025-04-16	기타	2025-05-29	5	₩280,000
3017-S	2025-04-28	홈페이지	2025-05-12	4	₩50,000
3018-B	2025-04-15	카카오	2025-05-24	10	₩320,000
3022-A	2025-03-30	카카오	2025-05-06	7	₩100,000
3030-S	2025-04-06	카카오	2025-05-30	7	₩160,000
3033-A	2025-03-31	기타	2025-05-16	3	₩130,000
3034-B	2025-04-01	홈페이지	2025-05-20	5	₩160,000

조건

[테이블2] 이름 : 회원정보

[테이블2] : 아래 ≪출력형태≫를 참고하여 테이블을 직접 작성하고 디자인을 적용하시오.
단, 보유포인트는 '0' 이상의 데이터 값만 입력되도록 유효성 검사를 이용하시오.

필드 이름	회원ID	회원명	생년월일	보유포인트	예약번호
데이터 형식	짧은 텍스트	짧은 텍스트	날짜/시간	숫자	짧은 텍스트
크기(또는 형식)	8	10	간단한 날짜	정수(Long) 유효성 검사	6

출력형태	회원ID	회원명	생년월일	보유포인트	예약번호
	12utq5	정지훈	1995-02-05	9852	2021-A
	6754user	이현우	1992-05-06	17387	3022-A
	7soul88	오동우	1984-06-15	78126	3033-A
	asdf060	김종인	1985-09-04	0	3034-B
	qwe123	김동하	1997-09-01	88070	2015-S
	rain997	김종배	1989-11-08	68782	2026-A
	rty98ab	이상혁	2001-05-31	37215	3017-S
	wer733	김혁규	1999-01-05	158600	3018-B
	zaq089	강구혁	1998-04-05	47892	2029-B
	zxc11tr	박진성	1987-11-15	56782	3030-S

문제 2

[테이블1:객실예약정보]를 이용하여 다음과 같은 조건에 따라 쿼리를 완성하시오. **90점**

조건	
	(1) 쿼리 이름 : 객실예약정보현황
	(2) 객실구분 : 예약번호 세 번째 글자가 '1'이면 'Standard', '2'이면 'Suite', '3'이면 'Deluxe'로 적용(CHOOSE, MID 함수 사용)
	(3) 체크아웃 : 체크인 날짜에 투숙기간을 더하여 적용(DATEADD 함수 사용)
	(4) 총금액 : 「투숙기간 × 1박요금 × 할인할증율」로 계산. 단, 할인할증율은 체크인이 금요일 또는 토요일이면 30% 할증, 그 외는 10% 할인하여 적용(IIF, WEEKDAY 함수 사용)
	(5) 체크아웃은 보통 날짜, 총금액은 통화 형식, 체크인에 대해 오름차순으로 정렬

출력형태	예약번호	예약일자	예약채널	객실구분	체크인	체크아웃	투숙기간	1박요금	총금액
	3022-A	2025-03-30	카카오	Suite	2025-05-06	25년 05월 13일	7	₩100,000	₩630,000
	3017-S	2025-04-28	홈페이지	Standard	2025-05-12	25년 05월 16일	4	₩50,000	₩180,000
	3033-A	2025-03-31	기타	Deluxe	2025-05-16	25년 05월 19일	3	₩130,000	₩507,000
	2026-A	2025-04-02	카카오	Suite	2025-05-18	25년 05월 24일	6	₩275,000	₩1,485,000
	3034-B	2025-04-01	홈페이지	Deluxe	2025-05-20	25년 05월 25일	5	₩160,000	₩720,000
	3018-B	2025-04-15	카카오	Standard	2025-05-24	25년 06월 03일	10	₩320,000	₩4,160,000
	2021-A	2025-03-29	홈페이지	Suite	2025-05-25	25년 05월 30일	5	₩60,000	₩270,000
	2029-B	2025-04-16	기타	Suite	2025-05-29	25년 06월 03일	5	₩280,000	₩1,260,000
	3030-S	2025-04-06	카카오	Deluxe	2025-05-30	25년 06월 06일	7	₩160,000	₩1,456,000
	2015-S	2025-04-02	기타	Standard	2025-05-31	25년 06월 05일	5	₩50,000	₩325,000

문제 3

[테이블1:객실예약정보]와 [테이블2:회원정보]를 이용하여 다음과 같은 조건에 따라 쿼리를 완성하시오. 80점

조건

(1) 쿼리 이름 : 객실예약정보현황 분석

(2) 테이블조인 : '예약번호'를 기준으로 관계 설정(조건 : 두 테이블의 조인된 필드가 일치하는 행만 포함)

(3) 예약채널이 '홈페이지'가 아니면서 투숙기간이 '5' 일 이하인 데이터를 추출하고, 1박요금을 기준으로 정렬하여 ≪출력형태≫와 같이 선택 쿼리를 작성하시오.

출력형태

회원명	생년월일	체크인	투숙기간	1박요금
강구혁	1998-04-05	2025-05-29	5	₩280,000
오동우	1984-06-15	2025-05-16	3	₩130,000
김동하	1997-09-01	2025-05-31	5	₩50,000

문제 4

[쿼리:객실예약정보현황]을 이용하여 다음과 같은 모양의 폼을 설계하시오. 80점

조건

(1) 폼 이름 : 객실예약정보현황 폼

(2) 폼 제목 : 굴림, 22pt, 굵게, 가운데 맞춤, 특수 효과 : 그림자

(3) 특전 : 예약번호의 마지막 글자가 'A'이면 '조식/스파 포함', 'B'이면 '조식 포함', 'S'이면 '스파 포함'으로 ≪출력형태≫와 같이 적용(SWITCH, RIGHT 함수 사용)

(4) '객실예약정보현황 폼'의 머리글 영역에 제목과 예약번호를 작성하고, 본문에 '예약번호' 필드를 기준으로 연결하여 '객실예약정보' 폼을 하위 폼으로 추가하시오.

(5) 예약번호 : 입력란을 '콤보 상자'로 변경하시오.

(6) 보고서 버튼을 추가하고, 클릭하면 '객실예약정보현황 보고서'가 나타나도록 하시오(가로 – 2cm, 세로 – 1cm).

(7) 로고 삽입(내 PC₩문서₩ITQ₩Picture₩로고2.jpg), 특수 효과 – 볼록, 크기(가로 – 2 cm, 세로 – 1 cm).

출력형태

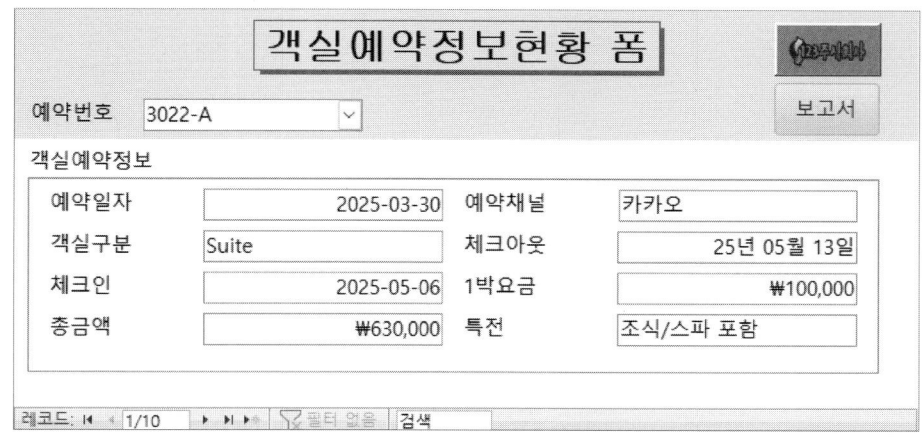

문제 5 [쿼리:객실예약정보현황]을 이용하여 보고서를 작성하시오. 80점

조건
(1) 보고서 이름 : 객실예약정보현황 보고서
(2) 보고서 제목 : 궁서, 24pt, 굵게, 밑줄, 가운데 맞춤
(3) 보고서 머리글 부분의 날짜는 DATESERIAL 함수를 이용하여 표시
(4) 예약채널로 그룹화하고, '예약일자'에 대해 오름차순으로 정렬
(5) 1박요금의 평균, 총평균은 함수를 이용하여 계산(굵게, AVG 함수 사용)
(6) 조건부 서식을 이용하여 '예약일자'가 '3월'인 경우 다음의 서식을 적용(글꼴 – 굵게, 배경색 – 노랑)

출력형태

객실예약정보현황 보고서

2025년 6월 14일 토요일

예약채널	예약일자	객실구분	체크인날짜	체크아웃날짜	1박요금
홈페이지					
	2025-03-29	Suite	2025-05-25	25년 05월 30일	₩60,000
	2025-04-01	Deluxe	2025-05-20	25년 05월 25일	₩160,000
	2025-04-28	Standard	2025-05-12	25년 05월 16일	₩50,000
평균					**₩90,000**
카카오					
	2025-03-30	Suite	2025-05-06	25년 05월 13일	₩100,000
	2025-04-02	Suite	2025-05-18	25년 05월 24일	₩275,000
	2025-04-06	Deluxe	2025-05-30	25년 06월 06일	₩160,000
	2025-04-15	Standard	2025-05-24	25년 06월 03일	₩320,000
평균					**₩213,750**
기타					
	2025-03-31	Deluxe	2025-05-16	25년 05월 19일	₩130,000
	2025-04-02	Standard	2025-05-31	25년 06월 05일	₩50,000
	2025-04-16	Suite	2025-05-29	25년 06월 03일	₩280,000
평균					**₩153,333**
총평균					**₩158,500**

문제 6 [테이블2:회원정보]를 이용하여 레이블 보고서를 작성하시오. 70점

조건

(1) 레이블 보고서 이름 : 회원정보 레이블
(2) 표준레이블 : 제조업체 A – ONE, 제품번호 28315(세로*가로 : 34 mm × 64 mm/개수 : 3)
(3) 글꼴색과 크기 : 돋움, 10pt, 중간, 검정
(4) 레이블의 필드 순서 : 회원명, 회원ID, 생년월일, 보유포인트
(5) 레이블 출력 순서 : 보유포인트에 대해 내림차순으로 정렬
(6) 필드 표현방법 : 회원명, 회원ID – ≪출력형태≫와 같이 적용(굵게, & 연산자 사용)
　　　　　　　　　생년월일 – ≪출력형태≫와 같이 적용(FORMAT 함수 사용)
　　　　　　　　　보유포인트 – ≪출력형태≫와 같이 적용(& 연산자 사용)

출력형태

(전체 데이터 출력물 중 일부만 캡처된 화면임)

김혁규 [wer733]	김동하 [qwe123]	오동우 [7soul88]
1999년 1월생	1997년 9월생	1984년 6월생
보유 Point : 158600원	보유 Point : 88070원	보유 Point : 78126원
김종배 [rain997]	박진성 [zxc11tr]	강구혁 [zaq089]
1989년 11월생	1987년 11월생	1998년 4월생
보유 Point : 68782원	보유 Point : 56782원	보유 Point : 47892원

최신 기출문제 04회

수험번호 20265004　**정답파일** Part 03 최신 기출문제₩최신기출04회_정답.accdb

다음은 ○○중고차매매상사의 중고차매매업무를 관리할 데이터베이스를 작성하기 위한 내용이다. 주어진 ≪조건≫에 맞게 문서를 작성하시오.

문제 1　주어진 엑셀 데이터와 다음 ≪조건≫을 이용하여 테이블을 작성하시오.　100점

조건

[테이블1] 이름 : 차량판매정보

[테이블1] : 최신기출04회.xlsx(시트명 : B유형)에 있는 엑셀 데이터를 가져와 테이블을 작성한 후, 다음 디자인을 적용하시오. 단, 거래플랫폼은 'ON – Line', 'OFF – Line' 데이터만 입력받도록 유효성 검사를 이용하여 직접 입력하시오.

필드 이름	차량번호	차량명	매도일자	매도가격	매수일자	거래플랫폼
데이터 형식	짧은 텍스트	짧은 텍스트	날짜/시간	숫자	날짜/시간	짧은 텍스트
크기(또는 형식)	8 기본키 설정	20	간단한 날짜	정수(Long) 표준	간단한 날짜	8 유효성 검사

출력형태

차량번호	차량명	매도일자	매도가격	매수일자	거래플랫폼
0?1가9012	모닝	2024-01-10	7,700,000	2024-12-07	ON-Line
1?2나3456	쏘나타 하이브리드	2024-02-05	12,900,000	2024-04-29	OFF-Line
2?3하3456	K5 하이브리드	2024-03-08	23,900,000	2024-05-20	ON-Line
3?4다7890	팰리세이드	2024-01-31	34,500,000	2024-06-09	ON-Line
4?5허7890	SM6 2.0	2024-05-07	9,100,000	2024-09-28	OFF-Line
5?6다1234	뉴 QM6	2024-06-15	16,900,000	2024-10-31	OFF-Line
6?7하1234	코란도	2024-08-22	8,600,000	2024-11-22	ON-Line
7?8라5678	아반떼	2024-03-23	6,400,000	2024-06-18	OFF-Line
8?9허5678	카니발	2024-07-30	20,300,000	2024-08-27	ON-Line
9?0마9012	렉스턴 스포츠	2024-04-08	10,900,000	2024-07-09	ON-Line

조건

[테이블2] 이름 : 차량등록정보

[테이블2] : 아래 ≪출력형태≫를 참고하여 테이블을 직접 작성하고 디자인을 적용하시오.
단, 제조사는 목록값(현대, KIA, 쌍용, SM르노)만 허용하는 콤보 상자를 이용하시오.

필드 이름	차량번호	차량명	제조사	주행거리	등록일자
데이터 형식	짧은 텍스트	짧은 텍스트	짧은 텍스트	숫자	날짜/시간
크기(또는 형식)	8	20	10 콤보 상자	정수(Long) 표준	간단한 날짜

출력형태

차량번호	차량명	제조사	주행거리	등록일자
0?1가9012	모닝	KIA	7,493	2023-07-07
1?2나3456	쏘나타 하이브리드	현대	41,326	2021-10-15
2?3하3456	K5 하이브리드	KIA	65,804	2022-03-21
3?4다7890	팰리세이드	현대	106,797	2015-10-27
4?5허7890	SM6 2.0	SM르노	67,619	2019-07-13
5?6다1234	뉴 QM6	SM르노	72,352	2020-07-07
6?7하1234	코란도	쌍용	109,429	2017-04-05
7?8라5678	아반떼	현대	41,446	2019-10-25
8?9허5678	카니발	KIA	25,618	2019-03-15
9?0마9012	렉스턴 스포츠	쌍용	98,702	2018-01-09

문제 2

[테이블1:차량판매정보]를 이용하여 다음과 같은 조건에 따라 쿼리를 완성하시오. **90점**

조건

(1) 쿼리 이름 : 차량판매정보현황
(2) 차량용도 : 차량번호의 네 번째 글자가 '허' 또는 '하'이면 '사업용', 그렇지 않으면 '비사업용'으로 적용(IIF, MID, OR 함수 사용)
(3) 차량인수 : 거래플랫폼이 'ON – Line'이면 '탁송배송', 'OFF – Line'이면 '차고지방문'으로 적용(SWITCH 함수 사용)
(4) 매수가격 : 「매도가격의 125% – (매도가격 × 할인율)」로 계산. 단, 할인율은 매도일자와 매수일자의 월수 차이에 1%를 곱하여 계산(DATEDIFF 함수 사용)
(5) 매수가격은 통화 형식, 매도가격에 대해 내림차순으로 정렬

출력형태

차량번호	차량명	차량용도	거래플랫폼	차량인수	매도일자	매도가격	매수일자	매수가격
3?4다7890	팰리세이드	비사업용	ON-Line	탁송배송	2024-01-31	₩34,500,000	2024-06-09	₩41,400,000
2?3하3456	K5 하이브리드	사업용	ON-Line	탁송배송	2024-03-08	₩23,900,000	2024-05-20	₩29,397,000
8?9허5678	카니발	사업용	ON-Line	탁송배송	2024-07-30	₩20,300,000	2024-08-27	₩25,172,000
5?6다1234	뉴 QM6	비사업용	OFF-Line	차고지방문	2024-06-15	₩16,900,000	2024-10-31	₩20,449,000
1?2나3456	쏘나타 하이브리드	비사업용	OFF-Line	차고지방문	2024-02-05	₩12,900,000	2024-04-29	₩15,867,000
9?0마9012	렉스턴 스포츠	비사업용	ON-Line	탁송배송	2024-04-08	₩10,900,000	2024-07-09	₩13,298,000
4?5허7890	SM6 2.0	사업용	OFF-Line	차고지방문	2024-05-07	₩9,100,000	2024-09-28	₩11,011,000
6?7하1234	코란도	사업용	ON-Line	탁송배송	2024-08-22	₩8,600,000	2024-11-22	₩10,492,000
0?1가9012	모닝	비사업용	ON-Line	탁송배송	2024-01-10	₩7,700,000	2024-12-07	₩8,778,000
7?8라5678	아반떼	비사업용	OFF-Line	차고지방문	2024-03-23	₩6,400,000	2024-06-18	₩7,808,000

문제 3 [테이블1:차량판매정보]와 [테이블2:차량등록정보]를 이용하여 다음과 같은 조건에 따라 쿼리를 완성하시오. 80점

조건
(1) 쿼리 이름 : 차량판매정보현황 분석
(2) 테이블조인 : '차량번호'를 기준으로 관계 설정(조건 : 두 테이블의 조인된 필드가 일치하는 행만 포함)
(3) 제조사가 '현대'이면서 주행거리가 '100,000'이하인 데이터를 추출하고, 차량명을 기준으로 정렬하여 ≪출력형태≫와 같이 선택 쿼리를 작성하시오.

출력형태

차량번호	차량명	주행거리	매도가격	거래플랫폼
7?8라5678	아반떼	41,446	6,400,000	OFF-Line
1?2나3456	쏘나타 하이브리드	41,326	12,900,000	OFF-Line

문제 4 [쿼리:차량판매정보현황]을 이용하여 다음과 같은 모양의 폼을 설계하시오. 80점

조건
(1) 폼 이름 : 차량판매정보현황 폼
(2) 폼 제목 : 굴림, 22pt, 굵게, 가운데 맞춤, 특수 효과 : 그림자
(3) 탁송료 : 거래플랫폼이 'ON – Line'이면 '100,000', 그렇지 않으면 '0' 적용하고, ≪출력형태≫와 같이 적용(IIF 함수 사용)
(4) '차량판매정보현황 폼'의 머리글 영역에 제목과 차량번호를 작성하고, 본문에 '차량번호' 필드를 기준으로 연결하여 '차량판매정보' 폼을 하위 폼으로 추가하시오.
(5) 차량번호 : 입력란을 '콤보 상자'로 변경하시오.
(6) 차량용도는 수정할 수 없게 작성하고, 클릭할 경우 아래와 같은 메시지 폼을 출력하시오.
(7) 로고 삽입(내 PC₩문서₩ITQ₩Picture₩로고3.jpg), 특수 효과 – 볼록, 크기(가로 – 2 cm, 세로 – 1 cm).

출력형태

차량판매정보현황 폼

차량번호 : 3?4다7890

메시지 : 수정할 수 없습니다.

차량판매정보
- 차량명 : 팰리세이드
- 매도일자 : 2024-01-31
- 매수일자 : 2024-06-09
- 차량인수 : 탁송배송
- 차량용도 : 비사업용
- 매도가격 : ₩34,500,000
- 매수가격 : ₩41,400,000
- 탁송료 : ₩100,000

레코드: 1/10 필터 없음 검색

문제 5 [쿼리:차량판매정보현황]을 이용하여 보고서를 작성하시오. 80점

조건

(1) 보고서 이름 : 차량판매정보현황 보고서
(2) 보고서 제목 : 궁서, 24pt, 굵게, 밑줄, 가운데 맞춤
(3) 보고서 머리글 부분의 날짜는 DATESERIAL 함수를 이용하여 표시
(4) 차량용도로 그룹화하고, '매도일자'에 대해 내림차순으로 정렬
(5) 매도가격의 평균, 총평균은 함수를 이용하여 계산(굵게, AVG 함수 사용)
(6) 조건부 서식을 이용하여 '매도가격'이 '10,000,000' 미만인 경우 다음의 서식을 적용(글꼴 – 굵게, 배경색 – 노랑)

출력형태

차량판매정보현황 보고서

2025년 2월 8일 토요일

차량용도	차량번호	차량명	매도일자	매도가격	매수일자
비사업용					
	5?6다1234	뉴 QM6	2024-06-15	₩16,900,000	2024-10-31
	9?0마9012	렉스턴 스포츠	2024-04-08	₩10,900,000	2024-07-09
	7?8라5678	아반떼	2024-03-23	**₩6,400,000**	2024-06-18
	1?2나3456	쏘나타 하이브리드	2024-02-05	₩12,900,000	2024-04-29
	3?4다7890	팰리세이드	2024-01-31	₩34,500,000	2024-06-09
	0?1가9012	모닝	2024-01-10	**₩7,700,000**	2024-12-07
평균				₩14,883,333	
사업용					
	6?7하1234	코란도	2024-08-22	**₩8,600,000**	2024-11-22
	8?9허5678	카니발	2024-07-30	₩20,300,000	2024-08-27
	4?5허7890	SM6 2.0	2024-05-07	**₩9,100,000**	2024-09-28
	2?3하3456	K5 하이브리드	2024-03-08	₩23,900,000	2024-05-20
평균				₩15,475,000	
총평균				₩15,120,000	

| 문제 6 | [테이블2:차량등록정보]를 이용하여 레이블 보고서를 작성하시오. | 70점 |

조건	(1) 레이블 보고서 이름 : 차량등록정보 레이블 (2) 표준레이블 : 제조업체 A – ONE, 제품번호 28315(세로*가로 : 34 mm × 64 mm/개수 : 3) (3) 글꼴색과 크기 : 굴림, 10pt, 중간, 검정 (4) 레이블의 필드 순서 : 차량명, 차량번호, 주행거리, 등록일자 (5) 레이블 출력 순서 : 주행거리에 대해 내림차순으로 정렬 (6) 필드 표현방법 : 차량명, 차량번호 – ≪출력형태≫와 같이 적용(굵게, & 연산자 사용) 　　　　　　　　주행거리 – ≪출력형태≫와 같이 적용(& 연산자 사용) 　　　　　　　　등록일자 – ≪출력형태≫와 같이 적용(FORMAT 함수, & 연산자 사용)

| 출력형태 | (전체 데이터 출력물 중 일부만 캡처된 화면임)

코란도 [6?7하1234]	**팰리세이드 [3?4다7890]**	**렉스턴 스포츠 [9?0마9012]**
109429km 주행	106797km 주행	98702km 주행
연식 : 17년 4월식	연식 : 15년 10월식	연식 : 18년 1월식
뉴 QM6 [5?6다1234]	**SM6 2.0 [4?5허7890]**	**K5 하이브리드 [2?3하3456]**
72352km 주행	67619km 주행	65804km 주행
연식 : 20년 7월식	연식 : 19년 7월식	연식 : 22년 3월식

최신 기출문제 05회

수험번호 20265005　**정답파일** Part 03 최신 기출문제₩최신기출05회_정답.accdb

다음은 ○○쇼핑몰의 상품판매를 관리할 데이터베이스를 작성하기 위한 내용이다.
주어진 ≪조건≫에 맞게 문서를 작성하시오.

문제 1 주어진 엑셀 데이터와 다음 ≪조건≫을 이용하여 테이블을 작성하시오.   100점

조건

[테이블1] 이름 : 상품판매정보

[테이블1] : 최신기출05회.xlsx(시트명 : B유형)에 있는 엑셀 데이터를 가져와 테이블을 작성한 후, 다음 디자인을 적용하시오. 단, 상품구분은 목록값(데일리, 시즌)만 허용하는 콤보 상자를 이용하여 직접 입력하시오.

필드 이름	상품코드	상품명	상품구분	판매수량	판매단가	할인코드
데이터 형식	짧은 텍스트	짧은 텍스트	짧은 텍스트	숫자	숫자	짧은 텍스트
크기 (또는 형식)	6 기본키 설정	15	5 콤보 상자	정수(Long) 표준	정수(Long) 통화	6

출력형태

상품코드	상품명	상품구분	판매수량	판매단가	할인코드
P00283	트렁크팬티	데일리	390	₩10,000	CP1032
P00333	간절기잠옷	시즌	510	₩15,500	CP7525
P00563	슬랙스	시즌	570	₩12,000	CP4506
P00663	가디건	시즌	1,050	₩28,500	CP7334
P01313	끈나시	데일리	480	₩10,000	CP2945
P01823	여성반바지	시즌	540	₩14,000	CP0392
P05242	작업화	데일리	630	₩26,000	CP5268
P25933	카고반바지	데일리	750	₩14,000	CP3341
S07402	슬링백	데일리	180	₩16,200	CP1262
S20451	백팩	데일리	1,020	₩25,900	CP6533

조건

[테이블2] 이름 : 할인현황

[테이블2] : 아래 ≪출력형태≫를 참고하여 테이블을 직접 작성하고 디자인을 적용하시오.
단, 광고비는 '1,000,000' 이하 데이터만 입력받도록 유효성 검사를 이용하시오.

필드 이름	할인코드	세분류	원가	광고비	수수료율
데이터 형식	짧은 텍스트	짧은 텍스트	숫자	숫자	숫자
크기(또는 형식)	6	15	정수(Long) 표준	정수(Long) 표준, 유효성 검사	실수(Single) 백분율

출력형태

할인코드	세분류	원가	광고비	수수료율
CP0392	여성반바지1+1	3,900	300,000	11.6%
CP1032	남성속옷	3,576	200,000	11.6%
CP1262	슬링백-블랙	5,280	700,000	12.5%
CP2945	끈나시 3종	4,410	100,000	11.6%
CP3341	카고바지	3,900	800,000	11.6%
CP4506	냉감바지	4,800	200,000	11.6%
CP5268	안전화+깔창	11,556	400,000	11.6%
CP6533	백팩-블랙	7,950	500,000	12.5%
CP7334	니트가디건	6,300	1,000,000	11.6%
CP7525	간절기잠옷-허그곰	2,994	300,000	11.6%

문제 2

[테이블1:상품판매정보]를 이용하여 다음과 같은 조건에 따라 쿼리를 완성하시오. **90점**

조건

(1) 쿼리 이름 : 상품판매정보현황

(2) 카테고리 : 상품코드의 첫 번째 글자가 'S'이면 '스포츠/레져', 'P'이면 '패션의류잡화'로 적용
　　　　　(SWITCH, LEFT 함수 사용)

(3) 매출액 : 「판매수량 × (판매단가 − 쿠폰금액)」으로 계산. 단, 쿠폰금액은 상품코드의 두 번째 글자부터 2글자에 100을 곱하여 적용(MID 함수 사용)

(4) 포장사이즈 : 상품코드 마지막 글자가 '1'이면 'L', '2'이면 'M', '3'이면 'S'로 적용
　　　　　(CHOOSE, RIGHT 함수 사용)

(5) 매출액은 통화 형식, 상품명에 대해 오름차순으로 정렬

출력형태

상품코드	카테고리	상품명	상품구분	판매수량	판매단가	매출액	포장사이즈	할인코드
P00663	패션의류잡화	가디건	시즌	1,050	₩28,500	₩29,925,000	S	CP7334
P00333	패션의류잡화	간절기잠옷	시즌	510	₩15,500	₩7,905,000	S	CP7525
P01313	패션의류잡화	끈나시	데일리	480	₩10,000	₩4,752,000	S	CP2945
S20451	스포츠/레져	백팩	데일리	1,020	₩25,900	₩24,378,000	L	CP6533
P00563	패션의류잡화	슬랙스	시즌	570	₩12,000	₩6,840,000	S	CP4506
S07402	스포츠/레져	슬링백	데일리	180	₩16,200	₩2,790,000	M	CP1262
P01823	패션의류잡화	여성반바지	시즌	540	₩14,000	₩7,506,000	S	CP0392
P05242	패션의류잡화	작업화	데일리	630	₩26,000	₩16,065,000	M	CP5268
P25933	패션의류잡화	카고반바지	데일리	750	₩14,000	₩8,625,000	S	CP3341
P00283	패션의류잡화	트렁크팬티	데일리	390	₩10,000	₩3,900,000	S	CP1032

문제 3

[테이블1:상품판매정보]와 [테이블2:할인현황]을 이용하여 다음과 같은 조건에 따라 쿼리를 완성하시오. 80점

조건

(1) 쿼리 이름 : 상품판매정보현황 분석

(2) 테이블조인 : '할인코드'를 기준으로 관계 설정(조건 : 두 테이블의 조인된 필드가 일치하는 행만 포함)

(3) 판매수량이 '500' 이상이고 상품구분이 '데일리'인 데이터를 추출하고, 판매단가를 기준으로 정렬하여 ≪출력형태≫와 같이 선택 쿼리를 작성하시오.

출력형태

상품명	세분류	판매수량	판매단가	광고비
카고반바지	카고바지	750	₩14,000	800,000
백팩	백팩-블랙	1,020	₩25,900	500,000
작업화	안전화+깔창	630	₩26,000	400,000

문제 4

[쿼리:상품판매정보현황]을 이용하여 다음과 같은 모양의 폼을 설계하시오. 80점

조건

(1) 폼 이름 : 상품판매정보현황 폼

(2) 폼 제목 : 굴림, 22pt, 굵게, 가운데 맞춤, 특수 효과 : 그림자

(3) 할인쿠폰 : 상품코드의 세 번째 자리가 '0'이면 '없음', 그렇지 않으면 '있음'으로 적용(IIF, MID 함수 사용)

(4) '상품판매정보현황 폼'의 머리글 영역에 제목과 상품코드를 작성하고, 본문에 '상품코드' 필드를 기준으로 연결하여 '상품판매정보' 폼을 하위 폼으로 추가하시오.

(5) 상품코드 : 입력란을 '콤보 상자'로 변경하시오.

(6) 보고서 버튼을 추가하고, 클릭하면 '상품판매정보현황 보고서'가 나타나도록 하시오(가로 – 2 cm, 세로 – 1 cm).

(7) 로고 삽입(내 PC\문서\ITQ\Picture\로고2.jpg), 특수 효과 – 볼록, 크기(가로 – 2 cm, 세로 – 1 cm).

출력형태

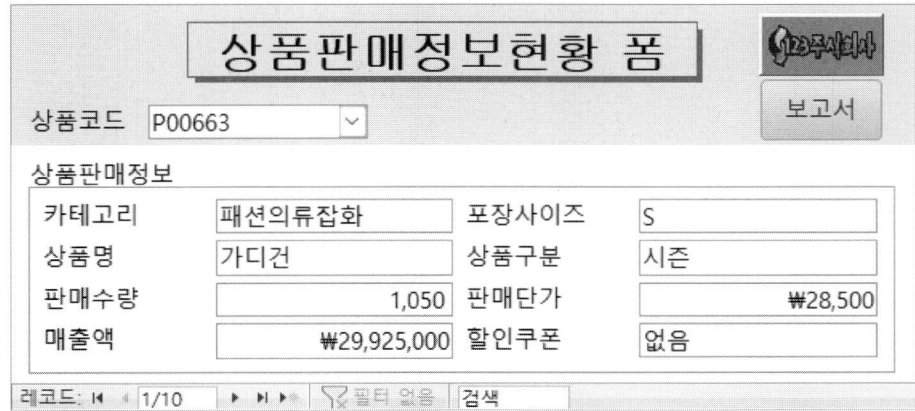

문제 5 [쿼리:상품판매정보현황]을 이용하여 보고서를 작성하시오. 80점

조건

(1) 보고서 이름 : 상품판매정보현황 보고서
(2) 보고서 제목 : 궁서, 24pt, 굵게, 밑줄, 가운데 맞춤
(3) 보고서 머리글 부분의 날짜는 DATESERIAL 함수를 이용하여 표시
(4) 상품구분으로 그룹화하고, '상품명'에 대해 내림차순으로 정렬
(5) 판매수량의 합계, 총합계는 함수를 이용하여 계산(굵게, SUM 함수 사용)
(6) 조건부 서식을 이용하여 '판매수량'이 '1,000' 이상인 경우 다음의 서식을 적용(글꼴 – 굵게, 배경색 – 노랑)

출력형태

상품판매정보현황 보고서

2025년 3월 15일 토요일

상품구분	상품명	포장사이즈	판매수량	판매단가	할인코드
데일리					
	트렁크팬티	S	390	₩10,000	CP1032
	카고반바지	S	750	₩14,000	CP3341
	작업화	M	630	₩26,000	CP5268
	슬링백	M	180	₩16,200	CP1262
	백팩	L	**1,020**	₩25,900	CP6533
	끈나시	S	480	₩10,000	CP2945
합계			3,450		
시즌					
	여성반바지	S	540	₩14,000	CP0392
	슬랙스	S	570	₩12,000	CP4506
	간절기잠옷	S	510	₩15,500	CP7525
	가디건	S	**1,050**	₩28,500	CP7334
합계			2,670		
총합계			6,120		

문제 6 [테이블2:할인현황]을 이용하여 레이블 보고서를 작성하시오. 70점

조건	(1) 레이블 보고서 이름 : 할인현황 레이블
	(2) 표준레이블 : 제조업체 A – ONE, 제품번호 28315(세로*가로 : 34 mm × 64 mm/개수 : 3)
	(3) 글꼴색과 크기 : 돋움, 10pt, 중간, 검정
	(4) 레이블의 필드 순서 : 할인코드, 세분류, 원가, 수수료율
	(5) 레이블 출력 순서 : 원가에 대해 내림차순으로 정렬
	(6) 필드 표현방법 : 할인코드 – ≪출력형태≫와 같이 적용(굵게, & 연산자 사용)
	세분류 – ≪출력형태≫와 같이 적용(& 연산자 사용)
	원가, 수수료율 –「원가 × 수수료율」로 계산하여 ≪출력형태≫와 같이 적용
	(FORMAT 함수, & 연산자 사용)
출력형태	(전체 데이터 출력물 중 일부만 캡처된 화면임)

코 드 : **[CP5268]**	코 드 : **[CP6533]**	코 드 : **[CP7334]**
분 류 : 안전화+깔창	분 류 : 백팩-블랙	분 류 : 니트가디건
수 수 료 : 1,340원	수 수 료 : 994원	수 수 료 : 731원

코 드 : **[CP1262]**	코 드 : **[CP4506]**	코 드 : **[CP2945]**
분 류 : 슬링백-블랙	분 류 : 냉감바지	분 류 : 끈나시 3종
수 수 료 : 660원	수 수 료 : 557원	수 수 료 : 512원

MEMO

PART 04

최신 기출문제 정답 & 해설

최신 기출문제 01회 풀이 따라하기	262
최신 기출문제 02회 풀이 따라하기	267
최신 기출문제 03회 풀이 따라하기	272
최신 기출문제 04회 풀이 따라하기	277
최신 기출문제 05회 풀이 따라하기	282

최신 기출문제 01회 풀이 따라하기

문제 1 주어진 엑셀 데이터와 다음 《조건》을 이용하여 테이블을 작성하시오.

[테이블1] : 불합리징계정보

엑셀 데이터 가져오기

① [외부 데이터] 탭 – [새 데이터 원본](📊)을 클릭한다.
   → [파일에서] – [Excel]을 클릭한다.
② [찾아보기]를 클릭하고 '최신기출01회.xlsx' 파일을 연다.
   → [확인]을 클릭한다.
③ '첫 행에 열 머리글이 있음'이 체크되어 있으면 [다음]을 클릭한다.
   → 필드 옵션은 수정하지 않는다.
④ '기본 키 선택'은 '징계코드'를 선택하고 [다음]을 클릭한다.
⑤ '테이블로 가져오기'에 『불합리징계정보』를 입력하고 [마침]을 클릭한다.

테이블 디자인 수정하기

① 작성된 '불합리징계정보' 테이블에 마우스 오른쪽 클릭하여 [디자인 보기]를 클릭한다.
② 문제 지시대로 필드 크기와 형식을 지정한다.
③ '사원번호' 필드에서 마우스 오른쪽 클릭하여 [행 삽입]을 클릭한다.
④ 추가된 [필드 이름]에 『징계내용』을 입력하고 [필드 크기]는 『15』로 수정한다.
⑤ [조회] 탭 – [컨트롤 표시]를 '콤보 상자'로 지정한다.
   → [행 원본 유형]을 '값 목록'으로 지정한다.
   → [행 원본]에 『1 작업일 출력 중지;3 작업일 출력 중지』를 입력한다.

⑥ [테이블 디자인] 탭 – [보기] – [데이터시트 보기](🔲)를 클릭한다.
⑦ 《출력형태》를 참고하여 '징계내용'을 입력하고 너비를 조절한다.

[테이블2] : 임직원현황

테이블 직접 작성하기

① [만들기] 탭 – [테이블] 그룹 – [테이블 디자인](📋)을 클릭한다.
② 문제 지시대로 필드 이름을 입력하고 필드 크기와 형식을 지정한다.
③ '작업위치' 필드의 [유효성 검사 규칙]은 『Like "Zone*"』을 입력한다.

필드 이름	데이터 형식
사원번호	짧은 텍스트
임직원명	짧은 텍스트
작업위치	짧은 텍스트
연락처	짧은 텍스트
메일주소	짧은 텍스트

필드 속성

일반 / 조회

필드 크기	10
형식	
입력 마스크	
캡션	
기본값	
유효성 검사 규칙	Like "Zone*"
유효성 검사 텍스트	
필수	아니요
빈 문자열 허용	예
인덱스	아니요
유니코드 압축	예
IME 모드	한글
문장 입력 시스템 모드	없음
텍스트 맞춤	일반

④ [테이블 디자인] 탭 – [보기] – [데이터시트 보기](▦)를 클릭한다.

⑤ [다른 이름으로 저장] 대화상자의 [테이블 이름]에 『임직원현황』을 입력하고 [확인]을 클릭한다.

⑥ 기본 키 정의 여부를 묻는 대화상자가 나타나면 [아니요]를 클릭한다.

⑦ ≪출력형태≫를 참고하여 셀에 데이터를 입력한다.

문제 2
[테이블1:불합리징계정보]를 이용하여 다음과 같은 조건에 따라 쿼리를 완성하시오.

[쿼리] : 불합리징계정보현황

쿼리에서 함수 활용하기

① [만들기] 탭 – [쿼리] 그룹 – [쿼리 디자인](▦)을 클릭한다.

② [테이블 추가] 작업창이 열리면 [테이블] 탭에서 '불합리징계정보'를 선택하고 [선택한 표 추가]를 클릭한다.

③ 출력형태 순서대로 '징계코드'부터 이어서 더블클릭하여 필드에 입력한다.
 → '징계유형', '징계종료일', '교육사항'은 다음과 같이 계산식을 입력한다.

💬 **함수/구문 설명**

징계유형: Switch(Mid([징계코드],2,1)="Q","품질",Mid([징계코드],2,1)="S","안전")

⇒ 징계코드의 두 번째 글자 1글자 추출하여 Q이면 품질, S이면 안전 반환

징계종료일: IIf(Weekday([징계시작일]+Left([징계내용],1) – 1)=1,[징계시작일]+Left([징계내용],1),[징계시작일]+Left([징계내용],1) – 1)

⇒ 징계내용의 첫 글자를 추출하여 해당 날짜가 일요일이면 종료일을 하루 뒤로 조정, 그렇지 않으면 원래 계산값 사용

교육사항: IIf(Left([징계코드],2)="VQ","품질교육실시",IIf(Left([징계코드],2)="VS","안전교육실시",""))

⇒ 징계코드의 앞 두 글자를 추출하여 VQ이면 품질교육실시, VS이면 안전교육실시, 둘 다 아니면 빈 문자열 반환

속성 설정과 정렬하기

① '징계종료일' 필드의 [속성 시트]에서 [일반] 탭 – [형식]을 '자세한 날짜'로 지정한다.

② '불합리내용' 필드의 [정렬]을 '오름차순'으로 선택한다.

문제 3
[테이블1:불합리징계정보]와 [테이블2:임직원현황]을 이용하여 다음과 같은 조건에 따라 쿼리를 완성하시오.

[쿼리] : 불합리징계정보현황 분석

관계 설정하기

① [만들기] 탭 – [쿼리] 그룹 – [쿼리 디자인](▦)을 클릭한다.

② [테이블 추가] 작업창이 열리면 [테이블] 탭에서 '불합리징계정보', '임직원현황'에 [선택한 표 추가]를 각각 클릭한다.

③ '불합리징계정보' 테이블의 '사원번호' 필드를 '임직원현황' 테이블의 '사원번호' 필드로 드래그한다.

④ 관계 설정 선을 더블클릭한다.
 → [조인 속성] 대화상자가 나타나면 '1: 두 테이블의 조인된 필드가 일치하는 행만 포함'을 선택하고 [확인]을 클릭한다.

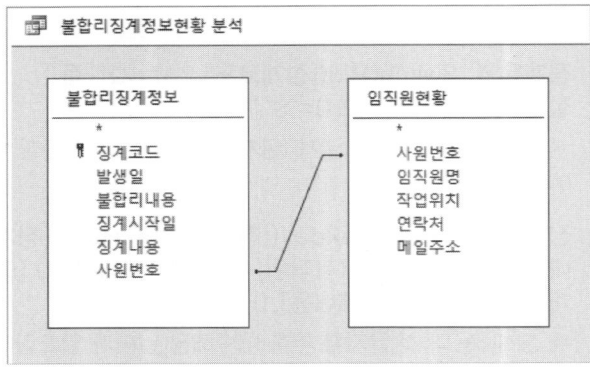

필드 입력하기

① '징계코드', '징계시작일', '임직원명', '작업위치', '불합리내용', '징계내용' 순으로 더블클릭하여 필드를 추가한다.
② '작업위치' 필드의 [조건]에 『<>"Zone1"』를 입력한다.
③ '징계내용' 필드의 [조건]에 『"1 작업일 출력 중지"』를 입력한다.
→ ≪출력형태≫에 '징계내용' 필드는 나타나지 않으므로 [표시]의 체크를 해제한다.
④ '징계시작일' 필드의 [정렬]을 '내림차순'으로 선택한다.

문제 4 [쿼리:불합리징계정보현황]을 이용하여 다음과 같은 모양의 폼을 설계하시오.

[폼] : 불합리징계정보

하위 폼 만들기

① [만들기] 탭 - [폼] 그룹 - [폼 마법사]( )을 클릭한다.
② [폼 마법사] 대화상자의 [테이블/쿼리]에서 '쿼리: 불합리징계정보현황'을 선택한다.
③ [사용 가능한 필드]에서 '발생일', '불합리내용', '징계시작일', '교육사항', '징계유형', '징계내용', '징계종료일' 순으로 더블클릭한다.
④ 폼의 모양은 '열 형식'으로 선택하고 [다음]을 클릭한다.
⑤ 폼의 제목은 『불합리징계정보』를 입력하고 '폼 디자인 수정'을 선택한다.

하위 폼의 디자인 수정

① '위험요소'를 추가하기 위해 [양식 디자인] 탭 - [컨트롤] 그룹 - [텍스트 상자]( )를 선택한다.
② 레이블에 『위험요소』를 입력하고 텍스트 상자에는 다음의 계산식을 입력한다.

> **함수/구문 설명**
> =IIf([불합리내용] Like "*용접*","화재, 폭발 위험","")
> ⇒ 불합리내용에 용접이 포함되면 '화재, 폭발 위험'을 반환, 아니면 빈 문자열 반환

③ 눈금자 왼쪽의 [선택기]( )를 더블클릭하여 [속성 시트] 작업창을 연다.
→ [형식] 탭의 [레코드 선택기]와 [탐색 단추]를 '아니요'로 선택한다.

기본 폼 만들기

① [만들기] 탭 - [폼] 그룹 - [폼 마법사]( )을 클릭한다.
② [폼 마법사] 대화상자의 [테이블/쿼리]에서 '쿼리: 불합리징계정보현황'을 선택한다.
→ [사용 가능한 필드]에서 '징계코드'를 더블클릭하고 [다음]을 클릭한다.
③ 폼의 모양은 '열 형식'으로 선택하고 [다음]을 클릭한다.
④ 폼의 제목은 『불합리징계정보현황 폼』을 입력하고 '폼 디자인 수정'을 선택한다.

기본 폼의 디자인 수정

① 폼 제목에 마우스 오른쪽 클릭하고 [속성]을 클릭한다.
→ [형식] 탭의 [특수 효과]를 '그림자'로 선택한다.
→ [글꼴 이름] '굴림', [글꼴 크기] '22', [텍스트 맞춤] '가운데', [글꼴 두께] '굵게'를 선택한다.
② 본문 영역의 '징계코드' 컨트롤을 폼 머리글 영역으로 이동한다.
→ '징계코드' 텍스트 상자에 마우스 오른쪽 클릭한다.
→ [변경] - [콤보 상자]( )를 클릭한다.
③ '징계코드' 콤보 상자에 마우스 오른쪽 클릭하고 [속성]을 클릭한다.
→ [데이터] 탭에서 [행 원본]을 '불합리징계정보현황'으로 선택한다.

④ 눈금자 왼쪽의 [선택기](■)를 더블클릭하여 [속성 시트] 작업창을 연다.
  → [형식] 탭의 [레코드 선택기]를 '아니요'로 선택한다.

하위 폼 연결하기

① [양식 디자인] 탭 - [컨트롤] - [하위 폼/하위 보고서](▦)를 클릭한다.
  → 본문 영역에 클릭한다.
② [하위 폼 마법사] 대화상자가 나타나면 '기존 폼 사용'을 선택하고 [다음]을 클릭한다.
③ 다시 [다음]과 [마침]을 클릭한다.

로고 삽입하기

① [양식 디자인] 탭 - [이미지 삽입] - [찾아보기]를 클릭한다.
② [그림 삽입] 대화상자에서 '로고2.jpg'를 선택하고 [열기]를 클릭한다.
③ 로고를 더블클릭하여 [속성 시트] 작업창을 연다.
  → [형식] 탭의 [크기 조절 모드]를 '전체 확대/축소'로 선택한다.
  → [너비] '2cm', [높이] '1cm', [특수 효과] '볼록'을 설정한다.

문제 5 [쿼리:불합리징계정보현황]을 이용하여 보고서를 작성하시오.

[보고서] : 불합리징계정보현황 보고서

보고서 만들기

① [만들기] 탭 - [보고서] 그룹 - [보고서 마법사](📄)를 클릭한다.
② [보고서 마법사] 대화상자의 [테이블/쿼리]에서 '쿼리:불합리징계정보현황'을 선택한다.
  → [사용 가능한 필드]에서 '징계유형', '발생일', '불합리내용', '징계시작일', '징계종료일', '징계내용' 순으로 더블클릭한다.
③ 그룹 수준은 '징계유형'으로 선택한다.
④ 정렬할 필드로 '발생일'을 선택한다.
  → [오름차순]을 확인하고 [요약 옵션]을 클릭한다.
⑤ 요약 옵션에서 '불합리내용'의 [합계]에 체크하고 [확인]을 클릭한다.
⑥ [모양] '단계', [용지 방향] '세로'를 선택한다.
  → '모든 필드가 한 페이지에 들어가도록 필드 너비 조정' 체크를 확인하고 [다음]을 클릭한다.
⑦ 보고서 제목으로 『불합리징계정보현황 보고서』를 입력한다.
  → '보고서 디자인 수정'을 선택하고 [마침]을 클릭한다.

보고서 디자인 수정하기

① 불필요한 바닥글을 선택하여 Delete 로 삭제한다.
  → 페이지 바닥글의 날짜 텍스트 상자를 보고서 머리글로 마우스 드래그하여 이동한다.
② 날짜 텍스트 상자의 내용을 지우고 『=DateSerial(2025,07,12)』을 입력한다.
③ 날짜 텍스트 상자를 더블클릭하여 [속성 시트] 작업창을 연다.
  → [형식] 탭의 [배경 스타일]을 '투명'으로 선택한다.
④ 보고서 제목을 더블클릭하여 [속성 시트] 작업창을 연다.
  → [글꼴 이름] '궁서', [글꼴 크기] '24', [텍스트 맞춤] '가운데', [글꼴 두께] '굵게', [글꼴 밑줄] '예'를 선택한다
⑤ 레이블들과 '합계', '총 합계' 텍스트 상자를 선택하여 [굵게](가)를 설정한다.
  → 텍스트 상자를 더블클릭하여 [속성 시트] 작업창을 연다.
  → [형식] 탭 - [테두리 스타일]을 '투명'으로 선택한다.
⑥ [보고서 디자인] 탭 - [컨트롤] 그룹에서 [선](◣)을 클릭하여 그린다.
  → [형식] 탭 - [테두리 두께]를 '2pt'로 선택한다.
⑦ ≪출력형태≫를 참고하여 레이블과 텍스트 상자들의 위치, 너비, 정렬을 설정한다.

조건부 서식 적용하기

① '징계내용' 콤보 상자를 선택한다.
  → [서식] 탭 - [컨트롤 서식] 그룹 - [조건부 서식](▦)을 클릭한다.
② [새 규칙]을 클릭한다.
③ [규칙 유형 선택]은 '현재 레코드의 값 확인 또는 식 사용'을 선택한다.

→ [규칙 설명 편집]에 '필드 값이', '다음 값과 같음', 『"3 작업일 출력 중지"』를 순서대로 입력한다.
→ [굵게](가), [배경색] '노랑'을 선택한 후 [확인]을 클릭한다.

보고서 버튼 만들기

① '불합리징계정보현황 폼'에 마우스 오른쪽 클릭하고 [디자인 보기]를 클릭한다.
② [양식 디자인] 탭 – [컨트롤] 그룹 – [단추](□)를 클릭한다.
③ [명령 단추 마법사]가 나타나면 [종류]에서 '보고서 작업'을 선택한다.
→ [매크로 함수]는 '보고서 미리 보기'를 선택하고 [다음]을 클릭한다.
④ '불합리징계정보현황 보고서' 선택을 확인하고 [다음]을 클릭한다.
⑤ [텍스트]를 선택하고 『보고서』를 입력한 후 [다음]을 클릭한다.
⑥ 명령 단추의 참조 이름은 별도 지정하지 않고 [마침]을 클릭한다.
⑦ 명령 단추를 더블클릭하여 [속성 시트] 작업창을 연다.
→ [형식] 탭에서 [너비] '2cm', [높이] '1cm'를 설정한다.

문제 6 [테이블2:임직원현황]을 이용하여 레이블 보고서를 작성하시오.

[보고서] : 임직원현황 레이블

레이블 보고서 만들기

① [탐색] 창에서 '임직원현황'을 선택한다.
→ [만들기] 탭 – [보고서] 그룹 – [레이블](📄)을 클릭한다.
② [우편물 레이블 마법사] 대화상자에서 [제조업체로 필터링]을 'A-ONE'으로 선택한다.
→ [제품 번호]는 'AOne 28315'를 선택하고 [다음]을 클릭한다.
③ [글꼴 이름] '돋움', [글꼴 크기] '10', [글꼴 두께] '중간'을 선택하고 [다음]을 클릭한다.

④ [사용 가능한 필드]에서 '사원번호', '임직원명'을 더블클릭한다.
→ 두 번째 줄에는 『작업위치 : 』를 직접 입력하고 '작업위치'를 더블클릭한다.
→ 세 번째 줄에는 『연락처 : 』를 직접 입력하고 '연락처'를 더블클릭한다.
→ [다음]을 클릭한다.
⑤ 정렬 기준이 될 필드로 '임직원명'을 더블클릭하고 [다음]을 클릭한다.
⑥ 보고서 이름에 『임직원현황 레이블』을 입력한다.
→ '우편물 레이블의 디자인 수정'을 선택하고 [마침]을 클릭한다.

레이블 보고서 수정하기

① 첫 번째 텍스트 상자를 선택한다.
→ [서식] 탭 – [글꼴] 그룹 – [굵게](가)를 클릭한다.
② 텍스트 상자들에 아래와 같이 내용을 입력한다.

> **함수/구문 설명**
>
> ="[" & [사원번호] & "] " & [임직원명] & " 작업자"
> ="작업위치 : " & [작업위치]
> ="연락처 : " & Left([연락처],9) & "####"

③ [보고서 디자인] 탭 – [그룹화 및 요약] 그룹 – [그룹화 및 정렬](📋)을 클릭한다.
→ 정렬 기준을 '임직원명', '내림차순'으로 설정한다.

최신 기출문제 02회 풀이 따라하기

문제 1
주어진 엑셀 데이터와 다음 ≪조건≫을 이용하여 테이블을 작성하시오.

[테이블1] : 거래처정보

엑셀 데이터 가져오기

① [외부 데이터] 탭 – [새 데이터 원본](圖)을 클릭한다.
→ [파일에서] – [Excel]을 클릭한다.

② [찾아보기]를 클릭하고 '최신기출02회.xlsx' 파일을 연다.
→ [확인]을 클릭한다.

③ '첫 행에 열 머리글이 있음'이 체크되어 있으면 [다음]을 클릭한다.
→ 필드 옵션은 수정하지 않는다.

④ '기본 키 선택'은 '거래처코드'를 선택하고 [다음]을 클릭한다.

⑤ '테이블로 가져오기'에 『거래처정보』를 입력하고 [마침]을 클릭한다.

테이블 디자인 수정하기

① 작성된 '거래처정보' 테이블에 마우스 오른쪽 클릭하여 [디자인 보기]를 클릭한다.

② 문제 지시대로 필드 크기와 형식을 지정한다.

③ '담당자코드' 필드에서 마우스 오른쪽 클릭하여 [행 삽입]을 클릭한다.

④ 추가된 [필드 이름]에 『단가』를 입력하고 [데이터 형식]은 『숫자』로 수정한다.

⑤ [조회] 탭 – [컨트롤 표시]를 '콤보 상자'로 지정한다.
→ [행 원본 유형]을 '값 목록'으로 지정한다.
→ [행 원본]에 『30280;42900;44780』을 입력한다.

⑥ [테이블 디자인] 탭 – [보기] – [데이터시트 보기](圖)를 클릭한다.

⑦ ≪출력형태≫를 참고하여 '단가'를 입력하고 너비를 조절한다.

[테이블2] : 담당자현황

테이블 직접 작성하기

① [만들기] 탭 – [테이블] 그룹 – [테이블 디자인](圖)을 클릭한다.

② 문제 지시대로 필드 이름을 입력하고 필드 크기와 형식을 지정한다.

③ '메일주소' 필드의 [유효성 검사 규칙]은 『Like "*@company.com"』을 입력한다.

담당자현황 테이블

필드 이름	데이터 형식
담당자코드	짧은 텍스트
담당자명	짧은 텍스트
직급	짧은 텍스트
연락처	짧은 텍스트
메일주소	짧은 텍스트

일반 / 조회

필드 크기	20
형식	
입력 마스크	
캡션	
기본값	
유효성 검사 규칙	Like "*@company.com"
유효성 검사 텍스트	
필수	아니요
빈 문자열 허용	예
인덱스	아니요
유니코드 압축	예
IME 모드	한글
문장 입력 시스템 모드	없음
텍스트 맞춤	일반

④ [테이블 디자인] 탭 - [보기] - [데이터시트 보기](▦)를 클릭한다.

⑤ [다른 이름으로 저장] 대화상자의 [테이블 이름]에 『담당자현황』을 입력하고 [확인]을 클릭한다.

⑥ 기본 키 정의 여부를 묻는 대화상자가 나타나면 [아니요]를 클릭한다.

⑦ ≪출력형태≫를 참고하여 셀에 데이터를 입력한다.

문제 2
[테이블1:거래처정보]를 이용하여 다음과 같은 조건에 따라 쿼리를 완성하시오.

[쿼리] : 거래처정보현황

쿼리에서 함수 활용하기

① [만들기] 탭 - [쿼리] 그룹 - [쿼리 디자인](▦)을 클릭한다.

② [테이블 추가] 작업창이 열리면 [테이블] 탭에서 '거래처정보'를 선택하고 [선택한 표 추가]를 클릭한다.

③ 출력형태 순서대로 '거래처코드'부터 이어서 더블클릭하여 필드에 입력한다.
  → '원두종류', '거래개월수', '거래금액'은 아래와 같이 계산식을 입력한다.

함수/구문 설명

원두종류: Switch(Mid([거래처코드],3,2)="BY","브라질 옐로우버번",Mid([거래처코드],3,2)="CS","콜롬비아 수프리모",Mid([거래처코드],3,2)="EY","에티오피아 예가체프")

⇒ 거래처코드의 세 번째 글자 2글자 추출하여 BY이면 브라질 옐로우버번, CS이면 콜롬비아 수프리모, EY이면 에티오피아 예가체프 반환

거래개월수: DateDiff("m",[거래시작일],DateSerial(2025,5,1))

⇒ 2025년 5월 1일을 날짜형식으로 만들고 거래시작일과 월 단위 차이를 계산

거래금액: [수량(kg)]*([단가]*(1 – (Right([거래처코드],1)*0.01)))

⇒ 거래처코드의 마지막 숫자에 0.01을 곱해 할인율을 구하고 단가에 (1 – 할인율)을 곱한 다음 수량을 곱함

속성 설정과 정렬하기

① '거래금액' 필드의 [속성 시트]에서 [일반] 탭 - [형식]을 '통화'로 지정한다.

② '거래처명' 필드의 [정렬]을 '오름차순'으로 선택한다.

문제 3
[테이블1:거래처정보]와 [테이블2:담당자현황]을 이용하여 다음과 같은 조건에 따라 쿼리를 완성하시오.

[쿼리] : 거래처정보현황 분석

관계 설정하기

① [만들기] 탭 - [쿼리] 그룹 - [쿼리 디자인](▦)을 클릭한다.

② [테이블 추가] 작업창이 열리면 [테이블] 탭에서 '거래처정보', '담당자현황'에 [선택한 표 추가]를 각각 클릭한다.

③ '거래처정보' 테이블의 '담당자코드' 필드를 '담당자현황' 테이블의 '담당자코드' 필드로 드래그한다.

④ 관계 설정 선을 더블클릭한다.
  → [조인 속성] 대화상자가 나타나면 '1: 두 테이블의 조인된 필드가 일치하는 행만 포함'을 선택하고 [확인]을 클릭한다.

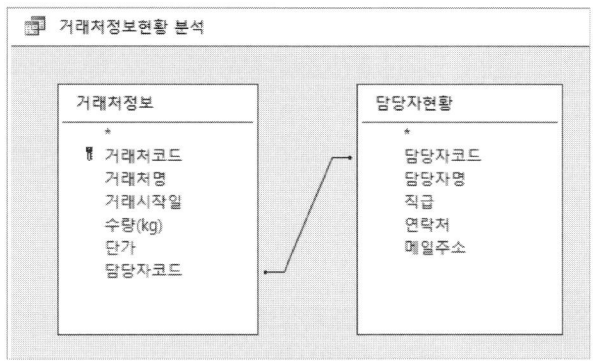

필드 입력하기

① '거래시작일', '거래처명', '담당자명', '연락처', '수량(kg)', '직급' 순으로 더블클릭하여 필드를 추가한다.
② '거래시작일' 필드의 [조건]에 『<=#2017-12-31#』를 입력한다.
③ '직급' 필드의 [조건]에 『<>"과장"』을 입력한다.
   → ≪출력형태≫에 '직급' 필드는 나타나지 않으므로 [표시]의 체크를 해제한다.
④ '거래처명' 필드의 [정렬]을 '내림차순'으로 선택한다.

문제 4   [쿼리:거래처정보현황]을 이용하여 다음과 같은 모양의 폼을 설계하시오.

[폼] : 거래처정보현황

하위 폼 만들기

① [만들기] 탭 - [폼] 그룹 - [폼 마법사]()을 클릭한다.
② [폼 마법사] 대화상자의 [테이블/쿼리]에서 '쿼리: 거래처정보현황'을 선택한다.
③ [사용 가능한 필드]에서 '거래처명', '거래시작일', '수량(kg)', '거래금액', '원두종류', '거래개월수', '단가' 순으로 더블클릭한다.
④ 폼의 모양은 '열 형식'으로 선택하고 [다음]을 클릭한다.
⑤ 폼의 제목은 『거래처정보』를 입력하고 '폼 디자인 수정'을 선택한다.

하위 폼의 디자인 수정

① '할인쿠폰'을 추가하기 위해 [양식 디자인] 탭 - [컨트롤] 그룹 - [텍스트 상자]()를 선택한다.
② 레이블에 『할인쿠폰』을 입력하고 텍스트 상자에는 다음의 계산식을 입력한다.

> **함수/구문 설명**
>
> =IIf([수량(kg)])>=25,"발급","없음")
> ⇒ 수량(kg)이 25 이상이면 '발급', 아니면 '없음'을 반환

③ 눈금자 왼쪽의 [선택기]()를 더블클릭하여 [속성 시트] 작업창을 연다.
   → [형식] 탭의 [레코드 선택기]와 [탐색 단추]를 '아니요'로 선택한다.

기본 폼 만들기

① [만들기] 탭 - [폼] 그룹 - [폼 마법사]()를 클릭한다.
② [폼 마법사] 대화상자의 [테이블/쿼리]에서 '쿼리: 거래처정보현황'을 선택한다.
   → [사용 가능한 필드]에서 '거래처코드'를 더블클릭하고 [다음]을 클릭한다.
③ 폼의 모양은 '열 형식'으로 선택하고 [다음]을 클릭한다.
④ 폼의 제목은 『거래처정보현황 폼』을 입력하고 '폼 디자인 수정'을 선택한다.

기본 폼의 디자인 수정

① 폼 제목에 마우스 오른쪽 클릭하고 [속성]을 클릭한다.
   → [형식] 탭의 [특수 효과]를 '그림자'로 선택한다.
   → [글꼴 이름] '굴림', [글꼴 크기] '22', [텍스트 맞춤] '가운데', [글꼴 두께] '굵게'를 선택한다.
② 본문 영역의 '거래처코드' 컨트롤을 폼 머리글 영역으로 이동한다.
   → '거래처코드' 텍스트 상자에 마우스 오른쪽 클릭한다.
   → [변경] - [콤보 상자]()를 클릭한다.
③ '거래처코드' 콤보 상자에 마우스 오른쪽 클릭하고 [속성]을 클릭한다.
   → [데이터] 탭에서 [행 원본]을 '거래처정보현황'으로 선택한다.
④ 눈금자 왼쪽의 [선택기]()를 더블클릭하여 [속성 시트] 작업창을 연다.
   → [형식] 탭의 [레코드 선택기]를 '아니요'로 선택한다.

하위 폼 연결하기

① [양식 디자인] 탭 - [컨트롤] - [하위 폼/하위 보고서](圖)를 클릭한다.
  → 본문 영역에 클릭한다.
② [하위 폼 마법사] 대화상자가 나타나면 '기존 폼 사용'을 선택하고 [다음]을 클릭한다.
③ 다시 [다음]과 [마침]을 클릭한다.

메시지 폼 만들기

① [만들기] 탭 - [폼] 그룹 - [폼 디자인](圖)을 클릭한다.
② [양식 디자인] 탭 - [컨트롤] 그룹 - [레이블](가가)을 클릭한다.
  → 본문 영역에 적당한 크기로 마우스 드래그한다.
③ 레이블에 『수정할 수 없습니다.』를 입력한다.
④ 눈금자 왼쪽의 [선택기](■)를 더블클릭하여 [속성 시트] 작업창을 연다.
  → [형식] 탭의 [레코드 선택기]와 [탐색 단추]를 '아니요'로 선택한다.
  → [스크롤 막대]를 '표시 안 함'으로 선택하고 닫는다.
⑤ [다른 이름으로 저장] 대화상자의 [폼 이름]에 『메시지』를 입력하고 [확인]을 클릭한다.
⑥ 탐색 창에서 '거래처정보'를 더블클릭한다.
  → [홈] 탭 - [보기] - [디자인 보기](圖)를 클릭한다.
⑦ '원두종류' 텍스트 상자에 마우스 오른쪽 클릭하고 [속성]을 클릭한다.
  → [이벤트] 탭의 [On Click]에서 [작성기 버튼](…)을 클릭한다.
⑧ [작성기 선택] 대화상자에서 '코드 작성기'를 선택하고 [확인]을 클릭한다.
⑨ 코드 작성창에서 Private Sub과 End Sub 사이 행에 『DoCmd.OpenForm "메시지"』를 입력하고 [닫기]를 클릭한다.

로고 삽입하기

① [양식 디자인] 탭 - [이미지 삽입] - [찾아보기]를 클릭한다.
② [그림 삽입] 대화상자에서 '로고1.jpg'를 선택하고 [열기]를 클릭한다.
③ 로고를 더블클릭하여 [속성 시트] 작업창을 연다.
  → [형식] 탭의 [크기 조절 모드]를 '전체 확대/축소'로 선택한다.
  → [너비] '2cm', [높이] '1cm', [특수 효과] '볼록'을 설정한다.

문제 5 [쿼리:거래처정보현황]을 이용하여 보고서를 작성하시오.

[보고서] : 거래처정보현황 보고서

보고서 만들기

① [만들기] 탭 - [보고서] 그룹 - [보고서 마법사](圖)를 클릭한다.
② [보고서 마법사] 대화상자의 [테이블/쿼리]에서 '쿼리:거래처정보현황'을 선택한다.
  → [사용 가능한 필드]에서 '원두종류', '거래시작일', '거래처명', '수량(kg)', '담당자코드', '거래금액' 순으로 더블클릭한다.
③ 그룹 수준은 '원두종류'로 선택한다.
④ 정렬할 필드로 '거래시작일'을 선택한다.
  → [내림차순]을 지정하고 [요약 옵션]을 클릭한다.
⑤ 요약 옵션에서 '수량(kg)'의 [합계]에 체크하고 [확인]을 클릭한다.
⑥ [모양] '단계', [용지 방향] '세로'를 선택한다.
  → '모든 필드가 한 페이지에 들어가도록 필드 너비 조정' 체크를 확인하고 [다음]을 클릭한다.
⑦ 보고서 제목으로 『거래처정보현황 보고서』를 입력한다.
  → '보고서 디자인 수정'을 선택하고 [마침]을 클릭한다.

보고서 디자인 수정하기

① 불필요한 바닥글을 선택하여 [Delete]로 삭제한다.
  → 페이지 바닥글의 날짜 텍스트 상자를 보고서 머리글로 마우스 드래그하여 이동한다.
② 날짜 텍스트 상자의 내용을 지우고 『=DateSerial(2025,05,10)』을 입력한다.
③ 날짜 텍스트 상자를 더블클릭하여 [속성 시트] 작업창을 연다.
  → [형식] 탭의 [배경 스타일]을 '투명'으로 선택한다.

④ 보고서 제목을 더블클릭하여 [속성 시트] 작업창을 연다.
→ [글꼴 이름] '궁서', [글꼴 크기] '24', [텍스트 맞춤] '가운데', [글꼴 두께] '굵게', [글꼴 밑줄] '예'를 선택한다.
⑤ 레이블들과 '합계', '총 합계' 텍스트 상자를 선택하여 [굵게](가)를 설정한다.
→ 텍스트 상자를 더블클릭하여 [속성 시트] 작업창을 연다.
→ [형식] 탭 − [테두리 스타일]을 '투명'으로 선택한다.
⑥ [보고서 디자인] 탭 − [컨트롤] 그룹에서 [선](◺)을 클릭하여 그린다.
→ [형식] 탭 − [테두리 두께]를 '2pt'로 선택한다.
⑦ ≪출력형태≫를 참고하여 레이블과 텍스트 상자들의 위치, 너비, 정렬을 설정한다.

조건부 서식 적용하기

① '수량(kg)' 텍스트 상자를 선택한다.
→ [서식] 탭 − [컨트롤 서식] 그룹 − [조건부 서식](▦)을 클릭한다.
② [새 규칙]을 클릭한다.
③ [규칙 유형 선택]은 '현재 레코드의 값 확인 또는 식 사용'을 선택한다.
→ [규칙 설명 편집]에 '필드 값이', '다음 값보다 크거나 같음', 『30』을 순서대로 입력한다.
→ [굵게](가), [배경색] '노랑'을 선택한 후 [확인]을 클릭한다.

문제 6 [테이블2:담당자현황]을 이용하여 레이블 보고서를 작성하시오.

[보고서] : 담당자현황 레이블

레이블 보고서 만들기

① [탐색] 창에서 '담당자현황'을 선택한다.
→ [만들기] 탭 − [보고서] 그룹 − [레이블](▦)을 클릭한다.
② [우편물 레이블 마법사] 대화상자에서 [제조업체로 필터링]을 'A−ONE'으로 선택한다.
→ [제품 번호]는 'AOne 28315'를 선택하고 [다음]을 클릭한다.

③ [글꼴 이름] '굴림', [글꼴 크기] '10', [글꼴 두께] '중간'을 선택하고 [다음]을 클릭한다.
④ [사용 가능한 필드]에서 '담당자코드'를 더블클릭한다.
→ 두 번째 줄에는 『담당자 : 』를 직접 입력하고 '담당자명'을 더블클릭한다.
→ 세 번째 줄에는 『아이디 : 』를 직접 입력하고 '메일주소'를 더블클릭한다.
→ [다음]을 클릭한다.
⑤ 정렬 기준이 될 필드로 '담당자명'을 더블클릭하고 [다음]을 클릭한다.
⑥ 보고서 이름에 『담당자현황 레이블』을 입력한다.
→ '우편물 레이블의 디자인 수정'을 선택하고 [마침]을 클릭한다.

레이블 보고서 수정하기

① 첫 번째 텍스트 상자를 선택한다.
→ [서식] 탭 − [글꼴] 그룹 − [굵게](가)를 클릭한다.
② 텍스트 상자들에 아래와 같이 내용을 입력한다.

> 💬 함수/구문 설명
>
> ="[" & [담당자코드] & "]"
> ="담당자 : " & [담당자명] & " " & [직급]
> ="아이디 : " & Replace([메일주소],"@company.com","")

③ [보고서 디자인] 탭 − [그룹화 및 요약] 그룹 − [그룹화 및 정렬](▦)을 클릭한다.
→ 정렬 기준을 '담당자명', '내림차순'으로 설정한다.

최신 기출문제 03회 풀이 따라하기

문제 1
주어진 엑셀 데이터와 다음 ≪조건≫을 이용하여 테이블을 작성하시오.

[테이블1] : 객실예약정보

엑셀 데이터 가져오기

① [외부 데이터] 탭 – [새 데이터 원본](📋)을 클릭한다.
  → [파일에서] – [Excel]을 클릭한다.
② [찾아보기]를 클릭하고 '최신기출03회.xlsx' 파일을 연다.
  → [확인]을 클릭한다.
③ '첫 행에 열 머리글이 있음'이 체크되어 있으면 [다음]을 클릭한다.
  → 필드 옵션은 수정하지 않는다.
④ '기본 키 선택'은 '예약번호'를 선택하고 [다음]을 클릭한다.
⑤ '테이블로 가져오기'에 『객실예약정보』를 입력하고 [마침]을 클릭한다.

테이블 디자인 수정하기

① 작성된 '객실예약정보' 테이블에 마우스 오른쪽 클릭하여 [디자인 보기]를 클릭한다.
② 문제 지시대로 필드 크기와 형식을 지정한다.
③ '체크인' 필드에서 마우스 오른쪽 클릭하여 [행 삽입]을 클릭한다.
④ 추가된 [필드 이름]에 『예약채널』을 입력하고 [필드 크기]는 『4』로 수정한다.
⑤ [조회] 탭 – [컨트롤 표시]를 '콤보 상자'로 지정한다.
  → [행 원본 유형]을 '값 목록'으로 지정한다.
  → [행 원본]에 『카카오;홈페이지;기타』를 입력한다.

필드 이름	데이터 형식
예약번호	짧은 텍스트
예약일자	날짜/시간
예약채널	짧은 텍스트
체크인	날짜/시간
투숙기간	숫자
1박요금	숫자

필드 속성

일반 조회

컨트롤 표시	콤보 상자
행 원본 유형	값 목록
행 원본	카카오;홈페이지;기타
바운드 열	1
열 개수	1
열 이름	아니요
열 너비	
행 수	16
목록 너비	자동
목록 값만 허용	아니요
여러 값 허용	아니요
값 목록 편집 허용	아니요
목록 항목 편집 품	
행 원본 값만 표시	아니요

⑥ [테이블 디자인] 탭 – [보기] – [데이터시트 보기](📋)를 클릭한다.
⑦ ≪출력형태≫를 참고하여 '예약채널'을 입력하고 너비를 조절한다.

[테이블2] : 회원정보

테이블 직접 작성하기

① [만들기] 탭 – [테이블] 그룹 – [테이블 디자인](📋)을 클릭한다.
② 문제 지시대로 필드 이름을 입력하고 필드 크기와 형식을 지정한다.
③ '작업위치' 필드의 [유효성 검사 규칙]은 『>=0』을 입력한다.

회원정보	
필드 이름	데이터 형식
회원ID	짧은 텍스트
회원명	짧은 텍스트
생년월일	날짜/시간
보유포인트	숫자
예약번호	짧은 텍스트

필드 속성

일반 조회

필드 크기	정수(Long)
형식	
소수 자릿수	자동
입력 마스크	
캡션	
기본값	0
유효성 검사 규칙	>=0
유효성 검사 텍스트	
필수	아니요
인덱스	아니요
텍스트 맞춤	일반

④ [테이블 디자인] 탭 – [보기] – [데이터시트 보기](▦)를 클릭한다.

⑤ [다른 이름으로 저장] 대화상자의 [테이블 이름]에 『회원정보』를 입력하고 [확인]을 클릭한다.

⑥ 기본 키 정의 여부를 묻는 대화상자가 나타나면 [아니요]를 클릭한다.

⑦ ≪출력형태≫를 참고하여 셀에 데이터를 입력한다.

문제 2
[테이블1:객실예약정보]를 이용하여 다음과 같은 조건에 따라 쿼리를 완성하시오.

[쿼리] : 객실예약정보현황

쿼리에서 함수 활용하기

① [만들기] 탭 – [쿼리] 그룹 – [쿼리 디자인](▦)을 클릭한다.

② [테이블 추가] 작업창이 열리면 [테이블] 탭에서 '객실예약정보'를 선택하고 [선택한 표 추가]를 클릭한다.

③ 출력형태 순서대로 '예약번호'부터 이어서 더블클릭하여 필드에 입력한다.
   → '객실구분', '체크아웃', '총금액'은 아래와 같이 계산식을 입력한다.

함수/구문 설명

객실구분: Choose(Mid([예약번호],3,1),"Standard","Suite","Deluxe")
⇒ 예약번호 3번째 글자가 1이면 Standard, 2이면 Suite, 3이면 Deluxe 반환

체크아웃: DateAdd("d",[체크인],[투숙기간])
⇒ 체크인 날짜에서 투숙기간(일수)만큼 더한 체크아웃 날짜를 반환

총금액: [투숙기간]*[1박요금]*IIf(Weekday([체크인])>=6,1.3,0.9)
⇒ 투숙기간과 1박요금을 곱하여 기본 금액을 계산하고, 체크인 날짜의 요일을 숫자로 반환해서 금요일(6)이나 토요일(7)이면 1.3(30% 할증), 아니면 0.9(10% 할인)를 곱함

속성 설정과 정렬하기

① '체크인' 필드의 [정렬]을 '오름차순'으로 선택한다.
② '체크아웃' 필드의 [속성 시트]에서 [일반] 탭 – [형식]을 '보통 날짜'로 지정한다.
③ '총금액' 필드의 [속성 시트]에서 [일반] 탭 – [형식]을 '통화'로 지정한다.

문제 3
[테이블1:객실예약정보]와 [테이블2:회원정보]를 이용하여 다음과 같은 조건에 따라 쿼리를 완성하시오.

[쿼리] : 객실예약정보현황 분석

관계 설정하기

① [만들기] 탭 – [쿼리] 그룹 – [쿼리 디자인](▦)을 클릭한다.

② [테이블 추가] 작업창이 열리면 [테이블] 탭에서 '객실예약정보', '회원정보'에 [선택한 표 추가]를 각각 클릭한다.

③ '객실예약정보' 테이블의 '예약번호' 필드를 '회원정보' 테이블의 '예약번호' 필드로 드래그한다.

④ 관계 설정 선을 더블클릭한다.
   → [조인 속성] 대화상자가 나타나면 '1: 두 테이블의 조인된 필드가 일치하는 행만 포함'을 선택하고 [확인]을 클릭한다.

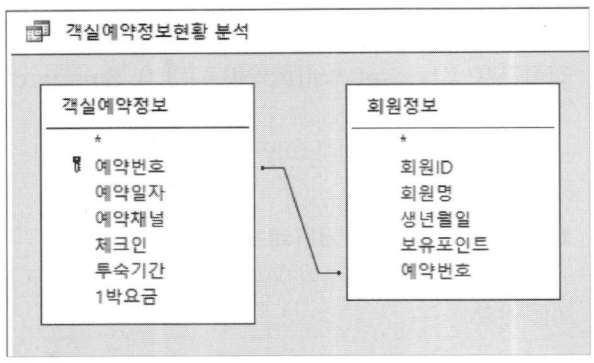

필드 입력하기

① '회원명', '생년월일', '체크인', '투숙기간', '1박요금', '예약채널' 순으로 더블클릭하여 필드를 추가한다.
② '투숙기간' 필드의 [조건]에 『<=5』를 입력한다.
③ '예약채널' 필드의 [조건]에 『<>"홈페이지"』를 입력한다.
  → ≪출력형태≫에 '예약채널' 필드는 나타나지 않으므로 [표시]의 체크를 해제한다.
④ '1박요금' 필드의 [정렬]을 '내림차순'으로 선택한다.

문제 4 [쿼리:객실예약정보현황]을 이용하여 다음과 같은 모양의 폼을 설계하시오.

[폼] : 객실예약정보현황

하위 폼 만들기

① [만들기] 탭 - [폼] 그룹 - [폼 마법사](📋)을 클릭한다.
② [폼 마법사] 대화상자의 [테이블/쿼리]에서 '쿼리: 객실예약정보현황'을 선택한다.
③ [사용 가능한 필드]에서 '예약일자', '객실구분', '체크인', '총금액', '예약채널', '체크아웃', '1박요금' 순으로 더블클릭한다.
④ 폼의 모양은 '열 형식'으로 선택하고 [다음]을 클릭한다.
⑤ 폼의 제목은 『객실예약정보』를 입력하고 '폼 디자인 수정'을 선택한다.

하위 폼의 디자인 수정

① '특전'을 추가하기 위해 [양식 디자인] 탭 - [컨트롤] 그룹 - [텍스트 상자](🔲)를 선택한다.
② 레이블에 『특전』을 입력하고 텍스트 상자에는 다음의 계산식을 입력한다.

> **함수/구문 설명**
>
> =Switch(Right([예약번호],1)="A","조식/스파 포함",Right([예약번호],1)="B","조식 포함",Right([예약번호],1)="S","스파 포함")
> ⇒ 예약번호의 마지막 글자가 A이면 조식/스파 포함, B이면 조식 포함, S이면 스파 포함을 반환

③ 눈금자 왼쪽의 [선택기](■)를 더블클릭하여 [속성 시트] 작업창을 연다.
  → [형식] 탭의 [레코드 선택기]와 [탐색 단추]를 '아니요'로 선택한다.

기본 폼 만들기

① [만들기] 탭 - [폼] 그룹 - [폼 마법사](📋)를 클릭한다.
② [폼 마법사] 대화상자의 [테이블/쿼리]에서 '쿼리: 객실예약정보현황'을 선택한다.
  → [사용 가능한 필드]에서 '예약번호'를 더블클릭하고 [다음]을 클릭한다.
③ 폼의 모양은 '열 형식'으로 선택하고 [다음]을 클릭한다.
④ 폼의 제목은 『객실예약정보현황 폼』을 입력하고 '폼 디자인 수정'을 선택한다.

기본 폼의 디자인 수정

① 폼 제목에 마우스 오른쪽 클릭하고 [속성]을 클릭한다.
  → [형식] 탭의 [특수 효과]를 '그림자'로 선택한다.
  → [글꼴 이름] '굴림', [글꼴 크기] '22', [텍스트 맞춤] '가운데', [글꼴 두께] '굵게'를 선택한다.
② 본문 영역의 '예약번호' 컨트롤을 폼 머리글 영역으로 이동한다.
  → '예약번호' 텍스트 상자에 마우스 오른쪽 클릭한다.
  → [변경] - [콤보 상자](📋)를 클릭한다.
③ '예약번호' 콤보 상자에 마우스 오른쪽 클릭하고 [속성]을 클릭한다.
  → [데이터] 탭에서 [행 원본]을 '객실예약정보현황'으로 선택한다.

④ 눈금자 왼쪽의 [선택기](■)를 더블클릭하여 [속성 시트] 작업창을 연다.
→ [형식] 탭의 [레코드 선택기]를 '아니요'로 선택한다.

하위 폼 연결하기

① [양식 디자인] 탭 - [컨트롤] - [하위 폼/하위 보고서](圖)를 클릭한다.
→ 본문 영역에 클릭한다.
② [하위 폼 마법사] 대화상자가 나타나면 '기존 폼 사용'을 선택하고 [다음]을 클릭한다.
③ 다시 [다음]과 [마침]을 클릭한다.

로고 삽입하기

① [양식 디자인] 탭 - [이미지 삽입] - [찾아보기]를 클릭한다.
② [그림 삽입] 대화상자에서 '로고2.jpg'를 선택하고 [열기]를 클릭한다.
③ 로고를 더블클릭하여 [속성 시트] 작업창을 연다.
→ [형식] 탭의 [크기 조절 모드]를 '전체 확대/축소'로 선택한다.
→ [너비] '2cm', [높이] '1cm', [특수 효과] '볼록'을 설정한다.

문제 5 [쿼리:객실예약정보현황]을 이용하여 보고서를 작성하시오.

[보고서] : 객실예약정보현황 보고서

보고서 만들기

① [만들기] 탭 - [보고서] 그룹 - [보고서 마법사](📄)를 클릭한다.
② [보고서 마법사] 대화상자의 [테이블/쿼리]에서 '쿼리:객실예약정보현황'을 선택한다.
→ [사용 가능한 필드]에서 '예약채널', '예약일자', '객실구분', '체크인날짜', '체크아웃날짜', '1박요금' 순으로 더블클릭한다.
③ 그룹 수준은 '예약채널'로 선택한다.
④ 정렬할 필드로 '예약일자'을 선택한다.
→ [오름차순]을 확인하고 [요약 옵션]을 클릭한다.

⑤ 요약 옵션에서 '1박요금'의 [평균]에 체크하고 [확인]을 클릭한다.
⑥ [모양] '단계', [용지 방향] '세로'를 선택한다.
→ '모든 필드가 한 페이지에 들어가도록 필드 너비 조정' 체크를 확인하고 [다음]을 클릭한다.
⑦ 보고서 제목으로 『객실예약정보현황 보고서』를 입력한다.
→ '보고서 디자인 수정'을 선택하고 [마침]을 클릭한다.

보고서 디자인 수정하기

① 불필요한 바닥글을 선택하여 Delete 로 삭제한다.
→ 페이지 바닥글의 날짜 텍스트 상자를 보고서 머리글로 마우스 드래그하여 이동한다.
② 날짜 텍스트 상자의 내용을 지우고 『=DateSerial(2025,06,14)』을 입력한다.
③ 날짜 텍스트 상자를 더블클릭하여 [속성 시트] 작업창을 연다.
→ [형식] 탭의 [배경 스타일]을 '투명'으로 선택한다.
④ 보고서 제목을 더블클릭하여 [속성 시트] 작업창을 연다.
→ [글꼴 이름] '궁서', [글꼴 크기] '24', [텍스트 맞춤] '가운데', [글꼴 두께] '굵게', [글꼴 밑줄] '예'를 선택한다.
⑤ 레이블들과 '평균', '총평균' 텍스트 상자를 선택하여 [굵게](가)를 설정한다.
→ 텍스트 상자를 더블클릭하여 [속성 시트] 작업창을 연다.
→ [형식] 탭 - [테두리 스타일]을 '투명'으로 선택한다.
⑥ [보고서 디자인] 탭 - [컨트롤] 그룹에서 [선](◁)을 클릭하여 그린다.
→ [형식] 탭 - [테두리 두께]를 '2pt'로 선택한다.
⑦ ≪출력형태≫를 참고하여 레이블과 텍스트 상자들의 위치, 너비, 정렬을 설정한다.

조건부 서식 적용하기

① '예약일자' 텍스트 상자를 선택한다.
→ [서식] 탭 - [컨트롤 서식] 그룹 - [조건부 서식](圖)을 클릭한다.
② [새 규칙]을 클릭한다.
③ [규칙 유형 선택]은 '현재 레코드의 값 확인 또는 식 사용'을 선택한다.

→ [규칙 설명 편집]에 '필드 값이', '다음 값의 사이에 있음', 『2025-03-01』, 『2025-03-31』를 순서대로 입력한다.
→ [굵게](가), [배경색] '노랑'을 선택한 후 [확인]을 클릭한다.

보고서 버튼 만들기

① '객실예약정보현황 폼'에 마우스 오른쪽 클릭하고 [디자인 보기]를 클릭한다.
② [양식 디자인] 탭 - [컨트롤] 그룹 - [단추](□)를 클릭한다.
③ [명령 단추 마법사]가 나타나면 [종류]에서 '보고서 작업'을 선택한다.
→ [매크로 함수]는 '보고서 미리 보기'를 선택하고 [다음]을 클릭한다.
④ '객실예약정보현황 보고서' 선택을 확인하고 [다음]을 클릭한다.
⑤ [텍스트]를 선택하고 『보고서』를 입력한 후 [다음]을 클릭한다.
⑥ 명령 단추의 참조 이름은 별도 지정하지 않고 [마침]을 클릭한다.
⑦ 명령 단추를 더블클릭하여 [속성 시트] 작업창을 연다.
→ [형식] 탭에서 [너비] '2cm', [높이] '1cm'를 설정한다.

문제 6 [테이블2:회원정보]을 이용하여 레이블 보고서를 작성하시오.

[보고서] : 회원정보 레이블

레이블 보고서 만들기

① [탐색] 창에서 '회원정보'을 선택한다.
→ [만들기] 탭 - [보고서] 그룹 - [레이블](圖)을 클릭한다.
② [우편물 레이블 마법사] 대화상자에서 [제조업체로 필터링]을 'A-ONE'으로 선택한다.
→ [제품 번호]는 'AOne 28315'를 선택하고 [다음]을 클릭한다.
③ [글꼴 이름] '돋움', [글꼴 크기] '10', [글꼴 두께] '중간'을 선택하고 [다음]을 클릭한다.
④ [사용 가능한 필드]에서 '회원명', '회원ID'를 더블클릭한다.
→ 두 번째 줄에는 '생년월일'을 더블클릭한다.
→ 세 번째 줄에는 『보유 Point : 』를 직접 입력하고 '보유포인트'를 더블클릭한다.
→ [다음]을 클릭한다.
⑤ 정렬 기준이 될 필드로 '보유포인트'를 더블클릭하고 [다음]을 클릭한다.
⑥ 보고서 이름에 『회원정보 레이블』을 입력한다.
→ '우편물 레이블의 디자인 수정'을 선택하고 [마침]을 클릭한다.

레이블 보고서 수정하기

① 첫 번째 텍스트 상자를 선택한다.
→ [서식] 탭 - [글꼴] 그룹 - [굵게](가)를 클릭한다.
② 텍스트 상자들에 아래와 같이 내용을 입력한다.

> 💬 함수/구문 설명
>
> =[회원명] & "[" & [회원ID] & "]"
> =Format([생년월일],"yyyy""년 ""m""월생""")
> ="보유 Point : " & [보유포인트] & "원"

③ [보고서 디자인] 탭 - [그룹화 및 요약] 그룹 - [그룹화 및 정렬](圖)을 클릭한다.
→ 정렬 기준을 '보유포인트', '내림차순'으로 설정한다.

최신 기출문제 04회 풀이 따라하기

문제 1 주어진 엑셀 데이터와 다음 ≪조건≫을 이용하여 테이블을 작성하시오.

[테이블1] : 차량판매정보

엑셀 데이터 가져오기

① [외부 데이터] 탭 - [새 데이터 원본](📋)을 클릭한다.
  → [파일에서] - [Excel]을 클릭한다.
② [찾아보기]를 클릭하고 '최신기출04회.xlsx' 파일을 연다.
  → [확인]을 클릭한다.
③ '첫 행에 열 머리글이 있음'이 체크되어 있으면 [다음]을 클릭한다.
  → 필드 옵션은 수정하지 않는다.
④ '기본 키 선택'은 '차량번호'를 선택하고 [다음]을 클릭한다.
⑤ '테이블로 가져오기'에 『차량판매정보』를 입력하고 [마침]을 클릭한다.

테이블 디자인 수정하기

① 작성된 '차량판매정보' 테이블에 마우스 오른쪽 클릭하여 [디자인 보기]를 클릭한다.
② 문제 지시대로 필드 크기와 형식을 지정한다.
③ 마지막 행 [필드 이름]에 『거래플랫폼』을 입력하고 [데이터 형식]은 『짧은 텍스트』로 수정한다.
④ 거래플랫폼' 필드의 [유효성 검사 규칙]은 『"ON-Line" Or "OFF-Line"』을 입력한다.

⑤ [테이블 디자인] 탭 - [보기] - [데이터시트 보기](📋)를 클릭한다.

[테이블2] : 차량등록정보

테이블 직접 작성하기

① [만들기] 탭 - [테이블] 그룹 - [테이블 디자인](📋)을 클릭한다.
② 문제 지시대로 필드 이름을 입력하고 필드 크기와 형식을 지정한다.
③ '제조사' 필드는 [조회] 탭 - [컨트롤 표시]를 '콤보 상자'로 지정한다.
  → [행 원본 유형]을 '값 목록'으로 지정한다.
  → [행 원본]에 『현대;KIA;쌍용;SM르노』를 입력한다.

필드 이름	데이터 형식
차량번호	짧은 텍스트
차량명	짧은 텍스트
제조사	짧은 텍스트
주행거리	숫자
등록일자	날짜/시간

필드 속성

일반 조회

컨트롤 표시	콤보 상자
행 원본 유형	값 목록
행 원본	현대;KIA;쌍용;SM르노
바운드 열	1
열 개수	1
열 이름	아니요
열 너비	
행 수	16
목록 너비	자동
목록 값만 허용	아니요
여러 값 허용	아니요
값 목록 편집 허용	예
목록 항목 편집 폼	
행 원본 값만 표시	아니요

④ [테이블 디자인] 탭 - [보기] - [데이터시트 보기](▦)를 클릭한다.

⑤ [다른 이름으로 저장] 대화상자의 [테이블 이름]에 『차량등록정보』를 입력하고 [확인]을 클릭한다.

⑥ 기본 키 정의 여부를 묻는 대화상자가 나타나면 [아니요]를 클릭한다.

⑦ ≪출력형태≫를 참고하여 셀에 데이터를 입력한다.

문제 2 [테이블1:차량판매정보]를 이용하여 다음과 같은 조건에 따라 쿼리를 완성하시오.

[쿼리] : 차량판매정보현황

쿼리에서 함수 활용하기

① [만들기] 탭 - [쿼리] 그룹 - [쿼리 디자인](▦)을 클릭한다.

② [테이블 추가] 작업창이 열리면 [테이블] 탭에서 '차량판매정보'를 선택하고 [선택한 표 추가]를 클릭한다.

③ 출력형태 순서대로 '차량번호'부터 이어서 더블클릭하여 필드에 입력한다.
   → '차량용도', '차량인수', '매수가격'은 아래와 같이 계산식을 입력한다.

💬 함수/구문 설명

차량용도: IIf(Mid([차량번호],4,1)="허" Or Mid([차량번호],4,1)="하","사업용","비사업용")

⇒ 차량번호의 네 번째 글자를 추출하여 허 또는 하이면 사업용, 그 외에는 비사업용을 반환

차량인수: Switch([거래플랫폼]="ON - Line","탁송배송",[거래플랫폼]="OFF - Line","차고지방문")

⇒ 거래플랫폼이 On - Line이면 탁송배송, OFF - Line이면 차고지방문 반환

매수가격: [매도가격]*1.25 - ([매도가격]*(DateDiff("m",[매도일자],[매수일자])*0.01))

⇒ 매도가격의 125% 금액에서 매도일자와 매수일자 사이의 개월 수만큼 1%씩 감가

속성 설정과 정렬하기

① '매수가격' 필드의 [속성 시트]에서 [일반] 탭 - [형식]을 '통화'로 지정한다.

② '매도가격' 필드의 [정렬]을 '내림차순'으로 선택한다.

문제 3 [테이블1:차량판매정보]와 [테이블2:차량등록정보]를 이용하여 다음과 같은 조건에 따라 쿼리를 완성하시오.

[쿼리] : 차량판매정보현황 분석

관계 설정하기

① [만들기] 탭 - [쿼리] 그룹 - [쿼리 디자인](▦)을 클릭한다.

② [테이블 추가] 작업창이 열리면 [테이블] 탭에서 '차량판매정보', '차량등록정보'에 [선택한 표 추가]를 각각 클릭한다.

③ '차량등록정보' 테이블의 '차량번호' 필드를 '차량판매정보' 테이블의 '차량번호' 필드로 드래그한다.

④ 관계 설정 선을 더블클릭한다.
   → [조인 속성] 대화상자가 나타나면 '1: 두 테이블의 조인된 필드가 일치하는 행만 포함'을 선택하고 [확인]을 클릭한다.

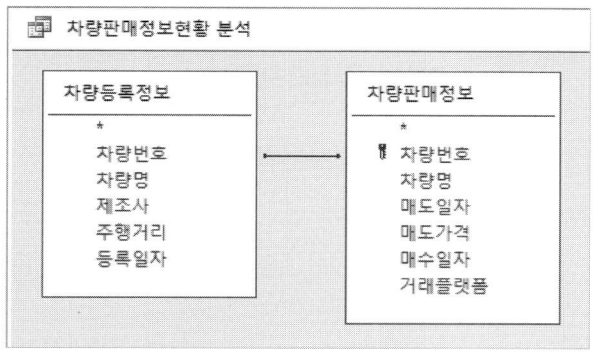

함수/구문 설명

=IIf([거래플랫폼]="ON-Line",100000,0)
⇒ 거래플랫폼이 ON - Line이면 100000, 아니면 0을 반환

③ 눈금자 왼쪽의 [선택기](■)를 더블클릭하여 [속성 시트] 작업창을 연다.
  → [형식] 탭의 [레코드 선택기]와 [탐색 단추]를 '아니요'로 선택한다.

필드 입력하기

① '차량번호', '차량명', '주행거리', '매도가격', '거래플랫폼', '제조사' 순으로 더블클릭하여 필드를 추가한다.
② '주행거리' 필드의 [조건]에 『<=100000』를 입력한다.
③ '제조사' 필드의 [조건]에 『"현대"』를 입력한다.
  → ≪출력형태≫에 '제조사' 필드는 나타나지 않으므로 [표시]의 체크를 해제한다.
④ '차량명' 필드의 [정렬]을 '내림차순'으로 선택한다.

기본 폼 만들기

① [만들기] 탭 - [폼] 그룹 - [폼 마법사](📋)를 클릭한다.
② [폼 마법사] 대화상자의 [테이블/쿼리]에서 '쿼리: 차량판매정보현황'을 선택한다.
  → [사용 가능한 필드]에서 '차량번호'를 더블클릭하고 [다음]을 클릭한다.
③ 폼의 모양은 '열 형식'으로 선택하고 [다음]을 클릭한다.
④ 폼의 제목은 『차량판매정보현황 폼』을 입력하고 '폼 디자인 수정'을 선택한다.

기본 폼의 디자인 수정

① 폼 제목에 마우스 오른쪽 클릭하고 [속성]을 클릭한다.
  → [형식] 탭의 [특수 효과]를 '그림자'로 선택한다.
  → [글꼴 이름] '굴림', [글꼴 크기] '22', [텍스트 맞춤] '가운데', [글꼴 두께] '굵게'를 선택한다.
② 본문 영역의 '차량번호' 컨트롤을 폼 머리글 영역으로 이동한다.
  → '차량번호' 텍스트 상자에 마우스 오른쪽 클릭한다.
  → [변경] - [콤보 상자](📋)를 클릭한다.
③ '차량번호' 콤보 상자에 마우스 오른쪽 클릭하고 [속성]을 클릭한다.
  → [데이터] 탭에서 [행 원본]을 '차량판매정보현황'으로 선택한다.
④ 눈금자 왼쪽의 [선택기](■)를 더블클릭하여 [속성 시트] 작업창을 연다.
  → [형식] 탭의 [레코드 선택기]를 '아니요'로 선택한다.

하위 폼 연결하기

① [양식 디자인] 탭 - [컨트롤] - [하위 폼/하위 보고서](📋)를 클릭한다.
  → 본문 영역에 클릭한다.

문제 4
[쿼리:차량판매정보현황]을 이용하여 다음과 같은 모양의 폼을 설계하시오.

[폼] : 차량판매정보현황

하위 폼 만들기

① [만들기] 탭 - [폼] 그룹 - [폼 마법사](📋)을 클릭한다.
② [폼 마법사] 대화상자의 [테이블/쿼리]에서 '쿼리: 차량판매정보현황'을 선택한다.
③ [사용 가능한 필드]에서 '차량명', '매도일자', '매수일자', '차량인수', '차량용도', '매도가격', '매수가격' 순으로 더블클릭한다.
④ 폼의 모양은 '열 형식'으로 선택하고 [다음]을 클릭한다.
⑤ 폼의 제목은 『차량판매정보』를 입력하고 '폼 디자인 수정'을 선택한다.

하위 폼의 디자인 수정

① '탁송료'를 추가하기 위해 [양식 디자인] 탭 - [컨트롤] 그룹 - [텍스트 상자](📋)를 선택한다.
② 레이블에 『탁송료』를 입력하고 텍스트 상자에는 다음의 계산식을 입력한다.

② [하위 폼 마법사] 대화상자가 나타나면 '기존 폼 사용'을 선택하고 [다음]을 클릭한다.
③ 다시 [다음]과 [마침]을 클릭한다.

메시지 폼 만들기

① [만들기] 탭 - [폼] 그룹 - [폼 디자인](🖃)을 클릭한다.
② [양식 디자인] 탭 - [컨트롤] 그룹 - [레이블](가가)을 클릭한다.
　→ 본문 영역에 적당한 크기로 마우스 드래그한다.
③ 레이블에 『수정할 수 없습니다.』를 입력한다.
④ 눈금자 왼쪽의 [선택기](■)를 더블클릭하여 [속성 시트] 작업창을 연다.
　→ [형식] 탭의 [레코드 선택기]와 [탐색 단추]를 '아니요'로 선택한다.
　→ [스크롤 막대]를 '표시 안 함'으로 선택하고 닫는다.
⑤ [다른 이름으로 저장] 대화상자의 [폼 이름]에 『메시지』를 입력하고 [확인]을 클릭한다.
⑥ 탐색 창에서 '차량판매정보'를 더블클릭한다.
　→ [홈] 탭 - [보기] - [디자인 보기](📄)를 클릭한다.
⑦ '차량용도' 텍스트 상자에 마우스 오른쪽 클릭하고 [속성]을 클릭한다.
　→ [이벤트] 탭의 [On Click]에서 [작성기 버튼](⋯)을 클릭한다.
⑧ [작성기 선택] 대화상자에서 '코드 작성기'를 선택하고 [확인]을 클릭한다.
⑨ 코드 작성창에서 Private Sub과 End Sub 사이 행에 『DoCmd.OpenForm "메시지"』를 입력하고 [닫기]를 클릭한다.

로고 삽입하기

① [양식 디자인] 탭 - [이미지 삽입] - [찾아보기]를 클릭한다.
② [그림 삽입] 대화상자에서 '로고3.jpg'를 선택하고 [열기]를 클릭한다.
③ 로고를 더블클릭하여 [속성 시트] 작업창을 연다.
　→ [형식] 탭의 [크기 조절 모드]를 '전체 확대/축소'로 선택한다.
　→ [너비] '2cm', [높이] '1cm', [특수 효과] '볼록'을 설정한다.

문제 5
[쿼리:차량판매정보현황]을 이용하여 보고서를 작성하시오.

[보고서] : 차량판매정보현황 보고서

보고서 만들기

① [만들기] 탭 - [보고서] 그룹 - [보고서 마법사](📝)를 클릭한다.
② [보고서 마법사] 대화상자의 [테이블/쿼리]에서 '쿼리:차량판매정보현황'을 선택한다.
　→ [사용 가능한 필드]에서 '차량용도', '차량번호', '차량명', '매도일자', '매도가격', '매수일자' 순으로 더블클릭한다.
③ 그룹 수준은 '차량용도'로 선택한다.
④ 정렬할 필드로 '매도일자'를 선택한다.
　→ [내림차순]을 지정하고 [요약 옵션]을 클릭한다.
⑤ 요약 옵션에서 '매도가격'의 [평균]에 체크하고 [확인]을 클릭한다.
⑥ [모양] '단계', [용지 방향] '세로'를 선택한다.
　→ '모든 필드가 한 페이지에 들어가도록 필드 너비 조정' 체크를 확인하고 [다음]을 클릭한다.
⑦ 보고서 제목으로 『차량판매정보현황 보고서』를 입력한다.
　→ '보고서 디자인 수정'을 선택하고 [마침]을 클릭한다.

보고서 디자인 수정하기

① 불필요한 바닥글을 선택하여 [Delete]로 삭제한다.
　→ 페이지 바닥글의 날짜 텍스트 상자를 보고서 머리글로 마우스 드래그하여 이동한다.
② 날짜 텍스트 상자의 내용을 지우고 『=DateSerial(2025,02,08)』을 입력한다.
③ 날짜 텍스트 상자를 더블클릭하여 [속성 시트] 작업창을 연다.
　→ [형식] 탭의 [배경 스타일]을 '투명'으로 선택한다.
④ 보고서 제목을 더블클릭하여 [속성 시트] 작업창을 연다.
　→ [글꼴 이름] '궁서', [글꼴 크기] '24', [텍스트 맞춤] '가운데', [글꼴 두께] '굵게', [글꼴 밑줄] '예'를 선택한다.
⑤ 레이블들과 '평균', '총평균' 텍스트 상자를 선택하여 [굵게](가)를 설정한다.

→ 텍스트 상자를 더블클릭하여 [속성 시트] 작업창을 연다.
→ [형식] 탭 – [테두리 스타일]을 '투명'으로 선택한다.

⑥ [보고서 디자인] 탭 – [컨트롤] 그룹에서 [선](◻)을 클릭하여 그린다.
→ [형식] 탭 – [테두리 두께]를 '2pt'로 선택한다.

⑦ ≪출력형태≫를 참고하여 레이블과 텍스트 상자들의 위치, 너비, 정렬을 설정한다.

조건부 서식 적용하기

① '매도가격' 텍스트 상자를 선택한다.
→ [서식] 탭 – [컨트롤 서식] 그룹 – [조건부 서식](▦)을 클릭한다.

② [새 규칙]을 클릭한다.

③ [규칙 유형 선택]은 '현재 레코드의 값 확인 또는 식 사용'을 선택한다.
→ [규칙 설명 편집]에 '필드 값이', '다음 값보다 작음', 『10000000』을 순서대로 입력한다.
→ [굵게](가), [배경색] '노랑'을 선택한 후 [확인]을 클릭한다.

문제 6 [테이블2:차량등록정보]를 이용하여 레이블 보고서를 작성하시오.

[보고서] : 차량등록정보 레이블

레이블 보고서 만들기

① [탐색] 창에서 '차량등록정보'를 선택한다.
→ [만들기] 탭 – [보고서] 그룹 – [레이블](▤)을 클릭한다.

② [우편물 레이블 마법사] 대화상자에서 [제조업체로 필터링]을 'A-ONE'으로 선택한다.
→ [제품 번호]는 'AOne 28315'를 선택하고 [다음]을 클릭한다.

③ [글꼴 이름] '굴림', [글꼴 크기] '10', [글꼴 두께] '중간'을 선택하고 [다음]을 클릭한다.

④ [사용 가능한 필드]에서 '차량명', '차량번호'를 더블클릭한다.
→ 두 번째 줄에는 '주행거리'를 더블클릭한다.

→ 세 번째 줄에는 『연식 : 』을 직접 입력하고 '등록일자'를 더블클릭한다.
→ [다음]을 클릭한다.

⑤ 정렬 기준이 될 필드로 '주행거리' 더블클릭하고 [다음]을 클릭한다.

⑥ 보고서 이름에 『차량등록정보 레이블』을 입력한다.
→ '우편물 레이블의 디자인 수정'을 선택하고 [마침]을 클릭한다.

레이블 보고서 수정하기

① 첫 번째 텍스트 상자를 선택한다.
→ [서식] 탭 – [글꼴] 그룹 – [굵게](가)를 클릭한다.

② 텍스트 상자들에 아래와 같이 내용을 입력한다.

> **함수/구문 설명**
>
> =[차량명] & "[" & [차량번호] & "]"
>
> =[주행거리] & "km 주행"
>
> ="연식 : " & Format([등록일자],"yy""년 ""m""월 식""")

③ [보고서 디자인] 탭 – [그룹화 및 요약] 그룹 – [그룹화 및 정렬](▦)을 클릭한다.
→ 정렬 기준을 '주행거리', '내림차순'으로 설정한다.

최신 기출문제 05회 풀이 따라하기

문제 1 주어진 엑셀 데이터와 다음 ≪조건≫을 이용하여 테이블을 작성하시오.

[테이블1] : 상품판매정보

엑셀 데이터 가져오기

① [외부 데이터] 탭 - [새 데이터 원본](📊)을 클릭한다.
　→ [파일에서] - [Excel]을 클릭한다.
② [찾아보기]를 클릭하고 '최신기출05회.xlsx' 파일을 연다.
　→ [확인]을 클릭한다.
③ '첫 행에 열 머리글이 있음'이 체크되어 있으면 [다음]을 클릭한다.
　→ 필드 옵션은 수정하지 않는다.
④ '기본 키 선택'은 '상품코드'를 선택하고 [다음]을 클릭한다.
⑤ '테이블로 가져오기'에 『상품판매정보』를 입력하고 [마침]을 클릭한다.

테이블 디자인 수정하기

① 작성된 '상품판매정보' 테이블에 마우스 오른쪽 클릭하여 [디자인 보기]를 클릭한다.
② 문제 지시대로 필드 크기와 형식을 지정한다.
③ '판매수량' 필드에서 마우스 오른쪽 클릭하여 [행 삽입]을 클릭한다.
④ 추가된 [필드 이름]에 『상품구분』을 입력하고 [필드 크기]는 『5』로 수정한다.
⑤ [조회] 탭 - [컨트롤 표시]를 '콤보 상자'로 지정한다.
　→ [행 원본 유형]을 '값 목록'으로 지정한다.
　→ [행 원본]에 『데일리;시즌』을 입력한다.

필드 이름	데이터 형식
상품코드	짧은 텍스트
상품명	짧은 텍스트
상품구분	짧은 텍스트
판매수량	숫자
판매단가	숫자
할인코드	짧은 텍스트

필드 속성

일반 조회

컨트롤 표시	콤보 상자
행 원본 유형	값 목록
행 원본	데일리;시즌
바운드 열	1
열 개수	1
열 이름	아니요
열 너비	
행 수	16
목록 너비	자동
목록 값만 허용	예
여러 값 허용	아니요
값 목록 편집 허용	예
목록 항목 편집 폼	
행 원본 값만 표시	아니요

⑥ [테이블 디자인] 탭 - [보기] - [데이터시트 보기](⊞)를 클릭한다.
⑦ ≪출력형태≫를 참고하여 '상품구분'을 입력하고 너비를 조절한다.

[테이블2] : 할인현황

테이블 직접 작성하기

① [만들기] 탭 - [테이블] 그룹 - [테이블 디자인](📋)을 클릭한다.
② 문제 지시대로 필드 이름을 입력하고 필드 크기와 형식을 지정한다.
③ '광고비' 필드의 [유효성 검사 규칙]은 『<=1000000』을 입력한다.

필드 이름	데이터 형식
할인코드	짧은 텍스트
세분류	짧은 텍스트
원가	숫자
광고비	숫자
수수료율	숫자

필드 속성

일반 조회

필드 크기	정수(Long)
형식	표준
소수 자릿수	0
입력 마스크	
캡션	
기본값	0
유효성 검사 규칙	<=1000000
유효성 검사 텍스트	
필수	아니요
인덱스	아니요
텍스트 맞춤	일반

④ [테이블 디자인] 탭 – [보기] – [데이터시트 보기](▦)를 클릭한다.

⑤ [다른 이름으로 저장] 대화상자의 [테이블 이름]에 『할인현황』을 입력하고 [확인]을 클릭한다.

⑥ 기본 키 정의 여부를 묻는 대화상자가 나타나면 [아니요]를 클릭한다.

⑦ ≪출력형태≫를 참고하여 셀에 데이터를 입력한다.

문제 2 [테이블1:상품판매정보]를 이용하여 다음과 같은 조건에 따라 쿼리를 완성하시오.

[쿼리] : 상품판매정보현황

쿼리에서 함수 활용하기

① [만들기] 탭 – [쿼리] 그룹 – [쿼리 디자인](▦)을 클릭한다.

② [테이블 추가] 작업창이 열리면 [테이블] 탭에서 '상품판매정보'를 선택하고 [선택한 표 추가]를 클릭한다.

③ 출력형태 순서대로 '상품코드'부터 이어서 더블클릭하여 필드에 입력한다.
→ '카테고리', '매출액', '포장사이즈'는 아래와 같이 계산식을 입력한다.

함수/구문 설명

카테고리: Switch(Left([상품코드],1)="S","스포츠/레져",Left([상품코드],1)="P","패션의류잡화")
⇒ 상품코드 첫글자가 S이면 스포츠/레져, P이면 패션의류잡화 반환

매출액: [판매수량]*([판매단가] – Mid([상품코드],2,2)*100)
⇒ 상품코드의 두 번째 글자부터 두 자리를 가져와서 100을 곱하고 판매단가에서 차감한다음 판매수량에 곱함

포장사이즈: Choose(Right([상품코드],1),"L","M","S")
⇒ 상품코드의 마지막 글자가 1이면 L, 2이면 M, 3이면 S를 반환

속성 설정과 정렬하기

① '상품명' 필드의 [정렬]을 '오름차순'으로 선택한다.

② '매출액' 필드의 [속성 시트]에서 [일반] 탭 – [형식]을 '통화'로 지정한다.

문제 3 [테이블1:상품판매정보]와 [테이블2:할인현황]을 이용하여 다음과 같은 조건에 따라 쿼리를 완성하시오.

[쿼리] : 차량판매정보현황 분석

관계 설정하기

① [만들기] 탭 – [쿼리] 그룹 – [쿼리 디자인](▦)을 클릭한다.

② [테이블 추가] 작업창이 열리면 [테이블] 탭에서 '상품판매정보', '할인현황'에 [선택한 표 추가]를 각각 클릭한다.

③ '상품판매정보' 테이블의 '할인코드' 필드를 '할인현황' 테이블의 '할인코드' 필드로 드래그한다.

④ 관계 설정 선을 더블클릭한다.
→ [조인 속성] 대화상자가 나타나면 '1: 두 테이블의 조인된 필드가 일치하는 행만 포함'을 선택하고 [확인]을 클릭한다.

필드 입력하기

① '상품명', '세분류', '판매수량', '판매단가', '광고비', '상품구분' 순으로 더블클릭하여 필드를 추가한다.
② '판매수량' 필드의 [조건]에 『>=500』을 입력한다.
③ '상품구분' 필드의 [조건]에 『"데일리"』를 입력한다.
  → ≪출력형태≫에 '상품구분' 필드는 나타나지 않으므로 [표시]의 체크를 해제한다.
④ '판매단가' 필드의 [정렬]을 '오름차순'으로 선택한다.

문제 4 [쿼리:상품판매정보현황]을 이용하여 다음과 같은 모양의 폼을 설계하시오.

[폼] : 상품판매정보현황

하위 폼 만들기

① [만들기] 탭 - [폼] 그룹 - [폼 마법사](🔲)을 클릭한다.
② [폼 마법사] 대화상자의 [테이블/쿼리]에서 '쿼리: 상품판매정보현황'을 선택한다.
③ [사용 가능한 필드]에서 '카테고리', '상품명', '판매수량', '매출액', '포장사이즈', '상품구분', '판매단가' 순으로 더블클릭한다.
④ 폼의 모양은 '열 형식'으로 선택하고 [다음]을 클릭한다.
⑤ 폼의 제목은 『상품판매정보』를 입력하고 '폼 디자인 수정'을 선택한다.

하위 폼의 디자인 수정

① '택송료'을 추가하기 위해 [양식 디자인] 탭 - [컨트롤] 그룹 - [텍스트 상자](🔲)를 선택한다.
② 레이블에 『할인쿠폰』을 입력하고 텍스트 상자에는 다음의 계산식을 입력한다.

> **함수/구문 설명**
>
> =IIf(Mid([상품코드],3,1)=0,"없음","있음")
> ⇒ 상품코드의 세 번째 글자가 0이면 없음, 아니면 있음을 반환

③ 눈금자 왼쪽의 [선택기](■)를 더블클릭하여 [속성 시트] 작업창을 연다.
  → [형식] 탭의 [레코드 선택기]와 [탐색 단추]를 '아니요'로 선택한다.

기본 폼 만들기

① [만들기] 탭 - [폼] 그룹 - [폼 마법사](🔲)를 클릭한다.
② [폼 마법사] 대화상자의 [테이블/쿼리]에서 '쿼리: 상품판매정보현황'을 선택한다.
  → [사용 가능한 필드]에서 '상품코드'를 더블클릭하고 [다음]을 클릭한다.
③ 폼의 모양은 '열 형식'으로 선택하고 [다음]을 클릭한다.
④ 폼의 제목은 『상품판매정보현황 폼』을 입력하고 '폼 디자인 수정'을 선택한다.

기본 폼의 디자인 수정

① 폼 제목에 마우스 오른쪽 클릭하고 [속성]을 클릭한다.
  → [형식] 탭의 [특수 효과]를 '그림자'로 선택한다.
  → [글꼴 이름] '굴림', [글꼴 크기] '22', [텍스트 맞춤] '가운데', [글꼴 두께] '굵게'를 선택한다.
② 본문 영역의 '상품코드' 컨트롤을 폼 머리글 영역으로 이동한다.
  → '상품코드' 텍스트 상자에 마우스 오른쪽 클릭한다.
  → [변경] - [콤보 상자](🔲)를 클릭한다.
③ '상품코드' 콤보 상자에 마우스 오른쪽 클릭하고 [속성]을 클릭한다.
  → [데이터] 탭에서 [행 원본]을 '상품판매정보현황'으로 선택한다.
④ 눈금자 왼쪽의 [선택기](■)를 더블클릭하여 [속성 시트] 작업창을 연다.
  → [형식] 탭의 [레코드 선택기]를 '아니요'로 선택한다.

하위 폼 연결하기

① [양식 디자인] 탭 - [컨트롤] - [하위 폼/하위 보고서](🔲)를 클릭한다.
  → 본문 영역에 클릭한다.

② [하위 폼 마법사] 대화상자가 나타나면 '기존 폼 사용'을 선택하고 [다음]을 클릭한다.

③ 다시 [다음]과 [마침]을 클릭한다.

로고 삽입하기

① [양식 디자인] 탭 - [이미지 삽입] - [찾아보기]를 클릭한다.

② [그림 삽입] 대화상자에서 '로고2.jpg'를 선택하고 [열기]를 클릭한다.

③ 로고를 더블클릭하여 [속성 시트] 작업창을 연다.
 → [형식] 탭의 [크기 조절 모드]를 '전체 확대/축소'로 선택한다.
 → [너비] '2cm', [높이] '1cm', [특수 효과] '볼록'을 설정한다.

문제 5 [쿼리:상품판매정보현황]을 이용하여 보고서를 작성하시오.

[보고서] : 상품판매정보현황 보고서

보고서 만들기

① [만들기] 탭 - [보고서] 그룹 - [보고서 마법사]를 클릭한다.

② [보고서 마법사] 대화상자의 [테이블/쿼리]에서 '쿼리:상품판매정보현황'을 선택한다.
 → [사용 가능한 필드]에서 '상품구분', '상품명', '포장사이즈', '판매수량', '판매단가', '할인코드' 순으로 더블클릭한다.

③ 그룹 수준은 '상품구분'로 선택한다.

④ 정렬할 필드로 '상품명'를 선택한다.
 → [내림차순]을 지정하고 [요약 옵션]을 클릭한다.

⑤ 요약 옵션에서 '판매수량'의 [평균]에 체크하고 [확인]을 클릭한다.

⑥ [모양] '단계', [용지 방향] '세로'를 선택한다.
 → '모든 필드가 한 페이지에 들어가도록 필드 너비 조정' 체크를 확인하고 [다음]을 클릭한다.

⑦ 보고서 제목으로 『상품판매정보현황 보고서』를 입력한다.
 → '보고서 디자인 수정'을 선택하고 [마침]을 클릭한다.

보고서 디자인 수정하기

① 불필요한 바닥글을 선택하여 Delete 로 삭제한다.
 → 페이지 바닥글의 날짜 텍스트 상자를 보고서 머리글로 마우스 드래그하여 이동한다.

② 날짜 텍스트 상자의 내용을 지우고 『=DateSerial(2025,03,15)』을 입력한다.

③ 날짜 텍스트 상자를 더블클릭하여 [속성 시트] 작업창을 연다.
 → [형식] 탭의 [배경 스타일]을 '투명'으로 선택한다.

④ 보고서 제목을 더블클릭하여 [속성 시트] 작업창을 연다.
 → [글꼴 이름] '궁서', [글꼴 크기] '24', [텍스트 맞춤] '가운데', [글꼴 두께] '굵게', [글꼴 밑줄] '예'를 선택한다.

⑤ 레이블들과 '합계', '총합계' 텍스트 상자를 선택하여 [굵게](가)를 설정한다.
 → 텍스트 상자를 더블클릭하여 [속성 시트] 작업창을 연다.
 → [형식] 탭 - [테두리 스타일]을 '투명'으로 선택한다.

⑥ [보고서 디자인] 탭 - [컨트롤] 그룹에서 [선](\)을 클릭하여 그린다.
 → [형식] 탭 - [테두리 두께]를 '2pt'로 선택한다.

⑦ ≪출력형태≫를 참고하여 레이블과 텍스트 상자들의 위치, 너비, 정렬을 설정한다.

조건부 서식 적용하기

① '판매수량' 텍스트 상자를 선택한다.
 → [서식] 탭 - [컨트롤 서식] 그룹 - [조건부 서식]을 클릭한다.

② [새 규칙]을 클릭한다.

③ [규칙 유형 선택]은 '현재 레코드의 값 확인 또는 식 사용'을 선택한다.
 → [규칙 설명 편집]에 '필드 값이', '다음 값보다 크거나 같음', 『1000』을 순서대로 입력한다.
 → [굵게](가), [배경색] '노랑'을 선택한 후 [확인]을 클릭한다.

보고서 버튼 만들기

① '상품판매정보현황 폼'에 마우스 오른쪽 클릭하고 [디자인 보기]를 클릭한다.

② [양식 디자인] 탭 – [컨트롤] 그룹 – [단추(▭)]를 클릭한다.

③ [명령 단추 마법사]가 나타나면 [종류]에서 '보고서 작업'을 선택한다.
   → [매크로 함수]는 '보고서 미리 보기'를 선택하고 [다음]을 클릭한다.

④ '상품판매정보현황 보고서' 선택을 확인하고 [다음]을 클릭한다.

⑤ [텍스트]를 선택하고 『보고서』를 입력한 후 [다음]을 클릭한다.

⑥ 명령 단추의 참조 이름은 별도 지정하지 않고 [마침]을 클릭한다.

⑦ 명령 단추를 더블클릭하여 [속성 시트] 작업창을 연다.
   → [형식] 탭에서 [너비] '2cm', [높이] '1cm'를 설정한다.

문제 6
[테이블2:할인현황]을 이용하여 레이블 보고서를 작성하시오.

[보고서] : 할인현황 레이블

레이블 보고서 만들기

① [탐색] 창에서 '할인현황'를 선택한다.
   → [만들기] 탭 – [보고서] 그룹 – [레이블(▤)]을 클릭한다.

② [우편물 레이블 마법사] 대화상자에서 [제조업체로 필터링]을 'A-ONE'으로 선택한다.
   → [제품 번호]는 'AOne 28315'를 선택하고 [다음]을 클릭한다.

③ [글꼴 이름] '돋움', [글꼴 크기] '10', [글꼴 두께] '중간'을 선택하고 [다음]을 클릭한다.

④ [사용 가능한 필드]에서 '할인코드'를 더블클릭한다.
   → 두 번째 줄에는 『분류 : 』를 직접 입력하고 '세분류'를 더블클릭한다.
   → 세 번째 줄에는 『수수료 : 』를 직접 입력하고 '원가', '수수료율'을 더블클릭한다.
   → [다음]을 클릭한다.

⑤ 정렬 기준이 될 필드로 '원가'를 더블클릭하고 [다음]을 클릭한다.

⑥ 보고서 이름에 『할인현황 레이블』을 입력한다.
   → '우편물 레이블의 디자인 수정'을 선택하고 [마침]을 클릭한다.

레이블 보고서 수정하기

① 첫 번째 텍스트 상자를 선택한다.
   → [서식] 탭 – [글꼴] 그룹 – [굵게(가)]를 클릭한다.

② 텍스트 상자들에 아래와 같이 내용을 입력한다.

> 💬 함수/구문 설명
>
> ="코드 : [" & [할인코드] & "]"
>
> ="분류 : " & [세분류]
>
> ="수수료 : " & Format([원가]*[수수료율],"#,##0₩원")

③ [보고서 디자인] 탭 – [그룹화 및 요약] 그룹 – [그룹화 및 정렬(▤)]을 클릭한다.
   → 정렬 기준을 '원가', '내림차순'으로 설정한다.

MEMO

이기적과 함께 또, 기적
또, 합격

이기적 강의는 무조건 0원!
이기적 영진닷컴

공부하다가 궁금한 사항은?
이기적 스터디 카페